797,885 Books
are available to read at

Forgotten Books

www.ForgottenBooks.com

Forgotten Books' App
Available for mobile, tablet & eReader

ISBN 978-1-332-67336-0
PIBN 10377713

This book is a reproduction of an important historical work. Forgotten Books uses state-of-the-art technology to digitally reconstruct the work, preserving the original format whilst repairing imperfections present in the aged copy. In rare cases, an imperfection in the original, such as a blemish or missing page, may be replicated in our edition. We do, however, repair the vast majority of imperfections successfully; any imperfections that remain are intentionally left to preserve the state of such historical works.

Forgotten Books is a registered trademark of FB &c Ltd.
Copyright © 2017 FB &c Ltd.
FB &c Ltd, Dalton House, 60 Windsor Avenue, London, SW19 2RR.
Company number 08720141. Registered in England and Wales.

For support please visit www.forgottenbooks.com

1 MONTH OF FREE READING

at

www.ForgottenBooks.com

By purchasing this book you are eligible for one month membership to ForgottenBooks.com, giving you unlimited access to our entire collection of over 700,000 titles via our web site and mobile apps.

To claim your free month visit: www.forgottenbooks.com/free377713

* Offer is valid for 45 days from date of purchase. Terms and conditions apply.

English
Français
Deutsche
Italiano
Español
Português

www.forgottenbooks.com

Mythology Photography **Fiction**
Fishing Christianity **Art** Cooking
Essays Buddhism Freemasonry
Medicine **Biology** Music **Ancient Egypt** Evolution Carpentry Physics
Dance Geology **Mathematics** Fitness
Shakespeare **Folklore** Yoga Marketing
Confidence Immortality Biographies
Poetry **Psychology** Witchcraft
Electronics Chemistry History **Law**
Accounting **Philosophy** Anthropology
Alchemy Drama Quantum Mechanics
Atheism Sexual Health **Ancient History**
Entrepreneurship Languages Sport
Paleontology Needlework Islam
Metaphysics Investment Archaeology
Parenting Statistics Criminology
Motivational

ÉTUDES

DE

CRITIQUE ET DE PHILOLOGIE

DU

NOUVEAU TESTAMENT

NIHIL OBSTAT

Lugduni, die 26ᵃ aug. 1920

J. TIXERONT

c. d.

IMPRIMATUR

Lugduni, die 26ᵃ aug. 1920

F. LAVALLÉE

v. g.

E. JACQUIER
PROFESSEUR AUX FACULTÉS CATHOLIQUES DE LYON

ÉTUDES

DE

CRITIQUE ET DE PHILOLOGIE

DU

NOUVEAU TESTAMENT

PARIS
LIBRAIRIE VICTOR LECOFFRE
J. GABALDA, Éditeur
RUE BONAPARTE, 90
—
1920

AVANT-PROPOS

Dans les éditions de l'*Histoire des livres du Nouveau Testament,* qui ont suivi la première, nous avons relevé en note les ouvrages nouveaux au fur et à mesure de leur publication; nous avons aussi corrigé quelques passages du texte, mais nous n'en avons pas modifié les grandes lignes. Or, en ces dernières années, plusieurs questions de critique et de philologie néotestamentaires ont reçu des développements nouveaux ou ont été présentées d'une façon différente. Il y avait lieu de tenir compte de ces progrès et de ces changements. C'est ce que nous essayons de faire dans le présent volume.

Afin de présenter un tableau d'ensemble du mouvement scripturaire qui s'est opéré dans les études néotestamentaires depuis la publication de chacun de nos volumes, nous donnons une analyse succincte des ouvrages et des articles de revue qui, à un degré quelconque, méritaient d'être signalés. Nous avons surtout insisté sur les points de vue nouveaux auxquels les auteurs se sont placés pour résoudre les questions que posent les écrits du Nouveau Testament. De cet exposé analytique il ressort qu'il y a eu tantôt accord, tantôt désaccord entre les écrivains, de telle sorte que les problèmes ont varié, se sont présentés sous des aspects différents. Les questions traitées se présentent ainsi sous un aspect fragmentaire et reviennent même à diverses reprises du fait que des auteurs différents les ont traitées. Un résumé général placé à la fin de l'exposé analytique donnera la synthèse de ce mouvement des études néotestamentaires.

En tête de chaque paragraphe nous avons bibliographié les ouvrages importants et les articles de revue, qui ont été publiés sur les questions afférentes au Nouveau Testament, mais nous n'avons analysé d'ordinaire que ceux que nous avons entre les mains.

Nous avons marqué d'un astérisque les travaux des écrivains catholiques.

ÉTUDES
DE
CRITIQUE ET DE PHILOLOGIE
DU
NOUVEAU TESTAMENT

QUESTIONS PRÉLIMINAIRES

CHAPITRE PREMIER

ÉTUDES GÉNÉRALES ET INTRODUCTIONS AU NOUVEAU TESTAMENT.

§ 1. — Études générales sur le Nouveau Testament.

H. von Soden, *Urchristliche Literaturgeschichte.* Berlin, 1905.

E. D. Burton, *The present Problem of New Testament Study*, dans *American Journal of-Theology*, Vol. IX, p. 201-237. Chicago, 1905.

J. Weiss, *Die Schriften des Neuen Testament, neu übersetzt und für die Gegenwart erklärt.* Göttingen, 1905-1907.

C. Clemen, *Die Entstehung des Neuen Testament.* Leipzig, 1906.

O. Holtzmann, *Neutestamentliche Zeitgeschichte.* Leipzig, 1906.

ÉTUDES DE CRITIQUE.

H. Lietzmann, *Handbuch zum Neuen Testament.* Tübingen, 1906-1913.

G. Heinrici, *Der literarische Charakter der neutest. Schriften.* Leipzig, 1908.

R. J. Knowling, *Literary Criticism of the New Testament.* London, 1908.

J. Weiss, *Die Aufgaben der neutest. Wissenschaft in der Gegenwart.* Göttingen, 1908.

P. Fiebig, *Die Aufgaben der neutest. Forschung in der Gegenwart.* Leipzig, 1909.

F. C. Conybeare, *History of the New Testament Criticism.* London, 1910.

H. B. Swete, *Essays on some Biblical Questions of the day.* London, 1910.

*R. F. Valbuena, *La Arqueologia greco-latina illustrando el Evangelio.* Toledo, 1910.

*J. Felten, *Neutestamentliche Geschichte oder Judentum und Heidentum zur Zeit Christi und der Apostel.* Regensburg, 1910.

H. Jordan, *Geschichte der altchristlichen Literatur.* Leipzig, 1911.

*F. Tillmann, *Die heilige Schrift des Neuen Testaments übersetzt und erklärt.* Berlin, 1912-1914.

P. Wendland, *Die hellenistisch-römische Kultur in den Beziehungen zu Judenthum und Christentum. Die urchristlichen Literaturformen,* 2e Aufl. Tübingen, 1912.

A. Van den Berg van Eysinga, *Die holländische radikale Kritik des Neuen Test.; ihre Geschichte und Bedeutung für die Erkentniss der Entstehung des Christentum.* Iena, 1912.

*L. Venard, *Les origines chrétiennes* dans *Où en est l'histoire des religions,* 2e vol. p. 159-243. Paris, 1911.

G. Milligan, *The New Testament Documents, their Origin and early History.* London, 1913.

J. Weiss, *Das Urchristentum.* Göttingen, 1914; ergänzt und herausgegeben von R. Knopf, 1917.

W. Bousset, *Kyrios Christos.* Göttingen, 1914.

J. A. Mc Clymont, *New Testament Criticism.* London, 1914.

M. Jones, *The New Testament in the twentieth Century; A Survey of recent christological and historical Criticism of the New Testament.* London, 1914.

B. W. Bacon, *The Making of the New Testament.* London, s. d.

R. Garbe, *Indien und das Christentum : Eine Untersuchung der religiongeschichtlichen Zusammenhänge.* Tübingen, 1914.

W. M. Ramsay, *The Bearing of recent discovery on the Trustworthiness of the New Testament*. London, 1915.

R. Balmforth, *The New Testament in the Light of the higher Criticism*. London, 1905.

*E. Jacquier, *Le Nouveau Testament et les découvertes modernes; Revue biblique*, janvier 1916.

C. M. Cobern, *The new archeological Discoveries and their bearing upon the New Testament and upon the Life and Times of the primitive Church*. New-York, 1917.

Emery Barnes, *A companion to Biblical Studies*. London, 1919.

I. Dans une étude[1] lue devant l'*International Congress of Arts and Science*, de Saint-Louis, États-Unis, E. de Witt Burton a tracé le programme des études qui doivent être faites sur le Nouveau Testament. Voici quelques-unes des opinions de l'auteur. — On se demande aujourd'hui si le texte occidental est à proprement parler un texte un, ou s'il ne représente pas plutôt un état du texte du Nouveau Testament non revisé et progressivement détérioré dans le monde chrétien pendant la période anté-nicéenne. La langue du Nouveau Testament était la langue grecque parlée au Ier siècle, mais fortement teintée de sémitismes directement ou indirectement. De l'avis de tous les critiques les épîtres aux Romains, aux Galates et aux Corinthiens sont d'origine paulinienne quoi qu'en ait dit l'école radicale hollandaise. Il se pose cependant à leur sujet divers problèmes qui n'ont pas encore été résolus; la question de l'authenticité de la Ire épître aux Thessaloniciens, des épîtres aux Philippiens et à Philémon n'est presque plus discutée. On tend à admettre aussi celle de l'épître aux Colossiens et aussi celle de la seconde aux Thessaloniciens. L'épître aux Éphésiens serait un sermon ou un traité théologique. Les épîtres pastorales sont

---

[1] *The present Problem of the New Testament Study*.

partiellement pauliniennes en ce sens qu'elles contiennent des parties d'origine paulinienne. Le problème synoptique est autant une question de critique du texte que de critique littéraire. Les textes des évangiles ont réagi les uns sur les autres à un tel degré qu'il est impossible de préciser exactement ce qui représente le texte original de chacun d'eux. L'auteur du livre des Actes a employé des documents d'inégale valeur historique. La question johannique est toujours non résolue entre ceux qui y voient une source historique de la vie de Jésus et ceux qui lui dénient toute connexion avec les premiers disciples du Seigneur. L'Apocalypse est apparentée aux apocalypses de son temps. L'épître aux Hébreux a été écrite par un auteur imbu des idées judéo-alexandrines sur l'Ancien Testament, et qui avait sur le christianisme les mêmes conceptions que Paul. Il n'est pas certain que la première épître de Pierre soit authentique; la seconde et celle de Jude sont de date tardive.

II. J. Weiss [1] a passé en revue les données acquises de la science néotestamentaire, telles qu'elles se dégagent des travaux les plus récents des critiques et des historiens en vue. Il signale d'abord les travaux sur la critique du Nouveau Testament, ceux de Nestle et de von Soden, fait remarquer qu'il y aurait lieu, si l'on veut arriver à des résultats précis, de se partager la besogne entre spécialistes. A propos de la langue du Nouveau Testament, il croit que Deissmann a trop insisté sur le caractère populaire de cette langue et n'en a pas suffisamment reconnu le caractère littéraire et l'apport sémitique. Il montre que dans les épîtres pauliniennes il y a des traces nom-

---

1. *Die Aufgaben der neutestam. Wissenschaft in der Gegenwart.*

breuses de rhétorique classique ; il cite divers passages qu'il met en parallèle avec ceux des écrivains grecs, Bion, Épictète, parce qu'ils leur ressemblent, sinon pour l'idée du moins pour la forme. Il reconnaît les services que peuvent rendre à l'exégèse la critique textuelle par la reconstitution des textes, ainsi que les travaux de grammaire et de lexicographie. Il rappelle les études qui ont été faites sur le IVe évangile et croit que la question va entrer dans une nouvelle phase, dans laquelle on tiendra compte davantage des rapports de cet évangile avec les évangiles synoptiques. Pour ces derniers la question actuelle est de déterminer les rapports entre Marc et les Logia. L'auteur examine ensuite l'état des recherches sur la vie de Jésus et ce que l'on peut conclure de la comparaison des évangiles avec les traditions religieuses antérieures.

III. Le Dr Fiebig[1] se demande quelles doivent être les études de celui qui veut connaître à fond le Nouveau Testament. Il constate que celui-ci est un livre chrétien, écrit en grec, en très grande partie par des auteurs juifs de naissance et de mentalité, et qu'en outre c'est un livre oriental ; par conséquent, on devra étudier le monde gréco-latin, contemporain de Jésus-Christ, la langue et la littérature grecque post-classiques, le judaïsme et l'Orient au temps du Nouveau Testament et enfin la littérature chrétienne primitive.

IV. En 237 pages von Soden[2] nous dit quelles sont ses conclusions sur les auteurs, la date, le but des livres du Nouveau Testament. Les épîtres authentiques de Paul sont la Ire aux Thessaloniciens, les épîtres aux Corinthiens, aux Galates, aux Romains,

---

1. *Die Aufgaben der neutest. Forschung in der Gegenwart.*
2. *Urchristliche Literaturgeschichte.*

une épître probable aux Éphésiens, dont on a un débris dans *Rom.*, XVI, 1-20; les épîtres aux Colossiens, à Philémon et aux Philippiens. La seconde épître aux Corinthiens a été formée à l'aide de trois lettres de Paul.

A la base de la littérature évangélique, von Soden place les Logia de Jésus, rassemblés par Matthieu et les Mémoires de Pierre, rédigés par Marc vers l'an 64. Le premier évangile écrit à Rome est un composé de Marc, des Logia et de traditions particulières; il se distingue par certaines additions, relatives à Pierre, au récit de la passion : la femme de Pilate, le lavement des mains de celui-ci, la résurrection des morts, la garde mise au tombeau, la mort de Judas. Le deuxième évangile a pour but de démontrer la filiation divine de Jésus. Le troisième est basé sur Marc, mais ses parties, analogues à celles de Matthieu, ne sont pas dépendantes de ces dernières; c'est par conjecture seulement que Luc est désigné comme l'auteur de cet évangile.

Dans la littérature postérieure, von Soden range les Actes des apôtres, apologie politique du christianisme; la première épître de Pierre, les épîtres aux Hébreux et aux Éphésiens, de provenance judéo-alexandrine; les épîtres pastorales, dont quelques fragments seulement proviennent de l'apôtre Paul; la seconde aux Thessaloniciens est calquée sur la première; l'épître de Jacques est un recueil de sentences juives et, dans la seconde partie, est influencée par la littérature gréco-romaine. L'épître de Jude est originaire de l'Asie Mineure. La deuxième épître de Pierre est un remaniement de celle-ci; elle insiste davantage sur chacune des idées et les renforce; elle dépend aussi des écrits pauliniens, mais n'a aucun rapport avec la première épître de Pierre.

Les trois épîtres de Jean et l'Apocalypse ont été écrits par le presbytre Jean, un alexandrin, qui a été disciple du Seigneur; dans l'Apocalypse a été insérée une Apocalypse juive, VIII, 1-XXII, écrite pendant le siège de Jérusalem. Le quatrième évangile est un écrit théologique, composé par un disciple de Jean le presbytre, bien au courant de la philosophie alexandrine.

V. Dans un travail intitulé « Le caractère littéraire des écrits du Nouveau Testament », Heinrici[1] étudie ces écrits au point de vue littéraire et détermine les caractères spécifiques qui les différencient des écrivains, soit juifs soit grecs. « De nouveaux problèmes et de nouveaux rapports créent, dit-il, de nouvelles formes. » Rien dans la littérature grecque, que ce soient les Mémoires de Socrate ou la vie d'Appollonius de Thyane, rien non plus dans les récits de l'Ancien Testament ou dans les enseignements des prophètes n'est analogue à ce que nous offrent les livres du Nouveau Testament. Seuls, les Actes des apôtres peuvent entrer dans les cadres de la littérature hellénistique. Ces constatations faites, Heinrici examine la forme littéraire de chacun des écrits du Nouveau Testament. Les évangélistes synoptiques n'extraient pas leurs données de deux sources, mais ils condensent dans un livre, chacun à leur manière, l'évangile attesté par les témoins oculaires et annoncé par les prédicateurs missionnaires. Ils ont fait un choix dans les enseignements de Jésus. Le IVe évangile serait le fruit de la prédication aux chrétiens d'Asie Mineure par Jean, l'apôtre. Les épîtres de Paul sont des écrits originaux qui ne doivent rien aux midraschim juifs, pas plus à la Halacha qu'à la Hagada. L'épître aux Hébreux est un

---

[1]. *Der literarische Charakter der neutest. Schriften.*

traité plutôt qu'une lettre; le style se rapproche en plusieurs passages de la prose rythmée. Les autres épîtres se rapprochent davantage des modèles non chrétiens. L'Apocalypse reproduirait un type littéraire déjà existant, mais non une Apocalypse juive; aucun livre de mystique grecque ne présente la même unité et la même clarté d'exposition. Les Actes des apôtres ont été écrits par Luc le médecin.

La langue grecque du Nouveau Testament est la langue grecque de la conversation et des conférences publiques, mais elle a ses particularités. Elle est influencée par le grec des Septante et offre de nombreux termes et phrases du grec classique. Les écrits néotestamentaires sont destinés à être lus à haute voix; leur grec a plutôt le caractère d'un discours parlé que d'un discours écrit. L'auteur conclut que les conditions nouvelles du christianisme ont donné naissance à une forme littéraire particulière. Ces écrits sont nés des besoins des missions, de l'enseignement, de l'éducation. Il faut donc les juger comme des documents de la piété du christianisme naissant, c'est-à-dire en se plaçant non à un point de vue esthétique mais à un point de vue religieux.

VI. Dans la première conférence de son ouvrage : La critique littéraire et le Nouveau Testament, Knowling[1] expose rapidement l'état actuel des études critiques sur les écrits du Nouveau Testament. Citons-en seulement deux remarques : « Les critiques les plus habiles semblent incapables de rejeter l'admission d'une connexion entre le IVe évangile et le disciple bien-aimé, ou au moins une connexion étroite entre cet évangile et un témoin oculaire des faits qui y sont racontés » (p. 82). « N'oublions pas la dette que nous

---

1. *Literary Criticism and the New Testament.*

devons à quelques théologiens catholiques de France et d'Allemagne. En ces jours où nous entendons tant parler de l'abbé Loisy, il est bon de rappeler que beaucoup de ses coreligionnaires sont loin d'accepter ses vues. »

VII. Mc Clymont[1] passe en revue toutes les positions que tient la critique sur les questions que posent les divers écrits du Nouveau Testament et la critique du texte de ce livre. C'est une histoire rapide de la critique et une présentation détaillée des hypothèses actuelles. L'auteur conclut que, pour le plus grand nombre des questions posées, il est impossible d'arriver à la certitude. Il y a lieu de ne pas se laisser influencer par l'autorité de certains personnages de haute valeur scientifique ; il est toujours nécessaire de peser leurs arguments. Sur ce dernier point, nous sommes tout à fait de son avis.

VIII. Dans son ouvrage[2] *Le Nouveau Testament au XXe siècle*, M. Jones étudie toutes les questions discutées de nos jours, qu'elles soient critiques ou historiques. Tout d'abord il expose les résultats de la critique. Il adopte d'ordinaire les solutions conservatrices.

IX. Il n'en est pas de même de B. W. Bacon[3]. L'histoire du christianisme primitif lui apparaît comme l'histoire d'une lutte entre deux courants de pensée, l'un issu du judaïsme, l'autre de l'hellénisme, qui finissent par se fondre au commencement du second siècle en une harmonieuse synthèse qui constitue le christianisme catholique. Au christianisme le judaïsme élargi a fourni l'idéal : l'espérance messianique du royaume de Dieu; et l'hellénisme a

---

1. *New Testament Criticism.*
2. *The New Testament in the twentieth Century.*
3. *The Making of the New Testament.*

fourni l'idéal individuel : la rédemption personnelle par l'union mystique avec Dieu. De là deux formes différentes de l'Évangile : l'Évangile que Bacon appelle apostolique, qui est à proprement parler l'Évangile de Jésus, d'inspiration juive, et dont l'attestation écrite la plus ancienne fut sans doute le recueil de *Préceptes du Seigneur* (*Logia*) attribué par Papias à l'apôtre Matthieu ; puis l'Évangile paulinien, qui est plutôt un Évangile *sur* Jésus, dont Jésus est l'objet, et qui est une interprétation de la personnalité et de l'œuvre du Christ fondée sur l'expérience personnelle de Paul et influencée dans une mesure plus ou moins large par l'hellénisme. Durant tout le premier siècle ces deux types de la pensée chrétienne se sont mêlés, pénétrés, combattus, adaptés mutuellement, et c'est de leur combinaison dans des proportions diverses que sont issus les divers livres du Nouveau Testament. Ces deux grands courants, en se fondant enfin, donnèrent naissance au type johannique de l'Évangile, Évangile « spirituel » qui incorpora l'Évangile paulinien sur Jésus à l'Évangile prêché par Jésus.

Voici maintenant les opinions de Bacon sur les divers écrits du Nouveau Testament. Toutes les épîtres pauliniennes sont authentiques, sauf les Pastorales, rédigées à l'aide de lettres détachées de Paul. L'épître aux Hébreux aurait été écrite par un chrétien inconnu vers l'an 90. Les épîtres de Jacques et de Pierre sont de l'époque post-apostolique. Matthieu a écrit vers 45-50 une collection des Logia du Seigneur. La source à laquelle, outre Marc, Matthieu et Luc ont emprunté leur matière commune serait un essai écrit en grec pour combiner les Logia avec d'autres narrations ; ce serait une sorte d'évangile antérieur à ceux de Matthieu et de Luc. L'évangile de Marc, écrit à Rome vers 75, combine les récits de la prédication de Pierre et les enseignements de Paul sur Jésus-Christ, Fils de Dieu. Le troisième évangile et les Actes des apôtres ont été écrits à Antioche vers l'an 100. Bacon rejette l'authenticité johannique du IV⁰ évangile, des épîtres de Jean et de l'Apocalypse. Le IV⁰ évangile est un traité théologique : c'est une application à l'histoire de Jésus de la doctrine de Paul sur l'Incarnation.

X. L'école critique hollandaise est peu connue, même des spécialistes. Van den Berg van Eyzinga.[1] qui croit qu'elle a des choses importantes à nous apprendre vient de présenter un résumé de ses théories sur le Nouveau Testament. Il appelle ces théories, radicales, et elles le sont car, d'après elles, aucun des livres néotestamentaires n'est authentique, c'est-à-dire n'est l'œuvre des écrivains auxquels on les attribue. Les évangiles sont un remaniement orthodoxe d'un évangile primitif, d'origine gnostique ; ce ne sont pas des écrits historiques mais des œuvres de doctrine ou d'édification ; ils datent tout au plus de la première moitié du II⁰ siècle et représentent le point de vue de l'Église catholique en formation, cherchant à amalgamer les diverses tendances qui se combattaient dans son sein. Le IV⁰ évangile s'apparente à une tradition gnostique ; il a été composé vers l'an 140. Les épîtres de Paul montrent une grande affinité de langue, de style et d'idées et paraissent être sorties d'un même cercle ; elles ne peuvent pas cependant être toutes d'un même auteur ; elles ont dû être écrites vers l'an 120-140.

XI. Les seize essais rassemblés dans le volume publié par Swete[2] ont pour but de nous renseigner sur l'état actuel des questions bibliques. Les cinq pre-

---

1. *Die holländische radikale Kritik des Neuen Test.*
2. *Essays on some Biblical Questions of the day.*

miers essais sont consacrés à l'Ancien Testament. Les trois essais suivants forment pour ainsi dire la transition entre l'Ancien et le Nouveau Testament. Dans le premier, Abrahams signale « l'Aide des études rabbiniques pour l'exégèse biblique ». Il en donne quelques exemples pour l'Ancien Testament, mais s'attache surtout à montrer quel secours on pourra trouver dans la littérature juive, plus ou moins contemporaine de Notre-Seigneur, pour l'intelligence des récits évangéliques et surtout des discours de Jésus. Il reconnaît qu'il est difficile de fixer avec certitude la date des sentences rabbiniques, dont on a des analogues dans les évangiles et il croit que dans la majorité des cas les sentences de Jésus sont originales. Pour lui, les progrès de l'exégèse testamentaire pourront être accélérés par l'étude de la langue et de la littérature rabbiniques. Il fait observer quelle force elle pourra apporter en particulier à l'authenticité des discours de Jésus dans le IVe évangile.

Dans l'essai intitulé « l'Usage qu'a fait Notre-Seigneur de l'Ancien Testament », Mc Neile examine en particulier l'enseignement de Jésus sur le royaume de Dieu et montre comment sur ce point il se rattache aux anciens prophètes. Inge étudie « la Théologie du IVe évangile ». D'après lui, l'auteur n'a pas voulu écrire une biographie de Jésus, mais un évangile spirituel, dont les caractéristiques principales sont l'idéalisme, le mysticisme et le symbolisme. Son point de vue est anti-juif et antignostique; il a combattu les tendances qui se faisaient jour à son époque, fin du Ier siècle, dans les communautés chrétiennes d'Asie Mineure. L'essai de Brooke sur la « Valeur historique du IVe évangile » est beaucoup plus conservateur. Il présente d'excellentes raisons pour ne pas accepter les conclusions des critiques qui attaquent la véracité de cet évangile et fait observer que, bien que l'auteur n'ait pas voulu écrire une biographie, on devra tenir grand compte de ce qu'il ajoute aux Synoptiques pour avoir une vue exacte de la personnalité de Jésus.

Anderson Scott étudie une question très discutée en ce moment : « Jésus et Paul ». Il compare les enseignements de Paul avec ceux de Jésus, signale les différences et les ressemblances, mais s'attache surtout à ces dernières pour montrer qu'elles sont les plus nombreuses et se retrouvent dans les doctrines fondamentales de l'enseignement de Jésus et de Paul.

Percy Gardner examine les six discours de Paul dans les Actes des apôtres et, bien qu'il croie que Luc les a reproduits avec une grande liberté, il soutient qu'ils sont authentiques dans leur substance. Il montre combien ils sont exactement adaptés aux circonstances dans lesquelles ils ont été prononcés. Le Dr Charles a ajouté à la fin de cet essai un examen philologique de ces discours de Paul.

Dans un essai sur le problème synoptique, Latimer Jackson expose surtout l'hypothèse des deux sources. Il conclut que Marc et la source Q (discours du Seigneur) proviennent de la tradition palestinienne et sont dégagés de toute influence étrangère. Valentine Richards rappelle que la critique textuelle du Nouveau Testament a son premier représentant dans Origène et plus tard dans Jérôme. Il soutient la valeur durable, sauf sur quelques points, du système de Westcott-Hort. Il porte un jugement peu favorable sur le système récent de von Soden.

Dans son essai sur « le Grec du Nouveau Testament à la lumière des découvertes modernes », Moulton prouve que le grec du Nouveau Testament n'est pas un dialecte spécial, mais le grec tel qu'il était parlé au 1er siècle. Il réfute en particulier l'objection qui avait été faite que les Juifs très nombreux en Égypte avaient pu introduire dans le grec de la conversation des hébraïsmes, de sorte que la langue des papyrus serait déjà une langue sémitisée et que, par conséquent, il n'y aurait rien d'étonnant à ce qu'elle fût analogue à la langue du Nouveau Testament, dont on devrait continuer à reconnaître la teinte hébraïsante.

XII. E. Illif Robson essaye de déterminer comment les écrivains du Nouveau Testament ont composé leurs ouvrages. Il observe que, comme les auteurs profanes, ils ont souvent introduit dans leur œuvre des parties empruntées à d'autres écrits. On peut donc s'attendre à y trouver des parties narratives, écrites précédemment, des sermons de missionnaires, des citations de la Bible, des fragments liturgiques, le tout introduit dans le texte sans que l'emprunt soit indiqué, sauf d'ordinaire pour les citations bibliques. Il en résulte que les écrits néotestamentaires sont une sorte de mosaïque, composée de pièces et de morceaux, offrant deux sortes de morceaux, les uns composés, les autres dictés. Les morceaux composés peuvent se présenter sous une forme simple — anecdotes populaires, sentences détachées ou courtes citations : c'est la forme qui a constitué le noyau des évangiles synoptiques. La forme peut être travaillée, par exemple les récits de la Passion, quelques-uns des discours du IVe évangile, les préfaces ou conclusions d'un écrit.

Les morceaux dictés peuvent aussi se présenter sous une forme simple, par exemple sous la forme d'une conversation, d'une discussion, dans le style de la diatribe, de réponses à des lettres. Le discours peut aussi être travaillé, préparé d'avance, comme les longs discours, quelques préfaces ou conclusions, préalablement prévus. L'anacoluthe est la marque ordinaire de la dictée et les longues périodes celle de la composition.

E. Illif Robson étudie à ce point de vue les dix premiers chapitres de l'évangile de Marc[1] et il y découvre des fragments narratifs d'un style simple et sans art, écrits sans aucun but de controverse ou de préoccupations dogmatiques. Entremêlées dans ces récits se trouvent des parties d'un style rythmé, par exemple une parabole, une scène de tempête, quelques fragments littéraires, des formules, etc. Il y a certains passages, principalement les miracles de guérison où la présence du rythme héroïque suggère la possibilité de vers hexamètres à l'origine.

L'auteur étudie ensuite l'épître aux Romains et il y relève des parties dictées et des parties composées[2]. Il serait trop long de résumer cette étude. Il remarque qu'entre une partie dictée et une composée dans un même écrit il existe des différences fondamentales : il semble que ce n'est pas le même auteur qui les a composées. On ne peut donc, de ces différences qu'on relève dans un même écrit, conclure à des auteurs différents. Il y a toute une minutieuse recherche littéraire à entreprendre sur les livres du Nouveau Testament pour distinguer les parties dictées des parties composées, le style simple et le style artistique.

XIII. Dans le volume intitulé : « Où en est l'histoire des religions », L. Venard[3] nous apprend ce que nous pouvons savoir sur les origines chrétiennes. Après un exposé succinct sur les positions des critiques touchant cette question, leurs méthodes et leurs systèmes, il établit les données positives que nous possédons sur l'existence historique de Jésus et la valeur historique des sources chrétiennes de l'histoire évangélique et

---

1. *Rythm and Intonation in St Mark,* I-X. *The Journal of theol. Studies,* vol. XVII, p. 270. London, 1916.
2. *Composition and Dictation in New Testament Books. The Journal of th. Studies,* vol. XVIII, p. 288. London, 1917.
3. *Les Origines chrétiennes.*

apostolique. Il expose ensuite l'enseignement de Jésus sur le royaume de Dieu, sur sa propre personne et son œuvre, sur l'Évangile en face de l'hellénisme et du judaïsme. Il nous fait connaître ce que fut l'Église naissante et le rôle qu'a joué Paul dans la formation et l'expansion de l'Église; enfin il étudie le IVe évangile et la fin de l'âge apostolique.

L'auteur tient compte de tous les travaux critiques et historiques publiés en ces dernières années et donne les résultats certains ou probables qui s'en dégagent. Voici son opinion sur la question très discutée de nos jours : Influence des mystères païens sur la doctrine de Paul : « Il ne peut s'agir d'un emprunt direct et voulu, car dès l'origine les chrétiens manifestent un éloignement absolu à l'égard des rites et des doctrines du paganisme. Saint Paul interdit énergiquement l'assistance aux repas sacrés des religions païennes. Une telle intransigeance ne permet pas de supposer qu'il ait délibérément emprunté une idée ou un rite quelconque à des cultes qui étaient pour lui, comme pour tous les vrais chrétiens, un objet d'horreur.

« Mais n'a-t-il pas pu y avoir une influence du paganisme sur le christianisme, sans que les fidèles de la religion nouvelle en aient eu conscience? Certaines idées caractéristiques des cultes orientaux n'étaient-elles pas dans l'air, au point de pénétrer jusque dans les milieux les plus hostiles au paganisme, et cette hypothèse n'est-elle pas la seule explication possible des rapprochements qu'on établit entre le christianisme de saint Paul et les religions gréco-orientales? — Il y aurait lieu d'abord de préciser la portée de ces rapprochements. Beaucoup sont sans doute plus superficiels que réels. Parfois ce ne sont que des analogies de langage : rien n'empêche d'admettre que, pour rendre sa pensée plus intelligible aux chrétiens convertis du paganisme, saint Paul ait parfois usé de termes qui étaient du langage courant et aussi bien du vocabulaire des mystères païens. D'autres fois, ce sont des idées très générales qui peuvent se retrouver à la base de beaucoup de religions différentes, sans qu'il y ait lieu de supposer une influence réciproque, comme par exemple l'idée de la participation à la vie d'un Dieu Sauveur, idée qui peut naître spontanément des besoins religieux communs à l'humanité. Pour pouvoir affirmer que saint Paul l'a empruntée aux cultes d'Adonis ou de Mithra, il faudrait que la ressemblance s'étendît à la conception même du salut et au mode de sa réalisation. Or, tout le monde doit reconnaître qu'en dehors de l'idée générale commune, il y a plus de différences que d'analogies entre le christianisme paulinien et les diverses formes de paganisme mystique. La mort d'Attis, d'Adonis ou d'Osiris, ce qu'on appelle parfois leur « Passion », n'avait pas du tout pour leurs fidèles le même sens que la mort du Christ pour saint Paul : ces dieux ne mourraient pas pour expier les péchés des hommes, leur mort et leur résurrection n'étaient pas la cause du salut pour les initiés à leurs mystères. D'ailleurs le salut qu'on cherchait dans le culte des divinités syriennes ou perses, c'était moins, semble-t-il, la félicité éternelle — encore que la croyance à l'immortalité tînt une certaine place dans ces religions — que l'oubli des maux de la terre dans l'extase et les phénomènes orgiastiques, avec lesquels il ne faut pas confondre d'autre part les manifestations de l'Esprit, les *charismes,* qui existaient dans l'Église primitive. La réglementation que saint Paul impose à l'exercice de ces dons spirituels, pour ne pas laisser la porte ouverte à des phénomènes qui ne viendraient pas de l'esprit de Dieu, et pour éviter tout ce qui serait cause d'agitation plus que de paix et d'édification, indique assez quel esprit différent animait les assemblées chrétiennes et les réunions où se célébraient les mystères païens. Quant au baptême et à l'eucharistie, aucune raison positive n'oblige à supposer que saint Paul leur ait attaché un sens tout différent de celui que ces rites avaient dans la communauté primitive où ils étaient déjà en usage. D'ailleurs l'explication théologique qu'en donne l'Apôtre repose sur des idées qui n'étaient point étrangères au judaïsme, et qu'il n'avait par suite nul besoin d'emprunter aux religions païennes : en particulier l'idée qui représente le sacrifice, complété par la manducation de la victime, comme une communion des fidèles avec la divinité à qui ils l'offrent, est une idée sémitique et juive bien plutôt qu'hellénique.

« Quelles que soient d'ailleurs les analogies de surface qu'on peut relever, il y a une différence profonde, au point de vue moral et religieux, entre les cultes orientaux et le christianisme tel qu'il apparaît dans l'enseignement de saint Paul. Sans doute il y avait des âmes d'élite qui cherchaient dans la mystique païenne la satisfaction d'aspirations élevées. Mais, sans parler même de l'immoralité de certains rites, il faut reconnaître que, en général, on attendait de l'initiation aux mystères une pureté rituelle, obtenue par des procédés presque magiques, et sans lien direct avec la pratique de la vertu, plutôt qu'une véritable purification morale. La mystique chrétienne au contraire vise à changer les âmes, elle tend à la réforme de tout l'homme, à la création d'un homme nouveau, en qui l'action de l'Esprit divin se manifeste par la sainteté de la vie et des œuvres. »

XIV. Dans son ouvrage : *Le Christianisme primitif*[1], J. Weiss étudie les sources où il puisera les

---
1 *Das Urchristentum.*

matériaux de son œuvre : les Actes des apôtres et les épîtres pauliniennes. Il n'accepte pas la complète valeur historique des Actes. Si Luc, l'ami et le compagnou de Paul, membre de la communauté d'Antioche est l'auteur des Actes, nous devons tenir ses récits sur la communauté primitive comme possédant une haute autorité : mais la tradition sur ce point n'est pas acceptable. Il est très vraisemblable que l'auteur des Actes a connu les écrits de Josèphe. Les Actes n'ont donc pas dû être écrits avant la fin de l'année 90. La langue et le point de vue général les placent pendant la période post-apostolique dans la même sphère que l'épître aux Ephésiens, la première épître de Pierre et les épîtres pastorales. L'auteur s'est servi de documents oraux ou écrits, mais il les a retravaillés pour les adapter à son point de vue. Quelquefois cependant il a reproduit des faits qui étaient opposés à l'ensemble des événements, tels qu'il les concevait.

Les épîtres authentiques de Paul sont d'une valeur inestimable. Weiss rejette l'épître aux Éphésiens et les épîtres pastorales. L'épître aux Colossiens contient des parties nettement pauliniennes. Dans les épîtres aux Romains, aux Corinthiens et aux Philippiens il y a des passages dont l'origine paulinienne est douteuse, par exemple : I *Cor.*, XIV, 33-35; *Php.*, III, 2-IV, 3. Weiss n'essaie pas de résoudre la question de l'authenticité de la IIe épître aux Thessaloniciens.

Dans son exposé, J. Weiss se place au point de vue de la critique négative et la pousse à ses dernières conséquences. D'après lui, la résurrection de Jésus, en tant que nouvelle vie d'un corps mort est le produit de la légende; les apparitions de Jésus sont simplement des visions. Les premiers disciples croyaient à une vie du Christ dans le ciel, où il était devenu Messie,

Après la mort de J. Weiss, son ouvrage a été complété et édité par R. Knopf, 1917.

XV. Hans Lietzmann[1] publie depuis 1906 un Manuel sur le Nouveau Testament dont toutes les livraisons, ont paru à ce jour, 1919, sauf celle qui contient l'Apocalypse.

L'éditeur a promis que l'exposé serait dégagé de toute préoccupation confessionnelle. L'exposé en est donc nettement rationaliste; l'élément surnaturel, le miracle en particulier, est totalement rejeté et même, dans le commentaire pratique de Niebergall, l'esprit protestant s'y trahit souvent. Le but de ce Manuel est de fournir un commentaire nouveau des écrits néotestamentaires où l'on trouvera comparés au texte du Nouveau Testament les textes des inscriptions, des papyrus, ainsi que les passages parallèles des écrivains juifs et païens.

Dans un fascicule de ce Manuel, Wendland[2] a étudié les formes de la littérature chrétienne primitive. Ce titre indique qu'il n'a pas borné son travail aux écrits du Nouveau Testament, mais l'a étendu aux écrits postérieurs à ceux-ci. La plupart des conclusions qu'il présente sont totalement opposées à celles que nous défendons.

Il suffira de signaler les suivantes : Jésus n'a jamais employé le mot « Évangile » parce que le sens donné à ce terme répond à une situation qui n'existait pas de son temps. La tradition primitive a subi des altérations fréquentes, des additions, des accroissements multipliés. Les évangiles ne remontent pas aux apôtres et ne sont pas l'œuvre de ceux auxquels on les attribue. Les récits évangéliques se fixèrent d'abord par parties séparées et c'est leur réunion plus ou

---

1. *Handbuch zum Neuen Testament.*
2. *Die urchristliche Literaturformen.*

moins habile qui a formé l'évangile de Marc. Les deux autres évangiles ont utilisé ce premier écrit en y ajoutant des événements miraculeux et en le complétant par des discours empruntés au recueil de Logia dont parle Papias. Le quatrième évangéliste a voulu supplanter les évangiles synoptiques par un récit plus brillant, où les éléments miraculeux étaient plus nombreux et plus accentués. Sa narration suppose la connaissance des synoptiques. Il y a d'ailleurs lieu de distinguer plusieurs couches dans cet évangile. Le rédacteur principal serait le même que celui qui a écrit la première épître dite de Jean. La deuxième et la troisième épître seraient l'œuvre d'un presbytre de l'église d'Éphèse. L'auteur des Actes des apôtres n'est pas Luc; le livre a été écrit après les temps apostoliques; il est, d'ailleurs, fort mal composé, plein de parti pris, de fausses perspectives. L'auteur n'est pas celui qui a écrit le Journal de voyage. Les sources sont multiples, de valeur historique inégale, et elles ont été maladroitement amalgamées.

Wendland rejette l'origine paulinienne de l'épître aux Éphésiens, de la deuxième aux Thessaloniciens et des épîtres pastorales; pour l'épître aux Colossiens, il ne se prononce pas d'une manière ferme. L'épître aux Hébreux a été écrite vers la fin du 1er siècle. Les épîtres de Pierre, de Jacques et de Jude ne sont pas des auteurs auxquels on les attribue.

L'Apocalypse n'est pas un livre un; elle est composée de morceaux différents; l'auteur est un judéo-chrétien inconnu.

Les autres parties de ce Manuel seront étudiées à leur place respective.

XVI. « Les écrits du Nouveau Testament, traduits à nouveau et expliqués pour le temps présent », tel est le titre du commentaire allemand qu'a publié

J. Weiss[1] avec l'aide de plusieurs collaborateurs.
O. Baumgarten a écrit une introduction sur la valeur pratique d'un commentaire historique du Nouveau Testament et expliqué les épîtres de Jean; A. Jülicher a retracé l'histoire du Nouveau Testament et expliqué l'épître aux Romains; J. Weiss a écrit une introduction aux évangiles synoptiques et aux épîtres pauliniennes et a commenté les évangiles de Matthieu, Marc, Luc et l'Apocalypse; R. Knopf a expliqué les Actes des apôtres; W. Lücken, les épîtres aux Thessaloniciens, à Philémon, aux Colossiens, aux Philippiens, aux Éphésiens; W. Bousset, les épîtres aux Galates et aux Corinthiens; Fr. Köhler, les épîtres pastorales; G. Hollmann, l'épître de Jacques, la IIe de Pierre, et celle de Jude; H. Gunkel, la Ire de Pierre; H. Heitmüller, l'évangile de Jean.

Nous ne pouvons exposer en détail le contenu de ce commentaire des livres du Nouveau Testament; il suffira d'en citer quelques jugements pour que l'on puisse juger de son caractère et de sa valeur scientifique. Remarquons tout d'abord, afin d'expliquer les affirmations des auteurs, que leur critérium est rationaliste. Ils rejettent tout surnaturel; ce qui est miracle ou prodige est déclaré non historique et provenant de l'imagination des premiers chrétiens. Jésus-Christ n'est donc plus le Fils de Dieu, mais un personnage purement humain, le représentant de l'humanité dans ce qu'elle a de plus élevé et de plus beau.. Les auteurs ont soin de déclarer dans un avis aux lecteurs que leur travail n'est pas destiné à ceux qui sont tranquilles dans la foi de leur enfance, mais aux hommes qui doutent et qui ont perdu leurs premières croyances.

1. *Die Schriften des Neuen Testaments neu übersetzt und für die Gegenwart erklärt.* Göttingen, 1905-1907.

L'introduction aux évangiles synoptiques a été traitée par J. Weiss. Ces évangiles ont, dit-il, une grande valeur pour l'idée que l'on peut se faire de la personne de Jésus, quoiqu'ils l'enveloppent déjà d'une couronne de gloire céleste. Entre eux et le IV⁰ évangile les différences sont telles que l'on doit arriver à la conclusion suivante : Ou Jésus a tenu les discours que rapporte le IV⁰ évangile, et alors il n'a pas pu prononcer le sermon sur la montagne; ou si, au contraire, il l'a prononcé, il n'a pas tenu les discours du IV⁰ évangile. Cependant, Weiss rappelle que certains critiques pensent que, malgré les touches subjectives que Jean a introduites dans son évangile, il possédait une bonne tradition des événements, de sorte que, sur des points importants, il a complété ou corrigé les récits précédents; Weiss ajoute que la question n'est pas encore résolue.

Pour la composition des évangiles synoptiques, Weiss adopte l'hypothèse de deux sources : Marc et les Logia, dont on ne connaît pas encore bien la forme et l'étendue. Marc aurait écrit d'après des sources orales ou écrites vers l'an 70 et Matthieu et Luc vers 95-100, de sorte que jusqu'à ces dates la tradition populaire sur la personne et les discours du Seigneur a pu naître et se développer. Elle n'a pas fourni une histoire au sens propre du mot, mais nous a transmis l'idée qu'elle s'était formée de la personne du Christ. Etant donnés cependant le caractère et le contenu des discours du Seigneur, on doit reconnaître qu'ils sont authentiques.

D'après Heitmüller, qui a écrit l'introduction sur le IV⁰ évangile, le but que s'est proposé l'auteur de cet évangile était de montrer que Jésus de Nazareth est le Messie, dans quel sens il l'est et quelle est son importance pour les fidèles. Il nous instruit donc sur les questions capitales de la foi nouvelle dans ses parties les plus significatives, et de la religion du Christ telle que l'auteur l'a comprise et l'a vécue. La pensée dominante est que Jésus a été la plus haute révélation de Dieu. L'auteur du IVe évangile n'est pas Jean l'apôtre. Quel est-il? Pas de réponse ferme.

R. Knopf croit que l'auteur du troisième évangile et des Actes des apôtres a utilisé les ouvrages de Josèphe et, par conséquent, qu'il a écrit vers l'an 95-100; il reconnaît que la tradition attribue ces écrits à Luc, le médecin, compagnon de Paul; que les Actes possèdent une véritable valeur historique, car l'auteur a composé son récit d'après des sources dignes de foi.

Sur les épîtres pauliniennes, les commentateurs se rapprochent davantage de la tradition.

XVII. Signalons les commentaires du Nouveau Testament, écrits par des auteurs catholiques, Maier, Meinertz, Rohr, Sickenberger, Steinmann, Vrede et édités par Tillmann. En 1914 avaient été publiés : *Geschichte des Neuen Testaments,* par Sickenberger; *Die drei älteren Evangelien,* par Fr. Maier; *Das Johannesevangelium,* par Tillmann; *Die Apostelgeschichte,* par Steinmann; *Der Hebräerbrief,* par Rohr; *Der Jakobusbrief,* par Meinertz. La publication de ces commentaires est actuellement terminée.

Dans une excellente introduction aux évangiles synoptiques, Maier examine les questions suivantes : l'évangile oral et l'évangile écrit; la tradition sur la date de composition des évangiles; la question synoptique; la véracité et la valeur historique des évangiles synoptiques; les parties spéciales à Matthieu et à Luc; la tradition historique chez Marc et la tradition doctrinale chez Matthieu et Luc; la tradition synoptique avant qu'elle fût fixée par l'écriture.

XVIII. Sous ce titre, *A Companion to biblical Stu-*

dies, le Dr Emery Barnes, aidé de nombreux collaborateurs, choisis parmi les plus savants biblistes anglais, Ryle, Elmslie, Taylor, Davidson, Murray, Brooke, Stanton, A. Robinson, etc., résume tout ce que l'on doit savoir pour comprendre les textes de la Bible. Un travail de ce genre ne comporte pas une analyse détaillée ; il suffira de relever quelques observations pour en indiquer le caractère et la nature.

Sur les livres de l'A. T. Ryle remarque que la lecture des Septante avait rendu familiers aux fidèles les livres deutéro-canoniques, et les Pères les citaient tout comme les livres hébreux, mais jamais l'Église ne perdit de vue la base différente sur laquelle les premiers étaient fondés, et il cite l'opinion de Jérôme qui tenait pour inspirés seulement les livres du canon hébreu. Pour les écrits du N. T. il fait observer qu'aussi longtemps que vécurent les témoins oculaires de la vie de Jésus, la tradition orale fut préférée aux récits écrits. On écrivit plus tard pour éviter un changement ou une falsification du témoignage apostolique. On prit alors des mesures pour conserver intacts ces écrits, récits évangéliques, lettres apostoliques.

Pour les livres de l'A. T., Elmslie distingue plusieurs périodes dans l'établissement du texte et le soin qu'on en a eu. Avant que ces livres aient été canonisés, ils furent tant au point de vue linguistique que littéraire soumis à plusieurs revisions. Il faut tenir compte aussi des erreurs des copistes.

Traitant des méthodes de critique textuelle, Murray déclare que la nouvelle numération de von Soden ne peut être recommandée, vu qu'elle dépend de ses hypothèses sur la relation généalogique des documents. Le texte qu'a établi von Soden ne mérite pas pleine confiance — c'est bien mon avis. — Étant données les nombreuses variantes du texte néotestamentaire, on ne peut prétendre établir toujours la vraie leçon avec certitude, ou même nier qu'elle ne soit perdue, néanmoins on peut dire que l'on possède le vrai texte dans son ensemble; les sept huitièmes du texte sont sans variantes.

Viennent ensuite des introductions aux livres de l'Ancien et du Nouveau Testament. On reconnaît généralement de nos jours, affirme Stuart Perrowne, que le Pentateuque doit être attribué à divers auteurs. — Ce n'est pas l'opinion des critiques catholiques. — Le livre, tel que nous l'avons, ne vient pas de Moïse; il s'est formé, pendant de longues générations, de parties diverses; on peut distinguer quatre formes, J, E, PC, D-Quant aux Psaumes, la plupart d'entre eux appartiennent à une époque postérieure à David. Le titre : Psaume de David peut signifier Psaume écrit par David ou d'après la manière de David. Quant aux prophéties d'Isaïe, seules celles des chapitres I-XXXIX lui appartiennent, les autres sont attribuées à divers prophètes, vivant vers l'an 550 avant J.-C. Le livre de Daniel est de l'âge macchabéen, vers l'an 170 avant J.-C.

Brooke pense que l'écrivain du IVe évangile, dans son état actuel, est probablement un disciple du disciple bien-aimé. Celui-ci vivait dans l'intimité de Jésus et bien des choses dans l'évangile prouvent qu'il était le fils de Zébédée.

L'authenticité paulinienne des épîtres pastorales est acceptée, car elles ne présentent pas de différence fondamentale au point de vue de la langue et des enseignements des autres épîtres de Paul.

Pour les autres chapitres, nous devons, malgré l'intérêt qu'ils présentent, nous contenter de les signaler : Théologie du Nouveau Testament, L'histoire des Juifs jusqu'à la naissance du Christ, Les nations autour d'Israël, La littérature sacrée des Gentils, Histoire du progrès de la révélation et de l'espérance messianique, Histoire de l'âge apostolique, Le peuple juif, L'empire romain et le monde grec aux temps apostoliques, Chronologie de la Bible, Antiquités de la Bible, Arts, Commerce, Calendrier, Poids, Mesures, Monnaies, Géographie, Zoologie, Botanique de la Bible, Concordance. Des illustrations et des cartes enrichissent le texte.

XIX. Dans son ouvrage, *Les nouvelles découvertes archéologiques et leur apport au Nouveau Testament*[1], le Dr Cobern, lui-même explorateur, a entrepris de cataloguer tous les documents découverts dans ces dernières années, ainsi que les trouvailles faites dans les villes antiques récemment explorées, Jérusalem, Athènes, Antioche, les villes d'Asie Mineure visitées par Paul, et d'en dégager les données qui pourraient servir à l'explication du Nouveau Testament. Voici quelques-unes de ses observations.

Il s'arrête d'abord aux papyrus récemment exhumés, et passe en revue les conclusions que Deissmann, Moulton et d'autres ont tirées de leur étude. Les papyrus sont écrits dans la langue populaire de l'époque et offrent de nombreuses ressemblances de vocabulaire et de style avec les écrits du Nouveau Testament. Ils peuvent même nous expliquer quelques-unes des expressions que l'on trouve dans ceux-ci. On retrouve les πρεσβύτεροι, comme chefs de la corporation des tisserands à Alexandrie ; les autres dénominations ecclésiastiques, ἐπίσκοπος, διάκονος sont usitées dans les corporations civiles ou religieuses. L'expression εἰς τὸ

---

1. *The new archeological Discoveries and their bearing upon the New Testament.*

ὄνομα se lit dans plusieurs inscriptions où il est question d'esclaves, achetés par le temple au nom d'une divinité, à laquelle appartiennent maintenant ces esclaves. Dans les papyrus, comme dans le N. T. les prépositions ἀπό, παρά, ὑπέρ, περί, ὑπό, ἐκ, εἰς et ἐν sont employées sans que leur sens soit bien précisé et sont souvent interchangeables. Bien des expressions qu'on a tenues pour des hébraïsmes ne peuvent plus être ainsi qualifiées. Βλέπετε ἀπὸ τῶν γραμματέων ne peut être un hébraïsme, puisqu'on retrouve cette formule dans une lettre de l'an 41 après J.-C., où un homme avertit ainsi son ami : Prends garde aux Juifs. Lorsque les empereurs romains étaient déifiés on leur donnait le titre de Κύριος : ce titre donné à Jésus par la première génération chrétienne est donc une attestation de la croyance de celle-ci à la divinité de Jésus-Christ.

Cobern catalogue ensuite tous les papyrus contenant des fragments du N. T. et il observe ceci : ces papyrus ont été écrits par des gens du peuple, scribes malhabiles ; ils fourmillent de fautes d'orthographe, de grammaire. Écrits pour la plupart vers le iiie siècle de l'ère chrétienne, ils n'ont pas été influencés par les textes égyptiens, que nous avons dans les grands manuscrits du ive siècle, Vaticanus, Sinaiticus, écrits par des copistes de profession, et cependant, sauf quelques détails de mots, le texte de ces papyrus est conforme à celui du Vaticanus. On ne pourra donc plus soutenir que, si nous avions des textes néotestamentaires, antérieurs au ive siècle, ils seraient différents de ceux du Vaticanus, Sinaiticus, qui nous donnent des textes revisés.

Nous ne pouvons nous arrêter sur les conclusions que tire le Dr Cobern des excavations faites sur le site des anciennes cités : la plupart sont connues, et se retrouvent principalement dans les publications de

Ramsay. L'auteur n'a pas d'ailleurs la prétention d'avoir fait des découvertes; son mérite est surtout d'avoir rassemblé tout ce que l'on connaissait de nouveau sur le Nouveau Testament.

XX. Dans un article le « Nouveau Testament et les découvertes modernes », j'ai relevé dans l'ouvrage de Ramsay, « L'apport des découvertes modernes sur la véracité du N. T. », les passages principaux du N. T. sur lesquels les découvertes récentes ont jeté des lumières nouvelles. En voici quelques-uns. Quoique l'on ait soutenu qu'Iconium était lycaonienne, Ramsay prouve qu'elle était phrygienne, ainsi que le dit Luc. — Dans le procès devant le centurion romain, *Act.*, XXIII, 2 s., Paul a bien pu affirmer qu'il n'avait pas reconnu le grand-prêtre. Celui-ci ne présidait pas l'assemblée, comme à l'ordinaire. — Luc sait varier son style, selon les circonstances; en Palestine, son style est de type hébraïque; à Athènes, il a une saveur attique. Ses auditeurs le désignent par un terme de l'argot athénien, σπερμολόγος. — Paul a été traduit devant le conseil de l'Aréopage et non, comme on l'a dit, sur la colline appelée Ἄρειος πάγος. — Les accusations portées contre Paul ressortaient bien des circonstances et sont caractéristiques de l'état de la société gréco-romaine en Orient. — Paul a eu plusieurs fois comme adversaires des magiciens, nombreux à cette époque; ces magiciens n'étaient pas tous des imposteurs; ils possédaient une certaine connaissance des lois de la nature et se servaient de leur science pour se faire valoir auprès du peuple. Ainsi s'explique que Simon de Gitta ait été qualifié de δύναμις θεοῦ. Le terme δύναμις était un mot technique dans la langue des religions orientales et de la magie. Ramsay croit que Sergius Paullus a cru aux enseignements de Paul, mais n'a pas été baptisé. Il est difficile d'admettre cette hypothèse.

Le grec Λουκᾶς est l'équivalent du latin Lucius. — « Vous pouvez, conclut Ramsay, scruter les paroles de Luc plus qu'on ne le fait même pour tout historien et vous constaterez qu'elles soutiennent l'examen le plus strict et le traitement le plus dur sans être trouvées en faute, pourvu que les critiques connaissent bien l'état des choses et n'aillent pas au delà des limites de la science et de la justice. »

XXI. Mentionnons enfin la publication de commentaires du Nouveau Testament dont le but est de montrer aux chrétiens de l'Hindoustan la signification des écrits néotestamentaires pour les lecteurs indiens par des références à la pensée et à la vie des religions de l'Orient. Voici le titre des volumes parus : W. STANTON, *The Gospel according to St. Matthew;* E. WALKER, *The Acts of the Apostles;* A. CROSTHWAITE, *The second Epistle to the Corinthians;* E. WALKER, *The Epistle to the Philippians;* G. HOLMES, *The Epistle to the Hebrews;* M. WALLER, *The Book of Revelation.*

§ 2. — Introductions au Nouveau Testament.

Nous laissons de côté les Introductions au Nouveau Testament antérieures à 1910 et les nouvelles éditions des Introductions publiées avant cette date, telles que celles de Kaulen, Belser, Zahn, Jülicher, importantes, il est vrai, mais trop connues pour qu'il soit nécessaire d'en parler de nouveau.

C. R. GREGORY, *Einleitung in das Neue Testament.* Leipzig, 1909.

* L. BABURA, *Introductio historico-critica in sacros Novi Testamenti libros.* Gran, 1910.

* A. CELLINI, *Propaedeutica biblica seu Compendium Introductionis criticae et exegeticae in sacram Scripturam.* Ripatransone, 1910.

J. Moffatt, *An Introduction to the Literature of the New Testament.* Edinburgh, 1911.
* A. Brassac, *Manuel biblique; Nouveau Testament,* t. III. Paris, 1913; t. IV, 1911.
* A. Schaefer, M. Meinertz, *Einleitung in das Neue Testament,* 2e Aufl. Paderborn, 1913.
W. C. Allen, L. W. Grensted, *Introduction to the Books of the New Testament.* Edinburgh. 1914.
P. Feine, *Einleitung in das Neue Testament.* Leipzig, 1913.
Fr. Barth, *Einleitung in das Neue Testament.* Leipzig, 1914.
✝ E. Jacquier, *Histoire des livres du Nouveau Testament,* t. I, *Épitres de saint Paul,* 9e éd. 1916; t. II, *Les évangiles synoptiques,* 6e éd. 1914; t. III, *Les Actes des apôtres, les épîtres catholiques,* 4e éd. 1912; t. IV, *Les écrits johanniques,* 4e éd. 1912. — *Le Nouveau Testament dans l'Église chrétienne* : t. I. *Le canon du Nouveau Testament,* 2e éd. 1913; *Le texte du Nouveau Testament,* 2e éd. 1914. Paris.
C. Clemen, *Die Entstehung des Neun Testaments.* Berlin, 1919.
R. Knopf, *Einführung in das Neue Testament.* Giessen, 1919.

I. L'ouvrage de R. Gregory est une introduction complète au Nouveau Testament, car, outre l'histoire du canon et du texte, il contient une critique des écrits. Il est précédé d'une préface où l'auteur établit ce que doit être une introduction au Nouveau Testament et examine les sciences auxiliaires de cette discipline.

La critique des écrits est traitée assez brièvement. L'auteur ne discute pas, il expose ce qu'il croit être la vérité. Il parle en premier lieu de Paul et de ses épîtres. Il étudie d'abord à quel degré l'Apôtre a subi l'influence grecque et constate que ce qu'il y avait en lui de mentalité grecque lui a été très utile pour comprendre le monde païen et en être compris. Nous ne connaissons pas complètement la vie missionnaire de Paul; il a fait de plus nombreux voyages que ceux qui nous sont rapportés et écrit plus de lettres que nous n'en avons. Les deux épîtres aux Thessaloniciens sont les plus anciennes. L'épître aux Galates a été écrite en l'an 50 aux Galates du nord, convertis par l'Apôtre, peut-être pendant son premier voyage en Asie Mineure. Les épîtres aux Corinthiens ont été écrites en 52-53. La deuxième est peut-être formée de trois lettres distinctes de Paul. Les quatre derniers chapitres, X, 1-XIII, 10, seraient la lettre que l'Apôtre écrivit, nous dit-il, le cœur serré et les larmes aux yeux, II *Cor.*, II, 3, 4. L'épître aux Romains fut écrite au printemps de l'an 54 à Corinthe. Les destinataires étaient juifs et païens. L'église de Rome n'a pas été fondée par un apôtre ou un envoyé des apôtres, mais par des chrétiens venus de Jérusalem ou d'Antioche, convertis par Paul. Les rapports entre l'épître aux Romains, chapitres XII, XIII et la première épître de Pierre sont très étroits. On ne peut décider historiquement laquelle dépend de l'autre, d'autant plus qu'il n'y a pas de preuve stricte de dépendance. Les deux écrivains peuvent avoir emprunté à une source commune.

Les épîtres aux Colossiens et aux Philippiens sont authentiques; la première a été écrite à Césarée en 54-56 et la seconde à Rome vers la fin de 58. L'épître aux Éphésiens est une circulaire. Les épîtres pastorales sont probablement authentiques dans leur ensemble. L'épître aux Hébreux a été écrite en 66, probablement par Barnabé. L'Apocalypse est de l'apôtre Jean.

Pour la question de la composition des évangiles synoptiques, l'auteur adopte l'hypothèse des deux sources : les Logia et Marc. Le texte araméen des Logia a été traduit en grec vers l'an 60. Marc a été écrit peu après; Matthieu vers 72-75; Luc vers 80 environ; les Actes quelque temps après. Les divergences que l'on signale entre ce livre et l'épître aux Galates ne sont qu'apparentes. Le IVe évangile doit être attribué à un auteur du nom de Jean. D'après les caractères internes de l'écrit il faut l'attribuer à Jean, fils de Zébédée. La physionomie de Jésus qui se dégage de cet évangile est différente de celle que présentent les synoptiques.

II. Dans son *Introduction critique au Nouveau Testament* [1], A. Peake accepte l'authenticité des épîtres aux Romains, aux Galates, aux Corinthiens ; la fin de la seconde aux Corinthiens, X-XII, serait la lettre perdue dont il est parlé dans la première partie de cette épître. Peake est disposé à tenir pour pauliniennes la seconde épître aux Thessaloniciens et l'épître aux Colossiens, mais il hésite pour l'épître aux Éphésiens. Les épîtres pastorales n'ont pu être de Paul dans leur forme actuelle mais contiennent des parties notables venant de l'Apôtre. L'épître aux Hébreux aurait été écrite à des judéo-chrétiens de Rome, probablement, par Priscille ; en tout cas, elle ne l'a pas été par Paul. Le premier et le troisième évangile ont été composés pour la majeure partie de leur contenu à l'aide de l'évangile de Marc et des Logia du Seigneur, document dénommé Q. Matthieu aurait compilé ces Logia, mais ne serait pas l'auteur du premier évangile. Le quatrième évangile aurait l'apôtre Jean pour auteur, mais l'Apocalypse ne peut lui être attribuée.

III. En tête de son « Introduction à la littérature du Nouveau Testament », Moffatt [2] donne des tables relatant les événements tant historiques que littéraires de l'an 230 avant J.-C. à l'an 370 après ; viennent ensuite des prolégomènes sur le canon du Nouveau Testament, les sources littéraires, la structure et la composition, les formes littéraires, la circulation et les caractéristiques littéraires du Nouveau Testament. Comme sources littéraires, Moffatt relève d'abord l'Ancien Testament,

---

1. *A critical Introduction to the New Testament.*
2. *Introduction to the Literature of the New Testament.*

ÉTUDES DE CRITIQUE.

dont il précise l'emploi par les écrivains néotestamentaires; il adopte l'opinion, qui nous paraît très probable, de florilèges de passages de l'Ancien Testament, dont on retrouve des traces soit dans le Nouveau Testament, soit dans les premiers écrits chrétiens. Il admet aussi l'emploi des écrits deutéro-canoniques de l'Ancien Testament et même de l'écrivain juif Josèphe. Moffatt étudie ensuite une forme littéraire très employée dans le Nouveau Testament, la prose rythmée et signale la présence d'hymnes chrétiennes, surtout dans les épîtres pauliniennes.

Le premier chapitre est consacré à la correspondance de Paul. Comme introduction nous avons une étude sur la chronologie paulinienne. Par une analyse minutieuse de la langue de la première épître aux Thessaloniciens, Moffatt en démontre l'authenticité; il maintient aussi celle de la seconde malgré les objections des critiques. Il examine ensuite avec soin la question des destinataires de l'épître aux Galates; avec Mommsen et beaucoup d'autres il soutient que Paul a écrit à des chrétiens de nationalité galate, qu'il avait évangélisés pendant son second voyage et non aux chrétiens de Pisidie, de Derbé et de Lystres, qu'il ne pouvait appeler Galates, puisqu'ils ne l'étaient pas. Pour les épîtres aux Corinthiens il adopte une opinion qui a déjà été soutenue plusieurs fois : l'épître dont parle Paul dans sa seconde épître, III, 4, et qu'il avait écrite, le cœur navré et serré et qu'il semble regretter se retrouverait dans la deuxième épître, X, 1-XIII, 10. Pour l'épître aux Romains, Moffatt pense, après d'autres critiques, qu'il est étonnant que Paul ait connu tant de personnes à Rome, où il n'était jamais allé. Il accepte donc l'hypothèse que le chapitre XVI a été ajouté par Paul quand il envoya aux Éphésiens un exemplaire de son épître aux Romains.

Les épîtres aux Philippiens et à Philémon auraient été écrites par Paul, lors de son emprisonnement à Rome. L'épître aux Colossiens, écrite à la même époque, combattrait une sorte de théosophisme juif. Quant à l'épître aux Éphésiens, ce serait une homélie écrite vers l'an 75-85 par un chrétien d'Asie Mineure qui se serait servi pour son travail de l'épître aux Colossiens et de la première épître de Pierre. Pour les épîtres pastorales, elles auraient été composées vers la fin du premier siècle par un chrétien paulinien, qui voulait défendre les institutions ecclésiastiques de l'époque. Il aurait utilisé quelques billets de l'Apôtre. Sur l'épître aux Hébreux, Moffatt ne sait que nous dire, sauf qu'elle n'est pas de Paul.

Le second chapitre traite de la littérature historique : évangiles synoptiques et Actes des apôtres. D'après Moffatt, Marc aurait écrit, vers l'an 60-70, un évangile plus court que celui que nous possédons maintenant. Quelque temps après, cet évangile aurait reçu des additions et serait devenu notre évangile actuel, dont se seraient servis Matthieu et Luc pour écrire leur évangile. Ils auraient aussi utilisé un recueil de discours compilé par Matthieu. Marc ne s'en est pas servi et Luc n'a pas connu Matthieu et inversement.

Quant aux Actes, ils ont été écrits vers la fin du Ier siècle par Luc, le compagnon de Paul, qui aurait composé son évangile vers l'an 80-90. Les données linguistiques ne prouvent pas que Luc ait été influencé par la langue de Paul et même qu'il ait eu connaissance des épîtres pauliniennes. En ce qui concerne la géographie, l'état politique ou social des pays dont il parle, Luc est remarquablement exact; les discours des Actes, dont le fond lui a été fourni par la tradition, représentent bien la première prédication chrétienne.

Sous le titre d'Homélies et Pastorales sont étudiées

les épîtres de Pierre, de Jude, aux Éphésiens, les Pastorales, aux Hébreux, de Jacques, la IIe et la IIIe de Jean; pour Moffatt, elles sont toutes des pseudépigraphes, sauf peut-être la première épître de Pierre, que Silvain aurait traduite en grec. L'épître de Jude aurait été écrite au commencement du IIe siècle ; la seconde de Pierre en dépendrait. Quant à celle de Jacques, elle serait aussi du IIe siècle et l'auteur inconnu aurait utilisé les épîtres pauliniennes.

D'après Moffatt, Jean serait mort avant la destruction de Jérusalem ; le Jean de la tradition éphésienne serait Jean le presbytre, qui a écrit la IIe et la IIIe épître de Jean et probablement aussi l'Apocalypse, vers l'an 100. Il aurait utilisé des écrits antérieurs. Le IVe évangile et la première épître de Jean proviennent de la communauté d'Éphèse, mais ne sont pas du même auteur. L'évangile aurait pour base une source apostolique, dérivant de l'apôtre Jean et daterait dans sa forme actuelle d'un peu avant l'an 110. Le chapitre XXI n'aurait pas été écrit par le premier éditeur.

En 1918, Moffart a publié la 3$^\text{e}$ édition de son ouvrage et y a ajouté un appendice, où il relève les hypothèses récentes sur les écrits du N. T. Signalons-en quelques-unes, que nous n'avons pas mentionnées dans le cours de notre ouvrage : Margoliouth a supposé que l'évangile original de Matthieu a été traduit en syriaque, avant d'être employé dans le Matthieu grec. — D'après Bartlet et Maurenbrecher, la section spéciale de Luc, IX, 51-XVIII, 14, viendrait d'une source qui aurait Philippe pour origine ; d'après Parsons, ce serait d'un document émanant de l'église de Jérusalem, vers l'an 50 ou 55. — Le décret apostolique, *Act.*, XV, 28 ss., était une loi sur les aliments, comportant quelques atténuations de l'observance juive. Il faut en retrancher καὶ πνικτῶν; la πορνεία, d'après

Preuschen, serait la prostitution sacrée. Ce décret aurait été porté dans la dernière période des Actes, XXI, 25 ; d'après J. Weiss, ce serait quand Silas était à Jérusalem, après le second voyage de mission de Paul. — Belser a conjecturé qu'Aristion serait l'auteur des gloses, V, 3-4 ; VII, 53 s. ; XIX, 35 ; XXI, 24 s. du IVe évangile. D'après une fresque de la Catacombe de sainte Priscille, il ressortirait que cet évangile a été écrit vers l'an 100 et d'après Windisch il a dû l'être entre 80 et 100, vu qu'il ne trahit aucune accointance avec les évangiles synoptiques.

IV. Tout en rendant justice aux mérites du travail de Moffatt, W. Ramsay y relève de nombreuses défectuosités [1]. Nous ne pouvons reproduire toutes les observations qu'il présente ; il suffira de signaler les plus caractéristiques. Sa méthode d'abord lui paraît défectueuse. Moffatt connaît à fond la littérature de son sujet ; il cite avec profusion les opinions des spécialistes et cherche à dégager de chacune d'elles ce qui lui semble le meilleur, pour obtenir un residuum qui, pour lui, est la vérité. Cette méthode n'est pas scientifique ; c'est le vieil éclectisme démodé depuis longtemps.

W. Ramsay examine ensuite les preuves que donne Moffatt de la mort de l'apôtre Jean avant l'an 70 et, avec raison, les trouve faibles. Le prétendu témoignage de Papias d'après Georges le Pécheur n'a aucune valeur. Il fait ensuite remarquer que, du fait que l'auteur du IVe évangile est bien au courant de la géographie et des institutions de la Palestine, on est en droit de conclure qu'il était palestinien et vivait au Ier siècle. Un Juif d'Asie n'aurait pu reconstruire aussi exacte-

---

[1]. *The first Christian Century. Notes on Dr Moffatt : Introduction to the Literature of the New Testament.*

ment le milieu historique et ce procédé n'était pas d'ailleurs habituel aux historiens de cette époque. Quant à la littérature pseudonyme, elle est loin d'être aussi considérable que le suppose Moffatt et présente d'ailleurs des caractères très reconnaissables.

W. Ramsay en vient alors à Paul qu'il connaît si bien. Il proteste avec indignation contre l'affirmation si souvent répétée que l'Apôtre était incapable d'écrire en un bon grec; il se plaît à rappeler le jugement de Norden, sur quelques passages de la première épître aux Corinthiens et de l'épître aux Romains : « Dans ces passages le langage de l'Apôtre s'est élevé à la hauteur de Platon dans le Phèdre », et celui de von Wilamowitz-Möllendorff, dans sa Littérature grecque : « Bien que ce grec (de Paul) n'ait aucun rapport avec une école ou un modèle, par ce fait que ce grec coule, aussi bien qu'il peut, du cœur, en torrent impétueux et qu'il est du vrai grec, non traduit de l'araméen, Paul est un classique de l'Hellénisme. Maintenant au moins on peut encore entendre en grec l'expression d'une expérience intime, fraîche et vivante. »

W. Ramsay revient ensuite à l'opinion qui lui tient au cœur : Paul a adressé son épître aux Galates aux chrétiens d'Antioche de Pisidie, de Lystres et de Derbé, qu'il avait évangélisés pendant son premier voyage missionnaire. Il la fortifie en citant une inscription trouvée récemment par Calder à Antioche de Pisidie, où Tavia, la métropole des Galates Trocmiens, appelle « sa sœur » la colonie d'Antioche. Les Galates du nord regardaient donc les habitants d'Antioche comme leurs frères. Paul pouvait donc, à juste droit, appeler Galates les chrétiens de cette ville.

V. A. Brassac[1] a refondu de fond en comble dans le

---

1. *Manuel biblique. Nouveau Testament.*

Manuel biblique le Nouveau Testament, qu'avait écrit Bacuez; il l'a mis au courant des études modernes. Tout en adoptant les solutions catholiques sur les questions discutées, il a soin de signaler les positions tenues par les critiques protestants et rationalistes.

VI. L'*Introduction au Nouveau Testament* de F. Barth[1] rappelle pour la plupart des positions soutenues celles de Zahn; elle est dans l'ensemble de tenue conservatrice. L'apôtre Matthieu a recueilli des sentences du Seigneur que Marc et Luc ont utilisées; le IVe évangile ainsi que l'Apocalypse et les trois épîtres sont de Jean l'apôtre; les épîtres pastorales sont l'œuvre de Paul; Barnabé est vraisemblablement l'auteur de l'épître aux Hébreux; la seconde épître de Pierre doit être attribuée à un auteur du second siècle.

VII. Nous n'avons pas à étudier dans le détail l'*Introduction au Nouveau Testament* de Mgr Schäfer[2]; elle s'en tient aux généralités, enseignées dans tous les séminaires ecclésiastiques. Voici seulement quelques-unes des positions que soutient l'auteur sur les questions discutées : L'épître aux Galates a été adressée aux habitants du pays de Galatie et non de la province romaine de Galatie. Entre la première et la deuxième épître aux Corinthiens, Paul fit un voyage à Corinthe, mais la lettre sévère qu'il écrivit aux Corinthiens n'est pas à retrouver dans les derniers chapitres de la deuxième épître. L'épître aux Hébreux a été envoyée d'Italie à une communauté judéo-chrétienne; tous les noms d'auteurs mis en avant sont de pures hypothèses qui ne peuvent être prouvées. La conversion de Paul eut lieu en l'an 36, son premier voyage missionnaire en 45-48, son arrestation à Jérusalem en 58; sa première captivité à Rome en 61-63,

---

1. *Einleitung in das Neue Testament.*
2. *Einleitung in das Neue Testament.*

son voyage en Espagne en 63-64, sa mort en 67. La question synoptique n'est pas éclaircie à fond. La question du Comma Johanneum n'a pas été tranchée par le décret de la Congrégation du Saint-Office du 13 janvier 1897.

VIII. Le Dr Feine, bien connu pour ses excellentes études néotestamentaires, et en particulier par sa *Théologie du Nouveau Testament,* nous a donné, lui aussi, une courte introduction au Nouveau Testament[1]. C'est un travail destiné surtout à orienter l'étudiant dans les questions que soulèvent l'origine, le but, l'authenticité, le contenu, la date des écrits néotestamentaires. Feine est protestant orthodoxe et, d'ordinaire, adopte les opinions conservatrices. Voici quelques-unes de ses positions particulières : La théorie des deux sources, l'une contenant des récits et l'autre des discours est, d'après l'auteur, la mieux fondée. L'évangile de Matthieu a été composé après 70, celui de Marc en 70 et celui de Luc vers l'an 80. Les épîtres pastorales dans leur forme actuelle sont d'une époque plus tardive que celles de Paul ; elles ont dû être écrites dans le dernier quart du Ier siècle ; elles contiennent cependant des matériaux authentiquement pauliniens, tels que les notices personnelles et historiques. L'épître aux Hébreux a été écrite vers l'an 80-90.

IX. L'ouvrage de G. Milligan : *Les documents du Nouveau Testament, leur origine et leur histoire primitive,* est, à un certain degré, une introduction aux livres du Nouveau Testament ; toutes les questions qu'ils soulèvent y sont traitées d'une façon succincte mais complète et exacte. Voici quelques-uns de ses aperçus : Les écrivains du Nouveau Testament se sont servis du grec ordinaire de leur temps dans sa forme

---

1. *Einleitung in das Neue Testament.*

vulgaire. La plupart des expressions qu'on a tenues pour des hébraïsmes se retrouvent dans les papyrus. Ainsi βλέπειν ἀπό se lit dans plusieurs papyrus. Les prépositions εἰς et ἐν sont interchangeables dans le Nouveau Testament comme dans les papyrus. La syntaxe du Nouveau Testament n'est pas strictement modelée d'après les règles classiques, mais plusieurs de ses écrivains ne manquaient pas d'habileté littéraire et pouvaient user de distinctions suggestives, quelquefois subtiles, pour exprimer les pensées nouvelles et les idées qu'ils voulaient enseigner.

Bien que des mains étrangères aient donné leur forme dernière aux épîtres pastorales on peut continuer à les attribuer à Paul. Si les épîtres de Paul doivent être appelées des lettres, il faut y joindre les épithètes « missionnaires » ou « pastorales ». On doit les regarder autant comme des discours que comme des lettres. Il faut y reconnaître un certain art.

L'épître aux Hébreux montre plus de structure artistique que tout autre écrit du Nouveau Testament. Chaque sentence est soigneusement achevée, chaque période exactement balancée. Le plan du tout est bien ordonné; chaque pas dépend immédiatement du précédent et l'usage des questions rhétoriques, quelquefois condensées en un seul mot, trahit l'écrivain consciencieux et habile.

La seconde épître de Pierre est un écrit pseudonyme. Les épîtres johanniques sont de l'auteur du IVe évangile, lequel avait dans l'oreille le balancement et la cadence du vers de l'Ancien Testament. La langue et le style si particuliers de l'Apocalypse s'expliquent par ce fait que l'auteur écrivait dans une langue qui n'était pas la sienne.

Les critiques s'accordent à admettre que Marc est notre plus ancien évangile et qu'avec les Logia il a été la source de Matthieu et de Luc. L'évangile de Matthieu ne peut être identifié avec les Logia. Le IVe évangile vient de Jean, le disciple bien-aimé.

Dans la première partie des Actes Luc s'est servi d'une source araméenne; il est l'auteur du Journal de voyage. Il a retravaillé les discours qui lui venaient principalement de sources orales. L'exactitude historique de ses récits a été prouvée par les plus récentes découvertes archéologiques. La relation exacte des deux formes du texte n'a pu être encore déterminée d'une façon précise.

Une des causes de corruption du texte néotestamentaire fut l'emploi du papyrus, matière très friable. Il s'y produisait des trous, causant des lacunes dans le texte, lacunes qui étaient comblées au petit bonheur par les scribes. Une autre cause était l'emploi de scribes non professionnels; en ce temps-là d'ailleurs les copistes ne se croyaient pas astreints à une reproduction strictement littérale du texte.

La collection des écrits du Nouveau Testament se fit graduellement; elle ne fut pas officielle et canonisée par les Conciles avant l'an 397. Tout ce qui méritait d'être conservé de la première littérature chrétienne entra dans cette collection.

CHAPITRE II

CHRONOLOGIE DU NOUVEAU TESTAMENT.

M. Goguel, *Notes d'histoire évangélique*. Paris, 1916.

* Hommaner, *Die Dauer der öffentlichen Wirksamkeit Jesu.* Freiburg Br., 1908.

* F. Prat, *La date de la Passion et la durée de la vie publique de Jésus-Christ; Recherches de science religieuse,* t. III, p. 82, 1912.

* Lévrier, *Clé chronologique des dates exactes de la vie de J.-C.* Poitiers, 1905.

E. Preuschen, *Todesjahr und Todestag Jesu; Zeitsch. für die Nt. Wissenschaft*, V^{er} B, p. 16, 1904.

E. Bourguet, *De rebus Delphicis imperatoriae aetatis capita duo.* Montpellier, 1905.

M. Goguel, *Essai sur la chronologie paulinienne.* Paris, 1912.

* F. Prat, *La chronologie de l'époque apostolique; Recherches de science religieuse,* t. III, p. 374, 1912.

* A. Brassac, *Une inscription de Delphes et la chronologie de saint Paul; Revue bib.,* t. X, p. 36 et 207, 1913.

G. Hoenicke, *Die Chronologie des Lebens des Apostels Paulus.* Leipzig, 1903.

I. Sous ce titre : *Notes d'histoire évangélique,* Maurice Goguel étudie les questions qui ont été posées à propos de la chronologie des événements racontés dans les évangiles. De l'évangile de Matthieu il résulte que la date approximative de la naissance de Jésus est l'an 6 avant notre ère, ou l'an 748 de Rome. La tradition recueillie par Luc contient un certain nombre de traits légendaires, notamment en ce qui concerne les événements arrivés au cours d'un recensement, au temps où Quirinius était gouverneur de Syrie. Des récits de l'enfance racontés par Matthieu et Luc on peut conclure que Jésus est né au plus tard au début de l'an 4 avant notre ère, avant la fin du règne d'Hérode. C'est la conclusion généralement acceptée par les historiens.

D'après Luc, III, 1, 2, Jésus aurait été en 28-29 après J.-C., âgé d'environ trente ans, ce qui s'accorde suffisamment avec sa naissance en l'an 4 avant notre ère ou à une date un peu antérieure. Goguel ne croit pas que cette date mérite d'être retenue pour le début du ministère de Jésus. La date de la mort de Jean-Baptiste ne peut être fixée exactement.

Le calcul astronomique ne permet pas de trouver la date de la mort de Jésus, étant donnée la variabilité de la computation juive fondée sur des données que nous ne pouvons déterminer. De la parole du Seigneur rapportée par le IVe évangile, XI, 19, et de la réponse des Juifs, ib. 20 : Ce temple a été construit en quarante-six ans et tu le rebâtirais en trois jours, il résulterait que la dernière pâque de Jésus a été celle de l'an 28, ce qui fixe à cette année-là la date de sa mort. Goguel ne pense pas que le dernier repas du Seigneur ait été la Pâque juive, ce qui permet de rapprocher le texte des trois synoptiques de celui de Jean.

II. En quelle année Jésus-Christ est-il né? Telle est la question qu'examine Enrico Masini dans *The Expositor*[1]. Il établit que le cens dont parlent Luc et Justin a bien été fait par Quirinius en l'an 748 de la fondation de Rome. A cette date Quirinius était légat de l'empereur Auguste en Syrie et obligea Hérode

---

1. *When was Jesus-Christ born; The Expositor*, mars 1917, p. 178-192. N° 75. London.

à faire prêter serment de fidélité à l'empereur par ses sujets. Josèphe raconte que deux ans avant sa mort Hérode obligea les Juifs à prêter le serment de fidélité. C'est à ce serment prêté dans les mêmes formes que le cens qu'il est fait allusion par l'évangéliste. Quelle que soit la valeur de cette hypothèse, Masini, à la suite de divers calculs, aboutit aux dates suivantes : Jésus est né le dimanche, 26 novembre, six ans avant l'ère chrétienne; il assista à sa première Pâque, à Jérusalem, le samedi, 23 mars de l'an 26 et il fut crucifié le vendredi 18 mars de l'an 29 après J.-C. Il aurait donc vécu trente-trois ans, trois mois et vingt jours.

III. Dans une étude sur la chronologie de Notre-Seigneur [1], Chaume arrive aux résultats suivants pour les principaux événements de la vie publique :

septembre 30	Baptême de Notre-Seigneur.
hiver 30-31	Début de la vie publique.
mars-décembre 31	Premier voyage à Jérusalem et séjour en Judée.
décembre 31-janvier 32	Passage en Samarie.
janvier-novembre 32	Première mission en Galilée.
novembre 32-janvier 33	(Retraite de Jésus) Mission des apôtres et des disciples.
février-décembre 33	Long voyage vers Jérusalem.
janvier-septembre, 34	Second séjour en Galilée.
septembre 34	Bref séjour à Jérusalem pour la fête des Tabernacles.
septembre-novembre 34	(Séjour en Pérée).
fin novembre 34	Bref séjour à Jérusalem pour la Dédicace.
décembre 34-janvier 35	Voyage vers la Galilée.
janvier-février 35	Dernier voyage à travers la Samarie et la région du Jourdain.
3 avril 35	Arrivée à Jérusalem.

1. *Recherches sur la Chronologie de la vie de Notre-Seigneur; Revue bibl.*, t. XV, p. 215, 1918.

Notre-Seigneur aurait souffert le vendredi 8 avril de l'an 35; il serait né en l'an 5 avant notre ère.

IV. Nous ne pouvons entrer dans le détail des études sur la chronologie de la vie de Paul. Ce travail sera fait dans nos *Études de critique et d'exégèse du N. T.* Voici un tableau qui donne les principales dates d'après quelques auteurs.

Dates d'après	Hoenické	Prat	Brassac	Goguel	Jacquier
Conversion de Paul.	33-35	34 ou 36	36	29-30	34 ou 36
Premier voyage à Jérusalem.....	36-38	38-39	38-39	32	37-38
Premier voyage missionnaire.....		45	45-48	44	44-45
Voyage à Jérusalem; conférence apostolique.......	49?	49 ou 50	49	43-44	49
Deuxième voyage missionnaire...		50	49 à 52	49-50	49-50
Paul à Corinthe...	52	hiver 50 à 51	51 à 52	50 à 51	51 à 52
Troisième voyage missionnaire...		53	53	52	52
Séjour à Éphèse..		53 à 56	54 à 57	53 à 56	53 à 56
en Macédoine et Grèce.......			57 à 58	56-57	56 à 57
Départ de Corinthe et arrivée à Jérusalem......			58	57	57
Arrestation de Paul.	59	57 ou 58	58	57	57
Destitution de Félix.		59 ou 60	60	59	59
Départ pour Rome..				60	59
Arrivée à Rome...	61		61	60	60
Fin de la captivité romaine.....		62 ou 63	63	62	62

CHAPITRE III

LA LANGUE DU NOUVEAU TESTAMENT.

§ 1. — Études d'ensemble.

A. Deissmann, *Licht vom Osten; Das Neue Testament und die neuentdeckten Texte der hellenistichrömischen Kultur.* Tübingen, 2e Aufl. 1909. Traduction anglaise par L. M. Strachan. London, 1910; *New Light on the New Testament from the records of the graeco-roman Period.* Edinburgh, 1907.

J. Rouffiac, *Recherches sur les caractères du grec dans le Nouveau Testament d'après les inscriptions de Priène.* Paris, 1911.

G. Milligan, *Selections from the greek Papyri.* London, 1910.

J.-H. Moulton, *Characteristics of New Testament Greek; Expositor.* London, 1905.

H. Stocks, *Das neutestamentliche Griechisch im Lichte der modernen Sprachforschung,* dans *die Neue Kirchliche Zeitschrift,* Bd. XXIV, p. 633-653; 681-700. Leipzig, 1914.

* E. Buonaiuti, *Saggi di Filologia e Storia die Nuovo Testamento.* Roma, 1910.

* J. Huby, *Le Grec du Nouveau Testament; Études,* 20 janvier 1909.

I. Dans trois conférences, Adolf Deissmann[1] veut nous montrer les services que peuvent rendre pour l'interprétation philologique, littéraire et religieuse

---

1. *New Light on the New Testament from records of the graeco-roman period.*

du Nouveau Testament les inscriptions récemment découvertes. Les plus utiles ne sont pas celles qu'on lit sur les monuments, car elles sont plus ou moins littéraires, mais celles que fournissent les papyrus et les tessons de vases. Ces dernières sont écrites dans la langue populaire du temps et reflètent les idées du peuple. C'est donc à celles-ci que l'on pourra comparer les livres du Nouveau Testament, écrits dans la langue de la conversation de cette époque. Ce travail a déjà donné d'heureux fruits et l'on a pu expliquer bon nombre de termes du Nouveau Testament par l'usage qui en a été fait dans les papyrus. Pourra-t-ou expliquer, comme l'a fait Deissmann, la rapide propagation du christianisme par ce fait que l'on trouve de nombreuses inscriptions qui tendraient à prouver que le peuple de ce temps était religieux et de moralité assez élevée. Nous ne le pensons pas. Tout au plus pourra-t-on dire que le peuple était disposé à un certain point, à écouter la nouvelle doctrine, ainsi que l'a constaté Paul dans son discours devant le tribunal de l'Aréopage, *Actes,* XVII, 22, 23, mais il n'en restera pas moins que le christianisme, sur les questions capitales, était en antagonisme avec les religions païennes. Sur les questions philologiques et littéraires Deissmann présente des observations plus justes, auxquelles nous adhérons en partie.

II. Dans ses travaux sur la langue du Nouveau Testament Ad. Deissmann[1] veut prouver que celle-ci n'est pas une langue spéciale, mais celle qui était parlée dans le monde grec au temps de Notre-Seigueur. Il admet bien une influence aramaïsante, surtout au point de vue lexicographique, mais il ne croit pas qu'elle ait été suffisamment profonde pour dif-

---

1. *Licht vom Osten.*

férencier cette langue du grec contemporain. Il prouve son hypothèse en montrant qu'on retrouve le grec du Nouveau Testament — même dans ce qu'il a de plus caractéristique, c'est-à-dire dans ce qu'on avait cru provenir de l'hébreu ou de l'aramén — dans les inscriptions, et sur les ostraka.

Nous n'avons pas à entrer dans le détail de ce travail de Deissmann ; nous avons déjà exposé dans l'*Histoire des livres du Nouveau Testament,* tome III, p. 325-338, tout ce qu'il apportait de nouveau sur la langue du Nouveau Testament et le secours qu'il fournissait pour l'exégèse. Nous continuons à penser que la connaissance du grec populaire pourra être utile pour comprendre celui du Nouveau Testament, mais qu'il faudra aussi tenir grand compte du grec des Septante, de Polybe, de Josèphe et des autres écrivains de ce temps-là. Il y aurait lieu aussi de relever un peu plus le caractère littéraire de certains écrits du Nouveau Testament que ne le fait Deissmann. Sans parler de l'épître aux Hébreux qui est une œuvre d'excellent grec, on devra tenir la plupart des épîtres pauliniennes pour des œuvres d'une belle tenue littéraire. Il ne faudrait pas, pour juger ces écrits, prendre toujours pour norme les écrits classiques. Il est des pages de l'épître aux Romains pour ne parler que de celle-là qui égalent et, à notre avis, qui dépassent en éloquence les plus belles pages des écrivains classiques.

III. E. Buonaiuti[1] a recueilli dans un volume des études sur diverses questions de philologie et d'histoire néotestamentaires. Il a eu pour but principal de faire ressortir l'importance que peuvent avoir pour l'interprétation et l'intelligence du Nouveau Testa-

---

1. *Saggi di Filologia e Storia del Nuovo Testamento.*

ment les inscriptions et les papyrus récemment publiés.

IV. Nos lecteurs savent que les philologues modernes enseignent que le grec du Nouveau Testament n'est pas une langue spéciale, comme on l'avait cru autrefois, mais la langue parlée au temps de Notre-Seigneur dans tous les pays de langue grecque. Rouffiac[1] partage cette opinion et il prouve qu'elle est bien fondée en l'établissant à nouveau à l'aide des inscriptions grecques trouvées à Priène, ville de la côte d'Asie Mineure. Les textes qu'il étudie appartiennent à l'époque de la formation de la langue commune et sont de peu antérieurs au christianisme, à peu près de l'an 334 avant Jésus-Christ jusqu'au commencement de l'ère chrétienne.

Dans une première partie, consacrée à la grammaire, Rouffiac étudie les questions d'orthographe, de phonétique, de morphologie et quelques particularités de l'emploi des prépositions. Ainsi l'expression, ἀπὸ τοῦ νῦν, *désormais,* fréquente dans Luc, et qu'on retrouve dans les papyrus est aussi dans deux inscriptions de Priène. Πρό y est aussi employé pour marquer une date comme dans Jean, ainsi que διά, non classique, dans ce sens, mais employé par Luc, pour désigner l'espace de temps pendant lequel une action se passe.

Dans la seconde partie : Vocabulaire et syntaxe, sont examinés les mots prétendus bibliques, les constructions dites hébraïsantes, les termes spéciaux à la langue commune et qu'on retrouve dans le Nouveau Testament. L'expression κατὰ πρόσωπον, au sens de *coram,* terme technique de la langue judiciaire, est employée dans ce sens par Actes, XXV, 16 et plusieurs textes de Magnésie et de Priène. Ἀπέναντι, inconnu au

---

[1]. *Recherches sur les caractères du grec dans le Nouveau Testament, d'après les inscriptions de Priène.*

grec classique, mais qu'on trouve dans Matthieu, est de la langue commune. L'expression qu'emploie Paul dans son discours aux Athéniens, *Act.*, XVII, 21, οἱ ἐπιδημοῦντες ξένοι, étrangers en séjour dans la ville, était courante à son époque. On trouve employés dans le même sens dans le Nouveau Testament et les inscriptions de Priène les termes πρεσβεύω, υἱοθεσία, πάσας τὰς ἡμέρας, ὡς γέγραπται et l'expression qu'emploie plusieurs fois Paul μνείαν ποιεῖσθαι. Les remarques sur le vocabulaire de Luc sont fort intéressantes.

La troisième partie, portant sur la langue religieuse et morale, contribuera à l'étude du problème des rapports du Nouveau Testament avec le monde grec, en recherchant ce que les expressions techniques des cultes païens, en particulier du culte impérial, apportent à la compréhension historique du Nouveau Testament. L'auteur étudie d'une façon approfondie l'inscription qui rapporte la proposition du proconsul Paulus Fabius Maximus de commencer l'année le jour de la naissance d'Auguste et l'éloge qu'il fait du prince à ce sujet. On y trouvera des expressions néotestamentaires, ἀρχιερεύς, εὐαγγέλιον, κύριος, κτίστης, σωτήρ. Enfin l'auteur relève toutes les expressions de la piété et de l'idéal moral communes aux inscriptions et aux écrits néotestamentaires, telles que εὐσέβεια dans le sens de piété envers Dieu, εὔνοια, bienveillance. Toutes les qualités que doit avoir un évêque d'après Paul sont attribuées dans les inscriptions à divers citoyens. Il fait remarquer enfin que l'argument que l'on a voulu tirer des noms propres cités au chapitre XVI de l'épître aux Romains pour établir que les destinataires étaient des Romains ou des Ephésiens ne prouve rien, car on retrouve ces noms propres dans toute l'étendue de l'empire.

V. L'attention des savants est appelée de plus en

plus sur les papyrus grecs que l'on découvre en Égypte, soit pour les services qu'ils rendent à l'histoire de la littérature grecque dont ils nous donnent des fragments quelquefois inconnus, soit pour l'usage qui peut être fait des papyrus, contenant des documents non littéraires, contrats, lettres particulières, pour l'étude du Nouveau Testament. G. Milligan [1] vient de publier cinquante-cinq de ces papyrus, choisis avec discernement parmi la multitude de ceux que nous possédons, pour l'intérêt qu'ils présentent au point de vue de l'exégèse néotestamentaire.

Dans une introduction très documentée il nous explique ce que sont les papyrus, signale ceux qui ont été découverts et publiés, et s'arrête à montrer l'usage qui peut être fait des papyrus pour l'intelligence de certains faits historiques qui ont été mis en doute. Ainsi il signale l'existence des rôles de recensement analogues à celui dont parle Luc, II, 1, 2, et désignés par les mêmes termes consacrés, ἀπογραφαί. Dans l'un nous trouvons l'ordre du préfet romain à tout homme absent de son pays natal d'y retourner pour que le recensement soit régulier. N'est-ce pas là une confirmation de ce fait, qu'on a mis en doute, que Joseph, bien qu'habitant Nazareth, a été obligé d'aller se faire inscrire à Bethléem, son pays d'origine? D'autres exemples pourraient être cités : celui d'un préfet qui relâche un accusé par déférence aux désirs du peuple; celui de l'avocat qui résume une cause appelée devant un tribunal, lesquels nous rappellent le relâchement de Barabbas ou le procès de Paul devant le procurateur romain. Nous n'insisterons pas sur les services que peuvent rendre ces papyrus au point de vue de la langue du Nouveau Testament, car nous en

---

1. *Selections from the greek Papyri.*

avons déjà parlé plusieurs fois. On pourra suivre en étudiant ces papyrus les changements de sens qu'ont éprouvés certains mots en passant de l'usage populaire à l'usage chrétien. Plusieurs expressions qu'on avait crues des hébraïsmes sont signalées dans ces textes d'origine populaire, p. 40, 56, 57, 97, etc.

§ 2. — Grammaires du Nouveau Testament.

Winer-Schmiedel, *Grammatik des neutestamentlichen Sprachidioms*. Göttingen, 1894-1898 : Ont paru seulement : Einleitung und Formenlehre et Syntax der Artikeln und. Pronomina.

J.-H. Moulton, *A Grammar of New Testament Greek*, vol. I, 3ᵉ édit. Edinburgh, 1908.

* A. Boatti, *Grammatica del greco del Nuovo Testamento*, 2 vol. Venezia, 1908-1909.

A.-T. Robertson, *A short Grammar of the Greek New Testament*. New York, 1908. Cette grammaire a été traduite en italien, en allemand, en hollandais et en français.

L. Radermacher, *Neutestamentliche Grammatik*. Tübingen, 1911.

E.-A. Abbott, *Johannine Grammar*. London, 1906.

Blass-Debrunner, *Grammatik des neutestam. Griechisch*, 4ᵉ Aufl. Göttingen, 1913.

A.-T. Robertson, *A Grammar of the Greek New Testament in the light of historical Research*. Louisville, Kentucky, 1914.

I. La Grammaire du grec néotestamentaire de F.-W. Moulton[1] inaugure une nouvelle voie dans l'enseignement du grec du Nouveau Testament. On n'ignorait pas, il est vrai, les données principales sur lesquels elle est fondée, mais on ne les avait pas encore appliquées d'une façon systématique à la syntaxe du Nouveau Testament. Ad. Deissmann a été le précurseur lorsqu'il a prouvé que le grec néotestamentaire était le grec parlé au Iᵉʳ siècle de l'ère chré-

---

1. *A Grammar of New Testament Greek*.

tienne. Son travail était appuyé surtout sur le sens des mots; Moulton pousse l'idée plus avant et la démontre par l'étude de la syntaxe. Dans ce volume, il étudie les particularités qui distinguent le grec du Nouveau Testament du grec classique, dont il trouve la trace dans le grec populaire du Ier siècle du christianisme.

Après avoir précisé les caractères généraux et fait l'histoire du grec, que nous lisons dans le Nouveau Testament, il passe en revue toutes les formes du discours et signale ce que la syntaxe néotestamentaire offre de nouveau. Les matériaux du travail sont fournis principalement par les papyrus et les inscriptions. Voici quelques-unes des conclusions : Aux siècles avoisinant le christianisme, le grec était devenu la langue internationale, parlée dans tout le bassin de la Méditerranée. Même au point de vue littéraire, elle n'avait pas conservé la pureté classique. A l'état de langue parlée, elle était devenue beaucoup plus simple, moins périodique. Les auteurs du Nouveau Testament ont écrit dans cette langue et, sauf dans les évangiles et les Actes, dont plusieurs parties ont été primitivement araméennes, ils ont admis peu d'hébraïsmes dans leurs ouvrages. Les expressions et les tournures de phrase, étrangères au grec classique, et qu'on avait qualifiées d'hébraïsmes, étaient des vulgarismes, que l'on retrouve dans les payrus et les inscriptions du temps. Pour s'en convaincre il n'y a qu'à comparer les écrits du Nouveau Testament avec la version des Septante, où les hébraïsmes abondent.

Nous voudrions montrer par le détail l'usage qui pourra être fait de ces études philologiques pour la critique et l'exégèse du Nouveau Testament; ce serait un peu long, et peut-être fastidieux pour quelques lecteurs. Deux ou trois exemples suffiront. Dans le

IVe évangile on trouve d'ordinaire l'adjectif ἐμός au lieu du pronom μου; c'était l'usage courant en Asie Mineure, ce qui nous indique le lieu d'origine de cet écrit. Les pronoms ἡμεῖς et ἐγώ étaient employés indistinctement l'un pour l'autre, ce qui explique l'usage de ces pronoms dans les lettres de Paul. L'expression de Marc, III, 21, οἱ παρ' αὐτοῦ se retrouve avec le sens de « sa famille ». L'étude sur l'emploi des temps, des modes et des voix des verbes, sur les conjonctions est très suggestive. Ainsi, on a constaté que Marc emploie dans son récit le présent historique 151 fois, Matthieu, 93 fois, Luc, 8 fois seulement. Or, cet usage est populaire, d'où il suit que le récit de Marc reproduit le mieux la tradition primitive, tandis que Matthieu et surtout Luc l'ont corrigée.

Dans sa seconde édition Moulton répond à l'observation qui lui a été faite que les particularités de la langue qu'on a tenues autrefois pour des sémitismes et qu'il croit être simplement des particularités de la langue grecque commune, pourraient avoir été introduites dans la langue populaire de l'Égypte par les Juifs très nombreux dans ce pays. Ce serait donc la langue commune qui aurait été sémitisée. M. Moulton fait observer que la langue grecque parlée en Égypte était identique à celle de tout l'Orient. La réponse serait démonstrative si les Juifs n'avaient pas été à cette époque répandus en Asie, en Syrie, en Grèce, aussi bien qu'en Égypte. Il y aurait donc lieu d'examiner plus à fond la question.

La Ire partie du volume II de cette Grammaire : *Accidence and Word formation*. Part I : *General Introduction; Sounds and Writing*, vient d'être publiée par W.-F. Howard. Moulton est mort à son retour d'un voyage de mission dans les Indes. Le navire sur lequel il était monté a été torpillé dans la Méditerranée. Elle renferme une introduction générale et un traité sur les sons et l'écriture (Sounds and Writing). Cette seconde partie étant toute de détail, nous ne pouvons l'analyser ; extrayons seulement de l'introduction les remarques qui intéressent la langue du Nouveau Testament.

D'une façon générale le Nouveau Testament grec est écrit dans la *lingua franca* de la conversation, telle qu'elle était parlée dans l'Empire romain au 1er siècle de notre ère. Les évangélistes et Paul, voulant être compris de leurs auditeurs, employèrent la langue parlée de leur temps. Ils n'essayèrent pas de conformer leur grec à l'ancien attique, comme l'ont fait Josèphe et Lucien. Ils laissèrent de côté les nuances et les subtilités de la langue. Luc cependant, dans son emploi de l'optatif et de tournures rappelant le grec classique, surtout dans les Actes des apôtres, se montre plus soucieux d'écrire un bon grec. L'épître aux Hébreux offre un caractère différent des livres du N. T. ; elle est écrite dans le grec littéraire et observe les règles de la rhétorique grecque. L'auteur est avec Luc le seul littérateur parmi les écrivains du N. T. Paul, dont le grec était une des langues maternelles, aurait pu, lui aussi, écrire la langue littéraire, comme le prouve son discours d'Athènes, mais il a préféré se servir de la langue populaire : ses épîtres étaient d'ailleurs parlées plutôt qu'écrites.

Les épîtres de Jacques, de Pierre et de Jude ont un caractère tout particulier. Elles sont écrites dans un bon grec et offrent peu de traces de sémitismes. On peut se demander comment un pêcheur galiléen, tel que Pierre, a pu écrire sa première épître. Indépendamment du fait qu'elle a pu être grécisée par Silvanus, il faut se rappeler que le grec était couramment parlé en Galilée et qu'en outre, pendant la seconde période de sa vie, Pierre a été constamment en contact avec des gens parlant grec. Les mêmes observations sont valables pour Jacques et pour Jude.

Étudiant les sémitismes du N. T., Moulton croit nécessaire de modifier quelques-unes des positions tenues antérieurement à leur sujet. Un sémitisme dans le N. T. sera défini, une déviation du grec authentique, due à une traduction trop littérale de la langue d'un écrit sémitique. Les sémitismes peuvent être de deux sortes : ils peuvent provenir d'une imitation consciente ou non du grec des Septante, ou d'une traduction servile de l'original sémite, écrit ou oral, qui est à la base de leur écrit : les premiers seront des hébraïsmes, les seconds des aramaïsmes.

Les divers écrivains du N. T. ont admis dans leurs écrits un bon nombre de ces deux sortes de sémitismes. Ils ont beaucoup cité les Septante et, de ce fait, introduit des hébraïsmes dans leurs livres. Luc, soit pour son évangile, soit pour les Actes, a utilisé des sources araméennes. Les a-t-il traduites lui-même? C'est fort possible, s'il était, comme on le croit d'ordinaire, natif d'Antioche, ville où l'araméen était couramment parlé. D'une manière générale, il reproduit ses sources sans trop les modifier, ce qui explique les caractères différents du grec que nous lisons dans les Actes. Le grec des discours de Pierre n'est pas celui du Journal de voyage. Il n'en est plus de même de Paul; il parlait d'ordinaire le grec; il pensait en grec et sa phrase a rarement des tournures araméennes. C'est dans l'épître aux Éphésiens qu'on en rencontre le plus. On trouve des hébraïsmes dans l'épître aux Hébreux, mais ils proviennent des Septante. La langue du premier évangile est correcte, mais sans couleur; celle du second trahit des sources araméennes; celle du quatrième indique un auteur dont le grec n'était pas la langue maternelle. L'Apocalypse prend des libertés avec la syntaxe grecque, qui dénotent une origine sémitique.

II. La Grammaire du grec néotestamentaire qu'a publiée Boatti[1] est la première où il soit tenu compte méthodiquement de la langue populaire, telle qu'on la trouve dans les papyrus et les ostraka. Dans l'Introduction l'auteur rappelle les opinions diverses sur la langue du Nouveau Testament, établit l'origine de la langue grecque qu'on appelle la Κοινή et en précise les caractères essentiels. Cette langue commune était le dialecte attique avec admission de particularités d'autres dialectes grecs. Elle se distinguait du grec classique par la simplification de la déclinaison et de la conjugaison. L'auteur croit que les langues sémitiques ont influé sur le style, la grammaire et le vocabulaire du grec néotestamentaire, et il cite quelques hébraïsmes que l'on trouve dans le Nouveau Testament.

Dans la Phonologie, il examine la prononciation du grec pendant la période hellénistique, laquelle a pu influer sur l'écriture des manuscrits du Nouveau Testament qu'il étudie ensuite, et produire diverses variantes. Il relève les changements de voyelles et de consonnes dans le grec du temps.

Dans la Morphologie sont étudiées les particularités du grec néotestamentaire dans l'usage des déclinaisons, des adjectifs et des verbes. En appendice, il signale les irrégularités nouvelles qu'a introduites le Nouveau Testament dans quelques verbes irréguliers comme οἶδα, κάθημαι.

A propos de chacune des particularités relevées dans le Nouveau Testament, il signale quand il y a lieu, les papyrus ou les ostraka dans lesquels on en retrouve d'analogues.

[1]. *Grammatica del greco del Nuovo Testamento con raffronti all'attico, all'ellenistico ed al moderno, ai Settanta, alle iscrizioni, ai papiri.* — Parte I, *Fonologia e Morfologia.* — Parte II, *Sintassi.*

Dans la syntaxe, Boatti expose les règles syntaxiques : Parties logiques du discours, le nom, l'article, l'adjectif, le pronom, le verbe, les propositions, le participe et l'infinitif, les prépositions, le style des écrivains du Nouveau Testament.

Dans la préface, il nous dit excellemment ce que doit être une syntaxe du Nouveau Testament : elle ne se contentera pas de relever les faits, mais elle indiquera ce qui est certain ou douteux, conforme à l'usage classique ou qui est d'usage récent; si c'est un phénomène de grande proportion ou à peine perceptible.

III. Le travail de Radermarcher[1] sur le grec néotestamentaire présente cette particularité que ce grec est constamment mis en rapport avec celui des écrivains du temps, des inscriptions et des papyrus; de cette comparaison résultent des lumières nouvelles sur sa nature et sa signification. Il en ressort une conclusion très nette : le grec du Nouveau Testament n'est pas une langue particulière, mais le grec de la Κοινή. Les formes que l'on qualifiait autrefois d'hébraïsmes ne sont nullement spéciales aux écrits néotestamentaires; on les retrouve dans la langue du temps. Ainsi l'emploi de ἀνά au sens distributif, de οὐ πᾶς pour οὐδείς, se lisent dans les inscriptions ou les papyrus. Il reste cependant des phrases qui ne sont pas compréhensibles au point de vue grec. Telle est, par exemple, l'affirmation au moyen d'une proposition conditionnelle, commençant par εἰ et non accompagnée d'une phrase principale : Je vous dis en vérité s'il sera donné, εἰ δοθήσεται, un signe à cette génération, *Marc*, VIII, 12, hébraïsme pour : il ne sera pas donné de signe à cette génération. Une phrase commençant abruptement par τίς, comme dans Luc, XI, 5, 11, n'est pas

---

1. *Neutestamentliche Grammatik.*

grecque. Malgré ces quelques formes que l'on peut qualifier d'hébraïsmes, le grec du Nouveau Testament est celui que l'on parlait au 1ᵉʳ siècle dans le monde grec. Quel était-il? Voilà ce que nous explique très bien le Dʳ Radermacher.

Il n'est pas nécessaire de prouver que la langue grecque parlée, même à l'époque de Sophocle ou de Thucydide, était profondément différente de la langue écrite. Le grec littéraire a toujours été une langue artificielle. Par la suite, cette langue s'est altérée sous l'influence de la langue populaire et par l'effet du mélange des dialectes grecs qui s'opéra surtout au temps d'Alexandre. Les écrivains continuèrent à chercher leurs modèles à l'époque classique, mais tous, à des degrés divers, admirent des formes populaires ou dialectales. C'est la langue de ces écrivains que l'on a appelée la Κοινή; ce n'est donc pas, à proprement parler la langue populaire, mais une langue dont on a trouvé des spécimens différents dans la littérature à partir du iiiᵉ siècle avant J.-C., dans les inscriptions et les papyrus, avec des divergences plus ou moins profondes. Le fond de la Κοινή relève du dialecte attique, avec un léger mélange de dialecte ionien. Dans le Nouveau Testament on signale aussi quelques formes doriennes.

La langue grecque subit toutes les transformations par lesquelles passe une langue qui vieillit. Elle se simplifie et se rapproche de plus en plus de la langue parlée. Les diverses formes de conjugaison tendent à se confondre, des modes à disparaître; la construction de la phrase devient moins compliquée; les phrases subordonnées font place à des coordonnées. Nous constatons tous ces phénomènes dans les écrits du Nouveau Testament. Des formes s'y rencontrent qu'on a prises pour des fautes et qui ne sont que le résultat de l'abâtardissement de la langue. Les règles de l'apposition ne sont plus observées, les cas sont unifiés. On trouvera dans le travail de Radermacher des exemples de toutes ces particularités.

Meillet, professeur au Collège de France, fait sur cet exposé les restrictions suivantes[1] : Il serait puéril d'imaginer que les auteurs du Nouveau Testament ont écrit la langue populaire de leur temps. On n'écrit pas comme on parle. Même au premier jour où une langue est écrite, ceux qui l'écrivent subissent l'influence de la littérature écrite déjà existante et surtout celle des littératures étrangères écrites. Au 1er siècle après J.-C., la Grèce avait derrière elle de longs siècles de culture littéraire. La Κοινή dont on se servait en Asie avait succédé sans solution de continuité à l'attique et n'en était qu'une continuation. La langue de tout texte écrit à cette époque est un compromis entre la langue traditionnelle de la littérature et le parler courant; et ce compromis varie suivant le degré d'instruction, suivant la lecture et la mémoire de l'auteur. Le parler courant même — dont aucun document ne permet de décrire exactement l'état — n'était assurément pas un : il variait d'un sujet à l'autre, suivant le degré d'instruction, suivant la situation sociale, suivant la profession et suivant les lieux; si le français est infiniment varié dans le Paris d'aujourd'hui, on doit croire que le grec l'était bien plus encore dans l'Asie Mineure du 1er siècle après J.-C.

Le problème de la langue du Nouveau Testament se ramène donc à ceci : quelle est, dans les formes offertes par les textes, la part de la langue traditionnelle, et quelle est la part de la langue courante de l'époque des auteurs?

---

[1]. *Revue de l'Histoire des religions*, t. LXIV, p. 113, 1911.

Voici encore quelques constatations : Les dialectes autres que l'attique, ionien, dorien ont exercé une influence sur la Κοινή. Des mots « poétiques » peut-être conservés dans la langue du peuple, se retrouvent dans les textes de la Κοινή et dans le N. T. Il faut tenir compte aussi des influences étrangères. L'exclusivisme hellénique les a marquées dans presque toute la littérature, mais il y en a eu. Le duel était sorti de l'usage dès le iiie siècle avant J.-C., même en Attique, où il s'est conservé, particulièrement tard. On doit maintenir la graphie des textes sans la normaliser, bien que l'on n'ait aucune chance d'avoir la graphie des originaux : si elle a été incorrecte, les copistes successifs n'ont pas manqué de la rectifier.

IV. Par suite du décès de F. Blass, c'est A. Debrunner[1] qui a revu et mis au point des études récentes la Grammaire du grec néotestamentaire, bien connue des étudiants. Il l'a revisée à fond et nous a présenté un travail que l'on peut considérer comme nouveau. Les notes ont été fondues dans le texte et les matériaux ont été souvent rangés différemment et plus clairement. Debrunner a tenu compte de tous les travaux qui ont paru sur la grécité soit classique, soit post-classique, sur la Κοινή, sur le grec des Septante et sur la langue des papyrus. La liste qui en est dressée au commencement de l'ouvrage en fait foi. Mais c'est surtout dans les détails que l'on constatera de nombreux changements qui ont notablement amélioré les éditions précédentes de la Grammaire de Blass. Les premiers paragraphes : le grec néotestamentaire, la Κοινή, la place de la langue néotestamentaire dans le grec hellénistique, ont été écrits à nouveau. Les paragraphes sur la morphologie ont été beaucoup amé-

---

1. *Grammatik des Neutestamentlichen Griechisch.*

liorés grâce à la publication des papyrus récemment découverts. Constatons cependant que tout a été ordonné pour faire de cet ouvrage une Grammaire du Nouveau Testament et non une Grammaire du grec contemporain du Nouveau Testament. Elle rendra les plus grands services aux exégètes qui se préoccupent de bien comprendre le sens du texte grec.

V. Robertson [1] a voulu replacer le grec du Nouveau Testament dans le courant de la langue grecque et même dans celui des langues indo-européennes, anciennes et modernes. Il a donc soin d'étudier chaque fait linguistique au point de vue de la philologie comparée et de faire l'histoire des diverses formes de la langue du Nouveau Testament.

Robertson examine ensuite la méthode historique appliquée à la grammaire, montre que le grec n'est pas une langue isolée, mais qu'il est une branche du tronc linguistique indo-européen, prouve qu'il est une langue une, quoiqu'il ait eu des périodes diverses de développement, lequel a abouti à une forme générale, qu'on désigne ordinairement par le nom Κοινή. Il étudie ensuite la formation de la Κοινή, le développement, l'extension, montre qu'il y a eu une Κοινή littéraire et une populaire, dont le Nouveau Testament est un spécimen.

Les philologues ne soutiennent plus que le grec du Nouveau Testament est un dialecte spécial, mais croient qu'il est une phase naturelle dans le développement de la Κοινή grecque. La preuve en est faite tant au point de vue lexicographique que grammatical. Il est un grand nombre de termes que l'on croyait bibliques et qui sont du grec populaire, puisqu'on les retrouve dans les inscriptions et les papyrus : ἀκατάγνωστος,

---

[1] *A. Grammar of the Greek New Testament in the light of the historical Research.*

ἀναξάω, ἀναστατύω, ἀντιλήμπτως, ἀφιλάργυρος, βροχή, ἔναντι, ἐνδιδύσκω, ἐπικατάρατος, εὐάρεστος, εὐπροσωπέω, etc. (39 mots sont relevés). Bon nombre de mots et d'expressions que l'on croyait avoir un sens particulier dans les Septante et le Nouveau Testament ont été trouvés avec le même sens dans les inscriptions et les papyrus : ἀθέτησις, ἀμετανόητος, ἀντίλημψις, ἀρετή, ἀρχετός, δέον ἐστί, εἰ μήν, ἔνοχος, ἱλαστήριον, καθαρός, κύριος, μενοῦνγε, ὄνομα, πρεσβύτερος, σκόλοψ, σωτήρ, υἱὸς θεοῦ, υἱοθεσία, ὑπόστασις, φίλος, χάρις τῷ θεῷ, ψυχὴν σῶσαι, etc. (154 mots sont catalogués).

Il faut donc en conclure que pratiquement le lexique du Nouveau Testament est celui de la Κοινή, avec une addition de sens nouveaux donnés à certains mots, tels que : ἅγιος, ἀπολύτρωσις, βασιλεία, ἐπιφάνεια, κύριος, παρουσία, πρεσβύτερος, σωτήρ, υἱὸς Θεοῦ, εὐαγγέλιον, πίστις, ὁ υἱὸς τοῦ ἀνθρώπου, etc. On y retrouve, comme dans la Κοινή, des formes de tous les dialectes grecs, ainsi que diverses particularités syntaxiques ; l'usage fréquent du pronom personnel et au contraire la décroissance de l'usage du pronom possessif, la presque disparition de l'optatif, du participe futur, du duel, l'emploi du participe avec εἰμί, la plus grande fréquence de ὅτι, de ἐάν, ὅταν avec l'indicatif, l'usage de ἴδιος comme pronom possessif, etc. Les formes classiques s'y trouvent aussi. En somme, le Nouveau Testament a été écrit dans la Κοινή populaire avec une certaine addition d'éléments littéraires, spécialement chez Luc, Paul, Jacques et l'épître aux Hébreux. Il se sert du langage du peuple avec une dignité, une grandeur, une tenue sobre que nous ne retrouvons pas dans les papyrus.

Mais n'oublions pas que tous les écrivains du Nouveau Testament, sauf Luc, étaient des Sémites ; il faut donc nous attendre à constater dans ces écrits des traces de Sémitisme. On les a autrefois beaucoup exagérées et maintenant on a tendance à les nier presque complètement. La vérité, croit Robertson, est entre ces deux positions. L'influence directe de l'hébreu, langue morte à l'époque du Nouveau Testament, est peu sensible. Citons comme des hébraïsmes probables : Πρόσωπον λαμβάνειν, ἀπὸ et πρὸ προσώπου, la construction εἶναι εἰς, ἐν τῷ avec l'infinitif, καὶ ἐγένετο, etc. L'influence araméenne est plus marquée. Outre un certain nombre de mots araméens qu'on trouve dans les évangiles, on a des aramaïsmes syntaxiques, tels que : γεύεσθαι θανάτου, εἷς καθ' εἷς, ποιεῖν καρπόν, συμβούυλιον ποιεῖν, εἰρήνην διδόναι, ὁδὸς Θεοῦ, ὁμολογεῖν ἐν, etc. Inutile de rappeler que l'on a relevé des mots latins et des tournures latines dans le Nouveau Testament.

Robertson étudie ensuite très en détail la langue et le style de chacun des écrivains du Nouveau Testament. L'étude sur la langue de Paul est particulièrement soignée et les diverses qualités du style paulinien sont bien mises en lumière. Signalons les deux jugements suivants qui en expriment bien la nature et en font ressortir les caractéristiques : « L'Apôtre écrit dans le style naturel à un Grec d'Asie Mineure, qui emploie le grec courant de son temps, empruntant d'une façon plus ou moins consciente aux écrivains moralistes de l'époque, construisant des mots nouveaux ou donnant un sens nouveau à de vieux mots pour exprimer les idées chrétiennes nouvelles, mais en somme se servant du langage que les inscriptions et les papyrus nous montrent être la langue de la conversation journalière. Son vocabulaire se rapproche beaucoup de celui d'Épictète, sauf qu'il a été modifié par sa connaissance intime des Septante[1]. » « Le grec de Paul, en un mot, n'a affaire avec aucune école, avec

---

1. W. LOCK, Compte rendu de l'ouvrage de NÄGELI, *Der Wortschatz des Apostels Paulus*, dans *The Journal of theological Studies*, vol. II, p. 298. Oxford, 1906.

aucun modèle, mais coule sans arrêt avec un bouillonnement qui déborde, venant droit du cœur; c'est cependant un vrai grec[1]. »

Le style de l'Apocalypse présente des particularités qui n'ont pas encore été expliquées d'une façon satisfaisante. Nous ne pensons pas que l'hypothèse de Robertson soit de nature à les éclaircir complètement. « L'Apocalypse a été composée à Patmos sous l'influence d'une certaine excitation et peut-être aussi n'a-t-elle pas été revisée avec soin, tandis que l'évangile et la première épître ont probablement reçu les soins et l'assistance d'amis cultivés. »

La deuxième partie de la Grammaire est consacrée à étudier les questions de morphologie : formation des mots, orthographe et phonétique, déclinaisons, conjugaison du verbe.

De la troisième partie qui traite de la syntaxe, nous extrayons les observations suivantes : celles sur le pluriel littéraire, principalement dans les épîtres pauliniennes, nous ont paru justes. Blass a soutenu que l'Apôtre avait employé le pluriel, parce qu'il associait avec lui quelques-uns de ses compagnons de mission. Ceci peut être vrai dans certaines occasions, mais ne l'est pas toujours. Ainsi, quand l'Apôtre écrit aux Romains, I, 5 : Ἰησοῦ Χριστοῦ... δι'οὗ ἐλάβομεν χάριν καὶ ἀποστολήν, il parle au pluriel de lui seul, puisqu'il mentionne son apostolat. Mais où l'usage du pluriel littéraire est évident, c'est lorsque, dans sa seconde lettre aux Corinthiens, X, 1-XI, 6, il défend son autorité apostolique contre ses adversaires; c'est sa personnalité qui est mise en avant; or, tantôt il parle de lui-même au singulier, παρακαλῶ, θαρρῶ, καυχήσωμαι, et

---

[1]. WILAMOWITZ-MÖLLENDORFF, *Die griechische Literatur des Altertums*, pp. 14-26.

tantôt au pluriel, στρατευόμεθα, ἡμεῖς, ἐσμέν, καυχησόμεθα, etc. Mais dans ces passages, Paul ne parle pas d'autres personnes. Il suivait d'ailleurs dans ce procédé l'usage du grec de la Κοινή et du grec populaire. On en a trouvé des exemples. Milligan cite Tebt. P. 58, II⁰ siècle avant J.-C., εὐρήκαμεν, βεβουλεύμεθα; P. Hib., III⁰ siècle avant J.-C., ἐγράψαμεν, δρῶντες, etc. Remarquons que Notre-Seigneur a employé aussi ce pluriel : ὃ οἴδαμεν λαλοῦμεν καὶ ὃ ἑωράκαμεν μαρτυροῦμεν, *Jn.*, III, 11.

A propos de l'accord dans les cas, Robertson passe en revue les passages de l'Apocalypse où cet accord est violé et trouve dans les papyrus et les inscriptions des cas analogues : XX, 2, τὸν δράκοντα ὁ ὄφις = *Berliner Griech. Urk.*, 1002, I⁰ʳ siècle avant J.-C., Ἀντιφίλου Ἕλλην — ἱππάρχης — XIX, 20, τὴν λίμνην τοῦ πυρὸς τῆς καιομένης = Amh. Pap. II, 111, ἀπέχω παρ' αὐτοῦ τὸν ὁμολογοῦντα. On trouve des irrégularités semblables dans les épîtres pauliniennes : ὑμῖν... ἔχοντες, *Phlp.*, I, 30; ἡμῶν.... θλιβόμενοι, II *Cor.*, VII, 5.

Peut-on trouver dans le Nouveau Testament, principalement dans les épîtres pauliniennes et dans l'épître aux Hébreux, un rythme analogue à celui de la prose grecque? Blass a soutenu que ce rythme est très reconnaissable dans l'épître aux Galates et dans la première épître aux Corinthiens. Il trouve encore des exemples de rythme dans l'épître aux Romains et dans la première à Timothée, mais c'est surtout l'épître aux Hébreux qui lui en fournit les plus nombreux exemples; à son avis, elle est toute rythmée et même écrite en vers. En tout cas, elle présente un choix et un ordre des mots qui prouvent la connaissance qu'avait l'auteur du rythme de la prose grecque.

On s'en convaincra en lisant les passages suivants :
1, 4 : τοσούτῳ κρείττων γενόμενος τῶν ἀγγέλων ὅσῳ διαφορώ-

τερον παρ' αὐτοῦς κεκληρονόμηκεν ὄνομα; cf. I, 5; XI, 32; XII, 1, 8, etc.

Deissmann ne partage pas du tout l'avis de Blass : « Ce fut, dit-il[1], une grave erreur de Friedrich Blass de représenter Paul comme un adhérent du rythme asianique, de telle sorte, par exemple, que l'épître aux Galates serait regardée comme écrite en observant fidèlement les règles artistiques du rythme de la prose. » En réalité, « les écrits du Nouveau Testament ne sont pas de la prose artistique, mais de la prose populaire dépourvue d'art, mais cependant d'une plus grande beauté naturelle que les produits artificiels de la rhétorique creuse de l'antiquité post-classique. L'importance du Nouveau Testament dans l'histoire du style repose sur ce fait que, dans tout ce livre, le langage de la vie réelle, c'est-à-dire tel qu'il vivait sur des lèvres spécialement douées par la grâce, a fait son entrée dans un monde de doctrine vieillie et de rhétorique vide. »

« En définitive, dit Robertson[2], on dispute en partie sur des mots. Si par rythme on entend la grâce et le charme d'une diction qui appartient naturellement à l'expression d'idées élevées sous la poussée d'une passion épurée, ce serait certainement de l'hypercritique de les dénier à des passages tels que ceux de I *Cor.*, XIII et XV; *Actes*, XVII; *Romains*, VIII et XII; *Éphésiens*, III; *Jean*, XIV-XVII; *Hébreux*, II et XI, sans mentionner encore de nombreux passages, qui paraissent aussi parfaits que des perles. »

Le style se présente sous deux formes : le style simple, continu et le style périodique. Le premier est le plus communément employé dans le Nouveau Tes-

---

1. *The Philology of the greek Bible*, dans *The Expositor*, janvier 1908, p. 74.
2. *Op. cit.*, p. 421.

tament. Les membres de phrases à plusieurs propositions sont unis par la copule καί ou ne le sont pas du tout, comme on le remarquera dans I *Tim.*, III, 16, qui est probablement un fragment d'une ancienne hymne chrétienne et qui se présente sous la forme parallélique.

Cependant, on peut signaler quelques passages du Nouveau Testament où la phrase se présente sous une forme périodique assez développée : *Lc.*, I, 1-4 ; *Act.*, XV, 24-26 ; XXVI, 10-14 ; 16-18 ; *Rom.*, I, 1-7 ; I *Pier.*, III, 18-22 ; II *Pier.*, I, 2-7 ; *Héb.*, II, 2-4 ; I, 1-3. Il est à remarquer que Luc n'a pas employé cette forme périodique dans le reste de son évangile. L'épître aux Hébreux, au contraire, possède des pages d'un magnifique développement rhétorique, telles que celles sur la foi, XI, 1-XII, 3. Dans l'épître aux Romains, VIII, 31-39, nous avons aussi un passage d'une émouvante beauté qui se termine, 38, 39, par une période d'éloquence convaincue. On en trouverait encore d'autres dans l'épître aux Éphésiens, I, 3-14 ; II, 14-18 ; III, 14-19, etc. Pourtant, le style ordinaire des épîtres pauliniennes est plutôt simple, non périodique. Il est animé par les interrogations, les antithèses et se développe en courtes sentences.

Les observations sur la parenthèse et surtout sur l'anacoluthe, si fréquentes dans les écrits néotestamentaires, sont fort intéressantes. Il est quelquefois difficile de décider si telle proposition est une parenthèse ou non ; c'est une question d'exégèse. Quelques-unes cependant sont certaines : Πολλοί, λέγω ὑμῖν, ζητήσουσιν, *Lc.*, XIII, 24 ; ἐν ἀφροσύνῃ λέγω, II *Cor.*, XI, 21 ; Νικόδημος ὄνομα αὐτῷ, *Jn.*, III, 1 ; ὁ ἀναγινώσκων νοείτω, *Mt.*, XXIV, 15. Dans les épîtres pauliniennes il est parfois impossible de distinguer s'il y a parenthèse ou anacoluthe, par ex. dans I *Cor.*, XVI, 5 ; *Rom.*, V,

12; IX, 11; XV, 23-28. Comme exemple de longues parenthèses il faut citer *Lc.*, XXIII, 51; *Col.*, I, 21 s; II *Pier.*, II, 8; II *Cor.*, IX, 12; *Héb.*, VII, 20 s.; *Lc.*, VI, 4.

Il y a, comme on le sait, anacoluthe, quand la construction est changée dans le cours de la phrase. On en trouve de nombreux exemples dans le Nouveau Testament, comme d'ailleurs dans tous les écrits même les plus châtiés; on en relève dans Isocrate, Thucydide, Platon et d'autres encore. Toutefois, l'anacoluthe se présente surtout dans la conversation et les discours improvisés. Paul, en particulier, qui dictait ses épîtres, se laisse souvent emporter par la rapidité de ses idées et, quelquefois aussi, sous le coup de l'indignation, précipite ses phrases sans se préoccuper de la régularité des constructions. Ceci est tout à fait sensible dans la seconde épître aux Corinthiens et dans l'épître aux Galates.

L'anacoluthe peut se présenter sous diverses formes. Le substantif, le pronom, le participe peuvent être placés en avant et la phrase est continuée sans qu'il en soit tenu compte. Ex. : Πᾶν ῥῆμα ἀργὸν ὃ λαλήσουσιν οἱ ἄνθρωποι ἀποδώσουσιν περὶ αὐτοῦ, *Mt.*, XII, 36. — Ἐπιγνόντες δὲ ὅτι Ἰουδαῖός ἐστιν φωνὴ ἐγένετο μία ἐκ πάντων, *Act.*, XIX, 34. — Ὁ νικῶν... δώσω αὐτῷ, *Apoc.*, II, 26. L'anacoluthe est quelquefois compliquée du fait d'une digression, insérée dans le cours de la phrase. La plus marquée est celle de l'épître aux Galates, II, 6 : Ἀπὸ δὲ τῶν δοκούντων εἶναί τι — ὁποῖοί ποτε ἦσαν οὐδέν μοι διαφέρει — πρόσωπον ὁ Θεὸς ἀνθρώπου οὐ λαμβάνει — ἐμοὶ γὰρ οἱ δοκοντες οὐδὲν προσανέθεντο. Un exemple très net d'anacoluthe se trouve dans *Rom.*, V, 12, où l'apodose après ὥσπερ n'existe pas. C'est avec le participe qu'il y a fréquemment anacoluthe. Qu'on examine le passage XII, 9-16 de l'épître aux Romains et l'on se rendra compte de la singularité de sa construction. Il débute par une proposition simple ; ἡ ἀγάπη ἀνυπόκριτος, suivie de douze participes : ἀποστυγοῦντες τὸ πονηρόν... puis de trois impératifs : εὐλογεῖτε τοὺς διώκοντας..., de deux infinitifs : χαίρειν μετὰ χαιρόντων, enfin de trois participes.

A l'anacoluthe devraient être rattachées l'*oratio variata;* Ex. : ῝Ος ἔσται ἐπὶ τοῦ δώματος καὶ τὰ σκεύη αὐτοῦ ἐν τῇ οἰκίᾳ, *Lc.*, XVII, 31, la structure hétérogène : Μετὰ ταῦτα εἶδον, καὶ ἰδοὺ ὄχλος πολύς, suivi de propositions différemment construites, *Ap.*, VII, 9, 10. Le plus frappant exemple de *l'oratio variata* est le changement produit par le passage du style direct au style indirect, et vice versa. En voici un qui est typique : Παρήγγειλεν αὐτῷ μηδενὶ εἰπεῖν, ἀλλ' ἀπελθὼν δεῖξον σεαυτόν, *Lc.*, V, 14.

Une des études les plus importantes pour l'exégèse du Nouveau Testament est celle de l'emploi des voix, en particulier de celui de la voix moyenne, des temps, des modes et des noms verbaux. A propos de la voix moyenne, Robertson fait remarquer que son emploi tend à disparaître dans le Nouveau Testament, qu'elle n'est pas toujours régulièrement employée et qu'elle est souvent remplacée par la voix active. La disparition graduelle du participe futur et la préférence du participe parfait au participe aoriste est continuée par des exemples tirés des Pères apostoliques.

Robertson a publié en 1919 une 3e édition de sa Grammaire, dont il a corrigé de nombreux passages et à laquelle il a ajouté une quarantaine de pages.

VI. Il serait permis au lecteur de s'étonner du nombre de pages que Abbott [1] a consacrées à la langue du IVe évangile : 364 pour le vocabulaire, et 687 pour la grammaire. Mais remarquons de suite que ces deux

---

[1] *Johannine Grammar.*

volumes doivent être étudiés plutôt que lus. Ils constituent, en définitive, un véritable commentaire de l'évangile selon-saint Jean, et il sera impossible de les laisser de côté si l'on veut se rendre un compte exact et bien documenté du caractère et de la nature de cet écrit. Il en ressort que c'est l'œuvre d'un homme qui a soigneusement pesé tous les mots qu'il a employés, et qui les a disposés dans un ordre voulu et systématique. Ce que nous avions cru jusqu'à présent être des négligences ou des signes de pauvreté linguistique sont, au contraire, des artifices linguistiques, destinés à suggérer telle ou telle idée particulière.

Le Dictionnaire johannique est divisé en trois livres. Dans le premier, l'auteur étudie les mots fondamentaux de l'évangile : πιστεύω, ἐξουσία avec leurs sens divers ; il montre que l'écrivain devait bien connaître sa langue, car il se sert très habilement des synonymes. Ainsi, pour : voir, il a θεωρέω, ὄψομαι, θεάομαι, ὁράω, βλέπω, αἴρεω ὀφθαλμοῖς, ἰδεῖν ; pour s'en aller : ὑπάγω, πορεύομαι, ἀπέρχομαι. Le livre second est consacré au vocabulaire comparé des évangiles synoptiques et du IV⁰ évangile ; il relève les différences, et le livre troisième, les ressemblances. De ces comparaisons, il résulte que 220 mots employés dans les synoptiques ne sont pas dans le IV⁰ évangile et, inversement, 30 mots qu'on trouve dans celui-ci ne sont pas dans ceux-là. La conclusion, que l'auteur tire de ces comparaisons, est que le vocabulaire synoptique est complètement différent de celui du IV⁰ évangile ; ce dernier est beaucoup plus pauvre que celui d'un quelconque des trois autres évangélistes. Au point de vue des mots c'est de Luc que Jean se rapproche le plus, sans que l'on puisse conclure à une dépendance littéraire entre eux.

La Grammaire johannique est divisée en deux livres : I, Formes et combinaisons des mots ; II, arrangement, variation et répétition des mots. L'auteur étudie l'usage qui a été fait des différentes sortes de mots : substantifs, adjectifs, articles, verbes, adverbes, conjonctions; la façon dont les cas, les temps et les modes sont employés; enfin, la manière dont les mots et les phrases sont liés entre eux. Nous avons ici ramassée une masse énorme de faits d'où il ressort que la langue du IVe évangile est une langue spéciale et, si l'on peut parler ainsi, une langue artificielle. Pour s'en convaincre, il suffira de suivre le Dr Abbott dans l'exposé si complet et si substantiel qu'il nous présente des particularités de cette langue. Relevons cette phrase de la préface : « Jean a été un maître du style et de la phrase, aussi bien qu'un prophète inspiré. Jamais il n'a employé les mots d'une façon défectueuse. »

VII. A. W. Slaten [1] étudie les noms qualitatifs (désignant une qualité) dans les épîtres pauliniennes et il montre que pour n'avoir pas reconnu le caractère de ces noms les traducteurs en ont mal fait ressortir la signification et surtout la force. De la liste des 900 mots qualitatifs qu'il a donnée, Slaten en étudie 15 en particulier. Si nous examinons son étude sur le mot νόμος nous remarquons que ce nom est employé 71 fois sans l'article et alors d'ordinaire il est qualitatif et par conséquent il fait ressortir sa qualité en tant que loi. En voici deux exemples. « Toi qui te glorifie ἐν νόμῳ, dans une loi, c'est-à-dire dans une religion dont le caractère principal est le légalisme, tu déshonores Dieu, par la transgression de la Loi, τοῦ νόμου », *Rom.*, II, 32. « Dites-moi, vous qui désirez un type légalistique de religion, être sous une loi, ὑπὸ νόμου, n'entendez-vous pas la Loi? », *Gal.*, IV, 21. On a d'ordinaire

---

1. *Qualitative Nouns in the Pauline Epistles and their Translation in the Revised Version.* Chicago, 1918.

méconnu la différence qu'il y avait entre ὁ νόμος et νόμος au sens qualitatif et la traduction de ce dernier est assez souvent erronée.

VIII. D'une étude sur le participe dans le livre des Actes, Williams[1] dégage les conclusions suivantes : Les participes sont plus fréquents dans les Actes que dans les écrivains classiques, à l'exception d'Hérodote; ils sont aussi nombreux que dans la Κοινή littéraire. Le grec des Actes varie suivant les parties du livre et aussi l'emploi des participes. Ils sont moins fréquents dans la première partie, I-XII, que dans la seconde, XIII-XXVIII. Luc a donc dû utiliser des documents déjà rédigés pour cette première partie, où le nombre des participes n'est pas le même dans tous les chapitres. La similitude de l'emploi des participes dans l'évangile de Luc et dans les Actes est si grande que l'on doit conclure que le même auteur a écrit ces deux livres. L'emploi des participes ne prouve pas que le Journal de voyage et le reste des Actes sont du même auteur, mais il ne prouve pas non plus que les auteurs sont différents. Il est probable que pour les discours de Pierre Luc a employé des sources judéo-grecques. Quelques discours de Paul se rapprochent des épîtres pauliniennes, mais ils se rapprochent trop du style de Luc pour qu'on les regarde comme des compositions originales de Paul.

§ 3. — Dictionnaires du grec néotestamentaire.

W. GRIMM, *Lexicon graeco-latinum in libros Novi Testamenti*, éd. 4ª. Lipsiae, 1903.

E. PREUSCHEN, *Griechisch-deutsches Handwörterbuch zu den Schriften des Neuen Testaments und der übrigen urchristlichen Literatur*. Giessen, 1910.

---

1. *The Participles in the Book of Acts*. Chicago, 1908.

*F. Zorell, *Novi Testamenti Lexicon graecum.* Parisiis, 1911.

H. Ebeling, *Griechisch-deutsches Wörterbuch zum Neuen Testamente.* Leipzig, 1913.

J. H. Moulton, G. Milligan, *The Vocabulary of the greek Testament, illustrated from the Papyri and other non-literary Sources.* London, 1914.

Th. Nägeli, *Der Wortschatz des Apost. Paulus.* Göttingen, 1905.

H. Cremer, J. Kögel, *Biblisch-theologisches Wörterbuch der neutestamentlichen Grazität.* X° Aufl, Gotha, 1913.

I. Le *Lexicon graeco-latinum in libros Novi Testamenti* est la quatrième édition de la *Clavis Novi Testamenti philologica,* de Christian Wilke. Malgré ses mérites, elle était devenue insuffisante par suite du progrès de la lexicographie grecque et des études exégétiques et critiques du siècle dernier. Elle fut refondue en 1867 et mise au courant de la science par W. Grimm. Depuis lors, il a encore amélioré son œuvre en la complétant au point de vue du sens des mots et de leur dérivation et aussi en y introduisant de nouvelles références. Tel qu'il est actuellement, ce dictionnaire peut rendre les plus grands services aux étudiants ; il est complet, bien informé et a pour beaucoup d'entre eux la qualité d'être écrit en latin, ce qui en rend l'usage plus facile.

II. Le Dr Ebeling [1] a voulu surtout faire ressortir les rapports qui existent entre la langue grecque classique et le grec du Nouveau Testament. Il signale donc toutes les déviations de la langue néotestamentaire de la langue attique et son accord avec le grec hellénistique. Pour chaque mot, il recense les auteurs grecs, les inscriptions, les papyrus où on le trouvera. Il donne aussi le terme hébreu dont il est la traduction et les passages des Septante où il est

---

1. *Griechisch-deutsches Wörterbuch zum Neuen Testamente.*

employé. Ce dictionnaire est donc un répertoire complet de la grécité du Nouveau Testament comparée à celle des auteurs profanes. Il rendra, par conséquent, de grands services à celui qui voudra étudier la question de l'origine et des caractères du grec néotestamentaire.

III. Le *Novi Testamenti Lexicon graecum* qu'a publié le P. F. Zorell, S. J., est un excellent travail, bien au courant des études modernes de philologie grecque et des publications des papyrus et des inscriptions. Il est appelé à rendre de grands services à tous ceux qui étudient le texte grec du Nouveau Testament. C'est un instrument indispensable pour une exégèse vraiment scientifique. On y trouvera toutes les indications que comporte un bon dictionnaire et il a de plus l'avantage d'être écrit en latin, ce qui le mettra à la portée d'un plus grand nombre d'étudiants.

IV. Dans son *Dictionnaire du grec du Nouveau Testament et des premiers écrits chrétiens,* Preuschen a catalogué pour la première fois dans un dictionnaire du grec du Nouveau Testament les mots employés dans les premières Apologies et dans les apocryphes néotestamentaires. Le procédé s'explique par le fait que la langue est identique dans ces deux sortes d'écrits.

La traduction de chaque mot est donnée en allemand et la dérivation des sens est fixée avec soin. Tous les passages du Nouveau Testament sont relevés de sorte que le Dictionnaire peut, à la rigueur, servir de Concordance.

V. Théodore Nägeli[1] travaille à un lexique du grec de Paul; il a déjà rassemblé les matériaux des cinq premières lettres de l'alphabet. En attendant l'achèvement et la publication de cet important travail, il

---

1. *Der Wortschatz des Apostels Paulus.*

nous en donne la préface qui résume les conclusions qu'il a déjà dégagées. Le but de sa dissertation est de préciser les sources où l'Apôtre a puisé les mots de son vocabulaire et de fixer par l'examen des mots de chaque épître paulinienne l'authenticité de celle-ci.

L'auteur semble avoir atteint des résultats que nous connaissions déjà ; son mérite consiste surtout à les avoir appuyés sur des faits précis. Paul écrivait dans la langue courante à son époque en Asie Mineure ; il n'est débiteur des écrivains classiques que dans la mesure où leur vocabulaire avait passé dans la langue du 1er siècle. Il n'a d'autres hébraïsmes que ceux qui lui viennent des Septante, lorsqu'il traduit le texte des Écritures. Pour les quelques mots qu'on relève pour la première fois dans Paul, ils sont formés sur le modèle des mots que l'on trouve dans les écrivains du temps ; ils sont dérivés de racines de mots classiques ; ils unissent deux mots connus, ou ajoutent une terminaison ou une affixe à des mots usités.

Si l'on examine les épîtres pauliniennes au point de vue de la langue, on constate que les épîtres aux Corinthiens présentent le mieux la langue ordinaire de l'Apôtre ; l'épître aux Galates est moins soignée et le style se rapproche davantage de la langue de la conversation. Les épîtres aux Romains, aux Thessaloniciens, les épîtres de la captivité présentent des caractères linguistiques nettement pauliniens. Il n'en est pas de même des épîtres pastorales ; elles n'ont pas les mots et les tournures caractéristiques des épîtres authentiques et contiennent au contraire bon nombre de formes ou de mots étrangers à Paul. Nägeli ajoute sagement que l'on ne doit pas décider de l'authenticité d'un écrit du Nouveau Testament uniquement sur l'examen de la langue de ce livre, laquelle ne peut être qu'un des facteurs de la conclusion.

VI. La neuvième édition du Dictionnaire de la grécité théologique du Nouveau Testament par H. Cremer [1], la dernière qu'il a publiée, étant épuisée, il y avait lieu d'en établir une nouvelle, dans laquelle il serait tenu compte des récents travaux sur le grec du Nouveau Testament. Cremer n'avait jamais voulu entrer dans cette voie; les recherches de Deissmann et ses conclusions ne lui paraissaient d'aucune importance ou même d'aucune utilité pour l'intelligence des divers sens des termes néotestamentaires. Il les expliquait par la comparaison avec les mêmes termes employés dans les Septante, par Philon, Josèphe et les écrits post-bibliques de la synagogue. Chaque terme était examiné dans son origine et sa signification dans les écrits classiques; les sens, qu'ils prenaient dans chacun des écrits néotestamentaires, étaient déduits d'après les méthodes de la sémantique. On avait ainsi non seulement le développement de leur signification, mais aussi l'évolution de l'idée que chacun présentait. Cremer ne s'occupait d'ailleurs que des termes théologiques, de ceux qui avaient reçu du christianisme une signification particulière. L'étude en était disposée d'une façon très scientifique. Le terme était donné dans sa forme simple, sa racine, puis dans ses dérivés et ses composés. Ex. δίκη, δίκαιος, δικαίως, δικαιοσύνη, δικαιόω, δικαίωμα, δικαίωσις et ses composés au nombre de seize; c'est un véritable traité sur le concept de justice dans le Nouveau Testament, éclairé par le sens qui lui est donné dans l'Ancien Testament.

J. Kögel qui a publié la dixième édition n'a pas laissé de côté les travaux de Deissmann, mais les a utilisés à un certain degré. Pour s'en rendre compte, il suffira de comparer les articles ἀγοράζω, συναγωγή,

---

[1]. *Biblisch.-theologisches Wörterbuch der neutest. Grazität.*

αἰών, ἀμνός, dans cette nouvelle édition avec les mêmes dans les éditions précédentes. La plupart des articles ont subi d'ailleurs des modifications plus ou moins importantes, tantôt des additions, tantôt des suppressions. Les études exégétiques les plus récentes ont été signalées et mises à profit. Certains articles tels que ἄγγελος, εὐαγγέλιον, ἀμήν, ont été presque entièrement renouvelés. D'autres, ἀρετή, ἁρπαγμός, παραβολή, βασιλεία, γνῶσις, ont reçu des développements intéressants. De ce fait l'excellent travail de Cremer a été renouvelé et mis au point.

La sixième livraison a paru en 1913. Remarquons les articles πείθω, πίστις et ses dérivés, très développés, 54 pages, en raison de l'importance de l'idée que représentent ces termes.

L'ouvrage a été continué et a été terminé en 1918. Nous n'avons pas les derniers fascicules.

VII. Le *Vocabulaire du Testament grec* dont Moulton et Milligan [1] ont publié trois fascicules, A — θώραξ, n'est pas un dictionnaire de tous les mots que l'on relève dans les écrits du Nouveau Testament, mais seulement un recueil de ceux dont la signification peut être expliquée à l'aide des papyrus et des autres documents non littéraires. Les auteurs ne se dissimulent pas que leur recueil ne peut être complet pour le moment, car l'on découvre chaque année de nouveaux papyrus et d'ailleurs on en possède encore beaucoup qui n'ont pas été publiés. Ils compléteront leur travail autant qu'il sera possible dans un appendice qui fera suite au Vocabulaire.

Voici comment les auteurs ont établi leur travail. La citation du passage des papyrus où se trouve un mot du Nouveau Testament est donnée dans son entier,

---

[1]. *The Vocabulary of the greek Testament, illustrated from the papyri and other non-literary sources.*

afin de montrer dans quel sens il est employé et d'éclairer ainsi le texte néotestamentaire. Les inscriptions sont aussi appelées en témoignage, ainsi qu'un certain nombre de textes littéraires, lorsqu'ils peuvent compléter la signification du mot traité, et qu'ils font ressortir l'emploi de ce mot dans le grec populaire.

La traduction de l'article sur ἀγάπη fera mieux saisir que toutes nos explications la manière dont MM. Moulton et Milligan ont traité leur sujet : « Il serait exagéré de prétendre que cet important mot biblique est « né dans le sein de la religion révélée »; il est remarquable qu'il y a seulement trois exemples de son usage dans le grec profane, et encore deux d'entre eux sont lus autrement aujourd'hui et le troisième est douteux. Deissmann a cité tout d'abord comme exemple, P. Par. 49[3] (164-158 av. J.-C.), (*Bibelstudien*, p. 80 s.). Mais dans l'édition anglaise (*B. S.*, p. 198) il a admis que la lecture ταραχήν devait lui être substituée. D'autre part, Hatch, dans le *Journal of biblical Literature*, XXVII, 2, p. 134 ss., cite une inscription de l'époque impériale, de Tefeny en Pisidie, où l'on donne la signification divinatoire de divers coups de dés : πένψει δ' εἰς ἀγά[πη]ν σε φιλομμειδὴς Ἀφροδείτη. Mais Deissmann appelle notre attention sur une dissertation de Breslau par F. Heinevetter : *Würfel-und Buchstabenorakel in Griechenland und Kleinasien* (1912), où il semble prouvé (p. 10) qu'il faut lire, εἰς ἀγαθόν, dans la ligne que nous avons citée. Il reste seulement la citation (Crönert, *Lex.*, s. v.) de δι' ἀ[γ]άπης ἐ[ναρ]γοῦς des papyrus d'Herculanum, de Philodemus l'Épicurien (I avant J.-C.) marquée de la note « (sicher?) ».

« L'histoire de ce mot est si importante pour l'orientation du vocabulaire du grec biblique que nous devons la poursuivre un peu en détail. L'argument, tiré par

Deissmann de la citation d'ἀγάπη dans Philon, faite par Thayer, est répété dans la traduction anglaise des *Bibelstudien* (p. 199) sans qu'il ait tenu compte de la critique de Ramsay (*Exp. Times,* IX, p. 568). Et Deissmann paraît certainement avoir raison quand il affirme que dans le *Quod Deus immut.* (p. 283 M = Cohn-Wendland, ed. min., p. 69) Philon n'a pas pris ce mot dans les Septante, à moins que, *Sagesse,* III, 9 (l'amour envers Dieu) et VI, 18 (l'amour de la Sagesse) ne puissent être pris comme des modèles pour l'usage annobli du mot. Car dans les Septante il est employé 14 fois pour désigner l'amour sexuel (*Jér.,* II, 2, au sens figuré), et deux fois en antithèse avec μῖσος. L'Ecclésiastique, XLVIII, 11, est la seule citation en dehors de celle de la Sagesse. Aristée (II-I avant J.-C.) a employé le mot (§ 229) au sens élevé et peut être regardé avec l'auteur de la Sagesse comme le plus ancien écrivain qui l'ait adapté à cet usage. Les Juifs alexandrins du Ier siècle avant J.-C. paraissent avoir montré la voie pour ennoblir le sens de ἀγάπη et le substituer à l'archaïque ἔρως. Le fait que son usage était très restreint a permis plus aisément de l'employer dans un sens spécial. Puisque le Cantique des Cantiques (où il se rencontre 11 fois) ne paraît pas avoir été connu des écrivains du Nouveau Testament, il n'y eut de fait aucune autre association d'idées devant leur esprit, et l'emploi de ἀγαπᾶν et d'ἀγάπη se poursuivit côte à côte. Comme la relation de leur usage dans Aquila, Symmaque et Théodotion le montre (Voir la concordance des Septante par Hatch et Redpath), le mot garda dans les cercles indépendants le sens que nous trouvons dans le Cantique et l'Ecclésiastique et devint lentement plus commun. Dans les papyrus chrétiens anciens nous le trouvons restreint comme notre « charité » : Crönert cite P. Gen. I, 14[7], (ive-ve siècle après J.-C.) et P. Lond. 77 [58] (viiie siècle après J.-C.) (= I, p. 234). Sur l'emploi chrétien de Ἀγάπη comme un nom propre, voir W. M. Ramsay, *Cities and Bishoprics of Phrygia*, II, p. 492 s.

« On pourrait enfin remarquer qu'il n'y a pas de raison pour réclamer ἀγάπη comme l'origine de ἀγαπάω, comme τιμή a produit τιμάω, etc. Ἀγάπη est en tout cas une formation dérivée du verbe, remplaçant le terme plus ancien ἀγάπησις et provenant sans aucun doute d'un district dialectique restreint. Dans une note publiée dans *The Expos. Times*, déc. 1914, p. 139, Moulton fait remarquer que le cas est de tout point le même pour συναντήν et απαντήν, dérivés de ἀντάω et remplaçant συνάντησιν et ἀπάντησιν. »

Relevons maintenant quelques citations des papyrus qui éclairent des passages du Nouveau Testament, où les mots sont employés dans le même sens. Chap. I, 28, de la première épître aux Corinthiens, Paul pour faire ressortir la grandeur et la sagesse de Dieu écrit : Ἐξελέξατο ὁ Θεὸς... τὰ ἀγενῆ τοῦ κόσμου : les choses viles du monde. Ἀγενής signifie d'abord de naissance obscure, par opposition à εὐγενής de noble naissance et nous le trouvons employé avec ce sens dans un papyrus d'Oxyrinchus, I, 33, fin du iie siècle après J.-C. et dans un papyrus de même provenance, mais un peu plus ancien, où il signifie bas, vile, μηδὲν ταπινὸν, μηδὲ ἀγενὲς... πράξης. Il est d'ailleurs classique dans ces deux sens. — Un parallèle de la phrase paulinienne, I *Thess.*, IV, 13 : Οὐ θέλομεν δὲ ὑμᾶς ἀγνοεῖν se trouve dans un papyrus de Tebtunis, iie siècle après J.-C. : πιστεύω σε μὴ ἀγνοεῖν, passage qui élucide aussi son emploi avec la négation dans II *Cor.*, II, 11. — Ἀγνῶς, *Philp.*, I, 17, signifie loyalement, comme dans de nombreuses inscriptions. — Ἀδελφός est employé dans des sens divers dans le Nouveau Testament ; il en est de même dans les papyrus. Il l'est au sens naturel, mais aussi au sens de mari : Ἰσίας Ἡφαιστίωνι τῶι ἀδελφῶ[ι χαί(ρειν)], P. Lond. 42¹, 168 avant J.-C., où il semble qu'Isias s'adresse à son mari et non à son frère. Les Ptolémées appelaient leurs femmes, ἀδελφαί, quand même elles ne l'étaient pas. Dans un papyrus de Paris, 45, 48, ɪɪᵉ siècle avant J.-C. des hommes adressent une salutation : ἀδελφῷ χαίρειν à des hommes qui n'ont avec eux aucune parenté. On cite des papyrus où ἀδελφός est un terme employé pour une adresse à un individu quelconque. Dans un papyrus de Paris, 42¹, ɪɪᵉ siècle avant J.-C., ἀδελφοί désigne les membres d'une corporation religieuse établie dans le Serapeum de Memphis. Enfin, dans les *Orientis Graeci Inscriptiones selectae,* éditées par Dittenberger, 138³, ɪɪᵉ siècle avant J.-C., Ptolémée Evergète appelle « son frère » un certain Lochus qu'il désigne dans d'autres inscriptions comme « son fidèle et bien-aimé cousin ». — Ἀδιαλείπτως, qu'a employé Paul, se retrouve dans plusieurs papyrus, antérieurs à l'ère chrétienne. — Le sens de l'adjectif, ἄδολος, I *Pierre*, II, 2, est fixé par des papyrus antérieurs à l'ère chrétienne, où il est toujours employé au sens de pur, non adultéré, non mélangé avec d'autres substances. — Αἵρεσις, au sens de choix, de secte, de faction, est élucidé par les inscriptions et les papyrus. — Ἀκατάκριτος, *Act.*, XVI, 37; XXII, 25, signifie, d'après l'étymologie du mot, non condamné, mais il est probable qu'il faut traduire : dont la cause n'a pas été examinée. — Ἁμαρτία se rencontre dans une inscription de Cyzique, ɪɪɪᵉ siècle avant J.-C., ἁμαρτίαν μετανόει et dans plusieurs autres inscriptions, qui éclaircissent l'emploi de ce terme dans le Nouveau Testament. — Le terme technique ἀπογραφή, employé deux fois par Luc, se trouve dans les rescrits de recensement, κατ' οἰκίαν ἀπογραφή ; à l'époque des Ptolémées, le census devait avoir lieu chaque année et recensait le nom du propriétaire et des autres occupants de chaque maison, ensuite le nombre total des habitants du pays et celui des mâles. Les objections que l'on a faites si souvent contre le recensement dont parle Luc proviennent de notre manque d'informations. On pourrait en trouver un supplément dans les inscriptions qui ont été citées par Moulton et Milligan, d'où il ressort que Quirinius a été légat en Syrie pour un recensement en l'année 8-6 avant J.-C. (*Expositor*, VIII, IV, p. 385, 481).

On pourrait signaler encore dans ce *Vocabulary* d'excellentes remarques sur le déclin progressif de l'usage de ἄν dans le grec post-classique, sur l'emploi dans les papyrus de ἀναβάλλω, ἀναγκαῖος, ἀνάγκη, ἀνάγνωσις, ἀνάθεμα, ἀναίτιος, ἀναλύω, ἀνάστασις, ἀνατολή, ἀναφέρω, ἀνεπίλημπτος, etc., dans le même sens que dans les écrits du Nouveau Testament, mais nous pensons que les citations précédentes suffisent pour montrer les services que ce *Vocabulary* rendra à l'exégèse néotestamentaire.

Les lecteurs savent qu'il y a dans les écrits du Nouveau Testament un certain nombre de mots grecs que l'on trouve là pour la première fois. On avait cru que ces mots, qui apparaissent le plus fréquemment dans les épîtres pauliniennes, avaient été forgés par l'Apôtre pour exprimer des idées inconnues au grec contemporain. Toutefois on peut faire remarquer d'abord que tous les écrits du Nouveau Testament offrent des exemples de ces mots nouveaux; il en est même, comme par exemple les épîtres de Pierre, qui en contiennent relativement plus que les épîtres de Paul. Au surplus, on a retrouvé un certain nombre de ces ἅπαξ λεγόμενα dans les inscriptions et les papyrus, antérieurs au Ier siècle ou contemporains du Nouveau Testament, ce qui a permis de conclure que les mots des écrits néotestamentaires, qui paraissaient nouveaux, ne l'étaient que parce que l'on ne les avait pas encore trouvés dans les documents, mais qu'en fait ils faisaient partie de la langue du temps et qu'on les y relèvera au fur et à mesure que nous posséderons davantage des écrits de cette époque. Il est intéressant de rechercher ce que le *Vocabulary* de Moulton et Milligan pourra nous apprendre sur cette question, puisque son but est de recenser tous les passages des papyrus et des inscriptions où se rencontrent des mots néotestamentaires.

Le Nouveau Testament compte, dans la lettre A, 45 mots que l'on avait trouvés là pour la première fois. Or, parmi ces mots, il y en a trois, ἄσπιλος, ἀφεδρών, ἀφιλάργυρος que l'on retrouve dans les écrits, papyrus, inscriptions, antérieurs au Nouveau Testament; il y en a cinq, αἰτίωμα, ἀμετανόητος, ἀπρόσκοπος, au sens métaphorique, ἀρχιερατικός, ἀφιλάγαθος, qui sont dans les papyrus contemporains du Nouveau Testament; sept, ἀμετανόητος, ἀνεπαίσχυντος, ἀρσενοκοίτης, ἀρτιγέννητος, ἀντιμετρέω, ἀπείραστος, ἄψινθος qui sont dans les écrivains du temps, Josèphe et Lucien par exemple. On peut donc conjecturer que tous ces mots faisaient partie de la langue du Ier siècle après J.-C. Il semble aussi que les quatre mots que l'on trouve dans les écrits postérieurs, par exemple les écrits hermétiques et dans les papyrus des IIe-VIe siècles après J.-C., ἀδελφότης, ἀκατάγνωστος, ἀνακαινόω, ἀνακαίνωσις, doivent rentrer dans la même catégorie que les précédents. Il en est deux, ἀκατάκριτος, ἀλλοτριεπίσκοπος, dont on n'a aucune attestation, et huit αἱματεχυσία, αἰσχροκερδῶς, ἀνάπειρος — la forme correspondante, ἀνάπηρος, est dans Platon — ἀνεκλάλητος, ἀντίλυτρον, ἄραφος, ἀρχιτελώνης, ἀρχιτρίκλινος qui ne sont pas relevés dans le *Vocabulary,* sur lesquels, par conséquent, nous devons suspendre notre jugement. Enfin, il y a huit mots, ἀγενεαλόγητος, ἀπέκδυσις, ἀπελεγμός, ἀποκαραδοκία, ἀποσυνάγωγος, αὐτοκατάκριτος, ἀφελότης, ἀχειροποίητος, qui ont pu être formés ou employés pour la première fois par les écrivains du Nouveau Testament, Paul en particulier, par analogie avec d'autres mots de l'époque ou par dérivation de ces mots.

Il existe aussi dans le Nouveau Testament certaines formes grammaticales qui avaient paru irrégulières et que l'on retrouve dans les papyrus. Examinons par exemple le verbe ἀφίημι. L'aoriste passif, ἀφέθησαν, sans l'augment, *Rom.*, IV, 7, a son parallèle, ἀφέθη, dans les *Orientis Graeci Inscriptiones,* 435⁹, iiᵉ siècle avant J.-C. On peut comparer ἀφέωνται avec l'impératif ἀφεώσθω dans Michel, *Recueil d'inscriptions grecques,* 585¹⁴ Arcadienne, iiiᵉ siècle avant J.-C. Le présent ἀφεῖς, *Apoc.,* II, 20, doit être regardé comme la contraction régulière de ἀφίεις, du verbe ἀφίω (verbe non contracte) qui est la conjugaison normale dans lequel le verbe en μι tend à se confondre ici. On n'a pas d'exemple d'ἀφιέω. Pour la forme ἄφες on peut citer P. Am. II, 37¹⁰, 172 avant J.-C., ἄφες αὐτὸν χαίρειν; P. Hib. I, 41⁶ (261 environ avant J.-C.), ἄφ[ε]ις αὐτὸν εἰσαγαγεῖν. On pourrait encore relever dans les papyrus et les inscriptions d'autres formes irrégulières des verbes du Nouveau Testament.

Voici les ἅπαξ λεγόμενα relevés dans le 2ᵉ fascicule : Βάπτισμα, βαπτισμός et βαπτιστής ne se retrouvent ni chez les écrivains classiques, ni dans les papyrus; cependant βαπτισμός et βαπτιστής sont dans Josèphe, ce qui prouve leur emploi au iᵉʳ siècle. βαττολογέω ou βλαττολογέω (codex de Bèze) pourrait être une abréviation de βατταλολογέω et se rattacherait à l'épithète βάτταλος, accolée au nom de Démosthène ou à l'araméen *battâl,* vide, futile. βίωσις est dans l'Ecclésiastique et dans une inscription juive de l'an 60-80 ap. J.-C., citée par Ramsay, C. and B., II, p. 650. Le sens de βιωτικός, *Lc.*, XXI, 34; I *C.*, VI, 3, est illustré par un papyrus de Tebtunis, 114 avant J.-C. et un papyrus de la collection Ryland, 28-29 après J.-C. Estathius, 1180 ap. J.-C., se sert du terme βυλίζω, comme très employé dans le grec ancien. On ne l'a trouvé jusqu'à présent que dans les Actes, XXVII, 28. βραδυπλοέω est dans Artémidore, IIe siècle après J.-C. Un papyrus du Fayûm, environ l'an 100 après J.-C., rapporte le terme βυρσεύς. Appollonius, Ier siècle après J.-C., cite γαμίζω; peut-être ce terme a-t-il le sens de γαμέω, marier et non donner en mariage. Δαιμονίζομαι, au sens de « possédé du démon », ne se retrouve que dans le grec tardif. Δαιμονιώδης est dans Symmaque, IIIe siècle après J.-C. Δειγματίζω se trouve dans un papyrus de Tebtunis, 14-13 avant J.-C.; Δεσμοφύλαξ dans un papyrus de la collection Flinders Petrie, IIIe siècle avant J.-C. Le papyrus de Paris, contenant la Liturgie de Mithra, porte δηλαυγῶς et non τηλαυγῶς, qui serait une correction de Dieterich. Hesychius et Democritus ont employé ce terme δηλαυγῶς. Διδακτικός se trouve dans Philon. Διερμενευτής ne se retrouve que dans les écrivains byzantins. Διετία qu'on a relevé dans Philon est aussi dans quelques papyrus des Ier et IIe siècles après J.-C. Δικαιοκρισία n'est que dans des papyrus du IIIe-IVe siècle après J.-C. Δίλογος n'est pas employé dans les papyrus au même sens que dans Paul, I *Tim.*, III, 8. Δίψυχος se retrouve dans la Didachè, Clément Romain, Barnabé, Hermas; ils avaient probablement emprunté ce terme à *Jcq.*, I, 8; IV, 8. Διώκτης rappelle ἐργοδιώκτης des Septante et d'un papyrus de l'an 253-354 avant J.-C., collection Flinders Petrie.

Nous ne trouvons pas relevés les termes suivants : βιβλαρίδιον, γογγυστής, δευτερόπρωτος, διαγρηγορέω, διακαθαῥίζω, διακατελέγχομαι, δυνατέω, δυσνόητος. Il est à croire que Moulton et Milligan ne les ont trouvés ni dans les papyrus, ni dans les inscriptions. On peut donc les considérer jusqu'à nouvel ordre comme des ἅπαξ λεγόμενα.

De la 3ᵉ partie de ce Dictionnaire, ἐάν-θώραξ, il ressort que l'on doit tenir provisoirement comme ἅπαξ λεγόμενα les termes suivants : Ἑδραίωμα, ἐθελοθρησκία εἰδωλολατρεία, εἰδωλολάτρης, ἐξέραμα, ἐπιδιατάσσομαι, ἐπιούσιος, ἐπιλείχω, εὐμετάδοτος, εὐρακύλων, ζευκτηρία, ἡμίωρον, θεοδίδακτος, θορυβάζω, θρῆσκος, ἐκζήτησις, ἐλαφρία, ἐμπαιγμονή, ἐπιποθία, ἐπιράπτω, θειώδης, ἑτεροδιδασκαλέω. La 4ᵉ partie du Dictionnaire est sous presse.

VIII. Les deux thèses de P. F. Regard : *La phase nominale dans le Nouveau Testament* et *Contribution à l'étude des prépositions dans la langue du Nouveau Testament* seront très importantes pour établir les rapports entre la Κοινή hellénistique au 1ᵉʳ siècle et la langue du N. T., comme représentant de cette Κοινή.

IX. H. Pernot a fait à la Sorbonne, en 1919-1920, un cours sur la prononciation grecque à l'époque du N. T. et a commencé l'explication philologique de l'évangile de saint Marc. Il croit que le grec néotestamentaire est plus proche du grec moderne que du grec ancien, et qu'il était inutile de chercher dans les papyrus la confirmation de certaines particularités de la langue du N. T., qui se retrouvent en grec moderne.

SAINT PAUL ET SES ÉPITRES

CHAPITRE PREMIER

SAINT PAUL : SA VIE, SA FORMATION INTELLECTUELLE ET RELIGIEUSE.

C. CLEMEN, *Paulus, Sein Leben und Werken*. Giessen, 1904.

H. WEINEL, *Paulus, der Mensch und sein Werk*. Tübingen, 1904.

E. LOMBARD, *Les extases et les souffrances de l'apôtre Paul; Revue de Théologie et de philosophie*, T. XXXVI, p. 450-500. Lausanne, 1905.

B. BACON, *The Story of St. Paul : a comparison of Acts and Epistles*. Boston, 1905.

* N. HEIM, *Paulus*. Salzburg, 1905.

* F. X. PÖLZL, *Der Weltapostel nach seinem Leben und Wirken geschildert*. Regensburg, 1905.

W. WREDE, *Paulus*. Halle, 1905.

D. VÖLTER, *Paulus und seine Briefe*. Strassburg, 1905.

H. BALMER, *Die Romfahrt des Apostels Paulus und die Seefahrtskunde im römischen Kaiserzeitalter*. Bern, 1906.

SH. J. CASE, *Paul's historical Relations to the first Disciples; Amer. Journal of Theology*, Vol. XI, p. 269-286. Chicago, 1907.

E. MOSKE, *Die Bekehrung des Apostels Paulus*. Münster, 1908.

R. SCOTT, *The Pauline Epistles : A critical Study*. Edinburgh, 1909.

B. WEISS, *Paulus und seine Gemeinden*. Berlin, 1914.

W. M. RAMSAY, *The Thought of Paul; Expositor*, VIII s. Vol. II, p. 289, 434, 481. London, 1911.

E. Vischer, *Der Apostel Paulus und sein Werk*. Leipzig, 1910.

W. Ramsay, *The Cities of St. Paul*. London, 1907.

A. Deissmann, *Paulus. Eine kultur [und religiongeschichtliche Skizze*. Tübingen, 1914.

* Fr. X. Pölzl, *Die Mitarbeiter des Weltapostels Paulus*. Regensburg, 1911.

A. Schweitzer, *Geschichte der paul. Forschung von der Reform bis auf die Gegenwart*. Tübingen, 1909.

W. M. Alexander, *St. Paul's Infirmity; Expository Times*, Vol. X, p. 469 et 545. Edinburg, 1904.

Seeligmuller, *War Paulus Epileptiker?* Leipzig, 1910.

H. Fischer, *Die Krankheit des Apostels Paulus*. Gross-Lichterfelde, 1911.

A. Souter, *Did St. Paul speak Latin; Expositor*, S. VIII, N° 14, p. 337-342. London, 1911.

* F. Prat, *La Théologie de saint Paul*, 2 vol. Paris, 1908-1912.

P. Gardner, *The religious Experience of St. Paul*. London, 1912.

C. G. Montefiore, *Judaism and St. Paul*. London, 1914.

R. Knopf, *Probleme der Paulusforschung*. Tubingen, 1914.
— *Paul and the Hellenism; Am. Journal of Theology*, Vol. XVIII, p. 497-520. Chicago, 1914.

H. Th. Dachsel, *Paulus, der Apostel Jesu Christi*. Dresden, 1914,

H. Böhlig, *Die Geisteskultur von Tarsos im augusteischen Zeitalter mit Berücksichtigung der paulinischen Schriften*. Göttingen, 1913.

Bultmann, *Der Stil der paulinischen Predigt und die kynisch-stoische Diatribe*. Göttingen, 1910.

A. C. Headlam, *St. Paul and Christianity*. London, 1913.

W. Ramsay, *The Teaching of Paul in terms of present day*. London, 1914.

B. W. Robinson, *The Life of Paul*. Chicago, 1918.

A. H. Mc Neile, *Saint Paul, his Life, Letters and christian Doctrine*. Cambridge, 1920.

I. Dans la première partie de son travail Clemen [1] étudie les sources et la chronologie de la vie de Paul. La première source est d'abord les épîtres de

---

1. *Paulus, sein Leben und Wirken*.

l'Apôtre. Leur authenticité et leur valeur historique sont défendues avec beaucoup d'habileté contre l'école critique hollandaise, représentée surtout par von Manen et Loman. On ne peut comprendre comment ces épîtres auraient pu naître au IIe siècle, ni à quel état des esprits et des faits elles correspondraient. Que signifieraient ces longues discussions sur la Loi et sa déchéance, à une époque où il n'était plus question de la Loi? D'ailleurs l'existence des épîtres pauliniennes est attestée par les citations qu'en ont faites les écrivains du commencement du IIe siècle.

Clemen accepte comme authentiques : l'épître aux Galates, adressée aux Galates du sud, les deux épîtres aux Thessaloniciens, la Ire aux Corinthiens, la IIe aux Corinthiens, formée de trois lettres écrites à des intervalles assez rapprochés : II *Cor.*, VI, 14-VII, 1, qui aurait même précédé la première; X, 1-XIII, 10, l'épître dont il est parlé dans les premiers chapitres, et enfin, I-VI, 13; VII, 2-IX, 15; XIII, 11-13, une dernière lettre aux Corinthiens; l'épître aux Romains, excepté XVI, 25-27; les épîtres aux Colossiens, à Philémon, aux Philippiens. Des Pastorales, il retient les fragments suivants comme pauliniens : II *Tim.*, I, 15-18; IV, 9-18; 19-22[a]; *Tite,* III, 12-14. L'épître aux Éphésiens ne serait pas de Paul. Cette affirmation nous étonne de la part d'un critique qui reçoit l'épître aux Colossiens, laquelle présuppose l'épître aux Éphésiens et l'authentique. Les deux lettres sont évidemment dues au même écrivain; il y a trop de rapports entre elles pour qu'on puisse les séparer.

Comme seconde source de la vie de Paul, Clemen étudie les Actes des apôtres. Il admet deux parties distinctes dans ce livre; les onze premiers chapitres, dus à un auteur inconnu; les dix-sept derniers, dont l'auteur serait Luc. A l'aide de ces deux documents et de traditions orales, un compilateur inconnu aurait formé notre livre actuel des Actes. Il est plus simple et plus conforme aux faits de croire que Luc s'est servi de documents écrits, qu'il a rédigé lui-même une partie des Actes, et qu'il a imprégné le tout de sa façon d'envisager les événements. Luc est bien l'auteur responsable de tout le livre. Quant à la valeur historique du récit, Clemen l'accepte toutes les fois qu'il n'y a pas d'intervention surnaturelle. Quant aux Actes apocryphes, les *Acta Pauli,* par exemple, que vient de publier Schmidt, on y peut trouver quelques détails historiques; le difficile, c'est de les déterminer.

D'après Clemen, Paul se serait converti vers l'an 31 et serait mort, après deux ans de captivité à Rome, vers l'an 64.

La seconde partie de l'ouvrage est consacrée à un exposé de la vie de l'Apôtre. Tout d'abord, Clemen étudie les milieux dans lesquels Paul est né et où s'est exercée son activité, le milieu romain, le milieu juif et le milieu chrétien. La formation intellectuelle de l'Apôtre fut essentiellement juive. Sa conversion s'explique naturellement par son état d'esprit au moment où elle eut lieu. Ensuite, il raconte ce qu'il appelle le devenir de l'Apôtre : Paul dans le judaïsme, sa conscience, ses vues nouvelles; puis, il divise la vie de Paul en trois périodes : la première, activité missionnaire; la seconde, voyages de mission; la troisième, captivité et mort. Comme conclusion, sont étudiés la personnalité de Paul, le résultat de ses prédications et l'influence de la théologie paulinienne sur le christianisme subséquent. Déjà après le récit de la conversion on avait trouvé un exposé rapide de la théologie de Paul. Sa théologie dérive de la théologie juive et de sa croyance à la mort et à la résurrection de Jésus. Clemen ne croit pas qu'il y ait eu progrès dans les pensées de l'Apôtre et pense que, dès sa conversion, celui-ci a possédé l'ensemble de son système théologique. Ne pourrait-on pas croire cependant que, par suite de ses réflexions et de ses expériences missionnaires, Paul a vu plus clairement ou plus amplement certains points de sa doctrine qui n'étaient qu'implicitement contenus dans ses vues primitives ? La façon dont l'auteur explique la conversion de Paul ne nous paraît pas heureuse. D'ailleurs, tout essai d'explication, en dehors d'une intervention surnaturelle, sera toujours infructueux ; Paul est trop précis à cet égard.

II. Le travail de Weinel[1] sur Paul est destiné au grand public. Dans Paul il étudie le pharisien, l'homme qui cherche Dieu, le prophète, l'apôtre, le fondateur de l'Église, le théologien, l'homme. Weinel rejette comme non authentiques les épîtres pastorales, l'épître aux Éphésiens et celle aux Hébreux. Quelques passages des autres épîtres sont des interpolations.

III. W. Bacon[2] choisit les épisodes marquants de la vie de Paul et montre comment le récit des Actes est complété par les épîtres de l'Apôtre. Il reconnaît dans les Actes un document original, le Journal de voyage qui a été amalgamé dans un récit de moindre valeur historique. L'épître aux Galates est la première en date ; la seconde épître aux Corinthiens est formée de deux épîtres envoyées à des époques différentes ; l'épître aux Éphésiens est authentique, ainsi que la partie principale de la seconde à Timothée. Une certaine influence hellénique, surtout stoïcienne, s'exerça sur Paul, lors de son éducation à Tarse.

IV. Wrede[3] essaye de caractériser la personnalité

---

1. *Paulus, der Mensch und sein Werk.*
2. *The Story of St. Paul : a comparison of Acts and Epistles.*
3. *Paulus.*

de l'Apôtre, son ministère, sa théologie et son influence historique. Il accepte comme authentiques seulement la première épître aux Thessaloniciens, l'épître aux Galates, les deux épîtres aux Corinthiens, les épîtres aux Romains, aux Colossiens, aux Philippiens et à Philémon. La Christologie de Paul dérive surtout de son éducation rabbinique et des doctrines juives traditionnelles. « Sa conception du Christ, affirme-t-il, n'est pas née de l'impression qu'a faite sur lui la personne de Jésus. »

V. Le sous-titre de l'ouvrage de D. Völter[1]; *Kritische Untersuchungen zu einer neuen Grundlegung der paulinischen Literatur und ihrer Theologie*, indique le but et le contenu du travail. Les seules épîtres dont il s'occupe sont les épîtres aux Corinthieus, aux Romains, aux Galates et aux Philippiens. Seule, l'épître aux Galates serait une unité littéraire, mais elle n'est pas de Paul, car sa composition est renvoyée au commencement du second siècle. Les autres sont formées de morceaux pauliniens et d'interpolations diverses. Voici quelles seraient, d'après Völter, les parties pauliniennes de l'épître aux Romains : I, 1; 5^b 17; V, 1-12; 15-19, 21; VI, 1-13; 16-23; XII; XIII; XV, 23^b-33; XVI, 21-24. Ch. XVI, 1-20 est une lettre de Paul envoyée à Éphèse. Il est inutile de citer le découpage des autres épîtres.

VI. Nous devons, pour apprécier l'ouvrage de N. Heim[2], nous en tenir au jugement de la *Biblische Zeitschrift*, 1905, p. 434. Le *Paulus* de Heim est une biographie populaire écrite dans un but d'édification. Elle est intéressante et vivante, car l'auteur a vu les lieux et les villes qu'il décrit. Malheureusement il lâche la bride à sa fantaisie et trop souvent, dans ses

---

1. *Paulus und seine Briefen.*
2. *Paulus.*

descriptions, il devient bizarre. Il complète les lacunes de la vie de Paul à l'aide de traits légendaires : Correspondance entre Paul et Sénèque, ascension de Simon le mage dans les airs, Domine, quo vadis, etc. Il y aurait donc lieu de placer de nombreux points d'interrogation à son exposé.

VII. Les deux ouvrages de F. X. Pölzl[1] sont destinés au grand public, mais ils sont établis d'après les meilleures méthodes scientifiques. Le cours de la vie de Paul et le contenu des discours et des épîtres de l'Apôtre des nations sont bien exposés et les principales controverses, élevées à leur sujet, sont traitées d'une façon fort incisive. Pölzl place la composition de l'épître aux Galates avant le Concile de Jérusalem et conteste le voyage de Paul à Corinthe entre les deux épîtres aux Corinthiens. Il se montre très sceptique à l'égard des récits légendaires, telles que l'histoire de Thècle et la légende de la Prison mamertine. Il tient l'épître aux Hébreux pour paulinienne. Voici la chronologie qu'il a établie pour les principaux événements de la vie de Paul : 34, 35, conversion; 44, 45, voyage pour la collecte destinée aux pauvres de Jérusalem; fin de l'an 50, Concile de Jérusalem; 55-58, troisième voyage missionnaire; été 58 à été 60, captivité à Césarée; mars 61 à mars 63, captivité à Rome. Ensuite voyage en Espagne et séjour en Crète, à Éphèse, en Macédoine, à Nicopolis; 29 juin 67, martyre de Paul.

Dans un second ouvrage Pölzl étudie les collaborateurs de Paul. Il s'est servi plus souvent que dans le précédent de récits légendaires, car il croit qu'ils ont pu avoir un noyau historique. Voici quelques-unes des positions qu'il tient : Marc a évangélisé Alexan-

---

1. *Der Weltapostel. Die Mitarbeiter des Weltapostels Paulus.*

drie, vers l'an 54; il était à Rome avec Pierre, en 42-44. Il est vraisemblable que Luc est allé à Corinthe avec Tite. Clément de Rome doit très probablement être identifié avec le Clément mentionné dans l'épître aux Philippiens, IV, 3. L'identification du pape Linus avec le Linus de la seconde épître à Timothée, IV, 21, est certaine. Tous les personnages nommés dans les épîtres de Paul ou qui ont eu des rapports avec lui sont passés en revue.

VIII. L'ouvrage de Vischer[1] est aussi destiné au grand public. L'auteur décrit d'abord le monde contemporain de Paul, puis parle de sa conversion qu'il explique par une attaque d'épilepsie. Il expose la carrière missionnaire de Paul et ses relations avec les apôtres de Jérusalem. Paul n'aurait eu aucune culture littéraire grecque.

IX. H. Th. Dächsel[2] raconte la vie et les voyages missionnaires de l'apôtre Paul en intercalant ses épîtres dans le récit. Le problème psychologique que présente la conversion de Paul ne doit pas être expliqué par la mort d'Étienne ou l'apparition de Jésus sur le chemin de Damas, mais par cette parole du Seigneur : « Saul, Saul, pourquoi me persécutes-tu? » Ces paroles de Dieu lui montraient que son action était en opposition avec la volonté divine.

X. Dans son ouvrage : *Licht vom Osten,* A. Deissmann avait mis en œuvre les matériaux qu'il avait rassemblés dans un premier voyage en Orient. Dans un second, il a suivi pas à pas les chemins qu'avait parcourus Paul et en a reçu une impression vivante qu'il nous transmet dans l'ouvrage qu'il a publié en 1910 : *Paul. Une esquisse d'histoire et de civilisation*

---

1. *Der Apostel Paulus und sein Werk.*
2. *Paulus, der Apostel Jesu Christi.*

religieuse[1]. Ce titre indique que nous ne trouverons pas dans cet ouvrage une biographie de l'Apôtre et non plus un exposé de sa théologie, mais plutôt un portrait de Paul qui ressortira de la description du milieu dans lequel il a vécu. C'est, en effet, ce qui nous est donné dans les chapitres du livre : Le monde de Paul, l'homme Paul, le juif Paul, le chrétien Paul, l'apôtre Paul et comme résultat des études précédentes, Paul dans l'histoire universelle de la religion.

Comme introduction, Deissmann expose le problème que nous avons à résoudre et les données que nous possédons pour sa solution. L'histoire primitive du christianisme est tout entière dans les noms de Jésus et de Paul. Mais ces deux personnalités ne sont pas l'une à côté de l'autre comme le premier et le second. De toutes les données historiques il ressort que Jésus est l'Unique et que Paul est le premier après l'Unique, ou pour employer le langage de l'Apôtre le premier dans l'Unique. Ce qu'est Paul, il l'est dans le Christ. Deissmann consacre son travail à prouver que toute la doctrine de l'Apôtre se résume dans la contemplation de la personne de Jésus et de sa vie, dans l'union personnelle avec le Christ. Les sources de l'exposé, ce sont en première ligne les épîtres de Paul que l'auteur accepte toutes comme authentiques, sauf les épîtres pastorales et l'épître aux Hébreux, et encore pour les premières il paraît disposé à y voir un fond paulinien. Les épîtres de Paul sont de véritables lettres et non des exposés théologiques ; ce sont des écrits de circonstance, des conversations par écrit ; elles nous donneront le portrait de Paul et non une théologie coordonnée.

Se rappelant son expérience personnelle de voya-

---

1. *Paulus. Eine Kultur-und religionsgeschichtliche Skizze.*

geur, Deissmann décrit l'aspect physique des régions que Paul a parcourues; il les fait revivre sous nos yeux. Il l'a pu, car en Orient tout reste immuable et c'est par la vue de ce qui existe encore aujourd'hui que l'on peut comprendre ce qui fut autrefois.

« L'homme Paul » n'est pas une biographie de l'Apôtre mais une étude de sa personnalité. Celle-ci est faite de contrastes et peut s'exprimer ainsi; la force dans la faiblesse. Le corps est faible, malade, mais l'esprit est puissant. Paul est un homme d'action dans lequel se mélangent intimement la douceur et l'énergie, la sensibilité et la violence, chez qui à des élans d'enthousiasme succèdent des accès de dépression physique. Il écrit comme un père, mais il sent comme une mère. Il est amer envers ses adversaires; il est coutumier d'une ironie irritée et caustique. Nous ne devons pas oublier que Paul est un homme d'autrefois, auquel il ne faut pas appliquer nos normes actuelles. Bien que converti, Paul est resté juif dans sa pensée, dans ses affections. C'est un juif qui cite les Septante et dont la discussion exégétique procède d'après la dialectique juive et les traditions rabbiniques.

Les chapitres suivants sur Paul chrétien sont les plus importants. Ils débutent par une étude sur le culte apostolique primitif rendu à Jésus. Dès l'origine les adhérents au Christ vivant possédaient une organisation de fraternité dont le lien était le baptême et la cène du Seigneur; le mot de passe était l'appel : Maran atha, Notre-Seigneur, viens! C'est par sa conversion sur le chemin de Damas que Paul fut uni à cette première organisation chrétienne. Deissmann déclare qu'il n'est pas en mesure de donner une explication définitive de l'événement, mais il peut dire comment Paul a compris l'événement. Il le décrit une première fois avec les mêmes mots techniques que les Septante emploient pour les épiphanies de la divinité, et avec ceux dont il se sert pour les apparitions du Christ aux autres apôtres : Il, c'est-à-dire le Christ vivant, m'est apparu à moi aussi. Une autre fois, il dit d'une manière encore plus précise : J'ai vu Jésus, Notre-Seigneur, ou bien : J'ai été saisi par le Christ Jésus. Une quatrième fois, il parle d'une révélation en lui du Fils de Dieu, produite par Dieu; une cinquième fois, il dit que le mystère du Christ lui a été communiqué par une révélation. L'Apôtre exprime ce qu'on pourrait appeler le résultat de cette révélation par ces paroles : Dieu a révélé son Fils en moi; le Christ vit en moi. Mais, d'après Deissmann, cet événement avait été préparé négativement par ses expériences décevantes de jeune pharisien, qui ne pouvait atteindre à l'idéal de sainteté qu'il s'était formé par la lecture des saints Livres, et positivement par sa conscience religieuse et plus directement surtout par la connaissance de Jésus qu'il avait apprise des chrétiens qu'il poursuivait.

La conception que Paul s'est faite du Christ lui vient de cette révélation sur le chemin de Damas; il ne faut plus parler de la Christologie de Paul, mais de ses expériences, de ses révélations du Christ. Sa piété est christocentrique dans un sens profond et réel; c'est une société avec le Christ. Paul vit dans le Christ, dans le Christ spirituel, vivant et présent, qui l'entoure, qui le remplit, qui parle en lui et avec lui. Le Christ n'est pas pour Paul une personnalité du passé, avec lequel on ne communique que par la méditation de ses paroles qu'on nous a transmises; ce n'est pas une grandeur « historique » mais une réalité et une puissance du présent, une « énergie » dont les forces vivantes agissent chaque jour en lui-même.

Nous n'insisterons pas sur ce que nous a dit Paul sur le salut du pécheur, d'après Deissmann. Il ne nous paraît pas être dans le vrai sur cette question. Si nous l'en croyions, il faudrait renoncer à établir un système cohérent de théologie d'après les épîtres : des conceptions comme justification, rédemption, pardon, adoption sont une série d'expressions qui traduisent une seule et même pensée. La lecture attentive de l'épître aux Romains où l'Apôtre expose les diverses étapes que parcourt le pécheur pour aller du péché à Dieu et pour vivre en Dieu prouve clairement la faiblesse de cette hypothèse.

Les chapitres suivants exposent la morale pratique qui découle des conceptions pauliniennes, l'activité missionnaire de Paul et son importance pour l'histoire universelle de la religion. Dans la conclusion, Deissmann décrit l'action que Paul a exercée sur le christianisme ; la plus décisive a été d'unir indissolublement la piété chrétienne à la personne de Jésus-Christ. Paul a rendu le christianisme du Christ (Christus-Christentum) plus assimilable aux païens et a rompu par là le lien qui l'unissait au judaïsme et en a fait une religion universaliste.

Dans un chapitre des *Études de Critique et d'exégèse* nous étudions *Paul, l'homme, le théologien, l'Apôtre*.

XI. Dans le premier volume de son ouvrage, *la Théologie de saint Paul*, le P. Prat étudie les questions critiques et historiques que soulèvent les épîtres pauliniennes. Voici quelques-unes des positions qu'il tient : Avec Origène, il distingue entre l'auteur et le rédacteur de l'épître aux Hébreux en faisant très large la part du rédacteur. Paul aurait fourni les idées, l'inspiration ; un disciple de Paul, connu de Dieu seul, les aurait recueillies en y ajoutant les éclaircissements nécessaires. C'est à lui que seraient dus la diction, l'arrangement des parties, la composition en un mot. Il serait l'écrivain d'une œuvre dont Paul resterait l'auteur. Pourtant hypothèse pour hypothèse, Barnabé, dit le P. Prat, aurait nos préférences. Toutes les autres épîtres de Paul sont authentiques. L'épître aux Éphésiens est une circulaire adressée aux églises d'Asie, dont Éphèse était la métropole. Les épîtres de la captivité ont été écrites de Rome plutôt que de Césarée; certainement pour l'épître aux Philippiens, très probablement pour les trois autres. Ces épîtres ont été écrites vers l'an 61-62. Il n'y aurait pas eu, d'après le P. Prat, de visite intermédiaire de Paul à Corinthe entre la première et la seconde épître aux Corinthiens, ni de lettre perdue entre ces deux-là. La question des destinataires de l'épître aux Galates est accessoire; il suffit de savoir qu'ils n'étaient pas Juifs de race.

Signalons les nombreuses notes explicatives : Paul et l'Ancien Testament, l'assemblée des apôtres, le point précis du conflit d'Antioche, l'eschatologie de Paul et l'exégèse, les charismes, la foi qui justifie, la hiérarchie des anges, l'authenticité des Pastorales, la hiérarchie chez Paul, etc...

Dans le second volume, l'auteur établit la synthèse des doctrines pauliniennes. C'est un bel effort pour présenter sous une forme systématique un enseignement qui, de soi, ne l'était pas. Paul avait émis ses idées doctrinales, pour ainsi dire, au jour le jour, suivant les circonstances, les besoins religieux de ses lecteurs, son expérience intime du moment; aussi se produit-il quelquefois des divergences assez sensibles entre l'exposé d'une même doctrine. Le P. Prat a essayé de tout ramener à l'unité et l'on peut affirmer qu'il y a réussi dans la mesure du possible.

L'ouvrage est divisé en six livres. Le premier est consacré à une étude générale sur le paulinisme. L'auteur passe en revue les conceptions modernes du paulinisme : conception hégélienne ou évolutionniste, conception kantienne ou subjectiviste, conception radicale et il constate qu'actuellement on s'occupe des rapports entre Jésus et Paul, de la dépendance doctrinale du second au premier. A dire vrai, la controverse sur ce point paraît terminée. Jülicher a dit le dernier mot : Si le christianisme doit beaucoup au Docteur des gentils, il doit son existence à un plus grand que lui, à Jésus.

Le P. Prat examine ensuite les travaux anciens et modernes sur la théologie de Paul. Pour lui, ce que l'on appelle de ce nom, c'est « l'enseignement de l'Apôtre des Gentils considéré dans ses caractères particuliers et dans son enseignement organique. » On le trouve dans ses épîtres, mais à l'état dispersé et probablement incomplet, car il n'a pas dû, dans des écrits d'occasion, exposer toute sa doctrine, qu'il avait d'ailleurs déjà exposée à ses lecteurs.

Après avoir défini le paulinisme, c'est-à-dire ce que Paul appelle son évangile, le P. Prat recherche quelle a été l'idée mère de la théologie paulinienne. On en rencontre plusieurs qui, suivant le point où l'on se place, peuvent être regardées comme idées maîtresses ; le P. Prat, admettant que la théologie de Paul est essentiellement christologique et que sa christologie est surtout sotériologique, en déduit que l'idée mère de cette doctrine est l'incorporation des rachetés au Christ Jésus dans la mort et dans la vie et peut être exprimée par cette formule : Le Christ Sauveur associe tout croyant à sa mort et sa vie. « *Le Christ Sauveur* définit la personne du Rédempteur; c'est le Messie, l'envoyé, l'agent et le mandataire de Dieu, le pontife de l'humanité coupable, le nouvel Adam chargé par Dieu de réparer l'œuvre du premier. *Tout croyant* spécifie le sujet de sa rédemption — universel en puissance, sans distinction, exclusions ni privilèges — et indique en même temps la condition essentielle du salut : la foi. *L'Union à la mort et à la vie du Christ* résume le plan rédempteur, conçu par le Père dès l'éternité, exécuté au tournant des siècles par le Fils, qui, se solidarisant avec nous, et nous unissant avec lui par un lien d'identité mystique, fait passer sur lui ce qui est à nous et sur nous ce qui est à lui. »

Le P. Prat développe cette doctrine dans les cinq livres suivants : *Préhistoire de la Rédemption,* où il décrit la psychologie paulinienne et ce que fut le règne du péché, quels ont été les desseins de miséricorde de Dieu et son plan rédempteur pour le salut de l'humanité. Dans la *Personne du Rédempteur,* il résume les enseignements de l'Apôtre sur le Christ préexistant, son origine divine, sa place dans la sainte Trinité, son humanité, sa figure historique. Le livre principal étudie l'*Œuvre de la Rédemption* dans celui qui l'a opérée, la façon dont il l'a opérée et les effets qu'elle a produits. La rédemption dérive tout entière du fait que le croyant est uni au Christ, Dieu et homme, qui a satisfait pour lui à la justice de Dieu, en ce sens que, ne faisant plus qu'un avec le Christ, l'humanité coupable satisfait personnellement à la justice divine. L'homme, étant ainsi solidaire du Christ, est affranchi comme lui de la mort, du péché et de la loi mosaïque. C'est ce qui nous est expliqué dans les livres suivants : les *canaux de la Rédemption, les fruits de la Rédemption.* Il y aurait lieu de s'arrêter sur le chapitre intitulé; la foi, principe de la justification, qui est de première importance et explique certaines expressions pauliniennes assez difficiles à comprendre. Il y est très bien montré que la justification du pécheur n'est pas seulement déclarative de la part de Dieu, mais vraiment effective. La justification non seulement déclare mais produit la justice. Dans le VIe livre, le chapitre second, les fins dernières, expose ce que nous pouvons savoir sur ce sujet assez obscur.

Dans les notes se trouvent les explications critiques, philologiques et historiques sur certains termes employés par Paul : Évangile, royaume de Satan, éléments du monde, la Kénose, le nouvel Adam, *mysterium, sacramentum,* la charité, les termes de la langue psychologique de Paul, etc.

XII. J. Weiss consacre le second chapitre de son ouvrage, le Christianisme primitif[1], aux épîtres pauliniennes et à l'activité missionnaire de l'Apôtre. Il constate que, en Allemagne, les critiques s'accordent à reconnaître l'authenticité paulinienne de sept épîtres ; sont exclues comme non authentiques la deuxième épître aux Thessaloniciens, les épîtres aux Éphésiens et aux Colossiens. Pour lui, il ne doute pas de l'authenticité de la seconde épître aux Thessaloniciens et des parties fondamentales de l'épître aux Colossiens. Il ne parle pas des Pastorales.

Juif de naissance et de langue, Paul était aussi grec et romain ; bien que l'élément juif soit chez lui dominant, il n'aurait pas été le grand apôtre et l'écrivain qu'il a été sans les deux autres éléments de sa formation intellectuelle. Nous savons peu de chose sur son éducation tant juive que grecque. Si nous lisons ses lettres nous ne pouvons avoir aucun doute que l'écrivain s'est formé d'après les meilleurs modèles et qu'il a eu à l'école d'un rhéteur l'occasion de se former à

---

1. *Das Urchristentum*, p. 103-303. Göttingen, 1914.

un certain style du discours. Ce n'est pas cependant à l'Université de Tarse qu'il a reçu cet enseignement, mais dans une école secondaire.

XIII. A. Schweitzer[1] passe en revue toutes les théories qui ont été émises sur Paul et ses doctrines depuis Hugo Grotius jusqu'à nos jours. Les titres des chapitres indiqueront le contenu de l'ouvrage : Les commencements de la méthode scientifique; Baur et ses critiques; de Baur à Holtzmann; H. J. Holtzmann; questions critiques et hypothèses; la position au commencement du xxe siècle; Paulinisme et religion comparée; résumé et exposé du problème. Schweitzer n'admet pas l'influence des religions de mystères sur les doctrines de Paul. En résumé, les dogmes chrétiens les plus anciens peuvent être retrouvés sans difficultés dans les épîtres. Paulinisme et Hellénisme ont en commun leur terminologie religieuse, mais rien au point de vue des idées. L'Apôtre n'a pas hellénisé le christianisme. Ses conceptions sont également distinctes de celles de la philosophie grecque et de celles des religions de mystères. Les doctrines de l'Apôtre doivent être expliquées en les dérivant du christianisme juif primitif.

XIV. Il est difficile de prendre au sérieux les hypothèses de R. Scott[2] sur les épîtres pauliniennes. D'après lui, les épîtres aux Corinthiens, aux Galates, aux Philippiens et aux Romains, I-XI, XVI, 1-16, 21-24 seraient de Paul. Les épîtres aux Éphésiens et aux Hébreux, la première épître de Pierre, I Thessaloniciens, IV, V; II Thess., I-II; Rom., XII, XIII, XV; I Cor., XV, 20-34; II Cor., VI, 14-VII, 1 seraient l'œuvre de Silvanus. Timothée aurait écrit I Thes-

---

1. *Geschichte der paulinische Forschung.*
2. *The Pauline Epistles.*

saloniciens, I-III; II Thess., III; les épîtres aux Colossiens et à Philémon et probablement Romains, XIV. Luc serait l'auteur des Pastorales et de Romains, XVI, 25-27. Pour justifier ces attributions d'écrits, Scott s'appuie sur les différences de doctrine, de style que présenteraient ces quatre groupes.

XV. Sous ce titre : *The Teaching of Paul in terms of the present Day*, W. Ramsay étudie les doctrines de Paul, telles qu'on peut les présenter actuellement. Il met dans un très haut relief un Paul, homme d'action, haïssant l'idolâtrie, passionné pour le bien, dont Jésus était le modèle. C'était un génie pratique, qui n'a point emprunté à l'hellénisme ses spéculations, mais son goût de la liberté individuelle et de l'éducation morale. Les mystères païens n'ont eu aucune influence sur la religion chrétienne. Paul n'a pas ignoré l'existence et les pratiques des mystères, mais il les a condamnées. L'épître aux Galates serait antérieure au concile de Jérusalem. Titus n'aurait pas été contraint à la circoncision, mais il s'y serait soumis de lui-même, ou se serait éloigné pour n'être pas un sujet de querelle; Paul n'était pas épileptique; il était atteint de la malaria d'Asie Mineure. En appendice sont étudiées les questions suivantes : Allocution de Paul à la Cour de l'Aréopage à Athènes; rapports de Paul avec les mystères grecs; la théorie que Paul était épileptique; l'hymne de l'amour céleste (I *Cor.*, XIII) : l'emprisonnement et le procès supposé de Paul à Rome (*Actes*, XXVIII); la date de l'épître aux Galates; l'usage du mot mystère dans les épîtres; Dr Deissmann sur les épîtres de Paul comme littérature.

XVI. Dans sa brochure *Probleme der Paulusforschung*, R. Knopf examine rapidement les problèmes qui se posent sur Paul, sa vie et ses doctrines. Sur les événements de sa vie il n'a rien de nouveau à dire : l'intérêt de son travail est surtout dans les positions qu'il soutient sur les rapports entre Paul et le monde de son temps. Paul était Juif et il a fortement subi l'influence du judaïsme; ses doctrines principales lui viennent de l'Ancien Testament et du rabbinisme contemporain. Mais c'était un Juif de la Diaspora; il est né et il a vécu dans le monde grec. Il parlait le grec et de ce fait il a été imprégné des idées grecques; sa mystique lui vient de l'hellénisme et en particulier des mystères païens. On découvre chez lui deux ordres d'idées : les unes complètement juives : la Loi, la foi, les œuvres, le sacrifice expiatoire, la justice de l'homme, la justice de Dieu; les autres qui lui viennent de l'hellénisme : l'esprit et la chair, la mort avec le Christ et la résurrection, la vie dans l'Esprit et l'union avec le Christ. Il resterait à démontrer que certaines ressemblances plutôt extérieures entre quelques idées de cette époque et les doctrines que Paul a vécues et développées par suite de son expérience religieuse prouvent une dépendance de celles-ci à celles-là : la ressemblance n'implique pas toujours la dépendance.

Dans son article « *Paul et l'hellénisme* », Knopf soutient que l'Apôtre a reçu une certaine culture grecque et qu'il a connu, à un certain degré, la philosophie de son temps, particulièrement le stoïcisme. Il rapproche des épîtres pauliniennes quelques passages des écrits stoïciens. Dans le traité, *De mundo*, 6, il est dit que « Dieu, quoique invisible à toute nature mortelle, est vu par celle-ci d'après ses œuvres. » Et Cicéron, dans ses Tusculanes, I, 70, dira aussi : « Deum non vides, tamen ut deum agnoscis ex operibus suis. » Ceci nous rappelle l'épître aux Romains, I, 19, 20. C'était un principe fondamental de la morale stoïcienne que toute action morale doit suivre la loi non écrite, établie en l'homme par la nature et par Dieu, Cicéron, *De legibus,* I, 6, 18. Paul parle aussi de cette loi non écrite, *Rom.,* II, 15. Knopf relève encore d'autres rapprochements entre les écrits stoïciens et les épîtres pauliniennes.

Il est persuadé aussi que certaines doctrines de Paul : l'union intime du croyant avec le Christ ; la vie nouvelle, la résurrection avec le Christ, le Dieu sauveur, lui ont été inspirées par les religions de mystères. Nous avons essayé de prouver dans un article du *Dictionnaire apologétique de la foi catholique,* t. III, *Les mystères païens et saint Paul,* que malgré certaines ressemblances de termes, les doctrines de Paul étaient indépendantes de celles des religions de mystères. Voici la conclusion : « L'apôtre Paul connaissait à fond les Saintes Écritures dont il s'était instruit dès sa jeunesse ; elles étaient, on doit l'affirmer, la base de sa mentalité religieuse. Il avait reçu les enseignements des rabbins qui l'avaient initié aux spéculations de la théologie juive. Enfin et surtout, Paul avait reçu directement de Notre-Seigneur la révélation de l'Évangile et, de plus, il avait été instruit de la vie et des enseignements du Seigneur par la tradition apostolique. N'oublions pas la puissante personnalité morale et religieuse de l'Apôtre qui, éclairé tout d'abord par les lumières qui lui venaient des Saintes Écritures, puis par la révélation directe du Seigneur et par l'enseignement apostolique, soumettait tout au creuset de son expérience religieuse.

« On peut donc affirmer a priori que l'esprit de Paul ne devait pas subir profondément des influences en dehors de celles-ci, sauf, pour ainsi dire, à la périphérie de son esprit. Des conceptions aussi étrangères aux conceptions juives et chrétiennes que celles des religions de mystères ne pouvaient qu'être extérieures à celles qui formaient un tout bien uni dans son esprit.

« Nous reconnaissons que l'Apôtre a connu certaines doctrines des religions de mystères et même des rites de ces mystères; il ne pouvait en être autrement, car ces idées étaient, on peut le dire, du domaine public; elles n'étaient pas secrètes. En outre, Paul, étant en fréquentes relations avec des convertis païens, dont quelques-uns avaient été initiés aux mystères, a dû apprendre de ceux-ci les conceptions et les rites des mystères : les premières pour les combattre et les seconds pour les juger. Que certains termes tels que γνῶσις, δόξα, πνεῦμα, νοῦς aient traduit dans les religions de mystères des conceptions analogues à celles que nous retrouvons dans les épîtres pauliniennes, cela ne prouve en aucune façon que Paul leur ait emprunté ces idées. Ressemblance n'implique pas dépendance. Les idées que représentaient ces termes venaient d'ailleurs à l'Apôtre, en très grande partie de l'Ancien Testament. »

Il peut y avoir eu aussi des analogies d'idées. « Des idées très générales, remarque L. Venard[1], peuvent se retrouver à la base de beaucoup de religions différentes sans qu'il y ait lieu de supposer une influence réciproque, comme par exemple, l'idée de la participation à la vie d'un Dieu sauveur, idée qui peut naître spontanément des besoins religieux communs à l'humanité. Pour pouvoir affirmer que saint Paul l'a empruntée aux cultes d'Adonis et de Mithra, il faudrait que la ressemblance s'étendît à la conception même du salut et au mode de sa réalisation. Or, tout le monde doit reconnaître qu'en dehors de l'idée générale commune, il y a plus de différences que d'analo-

---

1. *Les origines chrétiennes* dans : *Où en est l'histoire des religions?* t. II, p. 225. Paris, 1911.

gies entre le christianisme paulinien et les diverses formes du paganisme mystique. »

En définitive, la théologie particulière de l'Apôtre était fondée sur des conceptions absolument étrangères aux conceptions païennes, à savoir sur la foi en Jésus-Christ crucifié, envoyé dans le monde par son Père pour sauver l'humanité par sa mort rédemptrice.

Quant aux rites sacramentels, tels que le baptême et l'eucharistie, il les avait reçus de la tradition apostolique ou de Jésus-Christ lui-même, et il les conservait intégralement, tout en les éclairant à la lumière de ses doctrines. L'explication, qu'il en donne, représentant le sacrifice complété par la manducation de la victime, comme une communion du fidèle avec la divinité est une idée sémitique et juive plutôt qu'hellénique.

Le P. Lagrange[1] conclut ainsi son étude sur l'école du syncrétisme judéo-païen : « Les religions païennes — surtout celles d'Osiris, d'Adonis et d'Attis, vieilles religions naturalistes — essayèrent en vain de dépouiller leur grossièreté native par un symbolisme transcendant. Le christianisme, religion de l'esprit, aurait plus d'une fois été contaminé par elles, si l'autorité ecclésiastique n'avait préservé les fidèles. Le dieu souffrant qui lutta le plus énergiquement contre le Christ et qui vraiment lui disputa les âmes, fut Attis, le plus méprisé de tous, avec ses tauroboles ou baptêmes de sang qui se donnaient pour plus efficaces que le baptême par l'eau. Mais quelles spéculations philosophiques pouvaient réhabiliter cette douche de sang, semblable, disait Cumont, à quelque orgie de cannibales. »

XVII. Dans le premier chapitre de son ouvrage « *Judaïsme et saint Paul* », Montefiore[2] se demande

---

1. *Le sens du Christianisme d'après l'exégèse allemande*, p. 305.
2. *Judaism and St. Paul.*

quelle sorte de Juif était Paul, et d'une étude sur les doctrines rabbiniques il conclut que Paul n'était pas un juif rabbinique, de l'école de Jérusalem. D'après lui, la religion de Paul antérieurement à sa conversion était plus pauvre, plus froide, plus pessimiste que celle des rabbins de son temps ; sa conception du Messie était moins humaine, plus développée du côté divin ; Paul était déjà anxieux et tourmenté sur le sort du monde païen et de la grande masse des pécheurs païens ; son pessimisme le portait à exagérer le pouvoir de l'inclination au mal et l'impossibilité de la surmonter ; sa connaissance des religions de mystères le rendait mieux disposé et plus empressé à trouver un moyen universel de salut, adapté à tous les hommes, juifs et gentils. Sa profonde nature religieuse n'a pas eu la nourriture qui lui était nécessaire ; il n'a pas eu conscience qu'il pouvait accomplir toute la Loi. Enfin, son mysticisme est tout à fait étranger à l'esprit de la religion rabbinique. Il désirait passionnément atteindre Dieu, mais il n'a jamais eu l'assurance ou la conviction qu'il l'avait trouvé. Il a cru que le Maître de Nazareth lui donnerait une justice plus haute que celle qu'il connaissait et comblerait tous les désirs de son âme.

XVIII. Dans un article du *Correspondant*[1], P. Batiffol a bien fait ressortir le caractère particulier de la personne de Paul, ce qui formait l'essentiel de son enseignement, enfin, ce qu'a été son action propre dans la diffusion du christianisme.

La personnalité de Paul se distingue par ses contrastes : il est tout à la fois fort et doux, sévère et tendre. « Ce dogmatiste absolu, cet autoritaire qui assujettit, qui punit, qui brise, ce dominateur est physiquement un chétif. » Mais « en même temps qu'il sent

---

1. *Saint Paul.*

sa faiblesse, Paul fait l'expérience de la grâce qui est en lui principe d'énergie, d'action, de science » et de joie. Sa sensibilité est débordante dès qu'il s'agit des églises qu'il a fondées. « Les épîtres de Paul nous révèlent une profusion de traits de cette prédication simple, émouvante, paternelle, perpétuel don de soi où l'Apôtre ne fait qu'un avec son Évangile. »

Paul a été un des pharisiens les plus instruits et sa science reflète à un certain degré celle de ses maîtres; il part de leur science, mais il la dépasse grâce aux lumières de son expérience et de la révélation. « L'influence de la culture grecque sur l'esprit de Paul est superficielle : il aura le génie de l'utiliser, mais sans cesser d'être lui-même, c'est-à-dire d'abord un hébreu élevé par Gamaliel. » Headlam a bien fait ressortir l'originalité de Paul par rapport à l'influence qu'aurait exercée sur lui l'hellénisme. « Il existe une certaine école qui voudrait expliquer à tout prix beaucoup des écrits de Paul comme le produit de l'influence hellénique. Pareille théorie, je crois, doit être carrément rejetée. Il est vrai que Paul écrit en grec. Il est vrai que des influences helléniques ont agi sur le judaïsme à partir de la propagation de l'hellénisme en Orient par la conquête d'Alexandre. Il est clair qu'un homme intelligent et ouvert comme Paul ne pouvait pas circuler dans le monde gréco-romain sans être affecté par ce milieu; mais aucune de ces influences n'a touché le cœur de sa pensée; en aucun cas elles n'ont pénétré sous la surface. Saint Paul était au fond un juif et un pharisien. Son esprit avait été formé dans les écoles rabbiniques. Or le pharisaïsme s'était développé en antagonisme de l'hellénisme et du judaïsme helléniste. »

Il ne faudrait pas supposer cependant que le christianisme devait à Paul ses traits définitifs : la conception du Christ comme Messie, l'idée du salut en dehors de la Loi, son universalisme ; ils étaient dans la foi de l'Église avant sa conversion. Nous n'avons pas à nous arrêter à l'exposé très compréhensif que fait Batiffol de la théologie de Paul, signalons seulement sa réfutation de l'hypothèse de Wrede que Paul a transporté le christianisme dans le sol de la culture gréco-romaine, qu'il a libéré le christianisme du judaïsme et lui a donné la conscience d'être une religion nouvelle et que par sa théologie il a transformé le christianisme naissant. « Ce que Paul enseigna, dit Headlam, était *fondamentalement* ce que le reste de la société chrétienne enseignait... Il n'y changea rien, mais il en réalisa les données les plus originales avec une intensité plus grande et il les interpréta à la lumière de son éducation théologique. »

XIX. Nous venons de relever quelques-unes des idées présentées par Headlam au sujet des doctrines de Paul. Son ouvrage : *Saint Paul et le christianisme*[1] est un exposé abrégé de la théologie de Paul sous les titres suivants : l'eschatologie de Paul ; sa christologie : la personne du Christ, l'œuvre du Christ ; l'Esprit ; Foi, justification, salut ; la vie chrétienne ; l'Église ; le plan de Dieu ; Paul et le christianisme.

Headlam admet l'authenticité des treize épîtres pauliniennes avec quelques réserves pour les Pastorales. Il croit que Paul a pensé que la parousie du Christ aurait lieu bientôt, du temps de sa vie et quoique, à mesure qu'il avançait en âge, il était moins sûr qu'il serait présent à la parousie, à la fin de sa vie il continuait à avoir cette croyance.

Les doctrines de Paul sont dans leur ensemble celles des premières communautés chrétiennes, des-

---

1. *St. Paul and Christianity.*

quelles il avait reçu la tradition sur la vie et l'enseignement du Christ. D'après Headlam, son apport à la théologie chrétienne consisterait en ceci : « Tout le côté plus formel de son enseignement sur la justification, sa théorie du Christ comme le second Adam, l'attribution de l'origine du péché et de la mort à la chute d'Adam, son langage sur la prédestination et l'élection, quelques éléments de sa conception de la philosophie de l'histoire et, à un certain degré, son exégèse biblique. »

XX. Dans son ouvrage : *Saint Paul, sa vie, ses lettres et sa doctrine chrétienne*[1], Mc Neile s'est attaché surtout à résoudre les problèmes que présentent les Actes sur la vie de Paul et ceux que soulèvent ses épîtres. Voici quelques-unes des solutions qu'il adopte. Lorsque le récit des Actes est en rapport avec celui de Paul, son témoignage est de haute valeur historique ; lorsqu'ils sont en désaccord, celui de Paul a sa pleine force, les Actes n'étant qu'une autorité secondaire. Resterait à savoir si, en cas de divergence, il n'y aurait pas possibilité de les mettre en accord. Les discours des Actes reposent sur des données traditionnelles, mais Luc en est l'auteur. Il est actuellement reconnu que le style et le vocabulaire du Journal de voyage ne peuvent être distingués du reste du livre et que les Actes dans leur forme actuelle sont l'œuvre d'un seul écrivain, qui est Luc. Les leçons aberrantes du texte occidental sont dues à une suite de scribes ou d'éditeurs ; elles présentent quelquefois de bonnes informations. La conversion de Paul eut lieu en l'an 39 ; le concile apostolique en 49 ; l'arrivée de Paul à Rome en l'an 60. Les épîtres aux Thessaloniciens ont été écrites en 51 ; la Ire aux Corinthiens, en 55 ou 56 ; la

---

1. *St Paul, his Life, Letters, and christian Doctrine.*

IIe, en 56; les Galates, en 56 ou 49? Romains, en 57; Colossiens, Éphésiens, Philémon, c. 61; Philippiens, c. 62 ou 54-56?

Paul était d'un tempérament dont les nerfs étaient fortement tendus. Ses lettres nous le montrent sous ses divers aspects : on y trouve des réprimandes, tendres ou vives, une chaude indignation, de l'ironie, du pathétique, de l'amour, un tact qui lui permet de ne pas blesser, et cependant une force qui, lorsqu'il le veut, lui permet de blesser pour guérir. Les trois récits de la conversion de Paul dans les Actes sont concordants dans l'ensemble; il en est de même de celui des Actes, IX, 26-30 et des Galates, I, 18-24. Il est possible que la seconde visite de Paul à Jérusalem, qu'il raconte, *Gal.*, II, 1-10, soit celle dont parlent les Actes, XI, 27-30. Elle aurait donc eu lieu avant les voyages de mission de Paul. Il est plus probable cependant qu'il faut la rapporter à celle des Actes, XV, 1, ss. Le décret apostolique avait pour but de faciliter les rapports des Juifs avec les Gentils; il défendait donc de manger les viandes offertes aux idoles, les animaux étouffés et par conséquent le sang, et la pratique rituelle de la fornication. La région galatico-phrygienne, *Act.*, XVI, 6, est ainsi nommée pour la distinguer de la Galatie, qui faisait partie de la province d'Asie. Le récit des Actes sur le séjour de Paul à Athènes ne suggère pas que celui-ci fut traduit devant le tribunal de l'Aréopage, mais simplement qu'il fut mené en un endroit tranquille de la colline de l'Aréopage pour y exposer ses doctrines. Son discours n'a pas été reproduit littéralement. La forme et les lignes générales sont de Luc qui a donné une certaine touche de stoïcisme aux paroles de Paul. Les Juifs n'ont pas dû accuser Paul devant Gallion de vouloir persuader les hommes d'adorer Dieu d'une manière contraire à la Loi, *Act.*, XVIII, 13, mais cela ressortait de leurs récriminations. Le discours de Paul à Césarée devant le procurateur Félix suit pas à pas le discours de son accusateur Tertullus, de sorte qu'il est peut-être une version différente du même discours. Luc s'est arrêté dans son récit, *Act.*, XXVIII, 31, lorsqu'il a eu atteint le but qu'il s'était proposé de raconter l'expansion du christianisme depuis Jérusalem jusqu'à Rome. Après un procès régulier, où Paul fut accusé d'avoir causé des troubles dans l'empire, il fut décapité au commencement des persécutions de l'an 64.

Mc Neile tient pour pauliniennes les épîtres aux Thessaloniciens, aux Corinthiens, aux Galates, aux Romains, aux Colossiens, aux Philippiens, à Philémon. L'épître aux Éphésiens peut être paulinienne, mais non de Paul; cependant, nous n'avons pas d'arguments suffisants pour rejeter son authenticité. Il est possible de tenir les épîtres pastorales pour pauliniennes, mais il est plus probable qu'elles ont été composées à l'aide de billets de Paul. « La voix est celle de Paul, mais la main qui a écrit est celle d'un chrétien de la génération postérieure à Paul. »

Il y aurait lieu de faire des restrictions sur la conclusion du chapitre sur les sacrements : « Si les religions de mystères ont fourni à Paul quelques-uns des termes de son vocabulaire et ont modelé la forme de quelques-unes de ses idées, ce n'est pas dans une mesure qui dépasse ce que nous pouvions attendre d'un Juif de la Diaspora, toujours attaché à la loi hébraïque et aux traditions pharisiennes, mais qui, après sa conversion, a consacré toute la puissance intellectuelle de son âme à son apostolat des Gentils. Il avait bien compris que si le Christ était la fin de la Loi, il était aussi la fin des mystères, étant lui-même le mystère. » Nous ne croyons pas que les doctrines pauliniennes aient été influencées de quelque façon que ce soit par les religions de mystères. Ce qu'elles semblent avoir de commun avec celles-ci sont l'expression du mysticisme inhérent à l'esprit humain. Cf. mon article : *Les mystères païens et saint Paul*, dans le *Dictionnaire apologétique de la foi catholique*, T. III.

De l'examen des travaux d'ensemble sur Paul nous passons à celui des travaux de détails.

XXI. Le P. Lemonnyer[1] a étudié la jeunesse de Paul. Il pense que la famille de Paul faisait partie de ce groupe de Juifs qui reçurent d'Antiochus Épiphane le droit de cité de la ville de Tarse. Son père devait être au sein de la tribu juive et de la cité elle-même un homme considérable, tant au point de vue du rang social que de la fortune. L'aïeul ou le père de Paul, déjà citoyen de Tarse, se vit conférer le titre de citoyen romain. Les citoyens romains de langue grecque portaient d'ordinaire avec un proenomen et un nomen latins, un cognomen grec; celui de Paul était latin. Son nom romain complet aurait été Gnœius Pompeius Paulus ou Marcus Antonius Paulus, mais plus probablement Caïus Julius Paulus. Vers cinq ou six ans, Paul commença de fréquenter l'école élémentaire annexée à la Synagogue de Tarse. Vers quinze ou seize ans, il fut envoyé à Jérusalem pour étudier aux pieds de Gamaliel. Il devait y être vers l'an 20 de notre ère; il a dû y rester jusqu'en 26 ou 27 et retourner ensuite à Tarse. Il n'a donc pas connu Jésus dont le ministère public commença vers cette époque. Il n'a pas dû fréquenter l'Université de Tarse; s'il ne faut pas exagérer l'étendue de la culture hellénique de Paul, il ne faut pas non plus la réduire à rien. J. Weiss met en relief la présence dans le style de l'Apôtre de formes et de procédés caractéristiques de la rhéto-

---

1. *Revue du clergé français*, t. LXXVIII, p. 385. 1914.

rique hellénistique. Son séjour à Jérusalem, lors du martyre d'Étienne, devrait être distingué de son séjour d'études.

XXII. Une partie des matériaux de ce travail, particulièrement ce qui regarde Tarse et la famille de Paul, est empruntée à l'ouvrage de Ramsay, *The Cities of St Paul*. Le sous-titre nous en indique le but : Leur influence sur sa vie et sa pensée. L'auteur étudie dans ce volume les cités de l'Asie Mineure, Tarse, patrie de Paul et Antioche de Pisidie, Iconium, Lystres et Derbé, qu'il a évangélisées pendant son premier voyage missionnaire. A l'aide des données géographiques et historiques il reconstruit l'histoire et les caractères distinctifs de chaque cité. Tarse n'était pas seulement une cité grecque où Paul a puisé ses connaissances de la vie grecque et de la civilisation romaine, mais aussi une ville orientale qui, outre les dieux grecs, avait admis dans son culte des divinités orientales, que Paul a dû connaître. Paul était donc plus qu'un hébreu ; c'était aussi un homme qui avait estimé ce qu'il y avait de bon dans les religions païennes, dans l'éducation grecque et dans le gouvernement romain ; il portait ainsi en lui une combinaison de l'hellénisme universaliste avec un hébraïsme universaliste. Est-ce dans ce sens qu'il faut interpréter la parole de Paul aux Romains, I, 14 : Ἕλλησίν τε καὶ βαρβάροις, σοφοῖς τε καὶ ἀνοήτοις ὀφειλέτης εἰμί? Il est débiteur aux Grecs et aux barbares en ce sens qu'il a reçu beaucoup de ces diverses classes d'hommes et doit, par conséquent, leur payer sa dette. Cette interprétation nous paraît fort douteuse.

XXIII. E. Moske [1] étudie l'apparition de Jésus à Paul sur le chemin de Damas d'après les récits des Actes,

---

1. *Die Bekehrung des Apostels Paulus.*

dont les différences sont examinées et d'après les diverses allusions à sa conversion qu'on trouve dans les épîtres de Paul, *Gal.*, I, 13-17 ; I *Cor.*, XI, 1, etc. Il établit la réalité des apparitions contre toutes les négations ou explications naturelles, hypothèse d'un orage ou de coups de foudre, rapport à la mort apparente de Jésus, vision subjective et objective. Il signale divers facteurs qui ont pu préparer indirectement la conversion de Paul ; la connaissance qu'il a eue de l'œuvre de Jésus, le sentiment de l'impuissance de la Loi pour la justification du pécheur.

XXIV. Sh. J. Case[1] croit qu'il est peu vraisemblable que Paul n'ait pas connu le témoignage des premiers disciples du Seigneur et que leur prédication n'ait pas exercé une influence sur ses doctrines. Il signale les occasions que Paul a eu d'être en rapport avec eux : avant sa conversion ; à Damas ; lors de son premier voyage à Jérusalem ; dans les pays de Syrie et de Cilicie ; lors du concile de Jérusalem, ou de son entrevue avec Pierre à Antioche.

XXV. A la question de savoir si Paul parlait le latin, A. Souter[2] répond affirmativement. Il était citoyen romain et comme tel devait probablement connaître le latin, langue assez répandue en Orient, particulièrement dans les villes, colonies romaines que Paul a évangélisées. Le latin était, indépendamment des dialectes locaux, la seule langue parlée en Espagne, que Paul avait l'intention d'évangéliser. Enfin, à Corinthe, la plupart des hommes que Paul a connus étaient des Latins. Ces diverses observations sont des présomptions, mais non des certitudes. Souter conclut que Paul aurait parlé les trois langues de l'inscription placée sur la croix : l'araméen, le grec et le latin.

1. *Paul's historical relations to the first Disciples.*
2. *Did St. Paul speak latin?*

XXVI. On s'est beaucoup occupé en ces derniers temps des influences qu'a pu subir Paul tant au point de vue littéraire qu'intellectuel. Voici quelques-uns des travaux publiés. Bultmann[1] s'est surtout occupé des influences littéraires qui se sont exercées sur le style de l'Apôtre. Son but est d'étudier le style de Paul, mais seulement en ce qui touche sa formation grecque, car il reconnaît que le style de l'Apôtre est formé de deux éléments, l'un juif et l'autre grec. Il pense trouver les analogues de l'argumentation paulinienne dans la diatribè de l'école cynique-stoïcienne. D'après lui, la diatribè ou discussion critique était formée, chez les Grecs, de trois parties : un exposé positif d'une question, la défense de celle-ci contre un opposant et une exhortation en forme de conclusion. C'est ce qui se dégage d'un examen attentif de la rhétorique, du style, du dialogue, et de l'argumentation de la diatribè dans Bion, Teles, Sénèque, Maximus Rufus, Épictète, Dion Chrysostome et Plutarque. Bultmann le prouve par des textes concluants. Il examine alors les épîtres pauliniennes et il montre qu'on trouve dans celles-ci les mêmes procédés. Ainsi, il y relève la forme dialoguée de la diatribè : de même qu'Épictète, Paul, dans l'épître aux Romains, interroge un adversaire imaginaire, ou se pose à lui-même des objections. Il a les mêmes procédés rhétoriques que les Grecs : le parallélisme antithétique, les questions répétées avec réponses identiques, l'anaphore, le paradoxe, la comparaison. Son argumentation et le ton de ses épîtres rappellent aussi la diatribè grecque.

De ces comparaisons, Bultmann conclut : L'argumentation de Paul se présente sous des formes et des

---

[1]. *Der Stil der Paulinischen Predigt und die kynisch — stoisch Diatribe.*

expressions semblables à celles de l'argumentation des philosophes populaires, cyniques et stoïciens. Cette ressemblance de la manière de s'exprimer provient de ce que Paul dépend de la diatribè ; en d'autres termes, Paul a connu et utilisé les procédés rhétoriques des Grecs.

Malgré toutes ces ressemblances présentées, dont nous sommes frappé, nous le reconnaissons, nous ne sommes pas cependant complètement convaincu. Il est d'abord tel mode d'argumentation qu'on retrouve dans la diatribè grecque et dans les épîtres pauliniennes qui est tellement naturel que Paul a bien pu l'employer sans le tenir des Grecs. Certaines formes rhétoriques telles que le parallélisme des membres peut provenir chez Paul de sa connaissance de la poésie hébraïque dont c'était le procédé ordinaire. Ainsi donc la question de la formation stylistique et rhétorique de l'Apôtre ne devra être résolue que si l'on tient compte de son éducation juive. De celle-là, nous sommes certain ; sur son éducation grecque, nous ne pouvons faire que des conjectures ou la présumer par induction.

XXVII. La ville de Tarse a pour nous une importance spéciale du fait qu'elle a été la patrie de Paul, la ville où il a passé les premières années de sa vie, où il est revenu après sa conversion, par conséquent, le milieu où s'est formée son intelligence, où il a dû s'initier à la littérature et à la philosophie grecques, peut-être même où il a appris à connaître les religions de mystères, florissantes à son époque. C'est donc une excellente idée qu'a eue Böhlig [1] de nous exposer l'état de la culture intellectuelle de Tarse au temps d'Auguste au point de vue religieux et philosophique,

---

1. *Die Geisteskultur von Tarsus im augusteischen Zeitalter.*

et de nous dire ce qu'était la juiverie à Tarse, son origine, ses conditions de vie, sa situation politique, ses rapports avec Jérusalem. Le but ultime du travail a été de déterminer l'influence que ces divers facteurs, religions de mystères, mysticisme, culte de Mithra, philosophie stoïcienne ont pu exercer sur Paul. Voici, d'après Böhlig, quelques-uns des points de rapprochements. Paul donne à Jésus-Christ le titre de Seigneur, Κύριος, titre étranger à l'église chrétienne de Jérusalem, mais familier à la religion anatolienne. Ceci n'est pas exact, puisque nous trouvons ce titre de Seigneur donné à Jésus dans le discours de Pierre, *Act.*, II, 36 : Que toute la maison d'Israël, dit-il, sache donc avec certitude, que Dieu l'a fait et Seigneur, et Christ, ce Jésus que vous avez crucifié. Paul appelle aussi Jésus, Sauveur, titre appliqué aux dieux à Tarse, et médiateur, donné aussi à Mithra, mais dont l'idée a pu lui venir de la littérature judéo-hellénique.

XXVIII. Dans son opuscule *Paul était-il épileptique?* Seeligmüller, professeur des maladies nerveuses à l'Université de Halle, examine les arguments qui ont été mis en avant, par Krenkel principalement, pour établir que Paul était épileptique. Il prouve que tous les symptômes qu'on a relevés dans les épîtres de l'Apôtre parlant de lui-même, peuvent s'appliquer aussi bien à d'autres maladies nerveuses qu'à l'épilepsie. On a soutenu que les visions qu'a eues Paul, sur le chemin de Damas, par exemple, dénotaient un épileptique. Seeligmüller remarque que les épileptiques se rappellent rarement ce qui s'est passé pendant leur crise. Et d'ailleurs, comment supposer que Paul d'une intelligence si élevée, d'une énergie si indomptable, dévoué jusqu'à la mort pour ses frères, d'une tendresse de cœur qui se trahit dans toutes ses épîtres, ait pu être atteint d'une maladie qui affaiblit l'intelligence et l'énergie vitale et développe chez le sujet l'égoïsme et la dureté? L'auteur, examinant ce qu'a pu être cette épine en sa chair, dont parle l'Apôtre, pense que ce pouvait être des attaques de malaria ou des névralgies qui provoquaient une maladie des yeux. Donc, Paul n'était pas épileptique.

XXIX. E. Lombard essaye d'interpréter les extases et les souffrances de l'apôtre Paul[1], II *Cor.*, XII, 7-10. Il recherche quel était l'état corporel et spirituel de Paul : il avait une maladie des yeux, *Gal.*, IV, 13; il avait été atteint de la malaria, mais il n'était pas épileptique au sens propre du terme. Ses visions et ses extases étaient de nature hystérique. La vision sur le chemin de Damas ne fait pas exception.

XXX. H. Fischer[2] est d'avis que si la maladie de Paul a été l'épilepsie, ce fut sous une forme tout à fait légère.

XXXI. Alexander[3] a examiné les diverses maladies spirituelles ou corporelles qui ont été proposées pour expliquer les paroles de Paul dans la seconde épître aux Corinthiens et dans l'épître aux Galates : Persécutions, combats spirituels, pensées charnelles, infirmité corporelle qui serait ou une ophtalmie intense ou l'épilepsie ou la malaria. Aucune de ces hypothèses ne répond à l'ensemble des textes. Alexander les examine à nouveau en passant en revue divers événements de la vie de l'Apôtre et conclut qu'il a été atteint de la fièvre de Malte. Cette affection endémique sur les côtes de la Méditerranée porte des noms divers : fièvre de la Méditerranée, fièvre napolitaine, etc. Alexander en donne les symptômes et en décrit les diverses phases

---

1. *Les extases et les souffrances de l'apôtre Paul.*
2. *Die Krankheit des Apostels Paulus.*
3. *St. Paul's Infirmity.*

qui s'accordent bien avec les événements de la vie de l'Apôtre. Voici les parallèles qu'il établit.

Phases de la maladie.	Événements de la vie de Paul.
Séjour le long d'une rivière ou sur la côte de la mer.	Paul est infecté à Tarse, à Perga et à Troas.
Fièvre non strictement de saison.	Mois de la première attaque de la maladie, inconnu.
Très répandue pendant la saison des pluies.	Première et seconde attaque du mois d'août et de juillet.
Maux de tête, douleurs dans les jointures et les muscles.	Une épine dans la chair.
Perte temporelle de la mémoire.	Humeur changeante.
Délire pendant la nuit.	Taxé d'insensé.
Douleurs rhumatismales et névralgiques.	Soufflets de l'ange de Satan.
Infirme et éruptions de la peau.	Excite le mépris et le dégoût.
Ordinairement chute des cheveux.	Calvitie de Paul d'après la tradition.
Convalescence apparente.	Voyage de Troas à Philippes.
Douleurs chroniques, névralgie, faiblesse.	Épine dans la chair et soufflets de Satan constants.
Endocardite occasionnelle et pneumonie.	Sentence de mort que Paul porte en lui-même.

La fièvre de Malte comporte d'ordinaire trois attaques et Paul nous dit qu'il a souffert trois fois les attaques de sa maladie.

Nous nous rattacherons à la conclusion qu'émet Plummer[1] : Après avoir bien examiné les arguments en faveur des diverses théories, nous devons constater que nous ne connaissons pas la maladie dont Paul a souffert, car les indications que l'on possède sur elle ne sont pas assez précises.

---

1. *Commentary on the II epist. to the Corinthians*, p. 351.

CHAPITRE II

LES ÉPÎTRES DE SAINT PAUL.

§ I. — Travaux d'ensemble sur les épîtres pauliniennes.

*A. LEMONNYER, *Épîtres de saint Paul, traduction et Commentaire*. Paris, 1905.
K. LAKE, *The earlier Epistles of St. Paul*. London, 1911.
F. BLASS, *Die Rhytmen der asian. und röm. Kunstprosa*. Leipzig, 1905.

I. Dans l'ouvrage du P. Lemonnyer [1] chaque épître, traduite et annotée surtout au point de vue doctrinal, est précédée d'une courte introduction. En tête du premier volume, nous trouvons une esquisse d'une histoire de la pensée de Paul. L'auteur retrace rapidement la vie de l'Apôtre, depuis sa jeunesse. Il dit quelques mots de sa formation intellectuelle et nous apprend « que c'est en grec, dans un grec authentique et beaucoup moins chargé d'hébraïsmes qu'on ne l'a cru longtemps, que Paul écrivit ses lettres. Toutefois il n'en possède qu'imparfaitement la syntaxe ». Peut-être y aurait-il lieu de préciser et de dire que Paul connaissait bien la langue grecque, puisque c'est à peine si l'on trouve dans ses lettres

1. *Épîtres de saint Paul.*

trois ou quatre fautes de grammaire, et encore on peut les expliquer. Ce qu'il ne connaissait pas, ou plutôt n'employait pas, c'étaient les formules de la rhétorique classique. En réalité, ses lettres étaient écrites dans la langue ordinaire de la conversation avec tout le laisser aller qu'elle comportait.

Après nous avoir parlé de l'enseignement que le jeune Paul reçut aux pieds de Gamaliel et avoir essayé de pénétrer dans sa vie morale, il décrit le premier contact de celui-là avec l'Évangile et sa conversion. Il recherche quel était le contenu de l'Évangile de Paul et ce qu'il y avait de particulier dans sa prédication. Il montre bien l'enchaînement des doctrines de l'Apôtre dans ses épîtres successives. Elles se résumaient dans ces trois faits capitaux : Jésus est le Messie annoncé par les prophètes; le pécheur est justifié par la foi; tous les hommes sont appelés au salut. Dans les épîtres de la captivité l'Apôtre développera ses enseignements sur Jésus-Christ.

L'auteur a visé avant tout à donner des lettres de Paul une traduction qui soit intelligible et lisible sans cesser d'être littérale et surtout fidèle. Ceux qui savent la difficulté d'une pareille entreprise sauront gré à l'auteur d'y avoir mis tous ses soins. Le commentaire s'attache surtout, pour chacune des lettres conçue comme un tout organique, à mettre en lumière le mouvement de la pensée et de la psychologie de Paul, puis, pour chaque section réelle, à préciser le but spécial que l'auteur y poursuit et l'idée principale qu'il y développe. Les difficultés de détail s'éclaircissent souvent du même coup. Le P. Lemonnyer dissémine dans le commentaire des analyses, sérieusement documentées et relativement complètes, des principaux termes et concepts de la Théologie paulinienne.

II. Dans son ouvrage : *Les premières épîtres de*

saint Paul, leur motif et leur origine, K. Lake[1] s'est proposé d'étudier les questions littéraires et critiques qui se posent à propos de chaque épître. Il tient pour pauliniennes les épîtres dont il traite : Épîtres aux Thessaloniciens, aux Corinthiens, aux Galates, aux Romains. Pour la seconde épître aux Thessaloniciens, il croit, avec Harnack, qu'elle a été envoyée aux judéo-chrétiens de Thessalonique, tandis que la première l'avait été aux pagano-chrétiens de cette ville.

Après avoir raconté les premières années de la vie missionnaire de Paul, d'après les Actes, K. Lake expose la controverse judéo-chrétienne et examine le décret apostolique dont il accepte la forme orientale, comportant seulement trois clauses. Il étudie ensuite les diverses questions que soulèvent les épîtres aux Thessaloniciens, la parousie du Seigneur et la résurrection des morts. Il ne sait pas si Paul attendait un « homme de péché » juif ou gentil, et si « celui qui le retient » est un être surnaturel ou l'empire romain.

Les épîtres aux Corinthiens offrent de multiples questions à discuter ; voici quelques-unes des réponses que donne l'auteur. L'église de Corinthe a été fondée d'abord par Paul, puis évangélisée par Apollos et par Pierre lui-même ou par l'un de ses disciples. La première épître aux Corinthiens a été motivée par l'état de trouble où se trouvait l'église de Corinthe après le départ de l'Apôtre, et par les questions que lui adressèrent les chrétiens de cette ville. Elle ne suffit pas à pacifier les esprits. Timothée apprit à Paul que l'hostilité contre sa personne avait grandi, que le scandale de l'incestueux continuait. L'Apôtre vint à Corinthe, mais il ne fut pas écouté ; voyant l'impuissance de son intervention, il retourna à Éphèse, où

---

1. *The earlier Epistles of saint Paul.*

l'on avait besoin de lui. De cette ville, il écrivit aux Corinthiens une lettre très sévère, que nous avons dans la II⁰ épître, chapitre X-XIII. Il la fit porter par Tite. Cette lettre eut un plein succès et l'autorité de Paul fut reconnue. L'Apôtre écrivit alors de la Macédoine sa seconde lettre, I-IX.

D'après K. Lake, l'épître aux Galates serait la plus ancienne des épîtres pauliniennes; elle aurait été écrite avant le Concile de Jérusalem, *Act.*, XV, ce qui nous explique pourquoi Paul ne parle pas du décret apostolique dans sa lettre. La visite dont il fait mention est celle qui est rapportée au chapitre XI des Actes. L'épître était adressée aux chrétiens de la Galatie méridionale, qu'il avait évangélisée pendant son premier voyage de mission.

Quant à l'épître aux Romains, K. Lake croit qu'elle a existé dans une double recension. Une première, plus courte, qui ne contenait pas les deux derniers chapitres et non plus la mention de Rome dans le premier chapitre, ℣. 1 et 15, était une lettre circulaire, envoyée à diverses églises que l'Apôtre n'avait pas évangélisées; elle fut écrite à peu près à la même époque que l'épître aux Galates, ce qui explique la ressemblance entre les deux écrits. Une seconde recension, qui serait l'épître que nous avons, fut envoyée aux Romains, pour préparer la visite de Paul. Contenait-elle la longue énumération de personnes que l'on trouve chapitre XVI, 1-23? C'est ce que ne peut affirmer K. Lake. Quant à l'église de Rome, il ne voit pas pourquoi elle n'aurait pas été fondée par l'apôtre Pierre; en tout cas, il est certain que celui-ci est venu à Rome.

Signalons enfin les études sur la correspondance apocryphe de Paul avec les Corinthiens, sur le phénomène de la glossolalie, sur la Galatic, royaume et province romaine, sur le voyage de Paul en Arabie.

Une attention particulière est accordée aux questions de critique textuelle : Kirsop Lake est un spécialiste en cette matière.

III. Nous ne suivrons pas Fr. Blass [1] dans ses études sur le rythme de la prose chez les écrivains asiates et romains et leur application aux épîtres de Paul et à l'épître aux Hébreux. D'après lui, cette dernière épître est entièrement rythmée. Qu'on y découvre des vers, c'est possible; mais qu'elle soit écrite en-vers, c'est difficile à admettre.

§ 2. — Les épîtres aux Thessaloniciens.

G. Wohlenberg, *Die Thessalonicher-Briefe*. Leipzig, 1903.

G. Milligan, *Saint Paul's Epistles to the Thessalonians*. Edinburgh, 1908.

* C. Toussaint, *Epîtres de saint Paul : I. Lettres aux Thessaloniciens, aux Galates, aux Corinthiens*. Paris, 1909.

Von Dobschuetz, *Die Thessalonicher-Briefe*. Göttingen, 1909.

J. E. Frame, *Commentary on the Epistles to the Thessalonians*. Edinburgh, 1912.

M. Dibelius, *An die Thessalonicher*. Tübingen, 1911.

* Knabenbauer, *Commentarius in epistolas ad Thessalonicenses*. Paris, 1913.

* F. P. Gutjahr, *Die Briefe des h. Apostels Paulus erklärt : I Bd. Die zwei Briefe an die Thess. und der Brief an die Galater*. Graz, 1913.

* C. Lattey, *The Epistles to the Thessalonians*. London, 1913.

W. Wrede, *Die Echtheit des zweiten Thessalonicherbriefes*. Leipzig, 1908.

A. von Harnack, *Das Problem des zweiten Thessalonicherbriefs : Sitzungsberichte der kön. pruss. Akad. der Wiss.* p. 560-578. Berlin, 1910.

M. Goguel, *L'énigme de la seconde épître aux Thessaloniciens, Revue de l'histoire des Religions*, T. LXXI, p. 248. Paris, 1915.

---

1. *Die Rhythmen der asian. und röm. Kunstprosa*. Leipzig, 1905.

A. Plummer, *A Commentary on Saint Paul's first and the second Epistle to the Thessalonians;* 2 vol. London, 1918.

* J. M. Wosté, O. P., *Commentarius in Epistolas ad Thessalonicenses.* Rome, Paris, 1917.

I. Le travail du Dr Milligan[1] sur les épîtres aux Thessaloniciens comprend une introduction, le texte grec, accompagné d'un commentaire et des notes plus détaillées sur quelques points spéciaux. Dans l'introduction il est parlé de la cité de Thessalonique, des rapports de Paul avec l'église de cette ville, du caractère général, de la langue et du style, de la doctrine et de l'authenticité de ces épîtres. Sur cette dernière question, l'auteur est très catégorique : les deux épîtres ont été écrites par Paul. Pour la première, il n'y a aucune difficulté sérieuse; pour la seconde, les difficultés internes sont plus graves. Le vocabulaire de l'épître est paulinien, mais plusieurs phrases et expressions sont employées d'une façon qui n'était pas usuelle à Paul; cependant la tenue générale rappelle « cette atmosphère originale dont un grand écrivain enveloppe toutes ses œuvres et que nous avons l'habitude d'associer avec le nom de saint Paul. » Les enseignements doctrinaux sont pauliniens quoi qu'on en ait dit. En résumé, la non authenticité de la seconde épître est plus difficile à admettre que l'authenticité.

Le Dr Milligan a donné une attention spéciale à la langue des deux épîtres. Il fait remarquer qu'elle est analogue à celle que l'on trouve dans les écrits du temps et dans les inscriptions. La plupart des termes qu'on avait crus particuliers à Paul sont dans les Septante ou dans le grec ordinaire. Deux seulement : θεοδίδακτος et συμφυλέτης peuvent être regardés comme

---

[1] *Saint Paul's Epistles to the Thessalonians.*

des créations de l'Apôtre. Tout le long du commentaire l'auteur insiste sur les rapprochements à établir entre la langue de Paul et celle du grec de la conversation, sur le fait que les prétendus hébraïsmes ou aramaïsmes sont du grec populaire. De ce fait, il résulte qu'un bon nombre de mots sont mieux compris, mais il ne semble pas que l'interprétation ordinaire du texte ait été modifiée. Signalons comme bonne contribution les notes sur l'histoire des termes : εὐαγγέλιον et εὐαγγελίζομαι, sur les mots παρουσία, ἐπιφάνεια, ἀποκάλυψις, sur les deux sens de κατέχω. Les notes sur la doctrine biblique de l'Antichrist et sur l'histoire de l'interprétation de II Th. II, 1-12, sont excellentes mais ne contiennent rien de nouveau. Nous en dirons autant de l'explication qui est donnée de ce passage dans le commentaire. L'apostasie est une apostasie juive; l'homme de péché, l'homme d'iniquité, c'est Beliar; ce qui le retient, c'est l'empire romain.

II. Dans son travail sur les premières épîtres de Paul, Toussaint [1] se montre au courant de toutes les questions qui se posent à propos des épîtres de Paul. Il les expose et essaye d'en donner la solution quand c'est possible. Ainsi, il accepte très nettement l'opinion qui n'est pas celle de la Commission biblique que l'Apôtre n'ayant pas sur la date de la parousie de révélation personnelle a pu partager sur ce point les idées de son temps et croire qu'il serait encore vivant, lors du retour du Seigneur. Avec le P. Prat, Toussaint fait observer qu'il n'y a rien là qui porte préjudice aux révélations de Paul, ni à l'inspiration de ses épîtres.

III. Le commentaire de Frame [2] sur les épîtres aux

---

1. *Épîtres de saint Paul : Lettres aux Thessaloniciens, aux Galates aux Corinthiens.*
2. *Commentary on the Epistles to the Thessalonians.*

Thessaloniciens est clair, bien composé et complet. Aucune des questions que soulèvent ces épîtres n'est laissée de côté et il en est quelques-unes de très importantes et qui n'ont pas encore reçu de solution. Signalons seulement les deux suivantes : Qui était l'homme de péché et quel est celui qui le retient, dont parle Paul dans la seconde épître aux Thessaloniciens? L'homme de péché, le fils de la perdition, qui s'oppose et qui s'élève au-dessus de tout ce qu'on appelle Dieu ou qu'on adore, jusqu'à s'asseoir dans le temple de Dieu, se proclamant lui-même être Dieu, le sans loi, ὁ ἄνομος, que le Seigneur Jésus détruira par le souffle de sa bouche et qu'il anéantira par l'apparition de son avènement n'est pas un prince païen, ni un chef politique, ni un faux Messie juif, mais un homme extraordinaire, sous le pouvoir de Satan, un instrument de Satan pour tromper les hommes. Celui qui le retient ou ce qui le retient n'est pas un personnage, mais un état de choses, mais quoi? Était-ce l'empire romain, ou un être surnaturel qui tient l'homme de péché en esclavage ou tout autre chose, l'auteur ne le sait pas. Les allusions de Paul sont trop vagues pour qu'on puisse mettre un nom certain sous les personnages dont il parle ici.

Il n'y a pas lieu de prouver longuement l'authenticité de la première épître; elle est acceptée actuellement par la grande majorité des critiques; celle de la seconde est beaucoup plus discutée; il y a cependant une tendance à la croire paulinienne. Frame ne croit pas que l'hypothèse de Harnack sur la seconde épître résolve toutes les difficultés. Harnack soutient que les deux épîtres sont pauliniennes, mais qu'elles ne sont pas adressées aux mêmes lecteurs; la première était pour l'église de Thessalonique, formée de païens convertis; la seconde pour une autre église de la même ville, composée de Juifs convertis. Cette hypothèse est séduisante, mais elle s'appuie sur des bases inconsistantes. Nous ne voyons nulle part qu'il y ait eu à Thessalonique deux communautés chrétiennes; les Actes n'en parlent pas et seraient plutôt opposés à cette supposition.

IV. Dans l'introduction au commentaire sur les épîtres aux Thessaloniciens par E. von Dobschütz[1] sont traitées les questions suivantes : l'action missionnaire de Paul, la fondation de la communauté chrétienne à Thessalonique, les rapports de Paul avec cette communauté, le contenu et le caractère des deux épîtres aux Thessaloniciens, leur authenticité, l'histoire de l'exégèse de ces deux épîtres.

Von Dobschütz s'arrête peu à établir l'authenticité paulinienne de la première épître aux Thessaloniciens, puisqu'elle est admise par tous les critiques, sauf les hypercritiques de l'école hollandaise. La seconde épître, au contraire, bien qu'actuellement il y ait tendance à la reconnaître comme paulinienne, est encore discutée par un certain nombre. C'est donc à elle que s'applique surtout l'auteur. Il se place d'abord au point de vue de l'inauthenticité, puis à celui de l'authenticité et conclut que tout s'explique mieux dans la seconde hypothèse. Cette discussion très approfondie et poussée dans tous ses détails, et surtout dans les questions philologiques, est remarquable par la précision et la modération des conclusions. A certaines obscurités ou manque d'information qu'on a reprochés à la seconde épître, von Dobschütz fait observer avec raison que Paul n'écrivait pas pour nous, mais pour des lecteurs qui étaient bien au courant de ces questions. Et il tire

---

[1]. *Die Thessalonicher-Briefe.*

de l'état de cette épître une preuve de son authenticité.

De nombreuses dissertations, insérées dans le cours du commentaire, développent les questions importantes ou expliquent les plus difficiles. Voici les principales : formules pauliniennes pour Dieu et le Christ; elles sont très diverses, six pour Dieu, quinze pour le Christ. La prédication de Paul dans ses premières missions; les doctrines proéminentes dans ses autres épîtres : la Loi, la justification, la chair et l'esprit, ne paraissent pas avoir eu une large place dans cette prédication. L'organisation de la communauté : l'activité de ceux qui étaient à la tête de l'église de Thessalonique n'avait pas reçu de consécration officielle. La trichotomie : pour Paul l'homme était un composé du σῶμα et de la ψυχή; le πνεῦμα n'était pas du même ordre, c'est un élément nouveau, qui vient de Dieu et n'est accordé qu'au chrétien.

Ainsi qu'on peut le présumer, plusieurs dissertations traitent des questions eschatologiques, — la parousie du Seigneur, le jugement du Seigneur, — de l'Antichrist et des signes de sa venue, qui occupent une si large place dans ces deux épîtres. Celui que Paul appelle ὁ ἄνομος, l'inique, n'est pas Satan, ni un pseudo-Messie juif, ni aucun personnage historique contemporain ou futur. C'est un personnage déterminé, dont on connaît le caractère, mais qui ne s'est pas encore révélé, car il est retenu par la puissance romaine. En lui se concréteront tous les caractères de l'ennemi de Dieu, tels qu'ils nous sont connus par l'histoire d'Antiochus Épiphane, par le mythe de l'ancien dragon et ceux des faux prophètes. Son opposition à Dieu ne sera ni antijuive, ni politique, mais d'ordre moral. En lui, Paul a condensé toutes les anciennes traditions eschatologiques.

V. Le P. Knabenbauer [1] nous a donné un commentaire sur les épîtres aux Thessaloniciens, à Timothée, à Tite et à Philémon. Les objections contre l'authenticité de ces épîtres sont résolues assez rapidement, car elles ne lui ont pas paru très sérieuses. Il rejette en quelques lignes l'hypothèse qu'avait suggérée Harnack. Il est toujours très prudent dans ses explications. Ainsi, à propos du passage de la première épître aux Thessaloniciens, V, 14, il dira qu'il n'est pas permis de conclure de ces mots « nos qui vivimus, qui relinquimur », etc., que Paul ait pensé qu'il était probable ou possible que le Christ viendrait, lui étant encore vivant. Il n'en savait rien et tous ses autres enseignements insinuent qu'il s'écoulera encore un long espace de temps avant le retour du Seigneur.

Le P. Knabenbauer rejette toutes les suppositions qui ont été faites à propos de l'Antichrist, et n'accepte aucune des identifications qui ont été proposées. « L'explication véritable et catholique du passage de la deuxième épître aux Thessaloniciens, II, 3-11, est l'explication eschatologique : Avant l'arrivée du Seigneur se produira l'apostasie religieuse; l'Antichrist, organe de Satan, viendra. Au temps où écrivait l'Apôtre ce qui le retenait, τὸ κατέχον, c'était l'empire romain; donc, quoique Paul ait pensé à lui-même il ne s'est pas trompé. »

VI. Dans son commentaire sur les épîtres aux Thessaloniciens, aux Philippiens, aux Colossiens, aux Éphésiens et à Philémon, Dibelius [2] se montre un adepte déclaré du système actuellement en faveur en Allemagne et ailleurs sur la dépendance de Paul à l'égard des religions de mystères. Nous

---

1. *Commentarius in Epistolas ad Thessalonicenses.*
2. *An die Thessalonicher.*

relèverons quelques-unes des indications qu'il donne à ce sujet.

L'hypothèse qu'a émise Harnack sur les destinataires de la seconde épître aux Thessaloniciens paraît assez vraisemblable à Dibelius. Le terme παρουσία qu'emploie Paul pour désigner la venue du Christ à la fin des siècles était employé dans les inscriptions pour désigner le retour d'un dieu. D'après Dibelius le personnage de l'Antichrist serait d'origine mythique; il ne croit pas que celui qui l'arrête, ὁ κατέχων, soit, pour Paul, l'empire romain.

Il n'est pas certain que l'épître aux Philippiens ait été écrite à Rome; il est possible qu'elle l'ait été à Éphèse, au temps où Paul y a été captif. Dibelius interprète le passage christologique, II, 6-11, dans le sens des mystères païens : Paul traduit ici en langage chrétien la conception mythologique d'un dieu qui se dépouille de ses attributs divins en opposition avec un personnage qui, au contraire, s'arrogeait une dignité qui ne lui appartenait pas.

VII. Le commentaire d'Alf. Plummer sur les deux épîtres aux Thessaloniciens[1] est remarquable par l'étude précise qui est faite de la signification des termes grecs. De l'explication grammaticale de ceux-ci ressort le sens exact des enseignements de Paul. L'auteur fait ressortir aussi que la plupart de ces termes et leur emploi sont vraiment pauliniens : ce qui établit l'authenticité de ces épîtres, authenticité admise actuellement par presque tous les critiques. Quelques doutes subsistent encore au sujet de la seconde épître, mais Plummer prouve qu'il y a plus de difficultés à l'attribuer à quelqu'un d'autre qu'à Paul. Il répond d'ailleurs très nettement aux objections qui

---

1. *A Commentary on Saint Paul's first Epistle to the Thessalonians; on the second Epistle.*

ont été faites contre l'origine paulinienne des épîtres. La phraséologie se rapproche tellement de celle de l'Apôtre qu'il ne voit pas la nécessité d'en attribuer la rédaction à un secrétaire qui n'avait reçu que des directions générales. Quant à l'eschatologie elle ne se présente pas sous un aspect différent dans ces deux épîtres. Dans la première Paul enseigne que le jour du Seigneur arrivera soudain, qu'on ignore le moment où il viendra : dans la seconde il précise les signes qui annoncent sa venue, mais il laisse toujours ses lecteurs dans l'incertitude de la date de ce jour.

En disant à ses lecteurs : Nous qui sommes vivants, il s'identifie naturellement à eux, sans qu'on puisse en conclure qu'il sera encore vivant lors du retour du Christ, ce qui affirmerait le prompt retour du Seigneur. Ce ne pouvait être son opinion, car les signes avant-coureurs de ce retour n'étaient pas encore visibles.

L'homme d'iniquité, l'adversaire du Christ et de son Évangile est un personnage réel et non un symbole d'un état de choses : telle était la croyance universelle de la primitive Église. Avant le second avènement du Seigneur paraîtrait un faux Christ qui établirait sur la terre un règne de perversité extraordinaire et qui serait anéanti par le retour glorieux du véritable Christ. Plummer remarque qu'il ne suit pas de cette croyance que la théorie d'un Antichrist personnel soit la théorie certaine. Paul peut avoir vu dans un adversaire actuel de l'Évangile le type de l'esprit antichrétien et de là conclure à la personnification de cet esprit. Se rappelant en outre que les pouvoirs romains ont fait obstacle aux menées des Juifs, il a affirmé que l'homme d'iniquité était arrêté pour qu'il ne parût qu'en son temps. Ce qui l'arrêtait c'est l'empire romain personnifié dans son souverain. Tout le passage de la seconde épître sur les fins dernières, II, 1-13, est exposé avec netteté et précision par Plummer[1].

VIII. Dans son travail sur les épîtres aux Thessaloniciens le P. Vosté examine rapidement les contradictions que l'on a cru voir entre les deux épîtres au point de vue de l'époque de la Parousie du Seigneur. Paul ne dit pas dans la première épître que la fin du monde est imminente ou proche et ses déclarations sur l'ignorance où l'on est de sa date précise n'est pas inconciliable avec la mention qu'il fait des signes précurseurs de cette fin.

Paul a-t-il cru que la fin du monde était proche et dans le passage : Nous les vivants, qui sommes laissés pour la venue du Seigneur, a-t-il cru qu'il serait encore vivant à ce moment-là ? Paul n'a pas en vue directement la date de la Parousie ; il veut répondre aux inquiétudes des fidèles de Thessalonique en affirmant seulement qu'il y aura parité entre ceux qui sont morts et ceux qui seront encore vivants lors de la venue du Seigneur. Paul ignorant l'époque de la Parousie et sachant seulement que sa date devait rester incertaine n'a pas pu sur ce point donner des précisions aux Thessaloniciens qui, eux, partageaient l'opinion commune de leur temps sur l'imminence de la venue du Seigneur. Il s'est exprimé conformément à l'opinion de ses lecteurs, comme si eux et lui devaient être vivants lors de la Parousie. Le sens obvie de ce passage est cependant que Paul croyait à l'imminence du retour du Seigneur. Pour sauvegarder l'inerrance du texte les Pères ont rejeté cette interprétation ; des théologiens catholiques l'ont cependant adoptée. La Commission biblique l'a condamnée.

---

[1]. Nous traiterons plus en détail la question de la Parousie d'après saint Paul dans les *Études de critique et d'exégèse*.

Qui est l'Antichrist ? Quel est l'obstacle qui le retient ? Le P. Vosté adopte l'opinion des Pères qui croient que c'est l'empire romain en ce sens que par l'équité de ses lois et de son gouvernement il s'opposait à l'avènement d'un personnage incarnant le désordre. Quand l'empire romain fut tombé on substitua l'empire chrétien à l'empire romain dans sa mission de retenir l'Antichrist.

Examinons maintenant les travaux qui ont traité en particulier de l'authenticité des épîtres aux Thessaloniciens.

IX. L'origine paulinienne de la première épître est admise par tous les critiques, sauf van Manen et d'autres de la même école. Il reste quelques hésitations sur deux passages, II, 16ᵇ et IV, 15, que plusieurs critiques tiennent pour des interpolations. Ch. II, 16ᵇ, Paul, après avoir rappelé les crimes des Juifs, déclare que la colère est parvenue sur eux au dernier terme, ἔφθασεν δὲ ἐπ' αὐτοὺς ἡ ὀργὴ εἰς τέλος. On suppose que ce membre de phrase est une glose marginale, écrite après la prise de Jérusalem en l'an 70. Mais les calamités qui ont frappé le peuple juif, au temps où l'Apôtre a écrit son épître : massacres, famines en Palestine, édit de Claude expulsant les Juifs de Rome, étaient suffisantes pour justifier cette parole de l'Apôtre. Ch. IV, 15 ss., Paul affirme que c'est « par une parole du Seigneur » qu'il parle aux Thessaloniciens des événements qui signaleront la fin du monde. On a cru voir ici une citation de IV *Esdras*, V, 41, 42 ; il est plus probable que nous avons là une parole du Seigneur, qui n'a pas été rapportée par les évangélistes, un agraphon, ou bien Paul fait-il allusion à *Matth.*, XXIV, 31, ou enfin à une révélation particulière du Seigneur. En tout cas, rien n'autorise à voir dans ce passage une interpolation.

X. L'authenticité de la seconde épître a été attaquée à nouveau par Wrede [1] Holmann, von Soden, Weinel et quelques autres, mais a été soutenue en ces derniers temps par Bousset, Drummond, von Dobschütz, Knowling, Deissmann, Moffatt, Feine, Bacon, Harnack, Jülicher, Clemen, Bornemann, Wohlenberg, Milligan, J. Weiss, Vosté, Plummer. L'attaque a porté sur trois points : 1° la langue et le style de l'épître; 2° ses ressemblances avec la première épître; 3° le caractère de son exposé doctrinal.

Il ne semble pas qu'on ait rien présenté de nouveau sur le premier point [2]. Si l'on lit cette épître sans idée préconçue on ne peut nier que l'on y retrouve bien la langue et le style de Paul; ainsi que l'a dit Reuss, pour une expression non paulinienne on en trouve dix qui sont pauliniennes. Voici ce qui résulte de l'étude de Fraune sur la langue des épîtres aux Thessaloniciens.

Elles contiennent en tout environ 466 mots différents et 30 d'entre eux sont des ἅπαξ λεγόμενα. La première épître en contient 20; 9 se trouvent dans les Septante; 4 sont dans de bons écrivains grecs; ὁλοτελής est dans Plutarque; ἐνορκίζω se trouve dans le texte A du II Esdras, XXIII, 13; ἀρχάγγελος est dans l'épître de Jude, 9; πληροφορία est dans l'épître aux Colossiens, II, 2, et dans l'épître aux Hébreux, VI, 11; 22. Paul a employé cinq fois le verbe correspondant et Luc une fois I, 1. Il se trouve dans le papyrus Amherst, IIe siècle après J.-C., 66, 42; ὑπερεκπερισσῶς V, 13, est une mauvaise variante de ὑπερεκπερισσοῦ; Cf. von Soden, ad locum. Resteraient θεοδίδακτος et συμφυλέτης. Or, le premier a été formé par analogie de θεόκτιστος, II *Macch.*, V, 23, en souvenir de διδακτὸς

---

1. *Die Echtheit des zweiten Thessalonicherbriefs.*
2. Cf. *Histoire des livres du Nouveau Testament,* T. I, p. 97..

Θεοῦ, *Isaïe*, LIV, 13. Le second a dû être formé du classique φυλέτης et peut être comparé à συνμαθητής, *Jn*, XI, 16, et d'autres termes analogues.

La seconde épître aux Thessaloniciens contient 10 ἄπαξ λεγόμενα, dont 5 se retrouvent dans les Septante; 3, ἀτακτεῖν, ἀτάκτως, ἔνδειγμα, dans le grec du temps de Paul; καλοποιεῖν est une variante de Lévitique, V, 4. Reste ὑπεραυξάνειν qui se retrouve dans le grec du IIe siècle après J.-C. et même dans Andocide, IVe siècle av. J.-C. Il est bien dans la manière de Paul qui aime les composés avec ὑπέρ.

On relève dans ces deux épîtres un grand nombre de mots dont Paul a emprunté la signification aux Septante ou à la langue chrétienne du temps, ἀγαθωσύνη, ἀγάπη, ἁγιάζειν, ἀνομία, etc. et d'autres qui sont devenus des termes techniques du christianisme : ἀδελφός, ἀπόστολος, ἐνέργεια, μυστήριον, παρουσία, etc.

Enfin un bon nombre des mots employés par Paul dans ces deux épîtres : ἀγαπητός, αἰώνιος, ἀρέσκειν (τινι), ἀσπάζεσθαι, ἐξουσία, εὐχαριστεῖν, κατέχειν, Κύριος, παρουσία, υἱὸς Θεοῦ etc., ont été retrouvés dans les inscriptions et les papyrus et, de ce fait, ont reçu une lumière nouvelle.

L'examen des phrases ou des membres de phrase que l'on relève dans ces deux épîtres donnent lieu aux observations suivantes : 1° Phrases que l'on trouve dans la Ire épître et nulle part ailleurs : ἅμα σύν, εἷς τὸν ἕνα, ἐν βάρει εἶναι, ἐρωτᾶν καὶ παρακαλεῖν, ἡ ὀργὴ ἡ ἐρχομένη, etc.; dans la IIe épître : διδόναι ἐκδίκησίν τινι, ἐκ μέσου γίνεσθαι, εὐχαριστεῖν ὀφείλομεν.

2° Phrases qu'on trouve dans la Ire épître et ailleurs dans le Nouveau Testament, mais non dans les autres épîtres : δέχεσθαι τὸν λόγον, ὁ πειράζων, υἱοὶ φωτός, etc.; de même dans la IIe épître : ἀνθ'ὧν, διδόναι εἰρήνην, ἐν ἁγιασμῷ πνεύματος, etc.

3° Phrases communes aux deux épîtres et qui ne sont pas dans le reste du Nouveau Testament : αὐτοὶ γὰρ οἴδατε, καὶ γὰρ ὅτε; qu'on trouve dans le Nouveau Testament mais non dans les autres épîtres de Paul : αὐτὸς ὁ Θεός, καὶ διὰ τοῦτο, νυκτὸς καὶ ἡμέρας, etc.

4° Phrases qui se trouvent dans la Ire épître et dans les épîtres, sauf la IIe épître aux Thessaloniciens, mais ne sont pas dans le reste du Nouveau Testament : ἅπαξ καὶ δίς, ἐπὶ τῶν προσευχῶν, ἀρέσκειν Θεῷ, etc. — Phrases de la IIe épître, qui sont dans les autres épîtres, sauf la Ire aux Thessaloniciens, et ne se trouvent pas dans le reste du Nouveau Testament : ὡς ὅτι, οἱ ἀπολλύμενοι, Θεὸς πατὴρ ἡμῶν, etc.

5° Phrases que l'on trouve dans la Ire épître, dans tout le Nouveau Testament, sauf la IIe épître : ἐν παντὶ τόπῳ, ἐπιποθεῖν ἰδεῖν, θέλημα τοῦ Θεοῦ; inversement, phrases qui sont dans la IIe épître et dans tout le Nouveau Testament, mais non dans la Ire épître : ἐν ὀνόματι, παρὰ τῷ Θεῷ, etc.

6° Phrases communes aux deux épîtres et aux autres épîtres de Paul, mais qui ne sont pas dans le reste du Nouveau Testament : ἄρα οὖν, τὸ εὐαγγέλιον ἡμῶν, κόπος καὶ μόχθος, etc.

7° Phrases communes aux deux épîtres et qui se trouvent dans les autres épîtres et dans le reste du Nouveau Testament : ἐν Κυρίῳ, χάρις ὑμῖν καὶ εἰρήνη, ἡ παρουσία τοῦ Κυρίου, etc.

La conclusion de cette enquête est que l'on ne peut rien conclure de l'examen de la langue et du style de ces épîtres contre leur authenticité : On y trouve trop de marques de leur origine paulinienne; trop souvent elles sont en accord avec les autres épîtres pauliniennes pour qu'il y ait lieu d'en douter. Si quelquefois elles ont des phrases qui leur sont particulières, cela prouve seulement que Paul n'en était pas réduit à répéter toujours les mêmes formules, que quelquefois dans ces épîtres il a été original ou qu'il a emprunté ses formules aux Septante ou autres écrits du Nouveau Testament[1].

Sur le second point attaqué : les ressemblances qui existent entre les deux épîtres, on peut dire que c'est un argument à double tranchant. On soutient qu'elles prouvent qu'un faussaire a imité la première épître pour en composer une autre, mais on peut encore mieux soutenir que la seconde est de l'Apôtre justement parce qu'elle s'accorde sur plusieurs points avec la première. Les rapports s'étendent d'ailleurs seulement à un tiers du contenu et consistent surtout dans ce que l'on peut appeler la forme épistolaire : la salutation, les actions de grâces, la bénédiction, les remerciements, etc. Les autres ressemblances sont des réminiscences de termes ou de membres de phrase.

Et remarquons que les ressemblances linguistiques ou littéraires ne sont pas toujours entre les passages similaires des deux épîtres, ce qui devrait être si la seconde était l'œuvre d'un faussaire, tandis que cela est très naturel si les deux épîtres ont été écrites par le même auteur à peu près à la même époque.

Le troisième point : caractère de son exposé doctrinal, sera traité dans nos *Études de critique et d'exégèse*.

XI. Wrede[2] a relevé surtout les différences de ton qui éclatent entre les deux épîtres. Le ton de la seconde épître est moins confiant, moins paternel que celui de la première; il est plus officiel, plus sévère. Si l'on compare les nombreux passages parallèles entre les deux épîtres, on reçoit de ceux-ci une impres-

---

1. Pour un exposé complet de ces phrases voir FRAME, *Commentary on the Epistles to the Thessalonians*, p. 32-34. Edinburgh, 1912.
2. *Die Echtheit des zweiten Thessalonicherbriefes.*

sion toute différente des rapports entre Paul et l'église de Thessalonique et du caractère de cette communauté.

La première épître est évidemment écrite à des Gentils convertis pour qui Paul avait la plus chaude affection et de plus elle est remarquable par l'absence de toute coloration issue de l'Ancien Testament. La seconde, au contraire, paraît s'adresser à des Juifs convertis et possède une coloration juive très marquée.

Wrede conclut de ces observations que la seconde épître n'a pas pu être écrite à la communauté de Thessalonique et qu'elle n'a pas été écrite par Paul. Celui-ci n'aurait pas pu changer ainsi subitement de ton dans une épître écrite à la même communauté que l'avait été la première. Elle a donc été écrite par un faussaire qui a voulu contre-balancer les espérances eschatologiques trop vives à Thessalonique, qu'avait fait concevoir la première épître.

On fait remarquer encore que l'écrivain de la seconde épître semble moins en possession que celui de la première de sa langue et de son style : la phrase est plus lourde, plus embarrassée. On dirait un écrivain qui en imite un autre sans bien posséder les procédés de style de celui qu'il imite.

Tout cela est bien subjectif. On ne peut exiger d'un auteur qu'il donne à toutes ses lettres le même ton. La coloration plus ou moins juive des deux épîtres ne ressort pas en tout cas du nombre des citations de l'Ancien Testament que l'on relève dans celles-ci, car elles sont aussi nombreuses dans l'une que dans l'autre; il y en a même une de plus dans la première épître. La sévérité qui se montre dans quelques passages s'explique bien par les circonstances. On avait mal interprété à Thessalonique certains enseignements de l'Apôtre et celui-ci rétablit la vérité un peu sèchement, mais ainsi que cela doit être dans un exposé doctrinal. De plus, Paul ne pouvait supporter qu'on abusât de ses enseignements pour tomber dans la paresse ; de là quelques mots très vifs, III, 10. Mais les passages où l'Apôtre exprime sa confiance et sa tendresse envers ses frères ne manquent pas : Que Notre-Seigneur Jésus-Christ lui-même, leur dit-il, et notre Dieu et Père, qui nous a aimés et qui nous a donné par sa grâce une consolation éternelle et une bonne espérance, console vos cœurs et les affermisse en toute bonne œuvre et en toute bonne parole, II, 16, 17. Et encore : Car il est juste de la part de Dieu... de vous donner à vous qui êtes affligés, du repos avec nous, lors de la révélation du Seigneur Jésus, I, 6, 7. Cf. I, 11 ; III, 1-5. Quant au style lourd et embarrassé de cette seconde épître on pourrait le retrouver à peu près semblable dans d'autres épîtres. A ce point de vue les épîtres de Paul et même les passages de la même épître présentent des différences profondes. Tantôt, l'écrivain, lorsqu'il est pénétré d'une pensée qui échauffe son cœur, est entraîné en des effusions lyriques d'une clarté fulgurante ; tantôt, au contraire, lorsqu'il explique une doctrine spéculative, il paraît dégager péniblement sa pensée et il l'expose en phrases longues et entremêlées d'incidentes, ce qui leur donne une tournure embarrassée. Paul ne retrouve la clarté et la précision dans son exposé que lorsqu'il donne des règles de morale ou des conseils pratiques. Pour se convaincre de la vérité de tout cela, qu'on lise l'épître aux Romains et l'on y trouvera des exemples de ces tons différents que peut prendre une même lettre.

XII. G. Hollmann[1] croit que la seconde épître aux

---

1. *Die Unechtheit des II Thess.-Briefes, Zeitschr. für die N. T. Viss.* 1904.

Thessaloniciens a été écrite vers l'an 100, à l'époque où la question de la Parousie du Seigneur était brûlante.

XIII. Pour expliquer toutes ces particularités qui différencient ces deux épîtres, Harnack[1] a pensé qu'elles n'avaient pas été écrites à la même communauté chrétienne. Il suppose qu'il y avait à Thessalonique deux communautés chrétiennes, l'une composée de convertis du paganisme et l'autre de convertis du judaïsme. C'est aux convertis du paganisme qu'avait été adressée la première épître, tandis que la seconde l'avait été aux convertis du judaïsme.

L'hypothèse de Harnack s'appuie surtout sur le ⅄. 13 du chapitre II de la seconde épître : « Mais pour nous, nous devons rendre continuellement grâces à Dieu à votre sujet, frères bien aimés du Seigneur, de ce que Dieu vous a choisis comme prémices, ἀπαρχήν, pour le salut. » Or, Paul ne pouvait pas affirmer que les convertis de Thessalonique étaient des prémices, s'il s'adressait à des gentils, car ceux-ci n'avaient pas été les premiers à recevoir en Macédoine la foi, ni ne pouvaient être tenus pour les premiers convertis par Paul à Thessalonique, tandis qu'au contraire l'affirmation de Paul devenait exacte s'il parlait à des Juifs, lesquels ont bien été convertis avant les Gentils, soit à Jérusalem, soit à Thessalonique. D'après les Actes, Paul prêcha d'abord dans cette ville à la Synagogue et quelques Juifs se joignirent aux missionnaires, XVII, 2-4.

Cette hypothèse s'appuie sur la leçon ἀπαρχήν, soutenue par B F G P 17 f Vg Syr. Harkléenne, Did., Ambr., au lieu de ἀπ' ἀρχῆς, soutenue par ℵ D E K L, presque tous les minuscules et par d e g Peschitto,

---

1. *Das Problem des zweiten Thessalonicherbriefs.*

Bohairique Arm Eth. Chrys. Quelques critiques tenaient la première pour une variante marginale, parce qu'on ne comprenait pas que Paul ait pu appeler les Thessaloniciens : les prémices pour le salut, tandis qu'en lisant ἀπ' ἀρχῆς on pensait que l'Apôtre faisait allusion à leur prédestination à la foi. Von Soden adopte la leçon ἀπαρχήν, car elle a pour elle des manuscrits du type H et I, tandis que la leçon ἀπ' ἀρχῆς n'a que les manuscrits du type K.

Harnack trouve une confirmation de son hypothèse dans les deux passages I *Thess.*, V, 27 et II *Thess.*, III, 17. Dans le premier Paul adjure par le Seigneur les Thessaloniciens que cette épître soit lue à tous les frères, ce qui montrerait qu'elle devait être communiquée à tous les convertis d'où qu'ils viennent; cela obligerait donc à croire qu'il y avait deux communautés à Thessalonique et que Paul craignait que la communauté plus nombreuse, composée de païens convertis, ne la communiquât pas à la petite communauté de juifs convertis. Dans le second passage Paul marque que la salutation est de sa propre main, ce qui est un signe en chaque lettre; ceci fait supposer que Paul pouvait craindre qu'un des deux partis à Thessalonique la rejetât comme fausse.

En outre, cette hypothèse corrobore l'affirmation des Actes, XVII, 4, qu'il y avait des Juifs convertis à Thessalonique, ce que ne laisserait pas supposer la première épître. Cette preuve nous paraît faible, car Paul a écrit à d'autres églises où il y avait des Juifs et des gentils convertis sans que le ton de la lettre le marquât d'une façon précise.

De plus, nous ne voyons nulle part qu'il y ait eu deux communautés chrétiennes à Thessalonique. Il est vrai que la communauté juive était si peu nombreuse qu'elle a pu être passée sous silence. Mais rien dans la seconde épître ne fait supposer que l'auteur ne s'adresse pas à l'ensemble de l'église. De plus, on ne comprend pas que Paul, s'il écrivait à une communauté qui n'avait pas lu la première épître, n'ait pas expliqué pourquoi il donnait un nouvel enseignement eschatologique, lequel suppose d'ailleurs celui qu'il a donné précédemment.

Une objection plus sérieuse contre cette hypothèse de Harnack provient de l'adresse de l'épître : Paul et Silvain et Timothée τῇ ἐκκλησίᾳ Θεσσαλονικέων, absolument semblable à celle de la première. Harnack suggère que cette adresse n'est pas originale et suppose que l'adresse primitive devait être : τῇ ἐκκλησίᾳ τῶν Θεσσαλονικέων τῶν ἐκ τῆς περιτομῆς, et que les quatre derniers mots ont dû être supprimés de bonne heure. Ceci est tout à fait gratuit.

K. Lake propose une autre hypothèse. Les porteurs de cette épître savaient à qui elle devait être remise ; il était inopportun de mettre en relief dans l'adresse les différences entre les deux épîtres.

Observons enfin que cette hypothèse de Harnack ne répond pas à l'objection la plus grave qui a été faite contre l'origine paulinienne de cette épître, à savoir ses nombreux rapports d'expressions et de phrases avec la première. On est obligé d'en revenir à cette supposition qu'avant d'écrire la seconde épître Paul a relu la première, mais dans ce cas-là, l'hypothèse de Harnack est plutôt inutile, car Paul n'a dû agir ainsi que s'il écrivait à la même communauté.

XIV. De l'examen des diverses antinomies que présente la comparaison entre les deux épîtres aux Thessaloniciens, différences de ton et, à un certain degré, d'enseignement en ce qui concerne la Parousie, Goguel[1]

---

1. *L'énigme de la seconde épître aux Thessaloniciens.*

conclut aussi que la seconde n'a pas été écrite aux mêmes destinataires que la première. Elle doit cependant avoir été écrite à une date très rapprochée. La connaissance précise de la tradition apocalyptique juive que suppose chez les lecteurs le développement eschatologique du chapitre II exclut l'hypothèse de destinataires sortis récemment du paganisme. Goguel suppose donc qu'elle a été peut-être envoyée à la communauté de Bérée dont les membres avaient été recrutés en grande partie dans la synagogue. Il serait tout naturel que Paul, après avoir été rejoint par Timothée à Corinthe, ait pensé aux fidèles de Bérée, comme il avait pensé à ceux de Thessalonique et qu'il leur ait écrit en même temps. La composition simultanée des deux épîtres expliquerait l'étroite affinité littéraire qu'il y a entre elles. La différence des destinataires rendrait compte des divergences qu'on relève entre les deux enseignements eschatologiques.

§ 3. — Les épîtres aux Corinthiens.

* A. SCHÄFER, *Erklärung der Briefe Pauli an die Korinther.* Münster, 1903.

PH. BACHMANN, *Der erste Brief an die Korinther.* Leipzig, 1905. — *Der zweite Brief an die Korinther.* Leipzig, 1909.

H. LIETZMANN, *An die Korinther.* Tübingen, 1907.

* E. BELSER, *Der erste Brief an die Korinther; Der zweite Brief an die Korinther.* Freiburg-Br., 1910.

J. WEISS, *Der erste Korintherbrief.* Göttingen, 1910.

A. ROBERTSON, A. PLUMMER, *Commentary on the first Epistle to the Corinthians.* Edinburgh, 1911.

A. PLUMMER, *Commentary on the second Epistle of St Paul to the Corinthians.* Edinburgh, 1915.

A. MENZIES, *The second Epistle to the Corinthians.* London, 1912.

G. GODET, *La seconde Épître aux Corinthiens.* Neuchâtel, 1914.

I. Dans l'introduction à son commentaire sur la

Ire épître aux Corinthiens [1], J. Weiss nous fait connaître ce qu'était la ville de Corinthe au temps où Paul écrivit sa lettre, comment fut fondée la communauté chrétienne de Corinthe, l'état et l'organisation de la communauté, les idées qui y régnaient, les partis qui la divisaient. Il examine ensuite quelle fut l'occasion de cette épître, où et à quelle époque elle fut composée. Il y distingue trois couches distinctes : A, qui serait composée de X, 1-22; VI, 12-20; IX, 24-27; XI, 2-34; XVI, 7^b-9; 15-20 — B^1, qui contiendrait VII, VIII, XIII; X, 24-XI, 1; IX, 1-23; XII; XIV, XV, XVI, 7^a; XVI, 10 et ss. et B^2 qui contiendrait le reste de l'épître. La première partie, A, seulement, aurait été écrite à Éphèse. Cette épître traite en effet de sujets très divers et il est possible de supposer que les réponses que donne Paul à des questions différentes n'ont pas été faites dans une même épître, mais est-on obligé de le supposer? Dans le commentaire, Weiss relève les particularités linguistiques qui rattachent la langue de Paul à celle des papyrus et montre les rapports de l'argumentation paulinienne avec celle des écrivains grecs, surtout de ceux de la diatribè.

II. Le travail d'A. Robertson et d'A. Plummer [2] sur la première épître aux Corinthiens se compose d'une introduction et d'un commentaire. Dans la première il est parlé d'abord de la ville de Corinthe, des mœurs de sa population et de la prédication du christianisme dans cette ville par l'apôtre Paul qui fut certainement le premier à y parler du Christ. La population composée de Grecs, d'Italiens et d'Orientaux, d'aventuriers, était impatiente de tout contrôle, amoureuse de liberté et le christianisme ne corrigea

---

1. *Der erste Korintherbrief.*
2. *Commentary on the first Epistle to the Corinthians.*

pas son indépendance d'esprit. De là naquirent toutes les difficultés que Paul trouva dans le gouvernement de cette jeune église et qui l'obligèrent à écrire plusieurs lettres que nous avons perdues et les deux que nous avons. La question de l'authenticité de la première épître aux Corinthiens est traitée rapidement, car, tant au point de vue interne qu'externe, elle est fortement soutenue.

La raison pour laquelle Paul écrivit sa lettre ressort nettement du contenu de celle-ci : les dissensions qui s'étaient fait jour dans la communauté et les questions qu'on lui avait posées. Voici comment la situation est présentée : Paul part de Corinthe avec Aquila et Priscille, et fixe sa demeure à Éphèse; Apollos continue l'œuvre de l'Apôtre à Corinthe, mais d'autres prédicateurs hostiles à Paul y arrivent; Paul fait une courte visite à Corinthe pour combattre cette hostilité, mais il ne réussit pas dans sa tentative; il écrit alors la lettre dont il est parlé dans I Cor., V, 9. De mauvaises nouvelles lui sont apportées de Corinthe et alors il écrit l'épître que nous avons comme première épître aux Corinthiens. Elle a été écrite à Éphèse et très probablement dans les premiers mois de l'an 55. Inutile de nous arrêter à la chronologie qui est donnée ici; elle est actuellement obsolète.

Une attention spéciale est donnée à la doctrine qui ressort de cette épître sur les rapports de Paul avec le Christ, sur la résurrection, la personne du Christ, la vie chrétienne, l'œuvre collective de l'Église, sur le Saint-Esprit. Ce résumé est éclairci par le commentaire.

Vient ensuite une étude sur les caractères, le style et la langue de l'épître. L'Apôtre n'avait pas à sa disposition une langue adéquate à la variété et à la subtilité de sa pensée, à l'intensité de ses sentiments;

il lutte constamment pour s'exprimer plus complètement. La suite logique est souvent brisée par l'intrusion de nouvelles idées. Cependant, dans la plupart des cas, l'argumentation de l'Apôtre est claire, et il est possible d'en suivre la marche. Les preuves sont disposées dans un ordre logique. La langue de Paul n'est pas le grec littéraire; on peut y relever certaines expressions qui rappellent les termes de la philosophie grecque.

III. Voici comment Allan Menzies [1] explique les divers événements qui ont dû se passer entre la première et la seconde épître aux Corinthiens. Malgré les exhortations que Paul avait adressées aux Corinthieus dans sa première épître, les choses ne s'améliorèrent pas; tout au contraire. Les Corinthiens revenaient de plus en plus au paganisme. Pour remédier à cet état de choses l'Apôtre retourna à Corinthe, mais sa visite fut infructueuse et même il y fut gravement offensé. De quelle façon? Nous ne le savons pas. Il partit, se proposant de revenir bientôt. Mais il préféra écrire une lettre et c'est à elle qu'il fait allusion dans la seconde épître, II, 2. Je vous ai écrit dans une grande affliction et le cœur serré de douleur, avec beaucoup de larmes. Aurions-nous dans les ch. X-XIII cette lettre ou une partie de cette lettre? De nombreux critiques l'admettent; Allan Menzies ne le croit pas, car le contenu de ces chapitres ne répond pas à la description que nous fait Paul de cette lettre. Quant aux apôtres « par excellence » auxquels il ne pense pas avoir été inférieur, XI, 5, ce ne sont pas quelques-uns des douze apôtres, auxquels Paul a toujours montré de la déférence, et avec qui il a voulu être en communion, mais des Juifs hellénistes qui se don-

---

[1]. *The second Epistle to the Corinthians.*

naient ce titre d'apôtres « par excellence » pour s'élever au-dessus de Paul.

IV. Voici les positions que tient A. Plummer dans son commentaire sur la seconde épître aux Corinthiens[1]. Elle est authentique, quoi qu'en aient dit certains critiques hollandais. Elle est formée de lettres pauliniennes de dates différentes. Les premiers chapitres, I-IX, étaient une lettre de conciliation, écrite après que Paul eut reçu de bonnes nouvelles de Corinthe ; les derniers chapitres, X-XIII, sont la lettre sévère que l'Apôtre écrivit après le mauvais accueil qu'il avait reçu à Corinthe. Il y eut peut-être aussi une lettre antérieure dont on trouve des fragments dans VI, 14-VIII, 1.

Les adversaires combattus par Paul dans cette épître sont des gens qui se prétendaient être du Christ et qui avaient des lettres de recommandation émanées de membres de l'église de Jérusalem, mais non des apôtres.

Paul a pu se servir dans cette épître de termes, ἀποκάλυψις, γνῶσις, δόξα, εἰκών, σοφία, σωτηρία, qu'on retrouve dans le vocabulaire des mystères, mais l'emploi des mêmes termes ne suppose pas l'identité des doctrines, ni surtout les pratiques des cultes de mystères. L'Apôtre a donné à ces termes des significations toutes différentes de celles qu'ils avaient reçues dans ces religions.

V. Dans son introduction à la seconde épître aux Corinthiens, G. Godet[2] examine la situation de l'église de Corinthe qui a donné lieu à cette épître de l'Apôtre. Après avoir écrit sa première épître aux Corinthiens, Paul comptait quitter Éphèse au bout de peu de temps ; mais une circonstance inconnue (peut-être le retour de Timothée et les mauvaises nouvelles qu'il apporta

---

[1]. *Commentary on the second Epistle of St Paul to Corinthians.*
[2]. *La seconde épître aux Corinthiens.*

sur la communauté de Corinthe) le décide à se rendre inopinément à Corinthe. Le séjour, bref sans doute, se passe ἐν λύπῃ. Paul trouve dans la communauté une grande opposition, probablement de la part de ceux qu'il a appelés οἱ Χριστοῦ. Ses adversaires prononcent contre lui une sentence déclarant nul son droit d'apôtre. Un homme s'est élevé publiquement contre lui et l'a insulté sans que la communauté ait pris position contre l'offenseur. Paul part brusquement de Corinthe et de retour à Éphèse écrit cette terrible lettre qui devait causer tant de chagrin aux Corinthiens et à lui-même. Cette lettre est perdue, probablement même à cause de sa sévérité.

Dans une note, p. 325, Godet cherche à préciser la nature de la maladie dont Paul était affligé; toutes les suppositions faites à ce sujet lui paraissent insoutenables, sauf peut-être celle de Krenkel qui conclut à l'épilepsie. Il voit cependant à l'admettre de nombreuses difficultés; il pense qu'il ne s'agit pas d'épilepsie proprement dite, mais de crises nerveuses, dans lesquels le patient se débat contre son mal, mais ne perd pas entièrement connaissance.

VI. Passons aux études de détail. L'authenticité paulinienne des deux épîtres aux Corinthiens est admise par tous les critiques récents, sauf toujours par les Hollandais et R. Steck. On discute encore pour savoir quels événements se sont passés entre la première et la seconde épître, et surtout sur l'épître sévère dont parle Paul, II *Cor.*, II, 4 : Je vous ai écrit, le cœur navré et serré, les larmes aux yeux et VII, 8 : Quand même je vous ai attristés par ma lettre, je ne m'en repens point. Cette épître est-elle perdue, ainsi que l'ont soutenu Jülicher, Bousset, Findlay, Robertson, Lietzmann, ou bien n'est-ce pas celle que nous avons comme première épître aux Corinthiens, comme le croient Sanday, Weiss, Zahn, ou enfin n'avons-nous pas cette lettre dans les chapitres X-XIII de la seconde épître aux Corinthiens, opinion émise par Hausrath et adoptée par plusieurs critiques récents : Mc Giffert, Clemen, von Soden, Peake, Rendall, Moffatt, Bacon, Lake, Kennedy, etc. ? Nous avons exposé ces hypothèses dans l'*Histoire des livres du Nouveau Testament*, T. I, p. 139-148 ; nous compléterons ce que nous en avons dit, dans un chapitre de nos *Études de critique et d'exégèse*.

VII. On a soutenu aussi, J. Weiss, Hilgenfeld, Sabatier, von Dobschütz, von Soden, Franke, Bacon, Clemen, Whitelaw, que, dans la première épître, le passage, VI, 13^b-29, où Paul parle de l'impudicité, des raisons qui obligent le chrétien à l'éviter, a été placé à tort ici, où il ne se rattache pas au contexte, tandis qu'il trouvait bien sa place dans l'épître que mentionne Paul, V, 9-13, où il était parlé aussi de l'impudicité.

Nous observerons tout d'abord que l'évidence textuelle est absolument opposée à cette hypothèse. Tous les témoins, manuscrits grecs, versions possèdent ce passage dans ce chapitre. En outre, il ne rompt pas le raisonnement de l'Apôtre, puisque immédiatement après VII, 2, celui-ci enseigne les moyens d'éviter l'impudicité. Quant à soutenir avec R. Scott que ce passage n'a pas été écrit par Paul, c'est aller contre l'évidence à la fois interne et externe. Il ne serait pas difficile de trouver les mêmes enseignements dans d'autres épîtres de l'Apôtre : *Eph.*, IV, 5 ; I *Th.*, IV, 3, et de prouver que nous avons bien ici sa langue et son style.

VIII. R. Perdelwitz[1] présente une nouvelle hypo-

---

1. *Die sogen. Christuspartei in Korinth; Theol. Studien und Kritiken*, Bd. 84, p. 180-201. Gotha, 1911.

thèse au sujet du parti du Christ à Corinthe dont il est parlé dans la première épître aux Corinthiens, I, 12. Il est singulier que le Christ ait été nommé en quatrième lieu, après Paul, Apollos, Céphas ; immédiatement après ἐγὼ δὲ Χριστοῦ on lit : μεμέρισται ὁ Χριστός. Il est possible que ce Χριστός à proximité de Κρίσπος, ἤ, 14, ait causé le remplacement de Κρίσπος par Χριστός. L'ordre et le parallélisme seraient en effet mieux observés si au lieu de Χριστός on lisait Κρίσπος, III, 22, et l'on aurait :

> πάντα γὰρ ὑμῶν ἐστιν.
> εἴτε Παῦλος εἴτε Ἀπολλώς.
> εἴτε Κηφᾶς εἴτε Κρίσπος.
> εἴτε ζωὴ εἴτε θάνατος.
> εἴτε ἐνεστῶτα εἴτε μέλλοντα.

Il est fort vraisemblable que des chrétiens se soient rangés autour de Crispus, ancien chef de la synagogue et personnage très connu et populaire et aient formé ainsi une sorte de parti national. Cependant, si l'on examine le contexte, cette hypothèse ne nous paraît pas répondre à la suite du raisonnement de Paul.

X. B. W. Bâcon[1] s'occupe aussi du parti du Christ à Corinthe. Il croit que ses partisans étaient des judéo-chrétiens qui prétendaient être les imitateurs du Christ en observant la loi mosaïque.

§ 4. — Épître aux Galates.

T. Zahn, *Der Brief des Paulus an die Galater*. Leipzig, 1905.
H. Lietzmann, *An die Galater*. Tübingen, 1910.
W. Bousset, *Der Brief an die Galater* dans J. Weiss, *Die Schriften des Neuen Testaments*. Göttingen, 1905.

1. *The Christus Party in Corinth; The Expositor*, VIII° S. n° 47, p. 399-415. London, 1914.

C. H. Watkins, *Der Kampf des Paulus um Galatien.* Tübingen, 1914.

A. Loisy, *L'épître aux Galates.* Paris, 1916.

* P. Lagrange, *Saint Paul, Épître aux Galates.* Paris, 1918.

I. Dans quelques pages d'introduction de son Commentaire sur l'épître aux Galates [1], Zahn étudie l'occasion, les destinataires, la date et le lieu de composition de l'épître aux Galates. Il croit qu'elle a été la première épître de l'Apôtre, parmi celles du moins que nous possédons, et qu'elle a été envoyée aux chrétiens de la Galatie méridionale. Il n'y avait pas, à l'époque de son envoi, de communautés chrétiennes dans la Galatie proprement dite. Ces hypothèses ne seront pas admises par tous les critiques, surtout en ce qui concerne la priorité de l'épître. Zahn termine son introduction en citant et en appréciant sobrement les commentaires qui ont été faits sur l'épître depuis Ephrem jusqu'à nos jours. Il fait remarquer que nous n'avons plus les commentaires des écrivains grecs, Origène, Eusèbe d'Émèse, Didyme d'Alexandrie que Jérôme lisait encore.

Nous pourrions relever dans le commentaire de nombreuses explications très suggestives. Ainsi, p. 107, Zahn identifie le récit que donne Paul de sa visite à Jérusalem, II, 1-10, avec celui du chapitre XV des Actes des apôtres, mais il croit que l'incident d'Antioche raconté par Paul, II, 11-14, doit être placé avant le concile de Jérusalem. A la fin sont discutés quelques textes contestés : II, 5; IV, 23-26. On trouvera en note des observations grammaticales et textuelles très importantes.

II. On lira avec fruit l'analyse qu'a donnée le P. Lagrange [2] du commentaire de Loisy sur l'épître aux

---

1. *Der Brief des Paulus an die Galater.*
2. *La Revue biblique*, p. 250. N.-S. Treizième année. Paris, 1916.

Galates ; en voici quelques extraits : L'épître aux Galates est un document de première importance, car elle renferme, dit Loisy, sur un des principaux fondateurs du christianisme et sur l'origine des premières communautés chrétiennes un ensemble de renseignements personnels et directs. Elle a été écrite aux habitants de la Galatie proprement dite, et non aux populations de la Lycaonie ou de la Pisidie, auxquels saint Paul n'aurait pu adresser cette apostrophe : « Insensés Galates ». Cela ressort nettement aussi du récit des Actes qui, cette fois pour Loisy, aurait puisé à bonne source. L'épître a été écrite pendant le séjour que Paul fit à Éphèse, vers 52-55, probablement après la première épître aux Corinthiens. L'occasion en fut la propagande des judaïsants, qui avait pour but d'amener les nouveaux convertis de Galatie à la pratique des observances juives et à se faire circoncire. Paul n'a pas nommé l'auteur principal de ces manœuvres judaïsantes, mais Loisy sait que c'est « Jacques, frère du Seigneur ». Paul parle, *Gal.*, II, 12, de judaïsants, venus à Antioche de la part de Jacques et qui avaient inquiété la communauté. Ce sont les mêmes qui ont troublé les Galates et Jacques est leur chef. Le rapprochement ne ressort pas nécessairement des textes ; c'est une simple conjecture.

Après un rapide exposé du contenu de l'épître, Loisy conclut : « Plaidoyer habile et concluant, sincère aussi, et vrai pour ce qui est des faits, attendu que Paul se serait exposé à une contradiction par trop aisée pour les adversaires et dangereuse pour lui, s'il avait risqué des assertions matériellement contestables. Mais c'est un plaidoyer qui, par cela même qu'il est plaidoyer, place les faits sous le jour qui convient pour la conclusion que l'auteur a en vue, laissant dans l'ombre tout ce qui pourrait aller contre l'objet de la démonstration. C'est de plus, nous le savons déjà, le plaidoyer d'un homme passionné, qui ne voit que sa thèse et son œuvre, même sa personne, et qui n'entre pas dans la pensée, dans les sentiments, dans la personnalité, la mentalité de ceux qu'il prend pour adversaires. Enfin, c'est le plaidoyer d'un enthousiaste, d'un visionnaire qui sait fort bien ce qu'il dit, mais qui est parfaitement incapable de critiquer les évolutions de de son esprit. » Un peu plus loin, il dira que Paul « a poussé jusqu'aux dernières limites possibles le génie du contresens ». Il se contredit souvent, d'après Loisy, et interprète à faux les textes de l'Ancien Testament. « Les passages bibliques qu'il utilise ne sont pas que des sentences isolées de leur contexte et qui peuvent être appliquées à un autre objet par un simple artifice d'exégèse, ils sont comme le support d'une vision indépendante que son imagination y a rattachée. »

Au début de son épître Paul déclare qu'il est « apôtre, non de la part d'hommes, ni par homme, mais par Jésus-Christ et Dieu le Père ». Il affirmait ainsi son autorité d'apôtre en face des judaïsants, d'après lesquels il était apôtre par mission de la première communauté, celle de Jérusalem. Et Loisy nous explique quelle fut, d'après lui, la vraie notion de l'apostolat. Les premiers apôtres n'avaient pas été choisis par Jésus-Christ, ils étaient apôtres « en tant que délégués à la recette et à l'administration des dons fournis par les fidèles hiérosolymitains ». « L'apôtre paraît bien avoir été qualifié ainsi d'abord à raison d'une délégation de la communauté, et cette délégation ne concernait pas directement, du moins pas exclusivement, la prédication évangélique, mais les délégués étant prédicateurs, et la prédication étant le principal de leur ministère, au moins pour le plus grand nombre, l'idée de la délégation par le Christ pour la prédication de l'Évangile se fit jour et prévalut. » Cela n'explique pas pourquoi ces préposés à la caisse commune ont été appelés « apôtres », terme qui, après tout, signifie « envoyés ».

Ils ne pouvaient être, d'après Loisy, les envoyés du Christ, prêchant sa doctrine. « Paul, d'après lui, n'a pas l'idée d'un enseignement donné par Jésus vivant et qui se perpétuerait dans la prédication des apôtres. » Mais un peu plus loin il nous parle « de la méthode, qui était celle des apôtres judaïsants par rapport à l'enseignement de Jésus ».

Paul affirme aussi dès le début que l'Évangile qu'il annonce n'est pas de caractère humain : ce n'est pas d'un homme qu'il l'a reçu ni appris, mais par révélation de Jésus-Christ. Il n'interprète donc pas sa conversion comme un fait extérieur, mais comme une vision révélatrice du Christ esprit, tel qu'il doit être cru et enseigné. C'est à Damas qu'il a eu cette vision. « Par la vision qui l'a converti, c'est-à-dire quand il a vu clair en lui-même, qu'il a eu repris possession de son esprit et acquis la conscience réfléchie de sa foi nouvelle, il s'est trouvé croyant au Christ mort et ressuscité en Sauveur des hommes, et il s'est cru appelé à prêcher parmi les païens ce mystère de salut. » Le caractère intérieur de la vision est accusé dans la formule « révéler son Fils en moi ». Mais comment a été provoquée cette vision ? « Sa pensée s'était remplie malgré lui de ce Christ qu'il combattait et la même suggestion inconsciente, qui suscitait dans son imagination surchauffée l'image de Jésus, lui disait que cette apparition était Jésus lui-même. Subjugué par cette vision, Paul est aussitôt persuadé que Jésus est réellement vivant en Christ immortel. Mais cette impression que sa vision lui donne n'est pas la simple foi au prédicateur galiléen qui fut crucifié par ordre de Ponce Pilate, c'est la foi au Christ qu'annonçaient les convertis hellénistes, le Seigneur glorieux autour duquel les élus de tous les peuples se rallieront en son avènement, et c'est de plus la foi à un Christ dont Paul antérieurement, sans s'en douter, portait déjà en lui l'idée. » Cette vision du Christ aurait donc été préparée soit par les idées qu'il aurait entendu émettre autour de lui, soit par celles qu'il cherchait à écarter. Cette hypothèse nous paraît valoir toutes celles qu'on a déjà émises pour expliquer d'une façon naturelle la conversion de Paul. « Sa conversion paraît avoir été due tout autant et même davantage au travail fébrile et, pour employer le mot juste, à l'agitation de l'esprit. La foi de Paul ne s'est pas formée dans des expériences attentives, mais dans des discussions passionnées ; à un moment donné, elle fait un bond qui n'est pas la conclusion logique d'observations faites par le principal intéressé, mais une révolution, un saut de la foi mystique, occasionné par l'état cérébral du sujet et relevant de la psychiatrie non moins que de la psychologie rationnelle et morale. » En d'autres termes, la conversion de Paul a été le résultat d'un déséquilibre mental. Ce qu'il y a d'étonnant, c'est que cette rupture avec l'ancien état mental de Paul se soit maintenue, sa vie durant, que ce saut dans l'inconnu ait produit dans l'esprit de Paul toute une nouvelle suite d'idées et de conceptions en contradiction nette avec les idées antérieures de Paul.

Immédiatement après sa vision à Damas, Paul serait allé en Arabie et, contrairement à l'opinion commune qui pense qu'il y aurait vécu dans la retraite, il aurait prêché de suite la foi en Jésus. Cette opinion a déjà été soutenue et ne présente aucune impossibilité.

Trois ans après sa conversion, il serait monté à Jérusalem pour voir Pierre et quatorze ans après sa conversion, il y serait retourné, accompagné de Barnabé. « Ce second voyage doit se placer avant que Pierre soit chassé de cette ville par la persécution d'Hérode Agrippa » qui eut lieu en l'an 43-44. Il faut alors supposer que la conversion de Paul eut lieu en l'an 29 « qui paraît être l'année indiquée par Luc, III, 1, pour la mort du Christ ». Comment croire que Paul a été converti si tôt après la mort du Seigneur, surtout si l'on admet avec Loisy qu'il a été converti à Damas, où déjà existait une communauté chrétienne? Cette date de l'an 43-44 pour la réunion apostolique à Jérusalem lui permet d'expliquer comment l'apôtre Jean y participa, tandis qu'il suppose qu'il a été mis à mort par les Juifs, en même temps que son frère Jacques, c'est-à-dire au printemps de l'an 44.

Le second voyage de Paul à Jérusalem, dont il parle dans l'épître aux Galates, serait donc celui qui est mentionné dans les Actes, XI, 27, et rien de ce qui est raconté au ch. XV des Actes sur la discussion à propos des observances légales ne serait historique. « Les Actes ont dédoublé le second voyage de Paul ». « La rédaction des Actes a faussé complètement le caractère des entretiens qui eurent lieu entre les apôtres sur cette affaire des observances, et elle en a fait une sorte de concile avec un décret solennel dont elle n'a pas craint de confier l'exécution à Paul lui-même. » Un peu plus loin cependant, Loisy dira : « Comme le décret apostolique dont parlent les Actes, XV, 22-29, correspond vraisemblablement à quelque réalité, il doit représenter un compromis établi dans une communauté mixte telle que celle d'Antioche, où, pour ménager les scrupules des judaïsants sans renoncer à prendre ensemble le repas eucharistique, on aura imposé aux païens convertis l'abstinence du sang, des viandes de sacrifices, de certaines relations sexuelles, supprimant ainsi les causes d'impureté légale qui faisaient obstacle au libre commerce et à la commensalité des Juifs avec les païens. » Cette hypothèse avait déjà été présentée ; venons-en à la question qui est à la base de cette épître. « Personne, dit Loisy, pas même Jacques, ne contestait que les païens pussent arriver au salut par la seule foi au Christ ; Jacques admettait, tout comme Paul, que le païen était sauvé par la foi sans la Loi. »

Mais pour Paul la loi n'était plus obligatoire pour personne tandis que, d'après Loisy, pour Jacques « obligatoire pour le juif, la Loi était, en quelque manière, une condition de son salut, mais elle n'en était pas le principe. Quoi qu'en dise Paul, le principe du salut pour le juif, même non chrétien, n'était pas la Loi, mais la grâce de Dieu, dont la Loi pourrait être comprise comme un moyen ». Paul ne l'entendait pas ainsi et il combattait des adversaires qui subordonnaient le Christ à la Loi et qui tenaient la circoncision pour nécessaire au salut.

La seconde partie de l'épître aux Galates est théologique : Paul établit sa thèse à l'aide d'arguments surtout scripturaires. Et Loisy soutient qu'il a mal compris ou faussement interprété divers passages de l'Ancien Testament, en particulier celui de la Genèse, XV, 4 : « Abraham crut à Dieu et cela lui fut imputé à justice. » D'après lui, le terme justice a ici le sens concret d'action bonne et méritoire et non le sens abstrait de justification, comme le veut Paul.

Il est inutile de pousser plus loin l'analyse du travail de Loisy : le lecteur voit par ces extraits quel en est le caractère et à quoi il vise.

III. Il serait bien difficile de relever toutes les idées que développe le P. Lagrange dans son commentaire sur l'épître aux Galates : signalons-en quelques-unes seulement. L'épître aux Galates, avec ses formules plus saisissantes peut-être dans leur brièveté, mais moins nettes, moins nuancées aussi et d'aspect quelquefois paradoxal, doit être considérée plutôt comme une ébauche de l'épître aux Romains, où la pensée de l'Apôtre se présente sous une forme plus modérée et avec un souci plus marqué des nuances et de l'équilibre. Le thème principal de l'épître aux Galates c'est l'imperfection de la Loi dont les enfants de Dieu sont désormais libérés ; ce qui regarde la justification par la foi et la vie chrétienne n'y vient qu'à titre d'argument pour prouver cette thèse. Le sujet principal de l'épître aux Romains, c'est la vie chrétienne, c'est la sanctification ; ce qui regarde la Loi et les Juifs n'est que thème secondaire.

L'épître a été écrite probablement à Éphèse vers les années 53-54. Sur la question des destinataires de l'épître aux Galates le P. Lagrange se prononce nettement pour les habitants de la Galatie proprement dite, ceux que l'on appelle les Galates du nord par opposition aux habitants du sud de la province romaine de Galatie, laquelle comprenait, outre la Galatie proprement dite (l'ancien royaume des Gaulois) la Lycaonie, l'Isaurie, le district sud-est de la Phrygie et une partie de la Pisidie, avec les villes d'Antioche de Pisidie, Iconium, Lystres et Derbé. La Galatie du nord aurait été évangélisée par Paul, lors de son second voyage missionnaire. Voulant aller évangéliser Éphèse il en fut empêché par le Saint-Esprit et il marcha vers le Nord, traversa la Phrygie et le pays galate, *Act.*, XVI, 4 ; plus tard, il parcourut successivement le pays galate et la Phrygie, confirmant tous les disciples, ib., XVIII, 23.

L'épître n'a pas dû être envoyée aux églises de la

Galatie du sud. Dans la titulature des gouverneurs de province les inscriptions distinguaient la Galatie, la Pisidie et l'Isaurie, bien que ces trois pays fissent partie de la même Éparchie galatique. Le terme Galatie désignait donc le pays des tribus gauloises et c'est dans ce sens que Paul l'a employé. Paul apostrophe ses correspondants en les appelant Galates. Il n'a pu appeler de ce nom les Lycaoniens, Pisidiens et Phrygiens de la Galatie méridionale. Il n'a pas transporté une dénomination ethnique bien déterminée à des peuples de race différente.

Les données de l'épître ne cadrent pas d'ailleurs avec ce qui nous est rapporté dans les Actes sur l'évangélisation des églises de la Galatie méridionale, Antioche, Lystres, Derbé, Iconium. On ne voit nulle part dans l'épître que Paul ait eu à faire avec des Juifs lorsqu'il a évangélisé les Galates, ce qui n'est pas le cas pour l'évangélisation des Galates du sud. Le judaïsme que Paul combat dans l'épître a été importé; les Galates étaient des païens, libres des observances judaïques; il n'en était pas ainsi à Antioche, Lystres, Derbé, Iconium.

L'épître aux Galates a donc été adressée à un peuple resté jusque-là en dehors de toutes les controverses judaïsantes, et plus on mettra la Galatie en dehors des grandes routes de l'Asie, plus on donnera d'appui à l'ancienne opinion.

Le nom de Galates était déjà assez clair; l'épître ne saurait convenir à ceux d'Antioche, d'Iconium, de Lystres et de Derbé. Elle fut donc adressée aux Galates de Galatie, qui furent, comme Luc nous l'apprend, évangélisés par Paul; églises fondées, en passant, par une adhésion rapide, et que le premier contact avec les judaïsants menaça de détruire; églises composées de gentils, qui fournissaient au docteur des gentils la

meilleure occasion de traiter de la liberté chrétienne.
Mais quels sont les adversaires que combat Paul dans son épître et quelles étaient leurs doctrines? D'après le P. Lagrange Paul a vraiment attribué à ses adversaires l'idée que la circoncision et l'observance de la loi mosaïque s'imposaient même aux païens convertis comme condition de salut; c'était des judaïsants extrêmes et non pas des judaïsants mitigés qui n'auraient recommandé l'observance de la Loi qu'à titre de perfection plus grande et non de nécessité pour le salut. Pour expliquer les différences entre l'épître aux Galates et les Actes, XV, il faudra, dit le P. Lagrange, nuancer le texte de l'épître écrite à un point de vue différent de celui des Actes.

IV. E. Lévesque revient dans la *Revue pratique d'apologétique*[1] sur la question souvent débattue des destinataires de l'épître aux Galates. Il soutient qu'elle a été écrite aux habitants du sud de la Galatie romaine, que Paul avait évangélisés lors de son premier voyage missionnaire. Ces habitants d'Antioche, de Derbé, Lystres, Iconium, pouvaient à bon droit être appelés Galates, puisqu'ils avaient fait partie du royaume galate d'Amyntas, tout aussi bien que les indigènes de la Galatie du nord. Cette épître a dû être écrite avant la conférence de Jérusalem, car on ne s'expliquerait pas que Paul n'ait pas appuyé son argumentation aux Galates sur la décision de la conférence, qui tranchait nettement ce qui était l'objet du conflit, en affirmant que les Gentils pour être admis dans la société chrétienne n'étaient pas astreints à l'observation des lois mosaïques. Il s'ensuivrait que le voyage, à Jérusalem, que raconte Paul dans son épître, est celui qui est mentionné au ch. XI, 30, des Actes, et non celui dont il est

---

[1] T. XXIX, p. 385-402; 449-464; 528-537. Paris, 1920.

question au ch. XV, 4 des Actes. Jamais Paul n'a évangélisé les cités de la Galatie du nord, car elles ne se sont jamais trouvées sur le passage de l'Apôtre, ni à sa seconde, ni à sa troisième mission, d'après l'itinéraire tracé par les Actes aux ch. XVI et XVIII. Dans cette opinion l'accord entre l'épître et les Actes se fait plus complet et plus naturel et surtout sont tranchées les difficultés qu'on faisait à l'accord entre le récit de Paul et celui des Actes au ch. XV.

V. Tous les critiques, sauf les Hollandais, ainsi que Steck et Friedrich, pensent que l'épître aux Galates a été écrite par Paul. Se référant aux travaux de ces deux derniers critiques, Moffatt[1] les juge ainsi : « Cette hypothèse n'est plus autre chose qu'une curiosité critique comme le renvoi qu'a fait le P. Hardouin de la plupart des écrits classiques au xive siècle et la découverte qu'a faite Ed. Johnson que la littérature chrétienne primitive a été fabriquée au temps de la Renaissance et de la Réforme. »

VI. Il n'y a pas lieu d'attacher de l'importance aux efforts qu'a faits Cramer pour découvrir dans le texte de l'épître des additions postérieures : I, 7ª; II, 2-4; III, 16-20; 26-29; IV, 24-27; V, 5, 6; VI, 1-6; 9-10. Völter qui trouve des interpolations dans les autres épîtres pauliniennes reconnaît que l'épître aux Galates présente une unité parfaite.

Restent deux questions que nous avons déjà traitées : la date, le lieu de composition et les destinataires de l'épître, que l'on continue à discuter, sans que l'on ait apporté aucun argument décisif en faveur de l'une ou de l'autre hypothèse.

VII. Ces questions viennent d'être examinées à nouveau par A. Steinmann : *Die Abfassungszeit des*

---

1. *Op. cit.*, p. 107.

Galaterbriefes; ein Beitrag zur neutestamentlichen Einleitung und Zeitgeschichte, Münster, 1906; *Der Leserkreis des Galaterbriefes; ein Beitrag zur urchristlichen Missiongeschichte;* Münster, 1908. D'après cet écrivain, l'épître aurait été adressée aux Galates proprement dits, c'est-à-dire aux Galates du Nord, vers l'an 54 ou 55, après que Paul les eut évangélisés dans son deuxième et troisième voyage missionnaire.

Chase, Wendt, Schmiedel, Jülicher, von Dobschütz, Deissmann, Feine, Barth, P. Lagrange ont adopté cette opinion, tandis que Zahn, von Soden, Ramsay, Sanday, Rendall, Mc Giffert, Bacon, Askwith, Mc Clymont, Lévesque soutiennent que l'épître aux Galates a été écrite aux églises de Galatie, Derbé, Lystres, Iconium, Antioche de Pisidie, que Paul avait évangélisées pendant son premier voyage de mission et visitées à nouveau, lors de son second voyage. Les arguments en faveur de cette seconde hypothèse ne nous paraissent pas être tout à fait décisifs.

VIII. C'est cependant l'opinion qu'a soutenue Round[1] : l'épître aux Galates est le plus ancien écrit du Nouveau Testament; elle a été écrite d'Antioche ou des environs aux communautés chrétiennes d'Antioche de Pisidie, d'Iconium, Lystres et Derbé, avant le concile de Jérusalem.

IX. C. W. Emmet[2] soutient la même opinion; le deuxième chapitre de l'épître aux Galates n'est pas à mettre en rapport avec le ch. XV des Actes.

X. M. Jones[3] soutient l'opinion contraire et C. A.

---

1. *The date of saint Paul's Epistle to the Galatians*. London, 1906.
2. *Galatians, the earliest of the pauline Epistles; The Expositor*, 1910, p. 242-254. London.
3. *The date of the Epistle to Galatians; Expositor*, 1911, n° 6, p. 193-208.

Scott[1] le réfute; Ramsay[2] et Weber[3] maintiennent leurs positions. Il ne semble pas que l'on ait apporté des arguments nouveaux pour la solution définitive de la question.

§ 5. — Épître aux Romains.

P. FEINE, *Römerbrief.* Göttingen, 1903.
TH. ZAHN, *Der Brief an die Römer.* Leipzig, 1909.
A. JUELICHER, *Der Brief an die Römer* dans J. WEISS, *Die Schriften des Neuen Testaments.* Göttingen, 1905.
H. LIETZMANN, *An die Römer.* Tübingen, 1906.
* C. TOUSSAINT, *L'épître aux Romains.* Paris, 1913.
BONNET-SCHROEDER, *Épîtres de Paul,* 4° éd. Ire partie, *Épître aux Romains.* Lausanne, 1912.
E. KUEHL, *Der Brief des Paulus an die Römer.* Leipzig, 1913.
St. J. PARRY, *The Epistle of Paul the Apostle to the Romans.* Cambridge, 1912.
W. LUETGERT, *Der Römerbrief als historisches Problem.* Gütersloh, 1913.
* M. J. LAGRANGE, *Saint Paul, Épître aux Romains.* Paris, 1916.
W. C. VON MANEN, *Die Unechtheit des röm. Briefs.* Leipzig, 1906.

I. Les positions critiques tenues par la très grande majorité des critiques sur l'épître aux Romains restent inébranlables; la controverse a continué et même a été renouvelée sur deux questions, authenticité de la doxologie finale et authenticité des chapitres XV-XVI, que nous avons déjà étudiées dans l'*Histoire des livres du Nouveau Testament,* T. I, p. 271-279; nous les examinerons à nouveau dans : *Études de critique et d'exégèse.*

---

1. *The early Date of Galatians; Expositor,* VIII° série, n° 7, p. 183-192.
2. *What were the Churches of Galatia? Expository Times,* T. 24. London, 1912.
3. *Abfassungszeit und Leserkreis des Galaterbriefes; Theol. Quartalschrift.* B. 94. Tübingen, 1912.

II. Dans l'introduction à son Commentaire sur l'épître aux Romains le P. Lagrange[1] étudie la langue, le style et l'argumentation de Paul dans l'épître aux Romains. Certaines formules : καθὼς γέγραπται, μὴ γένοιτο, ἐρεῖς, οὐ μόνον δὲ ἀλλά, ou bien ont des analogues dans les écrits helléniques, ou bien sont simplement grecques et sont employées par la langue grecque courante. Le grec de Paul n'est pas de l'araméen traduit, c'est le grec, tel qu'on le parlait et l'écrivait de son temps. Sa langue est celle d'un esprit formé d'après les bons usages, quoique sans prétentions littéraires.

Dans l'arrangement des phrases et des mots Paul n'a pas cherché à établir des cadences rythmiques, bien qu'il se soit appliqué quelquefois à s'exprimer d'une manière ingénieuse pour frapper plus vivement les esprits. Il ne se préoccupait pas de varier son style et de se conformer aux principes de la rhétorique grecque de son temps. Il emploie le parallélisme et l'antithèse, mais le grec et l'hébreu ont développé beaucoup, et presque dans le même sens, ces deux modes de rehausser la pensée. A laquelle des deux langues a-t-il emprunté ces figures de style? Il est d'autant plus difficile de le dire qu'on ne peut pas distinguer nettement le parallélisme grec du sémitique. Norden nommait grec le parallélisme des mots et sémitique celui des pensées. Mais cette distinction, vraie en général, ne l'est plus dans beaucoup de cas particuliers. En tout cas, dans le parallélisme antithétique l'esprit grec et l'esprit sémitique sont vraiment en contact et il est difficile de discerner ce qui vient de l'un ou de l'autre esprit.

Remarquons enfin qu'on ne saurait refuser à Paul

---

1. *Langue, style, argumentation dans l'épître aux Romains*, p. XLII-LX.

un sentiment délicat des nuances de sens qui pouvaient résulter de la combinaison d'une racine avec différentes prépositions ou avec d'autres racines. L'exemple le plus célèbre dans l'épître aux Romains est XII, 3 : μὴ ὑπερφρονεῖν παρ' ὃ δεῖ φρονεῖν, ἀλλὰ φρονεῖν εἰς τὸ σωφρονεῖν. Le choix des mots est si exact qu'on ne songe pas à une paronomase puérile. Cf. encore II, 1 ; V, 16; XIV, 23.

Paul a-t-il argumenté à la manière des rabbins ou s'est-il inspiré du genre de la prédication morale adopté par la philosophie populaire de son temps? A-t-il employé les procédés de la diatribè cynico-stoïcienne ? La diatribè est un compromis littéraire entre le traité et le dialogue; on y trouve des raisonnements et des réponses à des interrogations. Or, Paul dans ses épîtres a employé ces deux procédés, mais on ne trouve pas dans ses épîtres un dialogue proprement dit.

Si l'on examine certains raisonnements de Paul, V, 9; VIII, 32; XI, 24; V, 15; V, 17 etc., « on ne saurait y voir l'empreinte de l'esprit rabbinique et l'ensemble des rapprochements est tel que l'on conclura à la fois que l'épître aux Romains a conservé quelque chose du ton de la prédication et que cette prédication employait, dans l'intérêt du christianisme, des méthodes couramment usitées dans le monde grec au service de la philosophie morale populaire. Paul ne fut pas seulement un Israélite qui avait appris à parler un grec intelligible pour les besoins ordinaires de la vie. Il parlait le grec des gens cultivés, écrivait comme eux et argumentait comme ils le faisaient alors, mais — ce qui était une nouveauté — sans aucune prétention littéraire et sans faire une grande place à la discussion »..

III. Passons en revue quelques-unes des questions qui ont été traitées à propos de l'épître aux Romains.

D'après Lütgert[1], Paul aurait combattu dans l'épître aux Romains non pas le judaïsme mais l'antinonisme, qui à une dépréciation d'Israël unissait des tendances révolutionnaires.

IV. E. von Dobschütz[2] pense que, dans l'épître aux Romains, Paul a voulu systématiser les résultats de sa lutte contre le judaïsme; la situation des chrétiens romains, qui ne formaient pas une communauté unique, paraît lui avoir été passablement inconnue. L'épître aurait été écrite immédiatement après l'épître aux Galates. Les hypothèses qui divisent l'épître en plusieurs parties et celles qui rejettent les derniers chapitres ou le dernier, et par suite rompent la puissante symphonie qu'est cette épître, sont inacceptables.

Van Manen[3] a, on peut le dire, inauguré les études sur la non authenticité de l'épître aux Romains, en ce sens qu'il a cherché à étayer cette hypothèse déjà ancienne sur des preuves nouvelles.

V. W. B. Smith[4] prétend que l'épître aux Romains n'a pas été écrite par l'apôtre Paul. Voici ses conclusions principales : L'écrit n'est pas une épître; les termes ἐν Ῥώμῃ, τοῖς ἐν Ῥώμῃ, ne sont pas authentiques; rien dans cet écrit n'indique qu'elle soit de Paul : malgré la suscription : Παῦλος δοῦλος Χριστοῦ Ἰησοῦ, c'est un écrit pseudonyme; jusqu'après Justin, on ne trouve aucune citation de cette épître, aucune mention du nom de l'auteur, aucune attribution à Paul; chaque chapitre prouve que cet écrit n'est pas une unité originale mais une compilation de matériaux préexistants; comme réunion graduelle de dissertations morales et

---

1. *Der Römerbrief als historisches Problem.* Gütersloh, 1913.
2. *Die Entstehung des Römerbriefs; Deutsch Evangelisch*, III, 341-348; 395-400; 469-476. Leipzig, 1913.
3. *Die Unechth. des Röm.-Briefes.*
4. *Did Paul write Romans? Hibbert Journal*, Vol. I, p. 309. London, 1903.

religieuses se rapprochant plus ou moins les unes des autres, cet écrit est parfaitement compréhensible ; comme écrit individuel d'un seul esprit, sous des conditions supposables, il est pour toujours incompréhensible, ainsi que le prouvent dix-sept siècles d'exégèse impuissante ; c'est une série d'inconséquences du commencement à la fin.

VI. P. W. Schmiedel[1] a répondu aux divers arguments ou plutôt affirmations que nous venons de résumer. Il montre qu'antérieurement à Justin nous avons des passages qui supposent l'épître aux Romains. Si nous ne voyons pas toujours très bien la connexion des diverses parties, si nous avons de la peine à saisir la portée des arguments et si nous ne comprenons pas autant que nous le voudrions les enseignements de cette épître, cela ne prouve pas qu'elle n'est pas de Paul, mais montre seulement qu'il n'était pas capable d'écrire plus clairement — ce qui pouvait provenir de son éducation rabbinique — ou qu'il ne faisait pas suffisamment effort pour écrire avec une parfaite lucidité. Schmiedel discute ensuite les passages où Smith découvre des inconséquences et un manque de liaison entre les diverses parties du texte, et il déclare que ces observations sont injustifiées. Remarquons que si nous ne pouvons pas montrer dans le détail l'enchaînement de toutes les propositions de cette épître, nous pouvons en établir clairement le plan d'ensemble et la liaison des diverses parties. Il n'est pas exagéré de dire que l'épître aux Romains est de toutes les épîtres de Paul la plus systématiquement ordonnée. Nous nous permettrons de renvoyer pour le prouver à l'analyse que nous en avons donnée dans l'*Histoire des livres du Nouveau Testament,* T. I, p. 239-264.

---

1. *Did Paul write Romans?* Hibbert Journal, Vol. I, p. 532. London, 1905.

VII. C. W. Emmet[1] présente une nouvelle théorie pour expliquer le problème qui se pose à propos des chapitres XV et XVI de l'épître aux Romains. On sait qu'il existe une recension où ces deux chapitres sont omis[2] ; la doxologie est tantôt placée après XIV, 23, tantôt à la fin de l'épître, ou aux deux endroits, ou elle est omise entièrement. Enfin, le chapitre XVI, 1-23, faisait-il partie de l'épître originale et a-t-il été adressé aux Romains? Voici les solutions que propose Emmet.

L'épître se terminait originairement à chapitre XV, 33. Un manuscrit a perdu la dernière page du rouleau, XV, 1-33 et n'a plus contenu que les chapitres I-XIV. Un scribe a ajouté la doxologie à ce manuscrit tronqué. Ce chapitre XV a été ensuite ajouté et a reçu la doxologie courte, XV, 33. Le chapitre XVI, fragment d'une correspondance authentique de Paul, a été ajouté comme post-scriptum du corpus paulinien. La doxologie très développée, qui n'était plus à sa place après le chapitre XIV, a été transférée à la fin du chapitre XVI. Il existe des manuscrits qui présentent ces divers états et justifient cette hypothèse. Nous étudierons cette question des deux derniers chapitres de l'épître aux Romains dans *Études de critique et d'exégèse*.

Passons aux travaux d'ensemble sur l'épître aux Romains.

VIII. Tout à la fois épître et traité didactique, l'épître aux Romains contient, dit Toussaint[3], toute la théologie de l'Apôtre sur le salut, sur la justification par la foi. « Là seulement, sont groupées et développées, en

---

1. *Romans*, XV-XVI : *a new Theory. Expositor*, avril 1916, p. 275.
2. Kirsopp Lake, *Expositor*, déc. 1910, *The shorter Form of St Paul's Epistle to the Romans*, a prouvé l'existence de cette recension courte de l'épître aux Romains.
3. *L'épitre aux Romains*.

ordre logique, ses idées personnelles sur la valeur, le sens, la nature de l'Évangile. La foi nouvelle est hardiment placée au sommet du développement religieux de l'humanité ; elle en domine les deux grandes formes : judaïsme et paganisme, qui l'ont précédée dans la succession des siècles. On comprend sans effort que Paul, après avoir marqué la supériorité de l'économie nouvelle en regard du paganisme, se soit particulièrement étendu sur les rapports de l'ancienne alliance avec la nouvelle. Il fallait montrer ce que devenaient, par la substitution de la foi aux œuvres légales, les prérogatives d'Israël, les promesses faites aux patriarches. » Toussaint a grand soin dans son exposé de souligner tout ce que Paul a gardé de l'enseignement de son temps. Ces rapprochements entre celui-ci et les doctrines de l'Apôtre expliquent plus d'un passage obscur des épîtres. Il est certain que si nous connaissions bien la théologie juive nous comprendrions mieux celle de Paul, tout au moins dans ses détails, car l'ensemble ne nous échappe pas.

Dans l'introduction sont examinées toutes les questions critiques et historiques que soulève l'épître aux Romains. Toussaint croit que le christianisme a été porté à Rome par ces Juifs convertis, émigrants de province qui, comme Aquilla et Priscille, menaient une existence voyageuse. Il ne pense pas que l'église de Rome ait été fondée par l'apôtre Pierre, en l'an 42. Les destinataires de l'épître étaient en très grande majorité des païens convertis. Il n'y a pas lieu de s'arrêter à discuter l'authenticité de cette épître. Les deux derniers chapitres seuls offrent quelques difficultés. Toussaint soutient, à bon droit, qu'ils sont authentiques et montre comment on peut expliquer les particularités qu'ils présentent.

IX. N'ayant pas entre les mains le commentaire de

Kühl sur l'épître aux Romains[1], nous citons le jugement que porte le P. Lagrange[2] sur cet ouvrage : « Sans introduction historique, avec très peu de préoccupation du milieu, sans aucun égard pour la tradition exégétique, ce commentaire a l'aspect d'un retardataire. On dirait de l'exégèse protestante avant Deissmann et le néo-hellénisme. Cependant l'auteur a vraiment repris l'étude de la pensée paulinienne sans négliger tout à fait les derniers travaux, et accompli de sérieux efforts pour déterminer le sens des phrases et l'enchaînement des idées. D'ailleurs il retombe le plus souvent dans l'exégèse libérale protestante et n'a pas compris le réalisme de la mystique de saint Paul. Il s'attaque surtout à réfuter Zahn. »

X. Nous avons déjà signalé l'étude du P. Lagrange sur la langue et le style de l'épître aux Romains. Voici quelques-unes des positions critiques et historiques qu'il tient à propos de cette épître[3]. La lettre aux Romains a été écrite de Corinthe pendant le séjour de trois mois qu'y fit l'Apôtre avant son dernier voyage à Jérusalem. On ne se trompera pas de beaucoup en en plaçant la composition dans l'hiver de l'an 56, ou au plus tard de l'an 57 après J.-C.

Au moment où Paul écrivait son épître aux Romains, en 56 ou 57, la communauté devait être composée en majorité de chrétiens venus du paganisme; mais les chrétiens, juifs d'origine, chassés de Rome par l'édit de Claude, y rentraient. Comme ils étaient les fondateurs de l'église, où les gentils avaient pris la direction et l'influence, on soupçonnerait aisément qu'il y eut là une situation délicate qui exigeait des deux parts

---

1. *Der Brief des Paulus an die Römer*.
2. *Épître aux Romains*, p. XII.
3. *Saint Paul. L'épître aux Romains.*

beaucoup de charité. Et c'est bien, en effet, ce que l'épître semble indiquer.

Cette épître est une lettre adressée à une communauté composée en majorité de gentils, dont la foi n'était ni imbue, ni menacée d'erreur judaïsante, mais qui se montraient un peu raides envers ceux parmi lesquels l'Apôtre se comptait par le sang et parmi lesquels il avait tant d'amis et de fidèles collaborateurs. C'est en particulier ce qui éclaire le mieux l'appel à la miséricorde adressé aux gentils comme tels, XV, 7-12, et les longues salutations de la fin.

L'ouvrage est vraiment une lettre par le ton personnel qui règne en plusieurs passages, mais elle est en même temps un traité de théologie, comportant un enseignement dogmatique d'une portée générale. Paul, dont l'intention était d'entrer en relation avec les Romains et de leur demander une sorte de recommandation pour des régions plus lointaines, a voulu leur présenter sa doctrine en même temps que sa personne. Il sait qu'il est d'accord avec eux sur les principes de la foi, mais il a conscience que les Romains profiteront de sa doctrine, car il leur restait encore à apprendre.

Paul n'a donc pas donné une catéchèse élémentaire de la doctrine chrétienne; il a voulu montrer ce qu'est l'Évangile comme principe d'action. Il pose en principe que l'Évangile est une vertu de Dieu, agissant pour le salut des hommes et de tous les hommes pourvu qu'ils croient, c'est-à-dire qu'ils embrassent la doctrine. Ce thème est développé en deux parties : 1, Ceux qui croient sont justifiés dans le sang de Jésus et les péchés leur sont donc pardonnés; c'est la justification, III, 21-30, qui, en elle-même, assuré le salut, V, 1-11, δύναμις Θεοῦ εἰς σωτηρίαν, selon le thème de I, 16; 2, ceux qui ont été justifiés vivent selon l'Esprit qui est un gage certain du salut, VI et VIII, et c'est la vie chrétienne, qui est aussi δύναμις Θεοῦ εἰς σωτηρίαν. En résumé, la justice de Dieu, donnée aux hommes, est le principe qui les fait mourir au péché pour vivre à Dieu dans le Christ.

Voici, d'après le P. Lagrange, le squelette de l'argumentation de l'Apôtre dans les onze premiers chapitres de son épître :

THÈME DIRECT.	THÈME SECONDAIRE.
Proposition (I, 16, 17).	Dans la proposition les mots : *Iudaeo primum et graeco* (I, 16).
Triste situation des gentils et des Juifs (I, 18-II).	Qu'ont donc de plus les Juifs (III, 1-8)?
I *a*) La justice est donnée par Dieu à la foi (III, 21-30).	Qu'en est-il donc d'Abraham (IV)?
b) Elle est, par la charité de Dieu, le gage de la vie éternelle (V, 1-11).	Qu'en résulte-t-il pour l'humanité par rapport au péché hérité d'Adam et qu'est venue faire la Loi (V, 12-21)?
II *a*) Morts au péché, nous devons vivre à Dieu dans le Christ (VI).	Quelle est donc notre situation par rapport à la Loi (VII, 1-6)?
	Et celle de la Loi en général dans la lutte de l'âme avec le péché (VII, 7-25)?
b) La vie des enfants de Dieu sous la conduite de l'Esprit assure aux chrétiens la vie éternelle (VIII).	Pourquoi donc les Juifs n'ont-ils pas embrassé le christianisme (IX-XI)?

Le commentaire de l'épître est tout à la fois critique, philologique, mais surtout dogmatique. L'auteur a tenu le plus grand compte des travaux anciens et modernes et s'est attaché à établir le raccord entre cette épître et les écrits profanes. A ce point de vue il est tout à fait neuf. Des notes détachées éclaircissent les questions les plus difficiles : le salut des gentils, le péché originel, le baptême, la prédestination, la proximité de la parousie, l'authenticité de la doxologie. La plus importante et la plus suggestive est celle qui traite de la justice de Dieu et de la justification (p. 119-141).

§ 6. — Épîtres de la captivité.

* E. BELSER, *Der Epheserbrief des Apostels Paulus*. Freiburg Br. 1908.

W. LUEKEN, *Der Brief an Philemon; der Brief an die Kolosser; der Brief an die Philipper; Der Brief an die Epheser* dans J. WEISS, *Die Schriften des Neuen Testaments*. Göttingen, 1906.

P. EWALD, *Epheser-Kolosser und Philemonbrief*. Leipzig, 1910.

P. EWALD, *Der Brief des Apostels Paulus an die Philipper*. Leipzig, 1908-1917.

M. DIBELIUS, *An die Philipper; an die Kolosser; an die Epheser; an Philemon*, dans LIETZMANN, *Handbuch zum Neuen Testament*. Tübingen, 1911.

M. R. VINCENT, *Philippians and Philemon*. Edinburgh, 1910.

* I. KNABENBAUER, *Commentarius in epistolas ad Ephesios, Philippenses et Colossenses*. Paris, 1913.

G. S. HITCHCOCK, *The Epistle to the Ephesians: an Encyclical of saint Paul*. London, 1913.

P. EWALD, *Der Brief des Apostels Paulus an die Epheser, Kolosser, Philemon*. Leipzig, 1905.

A. ROBINSON, *Epistle to the Ephesians*. London, 1903.

B. F. WESTCOTT, *Epistle to the Ephesians*. London, 1906.

J. RUTHERFURD, *Saint Paul's Epistle to Colossae and Laodicea. The Epistle to the Colossians viewed in relation to the Epistle to the Ephesians*. London, 1908.

J. O. F. MURRAY, *The Epistle of Paul to the Ephesians*. Cambridge, 1914.

* M. MEINERTZ, *Die Gefangenschaftsbriefe : Kol. Eph. Philem.* Bonn, 1917.

* Fr. TILLMANN, *Philipperbrief*. Bonn, 1917.

A PLUMMER, *A Commentary on St. Paul's Epistle to the Philippians*. London, 1919.

I. Dans la préface de son commentaire sur l'épître

aux Éphésiens, Belser[1] fait remarquer que, en dehors des commentaires généraux sur les épîtres pauliniennes, l'épître aux Éphésiens a été rarement commentée par les exégètes catholiques et il cite seulement Bisping, 1855 et Henle, 1890, qui ont étudié cette épître. Les travaux protestants sont de même relativement rares. Il donne comme raison de cette abstention les difficultés que présentent cette épître, la subtilité et la profondeur des doctrines qui y sont exposées et, comme avait dit saint Jérôme : *tanta mysteria, tam reconditis sensibus involuta*. Tous ceux qui ont étudié l'épître aux Éphésiens ont constaté les nombreux problèmes qu'elle présente et qu'on peut bien qualifier sinon d'insolubles, du moins de non résolus.

Belser s'est efforcé d'éclaircir dans la mesure du possible les obscurités de cet écrit et nous sommes heureux de dire qu'il a réussi dans une certaine mesure.

II. Les épîtres aux Éphésiens, aux Colossiens et à Philémon ont été commentées par Paul Ewald[2], professeur à Erlangen. Dans l'introduction il étudie la date et le lieu de composition de ces épîtres; après examen des raisons alléguées en faveur de la composition à Césarée ou à Rome, il se décide pour cette dernière ville. Il examine ensuite l'occasion et le but des trois épîtres. L'épître aux Éphésiens aurait été envoyée d'abord à Éphèse et devait être communiquée aux autres communautés chrétiennes d'Asie; elle aurait été écrite avant l'épître aux Colossiens, en même temps que l'épître à Philémon et portée à ses destinataires par Tychique. Les trois épîtres sont authentiques. Si l'on constate des différences de langue et de style entre l'épître aux Éphésiens et les autres épîtres

---

1. *Der Epheserbrief des Apostels Paulus.*
2. *Der Brief an die Epheser, Kolosser, Philemon.*

pauliniennes, cela provient de ce qu'elle a été écrite directement par Paul et qu'il était alors dans un état de dépression nerveuse. Cette raison nous paraît peu sérieuse. L'authenticité de la lettre s'appuie sur des preuves plus solides. L'étude sur le vocabulaire, la syntaxe et le style de ces épîtres est très détaillée et excellente. Les notes de critique textuelle et de grammaire sont abondantes.

III. Dibelius[1] accepterait l'authenticité de l'épître aux Colossiens, mais non celle de l'épître aux Éphésiens, parce que cette dernière emploie des termes tels que κεφαλή, σῶμα, μυστήριον, dans un sens différent de la première. Nous avons remarqué la dissertation sur le terme στοιχεῖον, que Paul a employé plusieurs fois et dans un sens assez indéterminé. Sans nous arrêter à l'usage qu'en faisaient les grammairiens et les philosophes, signalons qu'il désignait aussi des divinités sidérales ou d'autres. Dans le grec moderne on appelle στοιχεῖα les démons locaux.

IV. Dans son introduction à l épître aux Éphésiens Robinson[2] replace cette épître dans la vie et le courant des idées de Paul, et montre comment après avoir résolu la question des rapports de la foi et de la Loi, l'Apôtre entre dans le vif de sa doctrine, à savoir l'unité de l'humanité dans le Christ et le dessein de Dieu pour le monde par le moyen de l'Église. Comme la plupart des critiques actuels, l'auteur croit que cette épître est une lettre encyclique, envoyée aux communautés d'Asie, qui était directement ou indirectement sous l'influence de Paul.

La partie originale du travail de Robinson c'est la traduction de l'épître, accompagnée d'une exposition très ample des idées, que présente la lettre. Il les suit

---

1. *An die Epheser, Kolosser.*
2. *Epistle to the Ephesians.*

dans tout leur développement, les enchaîne et montre comment elles aboutissent à établir cette doctrine essentielle, que Paul appelle un mystère : le dessein de Dieu de sauver le monde par Jésus-Christ. Le travail est complété par une suite d'études sur les mots importants de l'épître : χάρις et χαριτοῦν, ἀγαπητός comme titre messianique, μυστήριον, ἐνεργεῖν, ἐπίγνωσις, πλήρωμα, etc. L'étude sur le terme μυστήριον est particulièrement intéressante. Après avoir suivi les différentes significations de ce mot dans les auteurs classiques, dans la Bible et dans les écrits du Nouveau Testament, l'auteur en détermine la signification dans les épîtres pauliniennes. Il conclut qu'il n'y a aucune connexion entre l'usage que le Nouveau Testament a fait de ce terme et la signification populaire de rite secret, que les initiés s'engageaient à ne pas révéler. Tout au contraire, un mystère, c'est un secret de Dieu qui doit être révélé.

L'ouvrage est complété par la citation des formules épistolaires qu'on a découvertes récemment dans les papyrus et par une discussion des principales variantes de l'épître. Robinson croit que le passage V, 14 : « C'est pourquoi il est dit : Éveille-toi, toi qui dors et ressuscite d'entre les morts et le Christ t'éclairera » est emprunté à une hymne chrétienne, peut-être une hymne baptismale ou une hymne célébrant la descente du Christ aux enfers. Mais ce passage, introduit par une formule de citation, pourrait rappeler de plus ou moins près Isaïe, LX, 1 ou Psaumes, LXVIII, 19.

V. Signalons dans le commentaire sur les épîtres aux Éphésiens, aux Philippiens et aux Colossiens par le P. Knabenbauer [1] l'étude qui a été faite du pas-

---

1. *Commentarius in sancti Pauli Epistolas ad Ephesios, Philippenses et Colossenses.*

sage si discuté de l'épître aux Philippiens, II, 5 ss :
Hoc enim sentite in vobis quod et in Christo Jesu, qui
cum in forma Dei esset, non rapinam arbitratus est
esse se aequalem Deo, etc. Tous les termes et surtout μορφὴ Θεοῦ et ἁρπαγμός sont examinés avec soin et
les principales explications qu'en ont données les
Pères de l'Église et les exégètes contemporains sont
recensées.

Ces épîtres de la captivité de Paul soulèvent plusieurs problèmes critiques qui sont discutés dans
l'introduction. Et d'abord, quel est le but et l'occasion
de l'épître aux Éphésiens et surtout quels en sont les
destinataires? On sait que la leçon ἐν Ἐφέσῳ est assez
douteuse et plusieurs critiques ont pensé que cette
épître n'était pas adressée uniquement aux Éphésiens,
mais était plutôt une lettre circulaire aux églises
d'Asie. Le texte de l'épître n'est pas opposé à cette
solution. Le P. Knabenbauer croirait plutôt que cette
épître est celle que Paul écrivit aux Laodicéens, et
qui est mentionnée dans l'épître aux Colossiens, IV,
16. Il tiendrait comme non improbable l'opinion de
von Harnack, supposant que l'adresse aux Laodicéens
a été supprimée dans l'épître à cause des reproches
qui sont faits à l'église de Laodicée dans l'Apocalypse,
III, 14-19. Pourquoi a-t-on inséré l'adresse : « Aux
Éphésiens »? on n'en sait rien.

VI. Tous les critiques tiennent la petite épître de
Philémon pour paulinienne. Quant à l'épître aux Colossiens, dont l'authenticité avait été niée par les tenants
de l'école de Tübingen et d'autres critiques, elle est
actuellement admise par les critiques le plus en vue :
Harnack, Blass, Zahn, Clemen, Jülicher, Barth, Sanday, Knowling, Moffatt, Mc Giffert, Bacon. R. Scott
croit que Timothée est l'auteur de cette épître.

Bien que l'épître aux Éphésiens ait pour elle le

témoignage de nombreux écrivains anciens, elle est toujours tenue pour non paulinienne par un certain nombre de critiques, même parmi les plus récents, tels que Moffatt et Clemen. D'autres, Harnack, Jülicher, Deissmann, Bacon croient qu'il est possible qu'elle ait été écrite par Paul. Nous examinerons dans *Études de critique et d'exégèse* les observations nouvelles qui ont été présentées contre son authenticité et les récentes hypothèses sur les destinataires de cette épître.

VII. La très grande majorité des critiques croit que l'épître aux Philippiens est paulinienne. Quelques-uns soutiennent qu'elle a été formée de deux lettres de Paul, que l'on découvre dans les chapitres I et II et dans III et IV[1]. Chacune de ces deux parties se termine par les salutations ordinaires dans les épîtres pauliniennes, II, 19-30 et IV, 2-23. Les chapitres III et IV seraient la lettre la plus ancienne. Cette hypothèse n'atteint en rien l'authenticité de l'épître, mais elle nous paraît inutile. Il est très possible que Paul après avoir terminé son épître au ch. II, 30, ait reçu des nouvelles récentes sur la méchanceté et l'hypocrisie des judaïsants et qu'il ait ajouté quelques pages à son épître pour mettre ses lecteurs en garde contre ceux-ci.

VIII. K. Lake[2] croit qu'il y a eu introduction dans le corps de l'épître d'un fragment paulinien qui commencerait au ch. III, 1 ou III, 2 et se terminerait ch. IV, 2. Il explique cet état de choses, dont il retrouve des exemples dans d'autres épîtres de Paul, par la la façon dont s'est formée la collection des épîtres

---

1. M. JONES, *The Integrity of the Epistle to the Philippians*, dans *The Expositor*, VIIIe série, n° 47, p. 457-473. London, 1914.
2. *The critical Problems of the Epistle to the Philippians*, dans *The Expositor*, VIIIe Série, n° 42. London, 1914.

pauliniennes. Dans le courant du ııᵉ siècle, les églises chrétiennes se communiquèrent les lettres que chacune d'elles avait reçues de l'Apôtre. Elles envoyèrent des copies des lettres ou des fragments de lettres qu'elles avaient. On rangea l'envoi de chaque église sous un même titre et ainsi on eut une épître aux Philippiens de tout ce que cette église avait reçu de Paul. Nous savons par Polycarpe, III, XI, qu'il leur avait écrit plusieurs lettres. Ces passages cependant ne prouvent pas d'une façon certaine l'envoi de plusieurs lettres aux Philippiens.

IX. Quelques critiques avaient soutenu que l'épître aux Philippiens avait été écrite pendant la captivité de Paul à Césarée, mais la très grande majorité des critiques pense qu'elle l'a été à Rome vers la fin de sa captivité. Récemment Deissmann [1] avait admis que, tout comme les autres épîtres de la captivité, Paul l'aurait écrite pendant un emprisonnement qu'il aurait subi à Éphèse. Lisco [2] a soutenu cette hypothèse et Albertz [3] l'a exposée dans le détail pour l'épître aux Philippiens.

Il essaye d'abord de prouver que Paul a été emprisonné à Éphèse, lors du séjour qu'il y fit pendant son troisième voyage de mission, *Act.*, XIX, 1, séjour pendant lequel eut lieu l'émeute, excitée par Démétrius, l'orfèvre. C'est à cette époque que l'Apôtre écrivit sa première lettre aux Corinthiens, où il fait allusion à ce qu'il eut à souffrir : « Si c'est dans des vues humaines que j'ai combattu contre les bêtes à Éphèse », I *Cor.*, XV, 32. Ce combat contre les bêtes a dû être précédé d'un emprisonnement. Mais la plupart des

---

1. *Licht vom Osten*, p. 171. Tübingen, 1908.
2. *Vincula sanctorum*. Berlin, 1900.
3. *Ueber die Abfassung des Philipperbriefs des Paulus zu Ephesus*, dans *Theol. Studien und Kritiken*; 83ᵉʳ Bd, p. 551-594. Gotha, 1910.

exégètes pensent que l'Apôtre parle ici au sens métaphorique : il a combattu contre les bêtes, c'est-à-dire contre des adversaires aussi féroces que les bêtes. Luc qui raconte en détail l'émeute d'Éphèse ne fait aucune allusion à ce fait, qu'il aurait dû rapporter, car il était important. De plus, est-ce que Paul, citoyen romain, aurait pu être condamné à ce supplice ? Il n'est donc pas certain que Paul ait combattu réellement contre les bêtes dans l'amphithéâtre et par conséquent qu'il ait été emprisonné à Éphèse.

De plus, dans son épître, Paul parle du prétoire, πραιτώριον, probablement la caserne des prétoriens et de la maison (famille) de César, οἱ ἐκ τῆς Καίσαρος οἰκίας, IV, 22. Nous avons là, semble-t-il, des allusions évidentes à Rome. Albertz n'est pas de cet avis. L'existence de Praetoriani à Éphèse a été prouvée par une inscription trouvée dans cette ville et publiée par Wood. On peut supposer que le palais du gouverneur de l'Asie à Éphèse était gardé par des prétoriens et que, par conséquent, Paul a parlé de ce πραιτώριον restreint plutôt que de celui de Rome, où se trouvaient environ 9.000 soldats. On trouve aussi à Éphèse dans les inscriptions la mention d'esclaves impériaux; ils formaient un collège avec le titre d'Impérial. Paul a donc pu parler de maison de César à Éphèse[1].

Si l'on admet cette hypothèse, on s'explique que l'épître aux Philippiens ressemble beaucoup plus pour la langue et la structure des phrases aux épîtres aux Corinthiens qu'à celles aux Colossiens et aux Éphésiens. Cela nous explique aussi la mention qui est faite de l'envoi de Timothée à Philippes, envoi dont il est

---

1. Cf. K. LAKE, *The critical Problems of the Epistle to the Philippians; The Expositor*, VIIIe S., n° 42. London, 1914. E. W. WINSTANLAY, *Pauline Letters from an Ephesian Prison; ib.*, VIIIe S., n° 54, p. 481-498. London, 1915.

parlé dans la première épître aux Corinthiens, IV, 17; XVI, 10. Timothée aurait été envoyé tout d'abord à Philippes, puis à Corinthe.

Ainsi présentée, l'hypothèse que l'épître aux Philippiens a été écrite à Éphèse, vers la fin du séjour de l'Apôtre en cette ville, est soutenable, mais elle nous paraît se heurter à des difficultés que l'on n'a pas résolues [1].

X. Donc d'après Deissmann, Albertz, Robinson et Lake les épîtres aux Éphésiens, aux Philippiens et aux Colossiens auraient été écrites par Paul durant son emprisonnement à Éphèse. B. W. Bacon [2] fait remarquer que cette hypothèse est confirmée par le Prologue monarchien, d'origine marcionite, placé en tête de l'épître aux Colossiens : Ergo apostolus jam ligatus scribit eis ab Epheso.

XI. M. Goguel [3] soutient aussi que l'épître aux Philippiens a été envoyée d'Éphèse pendant une captivité de Paul, vers l'an 55 et avant la première épître aux Corinthiens.

XII. W. Soltau [4] étudie la formation, c'est-à-dire la façon dont fut constituée l'épître aux Colossiens. D'après lui, le fond primitif de l'épître comprenait les parties I, 1-5; 7, 8; 10-13; II, 1-8; 10-12; 14; 16-18; 20-III, 4; IV, 10-18. Cette lettre primitive a été complétée par des notices, des passages parallèles, des

---

[1]. Cf. G. BALL, *The Epistle to the Philippians : A Reply*, dans *The Expositor*, VIIIe S., n° 43, p. 143. London, 1914. M. JONES, *The Epistles of the captivity : Where were they written?* Ib., VIIIe S., n° 58, p. 289. London, 1915.

[2]. *Again the Ephesian Imprisonment of Paul; ib.*, VIIIe S., n° 51, p. 235-242. London, 1915.

[3]. *La date et le lieu de composition de l'épître aux Philippiens*; Revue de l'histoire des religions, T. LXVI, p. 330-342. Paris, 1913.

[4]. *Die ursprüngliche Gestalt des Kolosser-Briefes*, dans *Die Studien und Kritiken*, B. 78, p. 521-562. Gotha, 1905.

explications, qui placés d'abord à la marge passèrent ensuite dans le texte. La plupart de ces gloses marginales provenaient de passages correspondants de l'épître aux Éphésiens. Il y eut, en outre, encore un remaniement général de l'épître primitive. Les parties I, 21-29 et III, 5-IV, 9 furent introduites dans le texte. Ces deux morceaux sont des parties de l'épître perdue aux Laodicéens que Soltau reconstruit à l'aide de ces deux morceaux et de l'épître aux Éphésiens, qui était une refonte développée de l'épître aux Laodicéens.

XIII. J. Rutherfurd [1] a établi avec beaucoup de soin l'unité de pensées et de sentiments et même d'expressions qui existe entre l'épître aux Colossiens et l'épître aux Éphésiens. Il dresse d'abord un tableau analytique des matières des deux épîtres qui montre très bien la concordance de ces écrits. De cette comparaison il ressort avec netteté qu'elles ont été écrites par le même auteur. Comme il démontre avec succès que l'épître aux Colossiens a été écrite par Paul, il s'ensuit que l'épître aux Éphésiens est aussi l'œuvre de l'Apôtre. Pour les différences qui existent entre les deux épîtres il les explique par le fait que Paul a adapté ses enseignements à l'état des deux églises.

Rutherfurd adopte l'opinion des critiques sur le caractère de l'épître aux Éphésiens; c'est une épître circulaire qui a été envoyée tout d'abord aux Laodicéens et c'est la lettre dont Paul parle à la fin de son épître aux Colossiens. L'épître aux Laodicéens, dont nous n'avons plus que le texte latin, est apocryphe.

On trouvera encore exposé et discuté dans ce travail diverses autres questions que soulève l'épître aux Colossiens : les fausses doctrines dans l'église de Colosses, le sabbat dans le Nouveau Testament et sur-

---

[1]. *St Paul's Epistle to Colossae and Laodicea.*

tout les rapports entre cette épître et l'évangile de saint Jean et l'Apocalypse.

§ 7. — Les épîtres pastorales.

* E. Belser, *Die Briefe des Paulus an Timotheus und Titus.* Freiburg Br., 1907.

F. Köhler, *Die Pastoralbriefe : Einleitung; Der erste Brief an Timotheus; Der zweite Brief an Timotheus; Der Brief an Titus*, dans J. Weiss, *Die Schriften des N. T.* Göttingen, 1906.

W. Ramsay, *Historical Commentary on the first Epistle to Timothy.* London, 1909.

G. Wohlenberg, *Die Pastoralbriefe.* Leipzig, 1911.

M. Dibelius, *Die Briefe des Apostels Paulus an Timotheus, I, II, an Titus,* dans Lietzmann, *Handbuch zum Neuen Testament.* Tübingen.

* F. Maier, *Die Hauptprobleme der Pastoralbriefe Pauli.* Münster, 1910.

H. Helmut Mayer, *Ueber die Pastoralbriefe.* Göttingen, 1913.

Vernon Bartlet, *The historic Sitting of the Pastoral epistles; Expositor,* VIII, 5.

* J. Knabenbauer, *Commentarius in S. Pauli epistolas ad Thessalonicenses, ad Timotheum, ad Titum, ad Philemonem.* Paris, 1913.

* M. Meinertz, *Die Pastoralbriefe des heil. Paulus.* Berlin, 1913.

St. J. Parry, *The Pastoral Epistles.* Londres, 1920.

I. Par un décret du 12 juin 1913[1] la Commission pontificale des études bibliques a déclaré que les épîtres pastorales étaient authentiques, ce qu'ont toujours soutenu les critiques catholiques. La majorité des critiques protestants et rationalistes à la suite de Baur ont, au contraire, prétendu que ces épîtres avaient été écrites au IIe siècle pour étayer par l'autorité de Paul l'organisation ecclésiastique de l'époque et en particulier l'épiscopat monarchique.

---

1. Nous citerons ce décret dans *Études de critique et d'exégèse.*

Les moins intransigeants pensaient que ces épîtres avaient été composées à l'aide de billets authentiques de l'Apôtre. Cette hypothèse a encore été soutenue récemment par Moffatt. Il semble cependant que l'authenticité paulinienne des épîtres tend à gagner du terrain. F. Barth, (protestant) dans sa récente Introduction au Nouveau Testament, après avoir discuté les objections soulevées contre l'authenticité des Pastorales, rappelle les preuves d'authenticité qui ont été données par B. Weiss, Godet, Zahn et conclut que c'est une bévue de vouloir tenir les épîtres pastorales pour des écrits postapostoliques.

A la suite de Ramsay, Vernon Bartlet, Mc Clymont, Jones, Mallingkrodt et Parry soutiennent aussi l'authenticité des Pastorales. Nous étudierons cette question dans *Études de critique et d'exégèse*.

II. Au commencement de son travail sur les épîtres pastorales E. Belser [1] fait remarquer avec raison que ces épîtres ont été peu étudiées par les exégètes catholiques et qu'actuellement encore elles n'ont pas été traitées suivant les méthodes scientifiques. Il se propose de combler cette lacune. Il établit d'abord par la tradition qu'elles ont été écrites par Paul et prouve que ni les erreurs qui y sont combattues, ni l'état de l'organisation ecclésiastique n'indiquent une époque tardive. L'Apôtre a pu être instruit de tout cela, lors de son dernier voyage en Orient. Les différences de langue et de style entre ces épîtres et les épîtres antérieures s'expliquent par la différence des sujets traités et surtout par le fait qu'elles ont été écrites assez longtemps après les grandes épîtres. La première épître à Timothée a été écrite en l'an 65 ; la deuxième pendant la seconde captivité de Paul à Rome, à la fin de l'été

---

1. *Die Briefe des Paulus an Timotheus und Titus.*

de l'an 66; l'épître à Tite aurait été écrite à Corinthe ou en Macédoine (à Philippes?) à l'automne de 65.

III. H. Helmuth Mayer [1] a relevé toutes les particularités des épîtres pastorales, qui concernent l'article, les pronoms, les adverbes, les prépositions, les modes, les particules, les négations, les mots dérivés, les mots composés et décomposés, la construction de la phrase, la place des mots, les introductions de discours, mais il ne s'est pas occupé de rechercher si ces particularités se retrouvent ou non dans les épîtres pauliniennes. D'après lui, les Pastorales ne sont pas l'œuvre de Paul; il ne sait pas d'ailleurs si elles sont l'œuvre d'un ou de plusieurs écrivains. Il pencherait cependant à y voir l'œuvre d'un seul. Il reconnaît que « le style s'élève de temps en temps à une force et à une élévation telles qu'il nous rappelle celui de Paul », p. 2. Il ne croit pas à une seconde captivité romaine de Paul. Dans un appendice il étudie les en-têtes des Pastorales : noms de l'auteur, du destinataire, souhaits et actions de grâces et leur trouve des parallèles dans les épîtres pauliniennes.

IV. St John Parry soutient l'authenticité paulinienne des épîtres pastorales. Elles ont été écrites par l'Apôtre dans l'espace de temps qui s'est écoulé entre sa première et sa seconde captivité et sa mort à Rome. Parry retrouve dans les institutions et les hérésies de l'époque toutes les particularités qu'on a relevées contre l'origine paulinienne de ces épîtres.

§ 8. — L'épître aux Hébreux.

*B. HEIGL, *Verfasser und Adresse des Briefes an die Hebräer.* Freiburg Br., 1905.

---

1. *Ueber die Pastoralbriefe* (I, II Tim., Tit.). Göttingen, 1913.

G. Hollmann, *Der Hebräerbrief*, dans J. Weiss, *Die Schriften des N. T.* Göttingen, 1906.

J. van Andel, *De Brief aan de Hebräer.* Leiden, 1906.

M. Dods, *Epistle to the Hebrews*, dans *Expositor's Greek Testament.* London, 1906.

W. Wrede, *Das literarische Rätsel des Hebräerbriefs.* Göttingen, 1906.

E. J. Goodspeed, *The Epistle to the Hebrews.* New-York, 1908.

A. Seeberg, *Der Brief an die Hebräer.* Leipzig, 1912.

J. Slot, *De letterkundige vorm van den brief aan de Hebräer.* Groningen, 1912.

Windisch, *An die Hebräer*, dans H. Lietzmann, *Handbuch zum Neuen Testament.* Tübingen, 1913.

B. Weiss, *Der Hebräerbrief in zeitgeschichtlicher Beleuchtung.* Leipzig, 1910.

Riggenbach, *Der Brief an die Hebräer.* Leipzig, 1913.

I. Divers problèmes se posent à propos de l'épître aux Hébreux. Et d'abord, quel en est l'auteur? Puis, à qui a-t-elle été adressée et à quelle époque? Est-ce même une lettre ou bien un traité, ou une homélie? B. Weiss[1], auteur d'un remarquable commentaire sur l'épître aux Hébreux, essaye de répondre à ces questions, en étudiant minutieusement les treize chapitres de cet écrit. Il aboutit aux conclusions suivantes.

L'épître aux Hébreux est une lettre écrite à une communauté bien déterminée dont la situation religieuse explique le contenu de l'épître. Les lecteurs étaient des Juifs chrétiens de Palestine dont la foi en Jésus Messie chancelait sous la pression des événements et par le fait du délai de la parousie du Seigneur; ils étaient tentés de retourner à la foi de leurs pères. La fièvre nationale dans laquelle vivaient les Juifs à l'approche de la guerre avec Rome explique cette tentation. L'épître aurait donc été écrite vers l'an 65-70. L'auteur serait peut-être Barnabé. S'il n'a pas

---

[1]. *Der Hebräerbrief in zeitgeschichtlicher Beleuchtung.*

mis son nom en tête de l'épître, c'est qu'il n'avait aucun titre officiel pour adresser aux Juifs chrétiens des exhortations ou des remontrances.

II. B. Heigl[1] avait déjà discuté les mêmes questions et soutenu que l'épître aux Hébreux avait été écrite par l'apôtre Paul aux Judéo-chrétiens de Jérusalem, vers l'an 65, pour les prémunir contre un retour au judaïsme. Il étudie d'abord le témoignage de la tradition sur l'attribution de l'épître à Paul. D'après lui, Pantène représentait la tradition de l'Église lorsqu'il la regardait comme l'œuvre de Paul; c'est de lui que dépendent les écrivains orientaux sur ce point. On sait qu'Origène a été moins catégorique sur l'authenticité paulinienne. Heigl essaye ensuite de montrer que, tant au point de la vue de langue, du style que des doctrines, l'épître aux Hébreux se rapproche des épîtres pauliniennes.

III. Dans une courte introduction Windisch[2] examine les traditions orientale et occidentale sur l'auteur de l'épître aux Hébreux; il ne sait pas d'où vient la tradition qui l'attribue à Paul ou à Barnabé, et il croit que toutes les deux sont le résultat d'une induction. On l'a attribuée à Paul parce qu'on y retrouvait ses doctrines ou à Barnabé qui, en qualité de lévite, devait bien connaître les cérémonies religieuses du judaïsme. Windisch ne croit pas que l'auteur puisse être Barnabé parce que celui-ci devait être mieux au courant des cérémonies du Temple que ne paraît l'être celui qui a écrit cette épître. Quant au titre : Aux Hébreux, on ne peut savoir exactement qui il visait. En tout cas, ce n'était pas une communauté juive de Jérusalem. L'auteur a écrit pour une communauté qu'il connaissait, mais il n'a pas mis de suscription, car ce n'était pas

---

1. *Verfasser und Adresse des Briefes an die Hebräer.*
2. *An die Hebräer.*

une lettre. C'était une dissertation ou plutôt une homélie, adressée à une communauté spéciale, mais d'un caractère purement théorique, écrite sans aucune intention polémique contre des adversaires ou des hérésies quelconques. Windisch ne croit pas que l'auteur de l'épître combatte des chrétiens judaïsants et adonnés à des spéculations étranges sur les rapports entre le Christ et les anges. Il place la date de composition vers 80-90. Dans son commentaire il cherche surtout à préciser les rapports qui existent entre la christologie de cette épître et celle des évangiles et de Paul. Pour lui le Christ de l'épître aux Hébreux ne serait pas un personnage historique.

IV. J. Quentel[1] examine les diverses hypothèses qui ont été émises sur les destinataires de l'épître aux Hébreux. Il ne croit pas qu'elle soit une lettre écrite à une communauté privée, et rejette l'hypothèse soutenue par Wrede[2] que cette épître serait un exposé doctrinal, établissant l'excellence personnelle du Fils de Dieu, la signification expiatrice de sa mort et sa supériorité sacerdotale et que la conclusion, de nature épistolaire, serait un morceau indépendant, une addition pseudonyme, destinée par la mention qui y est faite de la confraternité de l'auteur et de Timothée à rehausser l'importance de cette apologie, en insinuant qu'elle était de Paul.

Quentel fait ressortir que l'exposé doctrinal est entremêlé d'exhortations aux destinataires, de remarques qui les visent directement; il en conclut que c'est moins une dissertation ou une lettre qu'une homélie. Il n'admet pas qu'elle ait été adressée à des chrétiens de nationalité juive, habitant Jérusalem. Un des meil-

---

1. *Les destinataires de l'épître aux Hébreux*, Revue biblique, 9ᵉ année, p. 50. Paris, 1912.
2. *Das literarische Rätsel des Hebräerbriefs.*

leurs arguments qu'il fait valoir contre cette destination c'est « l'éloge que reçoivent les lecteurs de contribuer à l'assistance des saints », service dont les bénéficiaires sont toujours, dans le Nouveau Testament, les chrétiens pauvres de Jérusalem: « Remarquons cependant que le texte peut s'entendre simplement de services rendus aux saints, n'impliquant pas un service d'argent. « Dieu n'est pas injuste pour oublier votre œuvre et l'amour que vous avez montré pour son nom, ayant servi les saints et les servant encore, διακονήσαντες τοῖς ἁγίοις καὶ διακονοῦντες. » Ces paroles nous rappellent le service qui fut la fonction des premiers diacres à Jérusalem.

Quentel donne ensuite tous les arguments qui indiquent la communauté chrétienne de Rome comme destinataire de l'épître aux Hébreux. Il est vraisemblable qu'elle fut adressée à ceux qui l'avaient entre les mains et qui en faisaient leur profit, par conséquent à l'église romaine. La représentation des malheurs de l'église destinataire évoquerait de préférence le souvenir des destinées de l'église romaine sous les règnes de Claude et de Néron. Enfin, l'auteur écrit à ses correspondants que leurs frères d'Italie les saluent; Ἀσπάζονται ὑμᾶς οἱ ἀπὸ τῆς Ἰταλίας. Cette locution désigne les gens qui viennent d'Italie et qui accompagnent l'auteur.

Bien que cette hypothèse paraisse la plus défeudable et la plus séduisante à Quentel, il en discute les arguments et en montre le point faible. En dernière analyse il lui semble impossible de dire catégoriquement quels sont les destinataires de l'épître aux Hébreux.

Dans une note, p. 60, l'auteur nous accuse d'avoir commis une erreur en disant que l'expression οἱ ἅγιοι désignait *avant tout* « les chrétiens de Jérusalem », tandis que cette expression s'applique à d'autres communautés et tend à se confondre avec l'appellation de chrétiens. Or, nous n'avons pas dit qu'elle désignait *avant tout* les chrétiens de Jérusalem, mais seulement qu'elle désignait *ordinairement* ces chrétiens. Lé sens de ces deux expressions n'est pas tout à fait le même.

V. E. Burggaller[1], marchant sur les traces de Wrede, soutient que l'épître aux Hébreux est un discours, une homélie prêchée, qui a été mise par écrit, pourvue d'une conclusion personnelle et envoyée à une communauté ignorée.

VI. Signalons l'hypothèse de D. Walker[2] sur l'auteur et les destinataires de l'épître aux Hébreux. L'auteur serait Barnabé qui l'aurait envoyée d'Italie à ses compatriotes, les Juifs convertis de l'île de Chypre. Il fait remarquer que toutes les probabilités s'accordent pour indiquer qu'elle a été écrite par le lévite Barnabé, un des missionnaires le plus en vue de l'Église primitive. De multiples détails répondent à la situation des chrétiens chypriotes. Voici les conclusions : Barnabé était en Italie pendant la persécution de Néron; il ne fut pas martyrisé mais il dut se cacher quelque part en Italie, peut-être à Brundisium. Il y attendit Timothée pour retourner avec lui en Orient. Pendant ce temps il apprit les persécutions que supportaient les Juifs chrétiens de leurs compatriotes, très nombreux dans l'île de Chypre; ils étaient sur le point de retomber dans le judaïsme. Barnabé leur envoya donc ces paroles d'exhortation. Cette hypothèse est bien présentée, mais elle s'appuie sur des faits qui n'ont aucun fond documentaire.

1. *Das literarische Problem des Hebräerbriefes; Zeitsch. für die neut. Wissenschaft*, Bd IX, p. 100-131. Giessen, 1908.
2. *The Destination of the Epistle to the Hebrews; Expository Times*, 15ᵉ Vol., p. 142-144, Edinburgh, 1904.

VII. F. Dibelius[1] soutient que cette épître, ch. I-XII, est une prédication de Barnabé aux Judéo-chrétiens de Rome et envoyée à Antioche avec un chapitre de conclusion. Endemann[2] pense aussi que l'auteur est Barnabé. Pour Perdelwitz[3] cette épître serait un exposé fait dans une synagogue d'Asie mineure par un didascale. Il aurait été envoyé à Rome avec la souscription, XIII, 22-25. J. Albani[4] a soutenu qu'il fallait attribuer l'épître aux Hébreux à Apollos; Euger[5], à Luc, le meilleur écrivain du Nouveau Testament.

VIII. G. Wohlenberg[6] remarque la parenté extraordinaire qui existe entre l'épître aux Hébreux et la première épître de Pierre tant au point de vue du contenu que de la langue. Or, cette épître de Pierre a été écrite par Silvanus, qui est à identifier avec Silas. Wohlenberg en conclut que l'épître aux Hébreux a été écrite par Silas, un des compagnons de Paul pendant ses premières missions, ce qui expliquerait les rapports entre l'épître aux Hébreux et les épîtres pauliniennes. On sait que déjà Böhme, Mynster, Godet avaient présumé que Silas était l'auteur de l'épître aux Hébreux.

IX. Slot soutient que l'épître aux Hébreux n'est pas une lettre ou une épître, mais dans sa partie principale I-XIII, 21, une homélie, une prédication d'adieu. La communauté à qui elle avait été adressée demanda une copie de cette homélie et le prédicateur la lui

---

1. *Der Verfasser des Hebräerbriefs.* Strassburg, 1910.
2. *Ueber den Verfasser des Hebräerbriefs; Neue Kirchliche Zeitschr.,* Bd XXI, p. 102-126. Leipzig.
3. *Das literarische Problem des Hebräerbriefs; Zeitsch. für die neutest. Wissenschaft,* Bd XI, p. 59-78; 105-123. Giessen, 1910.
4. *Ein Wort zur Verfasser des Hebräerbriefs, Apollos; Zeitsch. für die wiss. Theologie,* Bd 47, p. 88-93. Leipzig, 1906.
5. *The Authorship of the Epistle to the Hebrews; The Expositor,* VIe S., n° 10. London, 1904.
6. *Wer hat den Hebräerbrief verfasste? Neue Kirchl. Zeitschrift,* Bd XXIV, p. 742-762. Leipzig, 1914.

envoya en y joignant la conclusion personnelle XIII, 22-25.

X. Maurice Jones examine, dans *The Expositor*[1], les hypothèses qui ont été émises en ces dernières années sur le caractère littéraire de l'épître aux Hébreux. Est-ce un traité de théologie, une lettre ou un sermon ? D'après Wrede, c'est un traité de théologie. Si l'on retranche XIII, 19 et 22-24, elle n'a plus aucun caractère épistolaire. Il n'y a aucune particularité touchant les lecteurs, aucune allusion à leur personne ; les exhortations sont générales et ont toutes le même thème : la constance dans la foi. Deissmann remarque qu'elle est dominée par des intérêts théologiques et que tout ce qui lui donne un caractère épistolaire est de pur ornement. En fait, les relations entre l'auteur et ses lecteurs sont plus personnelles que ne le voient Wrede et Deissmann. Ceux auxquels parle l'écrivain sont bien une entité concrète, ainsi que cela ressort de V, 12 et II, 3 ; XIII, 7, 17 ; X, 32 ; XII, 4 ; X, 32-34 ; VI, 10 ; XII, 4-11, 12-16 ; XIII, 8, 9.

XI. Ces caractéristiques peuvent s'appliquer aussi bien à des lecteurs qu'à des auditeurs ; l'écrit peut donc être une lettre ou un sermon. Cependant la conclusion : « Je vous prie, frères, de prendre en bonne part cette parole de consolation : car je vous ai écrit brièvement. » XIII, 22, indique plutôt que nous avons ici une épître, ainsi que l'atteste la tradition. Perdelwitz a cependant soutenu que c'était un sermon[2] qui aurait été prêché par un prédicateur itinérant à une communauté chrétienne d'Asie mineure. Il se terminait à la doxologie de XIII, 21 ; un auditeur en avait

---

[1]. *The Epistle to the Hebrews : a Letter or a Sermon ? The Expositor*, déc. 1916, 426-440.

[2]. *Das literarische Problem des Hebräerbriefs; Zeitschrift für die neut. Wissenschaft*, 1910, p. 59 et 105.

envoyé une copie à Rome et y avait ajouté quelques notes personnelles qui forment la conclusion actuelle de l'épître.

Cet écrit ne peut être, dit Perdelwitz, une lettre car il traite surtout de questions abstraites telles que la supériorité du Christ sur les anges et la différence entre les grands-prêtres de l'ancienne et de la nouvelle loi ; il n'a aucune adresse à des lecteurs, non plus que des exhortations, des prières ; au lieu de : nous écrivons, l'auteur dit : nous disons. Il y a d'ailleurs des preuves que nous avons bien là un sermon. Au ỳ. 22, ch. XIII, l'écrivain termine en qualifiant ce qu'il vient de dire de « parole de consolation » λόγου τῆς παρακλήσεως, expression par laquelle est qualifié le discours de Paul à la synagogue d'Antioche de Pisidie. Les mots : « Priez pour nous... afin que je vous sois plus tôt rendu » ne signifient pas que l'auteur était prisonnier, mais que le prédicateur itinérant souhaitait de pouvoir revenir bientôt dans la communauté à laquelle il parlait. C'est à quoi il fait allusion quand il dit : Nous n'avons pas ici une demeure permanente, mais il va dans le monde, comme le Christ, en supportant les outrages et les souffrances. Les ἡγούμενοι de XIII, 17, sont les chefs de la communauté, à laquelle il parle, tandis que les πάντες ἡγούμενοι de XIII, 24 sont les chefs d'une communauté plus importante à laquelle ce sermon fut envoyé avec un post-scriptum. L'expression, XIII, 22, διὰ βραχέων ἐπέστειλα ὑμῖν, n'est pas compréhensible si elle s'applique à l'ensemble de l'écrit et l'est au contraire si elle vise seulement la suscription XIII, 22-24, qui serait de celui qui a envoyé l'écrit. Le sermon original n'a pas dû être prononcé à Rome car les persécutions auxquelles il y est fait allusion ne peuvent être que des faits locaux résultant de troubles populaires. Il était adressé à une communauté d'Asie mineure, où le gnosticisme était répandu, par un prédicateur, juif résidant en Asie mineure, mais initié aux spéculations alexandrines.

La thèse de Perdelwitz est appuyée sur la distinction entre le corps de l'écrit et la conclusion qui ne seraient pas du même auteur. Or, elle ne trouve aucun appui dans la critique textuelle; il n'y a pas de brèche entre les deux parties et l'exposé se poursuit naturellement de l'une à l'autre. Les preuves données de cette distinction sont insuffisantes. La seule qui présente quelque force est celle tirée de διὰ βραχέων ἐπέστειλα; mais on trouve cette même expression accolée à de longs écrits, I *Pr.*, V, 12; voir aussi Moulton, Milligan, *Vocabulary of the greek Testament*. Cette expression se retrouve dans un papyrus de l'an 250 après J.-C.

De plus, tous les arguments apportés pour établir que cet écrit n'est pas une lettre peuvent être réfutés. Il y a d'autres écrits du N. T. telle que la première épître de Jean, qui n'ont ni adresse ni conclusion épistolaire et d'autres telle que la première épître de Pierre où il n'est traité que de questions générales et où font défaut les allusions personnelles. Quant à l'expression « nous parlons » au lieu de « nous écrivons », c'est le fait de l'usage épistolaire du temps, ainsi qu'il appert de nombreux passages des épîtres de Paul, *Romains*, VII, 1; I *Cor.*, VII, 6; II *Cor.*, VI, 13, etc. Nous trouvons aussi le terme παράκλησις appliqué à un document, le décret apostolique, *Act.*, XV, 31.

Du travail de Perdelwitz il reste seulement prouvé que la communauté à laquelle était adressé cet écrit contenait un fort élément d'origine païenne.

XII. Le 24 juin 1914, la Commission pontificale *de Re biblica* a rendu le décret suivant sur l'auteur et le mode de composition de l'épître aux Hébreux :

Quaer. I. Utrum dubiis, quae primis saeculis, ob haereticorum imprimis abusum, aliquorum in Occidente animos tenuere circa divinam inspirationem ac Paulinam originem epistolae ad Hebraeos, tanta vis attribuenda sit, ut attenta perpetua, unanimi ac constanti Orientalium Patrum affirmatione, cui post saeculum IV totius Occidentalis Ecclesiae plenus accessit consensus; perpensis quoque Summorum Pontificum, sacrorumque Conciliorum, Tridenti praesertim actis, necnon perpetuo Ecclesiae universalis usu, haesitare liceat, eam non solum inter canonicas — quod de fide definitum est — verum etiam inter genuinas Apostoli Pauli epistolas certo recensere?

Resp. Negative.

Quaer. II. Utrum argumenta quae desumi solent sive ex insolita nominis Pauli absentia et consueti exordii salutationisque omissione in epistola ad Hebraeos — sive ex ejusdem linguae graecae puritate, dictionis ac styli elegantia et perfectione — sive ex modo quo in ea Vetus Testamentum allegatur et ex eo arguitur, — sive ex differentiis quibusdam, quae inter hujus ceterarumque Pauli epistolarum doctrinam existere praetenduntur, aliquomodo ejusdem Paulinam originem infirmare valeant; an potius perfecta doctrinae ac sententiarum consensio, admonitionum et exhortationum similitudo, necnon locutionum ac ipsorum verborum concordia, a nonnullis quoque acatholicis celebrata, quae inter eam et reliqua Apostoli Gentium scripta observantur, eadem Paulinam originem commonstrent ac confirment?

Resp. Negative ad primam partem; affirmative ad alteram.

Quaer. III. Utrum Paulus Apostolus ita huius epistolae auctor censendus sit, ut necessario affirmari debeat, ipsum eam totam non solum, Spiritu Sancto inspirante, concepisse et expressisse, verum etiam ea forma donasse qua prostat?

Resp. Negative, salvo ulteriori Ecclesiae iudicio.

Il est affirmé par ce décret que l'épître aux Hébreux est canonique et qu'elle doit être rangée parmi les épîtres authentiques de Paul, nonobstant les arguments qu'on a présentés contre cette authenticité du fait de la forme de cette épître, de la langue, des citations de l'Ancien Testament, des prétendues différences de doctrine relevées entre cette épître et les épîtres pauliniennes. Car la ressemblance de doctrine et d'expressions, l'accord même littéral des locutions et des mots entre elles indiquent l'origine paulinienne de cette épître. Toutefois, il n'est pas nécessaire d'affirmer que l'apôtre Paul est l'auteur de cette épître au point de lui avoir donné la forme sous laquelle elle se présente, bien qu'il l'ait conçue et l'ait exprimée, sous l'inspiration du Saint-Esprit.

LES QUATRE ÉVANGILES

ÉTUDES, ÉTUDES D'ENSEMBLE.

H. Pope, *The catholic Student's « Aids » to the Study of the Bible : The New Testament (The Gospels)*. London, 1919.

H. J. Cladder, *Unsere Evangelien; zur Literaturgeschichte der Evangelien*. Freiburg Br., 1919.

I. Sous ce titre *The catholic Student's « Aids » to the Study of the Bible*, le P. H. Pope, fournit dans un second volume, *The New Testament (The Gospels)* tous les renseignements dont un étudiant a besoin pour bien comprendre les évangiles. Il donne d'abord une histoire du peuple juif de l'an 142 avant J.-C. à l'an 7 après et des tables chronologiques ; il décrit la vie juive et la Palestine au temps du Christ, dresse une table qui sera très utile des écrivains ecclésiastiques et des écrits du Nouveau Testament, dont ils se sont servis. Il fait ressortir la valeur du texte grec pour l'intelligence complète des écrits néotestamentaires. Aucune traduction ne fait ressortir d'une façon exacte l'emploi des temps et des voix, ne tient compte de la signification précise des prépositions, des conjonctions, de l'article, des verbes composés, des mots à l'époque du N. T., principalement des termes théologiques. Il y aurait lieu de faire ressortir aussi que les écrivains pensaient en araméen, tout en écrivant en grec. Après avoir passé en revue les documents que nous possédons : manuscrits grecs, versions latine, syriaque, copte, il retrace les divers systèmes de critique textuelle, principalement ceux de Westcott-Hort et de von Soden, puis il adhère à la protestation de Clark contre la règle : *brevior lectio potior*, et à son affirmation que le processus des textes a été plutôt de contraction que d'expansion et que le vrai texte doit être cherché dans les textes occidentaux; il conclut que tous les systèmes précédents de critique sont coupés à leur base.

Le P. Pope examine ensuite les évangiles en général et en fait ressortir la valeur historique, les difficultés qu'ils présentent, puis traite de chacun des évangiles en particulier, des questions qui les concernent et en arrive à la question synoptique. Il ne croit pas que l'évangile de Marc est le plus ancien et que Matthieu et Luc s'en sont servis pour écrire leurs évangiles. S'il en avait été ainsi comment expliquer le style sans couleur de Matthieu en face du style vivant et pittoresque de Marc, les différences dans les plus menus détails, la variation des termes grecs employés par Matthieu, l'emploi des termes synonymes, et l'omission de détails qui se trouvent dans Marc? Les mêmes observations peuvent être faites à propos de l'évangile de Luc. Le P. Pope émet l'hypothèse suivante pour la solution du problème synoptique. Il y a eu une tradition orale, partie en grec, partie en araméen, qui a été transmise, non simplement de vive voix dans sa forme non écrite, mais comme une catéchèse quotidienne pour l'essentiel de l'Évangile. Ce fut l'œuvre des catéchistes qui instruisaient les nouveaux convertis. Cette hypothèse expliquerait tout à la fois les ressemblances et les divergences que présentent les évangiles synoptiques. Ce ne sera pas l'opinion de tous les critiques.

II. Sous ce titre : *Histoire littéraire des évangiles*[1], le P. Cladder a publié une introduction aux évangiles. Voici quelques-unes des positions qu'il tient : Nous avons peu de renseignements sur l'histoire interne du texte du N. T. Déjà Origène se plaignait du grand nombre de variantes qu'offrait ce texte; de nos jours on les évalue à 150.000. Et cela s'explique vu le grand nombre des manuscrits. Von Soden a tenu compte dans son travail de 1.275 manuscrits et de 281 commentaires. Le texte du N. T. qu'il a établi, en dehors des formes grammaticales et de quelques passages, n'offre aucune différence importante avec celui de Nestle. Harnack, 1915 et 1916, tient le texte neutre de Westcott-Hort pour une forme du texte postérieure à Origène et il prouve la valeur de la Vulgate, la seule recension ancienne du texte qui soit scientifique. Quant au texte occidental on lui accorde de plus en plus de l'autorité, lorsque ses leçons ne sont pas des fautes de copiste ou des leçons harmonisantes.

Le premier évangile a été écrit pour ses lecteurs juifs contre l'incrédulité des Juifs; c'est une puissante apologie du Christ et de son Église contre le judaïsme meurtrier de Dieu et endurci. Ce n'est pas un récit simple et naïf mais encore moins une dissertation théorique. Il a été écrit en hébreu, ou plutôt en araméen; en tout cas dans une langue sémitique. La littérature juive lui a fourni sa forme linguistique, la texture de ses phrases et l'art de bâtir sa composition. A ce point de vue il se place à côté du second livre des Macchabées. Les trois évangiles synoptiques, tels que nous les possédons, sont en grec. Cependant la langue du peuple juif à cette époque était l'araméen et c'est dans cette

---

1. *Unsere Evangelien* : 1ᵉ Reihe : *Zur Literaturgeschichte der Evangelien*.

langue que Notre-Seigneur a parlé. Nos évangiles grecs sont donc une refonte de la tradition araméenne. Leur grec est celui de la langue commune sans recherche d'archaïsme littéraire. Le grec de Marc, né probablement dans l'île de Chypre, est le plus mauvais ; celui de Luc s'élève à un niveau plus littéraire ; celui de Matthieu est entre les deux et celui de Jean se rapproche du grec de Marc.

Dans son texte grec Matthieu dépend de Marc. Celui-ci a observé l'ordre chronologique des événements, mais il a quelquefois groupé des faits de même nature, arrivés à des époques différentes. Son évangile est donc tout à la fois chronologique et systématique. Les éléments lui en ont été fournis par les récits de Pierre et de la tradition orale. Cet évangile est d'une haute valeur historique.

Avec l'évangile de Luc nous entrons dans l'Église issue du paganisme. Les deux premiers évangélistes étaient des juifs, vivant d'une tradition juive sur le sol juif ; Luc était un grec, converti du paganisme. Son évangile dépend de celui de Marc et de celui de Matthieu grec, retravaillés ; il contient des parties qui lui sont spéciales et se rapproche sur certains points de celui de Jean.

Le IVe évangile se place à des points de vue particuliers qui le différencient des trois évangiles. Le cours de la vie de Jésus, tel qu'il l'offre, n'est pas celui de Matthieu, et n'est pas systématique, mais plutôt chronologique. Jean a complété le récit synoptique par sa description plus détaillée de la vie de Jésus, depuis le baptême de Jean jusqu'à la résurrection du Seigneur. Le P. Cladder croit que la théorie, soutenant que le ministère de Jésus a duré un an, peut s'adapter au récit johannique. Le IVe évangile a été écrit contre l'hérétique Cérinthe.

LES ÉVANGILES SYNOPTIQUES

CHAPITRE PREMIER

LA QUESTION SYNOPTIQUE.

W. H. STANTON, *The Gospels as historical Documents*, Part II, *The synoptic Gospels*. Cambridge, 1909.

A. WRIGTH, *A Synopsis of the Gospels in greek*. London, 1903.

A. HUCK, *Synopse der drei ersten Evangelien*, 3ᵉ Aufl. Tübingen, 1906.

W. LARFELD, *Griechisch-Synopse der 4 neutestamentliche Evangelien nach literarhistorischen Gesichtspunkten und textkr. Apparat*. Tübingen, 1911.

* CAMERLYNCK et COPPIETERS, *Evangeliorum secundum Matthaeum, Marcum et Lucam Synopsis juxta Vulgatam editionem; editio altera*. Bruges, 1910.

* A. BRASSAC, *Nova Evangeliorum Synopsis*. Paris, 1913.

F. GODET, *Introduction au Nouveau Testament*, T. II, *Les évangiles synoptiques*. Neuchâtel, 1905.

M. GOGUEL, *L'évangile de Marc et ses rapports avec ceux de Matthieu et de Luc*. Paris, 1909.

A. CARR, *Further notes on the synoptic Problem*, dans *Expositor*, décembre, p. 543. London, 1910.

DE WITT BURTON, *Some Principles of literary Criticism and their application to the synoptic Problem*. Chicago, 1904.

J. WELLHAUSEN, *Einleitung in die drei Evangelien*. Berlin, 1905.

P. CARUS, *The synoptic Gospels : A study on the higher Criticism of the New Testament*. Chicago, 1910.

A. HARNACK, *Sprüche und Reden Jesu, die zweite Quelle des Matthäus und Lukas*. Leipzig, 1907.

A. Loisy, *Les évangiles synoptiques*. Ceffond, 1907.

B. Weiss, *Die Quellen der synoptischen Ueberlieferung.* Leipzig, 1908. — *Die Quellen des Lukas-Evangelium.* Stuttgart, 1907.

F. Nicolardot, *Les procédés de rédaction des trois premiers évangélistes.* Paris, 1908.

A. Juelicher, *Neue Linien in der Kritik der evangelischen Ueberlieferung.* Giessen, 1906.

J. C. Hawkins, *Horae synopticae* : Contributions to the Study of the synoptic Problem, 2d éd. Oxford, 1909.

B. W. Bacon, *The Beginnings of Gospel Story.* Yale. U. S., 1909.

F. C. Burkitt, *The earliest Sources for the life of Jesus-Christ.* Boston, 1910.

W. Flinders petrie, *The Growth of the Gospels as shown by structural Criticism.* London, 1910.

G. Fulliquet, *Les sources des évangiles.* Paris, 1911.

* E. Mangenot, *Les évangiles synoptiques.* Paris, 1911.

* H. Pasquier, *La solution du problème synoptique.* Tours, 1911.

W. Sanday, *Studies in the synoptic Problem* by Members of the University of Oxford. Oxford, 1911.

E. R. Buckley, *Introduction to the synoptic Problem.* London, 1912.

* J. Sickenberger, *Das neue Dekret der Bibelkommission über das Mt-Evangelium und die sog. Zweiquellentheorie*, dans *Bibl. Zeitschrift*, IX, p. 391-396. Freiburg Br., 1912.

* F. Prat, *La question synoptique* dans *Études*, CXXXIII, p. 585-605; CXXXIV, p. 20-39; 329-350. Paris, 1912-1913.

* J. Rinieri, *L'attitudine storico-logica dei Sinottici secondo l'ultima sentenza della Commissione biblica Pontificia*, dans *Scuola cattol.*, S. XXIV, p. 224-234; p. 495-514. Milano, 1913.

* L. Méchineau, *I Vangeli di S. Marco e di S. Luca e la questione sinottica secondo la riposte della Commissione biblica.* Roma, 1913.

* A. J. Maas, *The biblical Commission and the synoptic Gospels*, dans *Ecclesiastical Review*, sept. 1912.

E. A. Abbott, *The fourfold Gospel.* London, 1913-1916.

W. Haupt, *Worte Jesu und Gemeindeüberlieferung.* Eine Untersuchung zur Quellengeschichte der Synopse. Leipzig, 1913.

F. Spitta, *Die synoptische Grundschrift in ihrer Ueberlieferung durch das Lukasevangelium.* Leipzig, 1913.

W. Holdsworth, *Gospels Origins.* London, 1913.

* J. E. Belser, *Zur Evangelienfrage,* dans *Theol. Quartalschrift,* XCV, p. 323-376. Tübingen, 1914.

E. D. Burton, *Somes phases of the synoptical Problem,* dans *Journal of bib. Lit.,* T. 31; p. 95-113. Boston, 1912.

L. Pullan, *The Gospels.* London, 1912.

C. G. Montefiore, *The synoptic Gospels edited with an Introduction and a Commentary.* London, 1909.

E. W. Parsons, *A historical Examination of some non-Markan Elements in Luke.* Chicago, 1914.

C. S. Patton, *Sources of the synoptic Gospels.* New-York, 1915.

* Th. Soiron, *Die Logia Jesu. Eine literarkitische und literargeschichtliche Untersuchung zum synoptischen Problem.* Münster, 1916.

La Sainte Bible, édition du centenaire. M. Goguel, *Les évangiles synoptiques.* Paris, 1918.

* E. Lévesque, *Nos quatre évangiles, leur composition et leur position respective.* Paris, 1917.

§ 1. — Études générales sur les évangiles synoptiques.

I. Avant d'aborder ces études, signalons la position que prend Jülicher [1] à leur égard : Nos évangiles, — même les sources les plus anciennes que nous puissions atteindre, — sont une combinaison indissoluble d'histoire et de foi. La foi des premières générations chrétiennes a transformé l'histoire, et elle devait le faire pour que les évangiles pussent avoir une portée religieuse; aussi ne pouvons-nous espérer retrouver dans aucune de nos sources le véritable Jésus de l'histoire.

La critique doit donc désormais envisager sans cesse cette relation des évangiles avec la foi de la communauté chrétienne. La méthode qui met en jeu une critique exclusivement littéraire a dorénavant fait son temps. Il faut qu'à la critique littéraire se joigne la critique historique.

[1] *Neue Linien in der Kritik der evang. Ueberlieferung.*

H. B. Weiss[1] a étudié le problème synoptique en général. Il reconstruit d'abord la source Q qui est à la base de l'évangile de Matthieu et dans les notes il expose les preuves de sa reconstruction. Il examine les caractères de cette source; ce n'était pas une simple collection de sentences, mais un récit déjà formé quand Matthieu s'en est servi. Il essaye ensuite de reconstruire la source qui a fourni à Luc ses parties spéciales. Elle était aussi complète que la source Q; elle était d'origine hiérosolymitaine et en certains points se rapprochait de la tradition johannique. D'une étude attentive des diverses parties de l'évangile de Marc il conclut que, s'il n'a pas voulu donner une vie complète de Jésus, il a reproduit les souvenirs d'un témoin oculaire, qu'il a complétés à l'aide de récits dignes de foi et nous a fourni ainsi un évangile d'une haute valeur historique. Dans un dernier chapitre B. Weiss examine les évangiles actuels de Matthieu et de Luc au point de vue de leur composition, de leurs caractères particuliers. Il fait ressortir ensuite ce qui se dégage de nouveau dans ses recherches et les précisions qu'il a apportées au travail de ses devanciers.

III. Le but principal de Mangenot[2] a été d'établir la valeur historique des évangiles synoptiques; cependant, afin d'asseoir ses arguments sur des bases solides il examine d'abord quel a été le mode de composition de ces évangiles. Voici ce qui se dégage de l'exposé : A l'origine du christianisme, nous relevons l'existence d'une prédication orale sur la vie et les enseignements de Jésus. Mais, d'après les critiques rationalistes, cette tradition a subi une élaboration constante et progres-

---

1. *Die Quellen der synoptischen Ueberlieferung.*
2. *Les Évangiles synoptiques.*

sive qui a été successivement théologique et légendaire. « Les nécessités de l'apologétique et les premiers essais de christologie naissante ont été les facteurs du développement théologique; les inspirations de la foi et l'intérêt apologétique ont amené la formation des légendes, qui se surajoutèrent aux souvenirs primitifs, déjà amplifiés par l'adaptation des prophéties messianiques à la vie et à la mort du Christ. » Les conférences suivantes sont consacrées à démontrer le peu de fondement de cette hypothèse. Mangenot remarque tout d'abord qu'on peut tout au plus supposer dans les sources elles-mêmes un travail de rédaction, analogue à celui des évangiles, et consistant principalement dans le choix des récits et des discours, dans leur groupement par raison de ressemblances, et par suite dans leur liaison logique plutôt que chronologique. Les modifications du fond, les altérations de la tradition primitive ne sont pas démontrées et ne résultent ni des textes, ni des faits.

Mangenot se demande ensuite si les évangélistes se sont servis de sources écrites et comment ils ont rédigé leur travail. Pour Matthieu et Luc, il ne paraît pas douteux qu'ils ont utilisé des sources écrites, probablement, le second évangile et le recueil de discours du Seigneur. Pour Marc, la question reste ouverte. Sur la seconde partie de la question, Mangenot s'exprime ainsi : « Il y a lieu de distinguer, dans les synoptiques, ce qui appartient à la tradition primitive et ce qui est secondaire dans la tradition évangélique; il est juste de faire dans leurs récits et même dans les discours qu'ils rapportent de Jésus, le départ de ce qui est réel ou interprétatif, de ce qui a été réellement dit par le divin Maître ou de ce qui est un développement ultérieur de la tradition. »

IV. Fulliquet essaye de reconstituer les plus anciens documents écrits, rapportant les actions et les paroles du Seigneur, c'est-à-dire les documents qui ont servi de base à nos documents actuels. Il lui semble que l'hypothèse la plus probable est celle qui suppose deux documents primitifs : le Proto-Marc et les Logia de Matthieu; pour avoir le Proto-Marc, il suffit de retenir les fragments qui se retrouvent à peu près identiques dans les trois synoptiques. Mais comme les évangiles ne présentent pas un même fragment de façon identique, il s'ensuit que le Proto-Marc ou « Mc^1 n'a été connu tel quel ni de Matthieu, ni de Luc, ni même de Marc. En effet, nous devons appeler Mc^2 un exemplaire de ce Mc^1, déjà remanié, retravaillé, celui qui a servi à notre Matthieu; et pour retrouver ce Mc^2, il suffit d'isoler ce que Matthieu a de commun avec Marc, sans correspondance dans Luc. Et de même nous devons appeler Mc^3 un exemplaire de ce Mc^1, autrement revisé, celui qui a servi à notre Luc, et pour retrouver ce Mc^3, il faut isoler ce que Luc a de commun avec Marc sans correspondance dans Matthieu. Mais Mc^3 et Mc^2 avaient des parties communes, puisque certains fragments se retrouvent intacts ou analogues dans les trois synoptiques et ces fragments appartenant à Mc^1, constituent tout ce qui a survécu de Mc^1. Et notre Marc actuel doit s'appeler Mc^4 puisqu'il représente un dernier remaniement, renfermant, outre les parties qui remontent à Mc^1, certains textes de Mc^2 et d'autres de Mc^3, et enfin des fragments qui ne se trouvent ni en Matthieu, ni en Luc ou des abréviations ou résumés de portions originales de Matthieu ou de Luc. » Tout cela paraît un peu compliqué, mais, au fond, revient à dire que les trois évangélistes ont utilisé des documents reproduisant la même catéchèse mais sous des formes différentes. L'auteur a seulement le tort de donner à cette catéchèse le sigle Mc, puisqu'elle n'est pas l'évangile qui porte le nom de Marc. En outre, dans la reproduction qu'il en fait ensuite, il suppose que les évangélistes l'ont traitée très librement, en y ajoutant même des détails ou des faits qui n'étaient pas historiques.

Le second document, que l'on retrouve dans les évangiles, c'est les discours du Seigneur que seuls, Matthieu et Luc ont utilisés ; Marc ne les a pas connus. Il se compose de morceaux communs à Matthieu et à Luc.

V. Pullan[1] essaye de résoudre le problème synoptique. Il constate d'abord que Luc et Matthieu contiennent des récits que l'on retrouve dans Marc et que, par conséquent, ils ont dû lui emprunter. Tous deux racontent la naissance surnaturelle de Jésus, mais avec des détails différents, qui prouveraient qu'ils reproduisaient deux traditions différentes dont l'une, celle de Matthieu, se rapporterait à Joseph et l'autre, celle de Luc, à la Vierge Marie. Matthieu s'est appliqué surtout à faire ressortir la naissance virginale de Jésus pour répondre aux calomnies des Juifs sur la Vierge Marie. L'objection que l'on tire du prétendu silence de Paul et de Jean sur la naissance surnaturelle de Jésus n'a aucune valeur. Si Paul ne la mentionne pas explicitement, il y fait une allusion transparente quand il affirme que tous les descendants d'Adam sont nés pécheurs, tandis que le Christ est né sans péché. Quant à Jean, il affirme la naissance virginale, au ch. I, 13, de son évangile quand il dit : Il n'est pas né du sang, ni de la volonté de la chair, ni de la volonté de l'homme, mais de Dieu. Tel serait d'après Pullan, le texte original. Cette conjecture est très séduisante et elle s'appuie sur des Pères occidentaux, Tertullien et surtout Irénée qui cite ce texte dans la forme sui-

---

1. *The Gospels.*

vante : *Is qui non ex voluntate carnis, neque ex voluntate viri natus est, filius hominis, hic est Christus, filius Dei vivi.* Il nous semble cependant bien difficile d'admettre cette conjecture, car tous les manuscrits grecs lui sont opposés.

Pullan résume ensuite les résultats auxquels la critique est arrivée sur le problème synoptique. Les évangiles ont été écrits du vivant de ceux qui avaient vu et entendu le Christ. Les discours du Seigneur, ncorporés dans les évangiles de saint Matthieu et de saint Luc, sont plus anciens que l'évangile de saint Marc. Ce dernier s'en est peu servi et son but a été probablement de les compléter. Au point de vue géographique, historique, politique, social, les synoptiques sont très exacts.

L'auteur examine ensuite le recueil de discours et essaye de le reconstituer, puis il démontre que ce sont des paroles authentiques du Seigneur.

Il examine alors chacun des synoptiques en particulier et discute les différentes questions qu'ils soulèvent. Il a un très bon paragraphe sur le prétendu « catholicisme » de Matthieu qui, d'après certains critiques, prouverait que cet évangile est d'époque plus récente qu'on ne le dit ordinairement. « La conception de l'Église que cet évangile nous présente peut après tout, dit-il, être primitive et avoir été enseignée par le Christ. » Le texte sur la primauté de Pierre est basé sur une tradition authentique.

Pullan étudie ensuite le IVe évangile; il le compare aux synoptiques et conclut à son origine johannique et à sa valeur historique.

VI. Dans la première partie de son ouvrage Stanton avait relevé toutes les traces que nos évangiles canoniques ont laissées dans la tradition chrétienne primitive; dans la seconde partie il étudie les évangiles

synoptiques, au point de vue de leur composition[1].
C'est donc, en fait, du problème synoptique qu'il traite
dans ce volume. Tout en tenant compte du travail
de ses devanciers, il prend position et nous explique
comment, d'après lui, se sont formés les évangiles
de saint Marc, saint Luc et saint Matthieu. Il soutient
l'hypothèse des deux sources écrites, mais avec des
nuances particulières.

Il passe d'abord en revue les données sur lesquelles
les critiques sont d'accord, du moins en majorité. Les
ressemblances entre les évangiles synoptiques sont
telles que nous devons supposer des rapports entre
leurs sources grecques; elles ne peuvent être expliquées par l'influence de la tradition orale. Matthieu et
Luc ne dépendent pas l'un de l'autre, mais de deux
sources communes. La première serait un écrit, sinon
complètement identique au Marc canonique, du moins,
le reproduisant presque en entier. La seconde serait
un recueil des paroles du Seigneur. Stanton examine
d'abord ces deux documents.

Il établit que, dès l'origine, on sentit le besoin de
recueillir les discours du Seigneur, lesquels furent
d'abord formulés en araméen et bientôt traduits en
grec pour les communautés grecques de langue. Les
ressemblances verbales prouvent qu'il n'y eut qu'un
document araméen, mais que les évangélistes Matthieu et Luc ne se sont pas servis, vu les différences
qui existent entre eux, de la même traduction. Cependant, il est possible que le second traducteur ait eu le
travail du premier sous les yeux; de plus, Matthieu et
Luc ont pu reproduire des expressions grecques déjà
fixées par la tradition orale. Marc n'a pas connu cette
source, et les parties qu'il paraît lui avoir empruntées

---

[1]. *The Gospels as historical Documents.* Part. II, *The synoptic Gospels.*

proviennent d'une source différente, probablement de Pierre.

La seconde source que reproduisent Matthieu et Luc, c'est l'évangile de saint Marc, mais en lui faisant subir diverses modifications pour en corriger la texture grammaticale et l'adapter à leur but. Cet évangile a été écrit par un auditeur d'un disciple immédiat de Jésus, et rien ne s'oppose à ce que cet auditeur soit Marc et le disciple de Jésus, l'apôtre Pierre.

Marc s'est servi d'autres informations orales ou écrites. Le troisième évangéliste s'est servi de Marc dans sa teneur primitive, tandis que le premier aurait utilisé Marc dans la forme où nous le possédons maintenant, c'est-à-dire avec quelques légères additions. Le second évangile aurait été écrit après l'an 60, mais avant l'an 70.

Luc, le médecin, le compagnon de Paul, est l'auteur du IIIe évangile et des Actes des apôtres. D'une comparaison minutieuse des rapports de faits et d'expressions qu'on a relevés entre Josèphe et Luc, il ressort que celui-ci n'a rien emprunté à l'historien juif. Outre les deux sources de son évangile que nous avons indiquées plus haut, il a pu recevoir de nombreux renseignements des apôtres qu'il avait vus à Jérusalem et des premiers disciples du Seigneur. Il aurait écrit son évangile vers l'an 80.

Dans le chapitre sur l'évangile selon saint Matthieu Stanton examine comment l'auteur a traité ses deux sources, Marc et les discours du Seigneur, sa façon de citer l'Ancien Testament, d'où lui viennent les récits de la naissance et de l'enfance de Jésus, les traditions qui lui sont particulières, enfin ses façons spéciales de s'exprimer, ses idées directrices. D'après lui, il est évident que notre premier évangile n'est pas la traduction d'un original araméen et qu'il n'a pas été composé en grec par l'apôtre Matthieu. La date de l'an 80 que fixe Stanton pour la composition du premier évangile nous paraît trop tardive.

VII. Nous avons déjà utilisé dans le second volume de l'*Histoire des livres du Nouveau Testament* l'ouvrage de J.-C. Hawkins : *Horae synopticae;* la seconde édition fournit de nouveaux matériaux. Sans modifier son plan l'auteur a ajouté de nombreux détails, surtout dans les listes d'expressions particulières à chacun des évangélistes. Les conclusions ont été précisées. Parlant de la composition du premier et du second évangile, il croit que leurs auteurs se sont servis de documents écrits comme sources principales, mais qu'ils ne les ont pas utilisés dans toutes leurs parties, à cause de la connaissance orale qu'ils avaient de la vie et des discours du Seigneur, comme catéchistes, et à laquelle ils se reportaient. Dans la première édition l'auteur pensait que les passages où Matthieu et Luc s'accordaient contre Marc, provenaient non pas de ce que les évangélistes dépendaient l'un de l'autre, mais de ce que les copistes avaient uniformisé leurs textes. Dans la seconde, il croit que ce phénomène provient de ce que Matthieu et Luc se sont servis d'un texte de Marc différent de celui que nous donnent les manuscrits que nous avons.

VIII. L'ouvrage de Montefiore sur les évangiles synoptiques offre cette particularité intéressante qu'il est le premier travail qu'un savant juif ait consacré à l'étude de nos évangiles et remarquons-le, de suite, ce travail est écrit dans une note sympathique. L'auteur veut faire connaître l'Évangile à ses coreligionnaires, car c'est par lui, dit-il, que s'est formée notre civilisation. Il y a, ajoute-t-il, dans le Nouveau Testament, des choses de valeur qu'on ne trouve pas dans la littérature rabbinique; de plus, ces choses sont répandues à travers toute la masse de cette littérature, tandis que dans le Nouveau Testament elles sont condensées, concentrées, ne proviennent pas de cent auteurs différents mais sont l'enseignement d'un ou deux grands esprits. Quant à la question de l'originalité de l'enseignement elle est plutôt eu faveur des évangiles. Si l'on retrouve dans les évangiles des sentences dont on possède les parallèles dans le Talmud, la plupart du temps, celles-ci sont plus tardives, et d'ailleurs, les retrouvât-on toutes dans la littérature rabbinique, il resterait encore que Jésus leur a donné une vie nouvelle; son enseignement est plus élevé que celui des rabbins, plus inspiré; il est plus qu'une liste d'injonctions, c'est un tout, c'est un esprit. Montefiore en conclut que Jésus est un prophète, l'égal des plus grands, des Isaïe, des Jérémie, des Amos. C'est le dernier des prophètes hébreux. Nous ferons observer à l'auteur juif que Jésus a distingué très nettement son enseignement de celui des prophètes et que dans ses discours il n'a plus, comme les prophètes, parlé au nom de Dieu : « Ainsi parle le Seigneur », mais il a enseigné en son propre nom : « En vérité, je vous le dis. »

Dans son commentaire [1], Montefiore s'efforcera donc de dégager ce qui dans les évangiles peut s'adapter à la mentalité juive contemporaine. Il essaie de montrer que Jésus a libéré le judaïsme des vieilles entraves qui le maintenaient dans un exclusivisme trop étroit. Il en fait une espèce de Juif libéral, qui s'est affranchi des observances légales et qui, dans le Sermon sur la montagne, a posé des lois qui peuvent être la charte du judaïsme et du christianisme. Par sa condamnation du divorce et la réhabilitation de la

---

1. *The synoptic Gospels.*

femme, Jésus, dit-il, a dégagé le judaïsme des traditions orientales. On voit que l'auteur juif a voulu traiter Jésus avec sympathie et équité, mais a-t-il réussi à en tracer un portrait exact? C'est ce dont nous doutons. Jésus est incompréhensible, si l'on ne reconnaît pas sa divinité.

L'ouvrage est précédé d'une longue introduction dans laquelle Montefiore examine les questions critiques que posent les évangiles synoptiques; mais il n'offre rien d'original à leur sujet. L'intérêt de son travail est tout entier dans les rapprochements qu'il établit entre Jésus et le judaïsme, entre l'enseignement évangélique et les doctrines rabbiniques.

IX. Dans son travail : *Nos quatre évangiles,* E. Lévesque explique la composition et la position respective de nos quatre évangiles. Il rappelle d'abord que les évangélistes ne sont pas des historiens, ni même des biographes, mais des témoins qui affirment ce qu'ils ont vu et entendu et cela dans un but apologétique et d'après un plan préconçu. Et ce plan est celui de la première prédication apostolique. On y faisait entrer toute la vie de Jésus dans un cadre divisé en quatre parties : 1° la préparation du Christ à son ministère; 2° la prédication en Galilée; 3° le passage de la Galilée à Jérusalem; 4° la dernière semaine dans la ville sainte avec la passion, la mort et la résurrection. Pour chacune de ces parties ou choisissait les points saillants, ceux qui avaient le plus attiré l'attention des apôtres. Pour les enseignements, les synoptiques se bornent à répéter les plus élémentaires, ceux qui formaient les âmes, les disposaient à croire au Christ, à sa parole appuyée sur la perfection de sa vie et sur ses miracles. Jean les a complétés en rapportant l'enseignement transcendant de Notre-Seigneur.

Ce plan en quatre parties de la catéchèse apostolique

se retrouve substantiellement dans la prédication, qu'elle fût prêchée à Jérusalem, à Rome ou dans les églises de langue grecque. Mais celle-ci avait un caractère particulier dans chacun de ces milieux et cela ressort des évangiles qui furent écrits pour chacun de ces lieux. Les évangiles synoptiques sont, en effet, la fixation par l'écriture de cette catéchèse orale. L'évangile de Matthieu est une thèse apologétique, telle qu'elle a dû être prêchée à Jérusalem. On y trouve une triple pensée : Jésus est bien le Messie annoncé par les prophètes; il a fondé le royaume promis à Israël; s'il n'a pas été reconnu par la majeure partie de sa nation et par ses chefs, c'est que, obstinément renfermés dans leurs préjugés et infidèles aux avances divines, ils se sont exclus eux-mêmes de ce royaume, en laissant la place aux Gentils empressés d'y entrer. Écrit d'abord en araméen vers le temps de la dispersion des apôtres, il n'a dû être traduit en grec pour l'usage des juifs hellénistes que plusieurs années après.

Les faits racontés dans le second évangile ne semblent pas disposés, comme dans le premier, en vue d'une thèse, mais paraissent dans un ordre réel; il n'est pas prouvé qu'il soit antérieur ou non à l'évangile de Matthieu. Le troisième évangile établit les faits dans leur ordre chronologique; il a cependant disposé certains faits dans leur ordre logique et pour quelques-uns il a été obligé de rompre avec l'ordre chronologique pour conserver le plan quadripartite de la catéchèse apostolique. Ainsi, pour les deux visites à Nazareth, Luc a dû, en suivant le plan de la catéchèse, les fondre en une seule, *Lc,* IV, 16 et 31.

D'après les synoptiques, c'est quelques jours seulement avant la passion que Jésus chassa les vendeurs hors du temple et d'après Jean c'est au début de son ministère, la première fois qu'il vint prêcher à Jérusalem. On comprend que dès la première occasion il se soit posé en défenseur des droits de Dieu. N'ayant pas mentionné les divers voyages de Jésus à Jérusalem, les synoptiques ont dû renvoyer ce fait à son dernier voyage.

Luc avait recueilli un bon nombre de faits qui ne s'étaient pas passés en Galilée et qui d'autre part étaient antérieurs au dernier séjour à Jérusalem et même au dernier voyage vers la ville sainte. Il les a intercalés dans le récit qu'il fait du dernier voyage de Jésus, de Galilée à Jérusalem, sans donner les indications de temps et de lieux. On constate donc que la fidélité au plan quadripartite a détruit d'une certaine façon l'ordre chronologique des événements. On le retrouvera en rapprochant les synoptiques du IVe évangile.

Dans l'évangile de saint Jean les événements se déroulent dans le cadre des fêtes juives. On peut y retrouver quatre fêtes de Pâques, ce qui donne trois ans et demi pour la durée du ministère de Jésus entre lesquels se distribue tout ce qui a été raconté par les synoptiques. Ne pouvant suivre dans le détail la concordance qu'établit Lévesque entre les récits des synoptiques et ceux de Jean, nous signalerons les constatations les plus importantes.

La dernière cène eut lieu le jeudi soir; ce fut, d'après le IVe évangile, un repas anticipé. Jésus fut arrêté ce jour-là, jugé et mis à mort le vendredi, qui était le jour de la préparation. La fête de Pâques fut célébrée du vendredi soir au samedi soir suivant notre manière de compter. Il est impossible que tout ce que racontent les synoptiques ait pu avoir lieu le jour même de Pâques. Jésus ressuscité a apparu à Marie-Madeleine seule et non à toutes les saintes femmes.

En comparant les synoptiques avec le IVe évangile, au plan si différent, leur contenu s'est éclairé mutuellement, conclut l'auteur; des contradictions apparentes se sont expliquées et les années du ministère public de Jésus-Christ nous ont présenté un développement plus normal. Ce n'est pas qu'on puisse arriver à déterminer une place et une date pour tous les faits ou miracles, pour toutes les paroles du Sauveur : il en reste un certain nombre en suspens, surtout en Matthieu, faute de données fournies par les évangélistes qui, n'ayant point nos préoccupations de précision historique, ont suivi plus d'une fois un ordre purement logique sans laisser dans le récit rien qui permette de retrouver la véritable place.

Lévesque montre ensuite qu'il n'y a pas contradiction entre les synoptiques et le IVe évangile au point de vue des doctrines : les premiers se sont bornés à reproduire l'enseignement de la catéchèse élémentaire tandis que le second nous donne un enseignement plus élevé. Il n'y a donc pas eu développement doctrinal des premiers au second et cela ressort bien du fait que l'on trouve déjà dans les épîtres pauliniennes les doctrines les plus caractéristiques du IVe évangile. Les différences de présentation entre les discours simples et à la portée de tous des évangiles synoptiques et les discours énigmatiques, planant dans les sphères supérieures du IVe évangile s'expliquent par ce fait que les premiers reproduisent la manière ordinaire de parler de Jésus, tandis que les seconds sont exceptionnels. Jean a choisi ceux-ci parce qu'ils contiennent les vérités qu'il voulait enseigner. L'obscurité de ces discours tient à la nature même des choses enseignées, les *profunda Dei*. Les synoptiques se sont bornés d'ordinaire aux *terrena;* Jean s'est attaché aux *cælestia*.

X. Dans l'introduction aux évangiles synoptiques placée en tête du fascicule II de la Bible du centenaire, M. Goguel étudie d'abord la naissance de la tradition évangélique. Elle fut d'abord prêchée, mais à la longue un enseignement purement oral devait être insuffisant. Il fallait pouvoir mettre entre les mains de ceux qu'il s'agissait de conquérir à la foi des exposés écrits de l'histoire évangélique. C'est pour les besoins de la propagande que les évangiles ont été rédigés.

Vient ensuite l'étude du problème synoptique. La priorité de l'évangile de Marc par rapport à ceux de Matthieu et de Luc s'impose dès qu'on essaye de rendre compte des relations des synoptiques entre eux. Marc représente la forme la plus ancienne. La priorité de Marc ressort surtout de l'examen du plan et de la disposition des trois synoptiques. Cette priorité ne vaut que pour l'ensemble de l'évangile et non pas nécessairement pour chaque détail particulier. Il convient de ne pas perdre de vue que l'évangile de Marc a pu subir des retouches plus ou moins importantes, de la part des copistes ou des rédacteurs, postérieurement à son utilisation par Matthieu et Luc.

Matthieu et Luc ont en commun un certain nombre do morceaux qui ont des affinités telles qu'il faut conclure à l'utilisation par ceux-ci d'un document écrit grec. L'hypothèse d'une dépendance directe de l'un des évangiles par rapport à l'autre ne saurait être envisagée. Ils se sont donc servis chacun d'une source particulière qui contenait surtout des éléments didactiques et dont il est impossible de retrouver le plan primitif. On a appelé ce document les Logia du Seigneur. Marc a utilisé aussi ce document en l'abrégeant, mais il ne lui a emprunté que ce qui lui était nécessaire pour le développement du plan qu'il a adopté. Il a pu cependant reproduire intégralement certains morceaux des Logia, les paraboles, par exemple. Ces Logia ont été rédigés bien avant l'an 65, date de la première rédaction de Marc. Ils ont eu vraisemblablement plusieurs éditions qui ont pu différer sensiblement, et les évangélistes ont utilisé des rédactions différentes. La rédaction des Logia ou tout au moins le noyau primitif de ce recueil a été attribuée à Matthieu. La tradition a attribué l'évangile tout entier à l'auteur de l'un des documents utilisés pour sa rédaction.

L'évangile de Marc tel que nous le possédons n'est pas la reproduction directe de récits faits par Pierre. On peut cependant conjecturer que les souvenirs de Pierre recueillis par Marc sont une des sources du second évangile. Celui-ci n'est pas une œuvre homogène; il est composé de matériaux divers et d'inégale valeur. Le plan de l'évangile de Marc est à la fois chronologique, psychologique et dogmatique. Il a été composé vers l'an 65.

L'évangile de Matthieu a un caractère plus littéraire que celui de Marc; le style en est plus sobre et plus condensé. L'évangéliste est exempt de tout particularisme et de tout ritualisme; il manifeste au contraire un large universalisme. On reconnaît dans cet évangile une tendance ecclésiastique. Le plan est celui de Marc avec addition d'un récit sur la naissance de Jésus. La période galiléenne est disposée d'une manière nouvelle qui réalise un tableau plus saisissant. Les sources de l'évangile de Matthieu sont l'évangile de Marc et les Logia. Il faudrait admettre une troisième source d'où dérive tout ce que cet évangile possède en propre. C'était un groupe de traditions orales ou écrites. Cet évangile a dû être écrit entre l'an 80 et 100.

L'auteur du troisième évangile est en même temps l'auteur du livre des Actes : ces deux livres sont comme deux tomes d'un même ouvrage. Luc est un bon écrivain; il n'est pas étranger à certaines préoccupations de forme. La tendance ébionite de cet évangile viendrait d'une source intégralement reproduite plutôt que de l'auteur. L'évangile de Marc, peut-être sous une forme légèrement différente de celle que nous connaissons, les Logia, d'après une traduction différente de celle qu'a utilisée Matthieu et des sources particulières à Luc sont les sources du troisième évangile. Comme pour Matthieu des éléments propres à Luc proviennent des Logia, éléments que Matthieu n'avait pas utilisés et inversement. Les deux premiers chapitres ont une physionomie et un caractère qu'on ne retrouve pas dans le reste de l'évangile. Luc n'a pas utilisé pour les ch. IX, 51-XVIII, 14, une source particulière; il a accumulé à cet endroit de son œuvre des éléments empruntés aux Logia et des renseignements d'origine diverse. Pour le récit de la passion il a peut-être, à côté du récit de Marc, utilisé une tradition particulière. Goguel ne parle pas du rapport qui existe entre le récit de la passion dans Luc et dans le quatrième évangile. Le plan de l'évangile de Luc ne diffère de celui de Marc que par quelques simplifications et par quelques additions. Cet évangile a dû être écrit vers l'an 80-100, comme celui de Matthieu; on ne peut dire quel est le plus ancien des deux.

Les données chronologiques sur la vie de Jésus sont rares : Jésus est né au plus tard l'an 4 avant notre ère; il serait mort à la Pâque de l'an 28.

XI. Edwin A. Abbott a entrepris sur le Nouveau Testament une suite d'études qu'il a intitulées *Diatessarica;* nous en avons déjà signalé quelques-unes : *Johannine Vocabulary, Johannine Grammar.* Il publie en ce moment un important travail sur les quatre Évangiles : *The fourfold Gospel.* Avant d'en parler signalons les études de critique sur le Nouveau Testament qu'il avait donnés antérieurement et dont plusieurs se rapportent aux évangiles [1].

Les premières sont assez courtes et traitent de sujets divers : le joug de Jésus et la croix, la foi comme un grain de moutarde, la fin de l'évangile de Marc, la prédiction du crucifiement de Pierre, l'hypothèse moderne sur la mort de Jean, le fils de Zébédée. Sur cette dernière question, il fait remarquer que les deux textes, sur lesquels elle se fonde, sont d'écrivains relativement récents et qu'elle n'a aucun appui dans l'ancienne littérature chrétienne. Ce qui est décisif contre elle c'est d'abord qu'Eusèbe n'a pas parlé du martyre simultané des deux frères, Jacques et Jean, bien qu'il ait raconté celui de Jacques; mais, c'est surtout que Paul mentionne Jean comme assistant à la conférence de Jérusalem, qui eut lieu au moins dix ans après la mort de Jacques.

Les notes sur la date de composition de l'Apocalypse et sur la signification de l'expression : le Fils de l'homme, sont beaucoup plus développées. L'Apocalypse aurait été écrite, comme on l'admet actuellement, vers l'an 96. Son auteur est Jean, l'apôtre, le fils de Zébédée. Le but de l'écrit est de montrer le progrès du bien, le progrès du mal, le conflit et la victoire du bien. L'auteur n'a pas inséré dans son écrit des documents déjà existants, mais il s'est inspiré surtout de l'Ancien Testament. M. Abbott montre par une étude très attentive que les faits tels que la mensuration du Temple, la naissance de l'enfant-Messie, le dragon qui le poursuit lui et sa mère, les deux témoins, ne proviennent pas d'anciennes apocalypses, mais sont la combinaison de données bibliques.

L'expression : le Fils de l'homme, est étudiée dans

---

1. *Notes on New Testament Criticism.* London, 1907.

l'Ancien Testament; dans Daniel d'abord, et aussi dans le Pentateuque, dans Isaïe, Ézéchiel, Job et les Psaumes, dans les épîtres pauliniennes et l'Apocalypse, dans le Talmud et les Targums, dans les premiers écrivains chrétiens jusqu'à Origène inclusivement. Son emploi et sa signification dans les évangiles synoptiques seront traités à part. Nous attendrons que l'auteur ait complété ce travail pour exposer ses idées sur cette question.

Dans l'introduction[1] à son « Quadruple évangile » Abbott examine d'abord quelle est la place chronologique des évangiles : il place en premier lieu Marc et en dernier Jean. Celui-ci joue dans le cycle évangélique le même rôle que les Paralipomènes dans l'Ancien Testament; il rapporte les faits qui ont été omis. Marc n'a pas écrit son récit en ordre en ce sens que ses indications sont vagues quant au temps et aux lieux où les faits se sont passés; il omet d'ailleurs divers événements. Matthieu suit un certain ordre, mais qui n'est pas chronologique. Luc a essayé, comme un historien grec, de suivre l'ordre chronologique en incorporant dans son récit des documents juifs et des traditions. Jean a disposé son récit d'après le calendrier juif, interprété symboliquement.

Au début du volume, qui contient le commencement de l'histoire évangélique Abbott déclare que : 1° chaque évangile doit être considéré comme une collection de traditions, variant pour la date, la source, l'autorité, l'exactitude historique et la valeur spirituelle. 2° Tous les évangélistes ont eu de grandes difficultés à combattre pour s'assurer des faits et Marc, quoique le plus

---

1. *The fourfold Gospel* : I, *Introduction*. Cambridge, 1913.
2. *The fourfold Gospel* : II, *The Beginning*. Cambridge, 1914. — III, *The Proclamation of the New Kingdom*, 1915. — IV, *The Law of the New Kingdom*, 1916.

ancien, fut le moins capable de lutter contre ces difficultés, étant donnée son ignorance de toutes les actions du Seigneur, sauf celles qui se sont passées en Galilée et aussi (probablement) étant données les circonstances qui l'empêchèrent de compléter ou de reviser son évangile. 3° Le quatrième évangéliste, bien que un poète, n'a jamais écrit de propos délibéré des fictions. Il rapporte quelquefois des faits qui ne sont pas vrais, mais jamais ce qu'il croit n'être pas vrai. C'est un voyant des choses qui sont dans le ciel, mais il voit tout d'abord ce qui est sur la terre. Nous apprenons par son évangile que nous ne pouvons adorer Jésus comme Fils de Dieu, à moins que nous ne l'ayons aimé comme Fils de l'homme.

Abbott divise ses études évangéliques en quatre parties :

I. Le Commencement, c'est-à-dire ce qui précède le ministère de Jésus : les actes et les paroles de Jean-Baptiste, les relations entre Jean et Jésus, jusqu'au moment où Jésus vint en Galilée, après que Jean eut été emprisonné.

II. La proclamation du Nouveau Royaume. Le Royaume du Fils — et le conflit entre l'ancien et le nouveau Royaume.

III. La loi du Nouveau Royaume. — La victoire à travers la défaite.

IV. La victoire et la défaite.

Les trois premières parties de ce travail ont été publiées. Il est difficile de faire ressortir avec quelle abondance de détails de toute nature le sujet est traité. L'auteur rassemble tous les renseignements que peuvent lui fournir les sources les plus diverses : les Targums, les Talmuds, la littérature profane. En fait cependant ce travail n'est pas un commentaire suivi et complet des évangiles, car il étudie seulement les parties du récit où l'évangile de Jean intervient pour les compléter, les corriger ou les améliorer.

XI. Dans la première partie de son travail sur les sources des évangiles synoptiques, C. Patton étudie les derniers travaux publiés sur la question synoptique ; dans la deuxième il présente son opinion : il rejette l'existence d'un Marc primitif et n'admet pas que Matthieu se soit servi de Luc et inversement. Matthieu et Luc ont tiré leur matière commune d'un document grec traduit de l'araméen, mais ils n'ont pas utilisé la même recension de ce document (Q). Ce document avait été en beaucoup de points différencié dans ses diverses recensions, gardant cependant dans certaines parties de chaque recension une matière commune : ceci explique les différences et les ressemblances entre la matière commune à Matthieu et à Luc. Marc a aussi utilisé ce document, mais dans une forme plus primitive. L'ordre original des événements était mieux conservé par le document utilisé par Luc.

§ 2. — Études de détail sur la question synoptique.

Diverses études de détail ont été publiées sur le problème synoptique en ces dernières années. Rappelons d'abord où en était la question synoptique antérieurement aux travaux que nous allons analyser.

Bien que plusieurs critiques soutiennent encore la priorité de l'évangile de Matthieu, la majorité de ceux-ci sont pour la priorité de l'évangile de Marc. Quelques-uns prétendent qu'il a existé un document, analogue au Marc actuel, les uns disent plus court, les autres plus long, mais la plupart admettent que le document, qui a été utilisé par le premier et le troisième évangéliste, est l'évangile de Marc, absolument tel que nous le possédons, avec cette restriction que quelques phrases, en petit nombre, aient pu être introduites dans le texte par un éditeur postérieur. Toutefois, il est possible que les copies de Marc, dont se sont servis les deux évangélistes, n'aient pas été identiques de tout point.

L'évangile de Marc a été utilisé par Matthieu et par Luc d'une façon différente et avec une certaine liberté. Ils n'étaient pas des copistes mais des historiens; ils ne reproduisaient pas leur source littéralement; ils en corrigeaient le style, retranchaient ce qui n'était pas adapté à leur but et adoucissaient certains traits trop rudes des figures tracées par Marc. Il est probable que des matériaux tirés d'autres sources ont été introduits dans le récit tracé à l'aide de Marc.

Matthieu et Luc ont utilisé une seconde source pour leur exposé, 30 % dans Matthieu, 27 % dans Luc; elle consistait principalement en sentences et en discours du Seigneur. Cette source, désignée par le sigle Q (Quelle), ou quelquefois par le terme Logia, était un document écrit. Les critiques ne s'accordent pas sur la nature et l'étendue de ce document; quelques-uns y voient un évangile primitif, mais la plupart pensent que c'était simplement une catéchèse, un recueil de discours et de paroles du Seigneur. Ils croient aussi que c'était un document grec, mais la question est de savoir si c'était une traduction d'un original araméen, ou s'il a été écrit primitivement en grec. On se demande si Marc a connu ce document; les uns disent oui, les autres non.

Ce document était-il d'origine apostolique? Il en est qui croient que Q était la collection de discours que Papias attribue à Matthieu; dans ce cas, ce n'est pas de notre Matthieu actuel qu'aurait parlé Papias.

On recherche si Matthieu et Luc ont eu sous les yeux la même recension de Q. Il en est qui pensent que Luc, qui montre des préférences pour les pauvres, les déshérités, aurait eu entre les mains une recension ébionite du document (Schmiedel, Soltau); d'autres le nient. Quel est celui des deux évangélistes qui a le mieux reproduit le document? Il semble bien que Matthieu et Luc se sont permi des arrangements, des groupements de paroles du Seigneur ; Luc toutefois paraît se rapprocher le plus de l'ordre primitif. C'est cependant Matthieu qui a conservé le mieux le texte; il a reproduit l'enseignement de Jésus avec une admirable fidélité. « Luc a conservé plus exactement la forme des discours et Matthieu est resté plus fidèlement à la lettre du discours » (J. Weiss).

Matthieu et Luc ont utilisé encore d'autres sources que Marc et les Logia. Étaient-elles écrites ou non? les critiques ne sont pas d'accord. D'après les uns Matthieu n'aurait utilisé d'autre document écrit que la généalogie de Jésus; suivant d'autres il aurait eu un ou deux récits écrits et un florilège de passages messianiques de l'Ancien Testament. C'est de cette chaîne de prophéties messianiques qu'aurait parlé Papias. Luc aurait eu aussi d'autres sources écrites. Mais les deux évangélistes vivaient dans un milieu où de nombreuses traditions sur la vie et l'enseignement de Jésus étaient encore vivantes et étaient restées à l'état oral. Papias y fait encore allusion au milieu du IIe siècle. Il est donc très probable que Matthieu et Luc ont utilisé ces matériaux traditionnels. Luc, en particulier, a dépendu de traditions que lui avaient transmises Philippe et ses quatre filles prophétesses.

Reste la question de savoir si Matthieu et Luc sont dépendants ou non l'un de l'autre. Elle est encore en discussion, mais la majorité des critiques pensent qu'il n'y a aucun lien littéraire ou connaissance mutuelle entre les deux évangélistes.

En résumé, les critiques admettent la priorité de Marc, tel que nous l'avons actuellement, lequel aurait été utilisé par Matthieu et Luc, qui auraient incorporé dans leur exposé un autre document écrit, Q, probablement grec, ainsi que des matériaux provenant d'autres sources. Les deux évangélistes auraient employé leurs documents librement et ne dépendraient en aucune façon l'un de l'autre.

Examinons maintenant quelques études de détail publiées en ces dernières années sur le problème synoptique; elles modifient ou éclaircissent les données précédentes.

I. E. D. Burton[1] soutient que c'est à tort que les critiques s'attachent à démontrer que Marc et Q sont les principales sources de Matthieu; l'hypothèse de deux documents doit faire place à celle de documents multiples. Voici les conclusions qu'il dégage de son étude sur les parties de leurs évangiles que Matthieu et Luc ont empruntées à d'autres documents que Marc.

1. Il est probable que Matthieu a une source écrite particulière pour les enseignements de Jésus qu'il possède seul. Ces enseignements n'étaient probablement pas dans le document qu'il a en commun avec Luc ou n'existaient pas à l'état de *disjecta membra*. Ce corps de matériaux mérite l'attention comme formant un document qui n'était inférieur en ancienneté et en valeur à aucune des sources des évangiles synoptiques.

2. Il est donc plus probable que les matériaux, inconnus à Marc, et communs à Matthieu et à Luc étaient, au moins pour Matthieu, contenus dans deux documents plutôt que dans un seul. La ligne de division est à placer entre *Lc*, IX, 50 et 51. Le premier docu-

---

1. *Some Principles of literary Criticism and their application to the synoptic Problem.*

ment contenait probablement en substance tout ce qui dans *Lc*, III, 1-IX, 50 n'est pas dérivé de Marc. Quant à la section, *Lc*, IX, 51-XVIII, 14; XIX, 1-28, il n'est pas clair que Matthieu possédât l'ensemble ou seulement une partie de ce document; dans ce cas, Luc, ou bien a eu, outre le document qu'avait Matthieu, une source qui lui était particulière, et contenait les paraboles du bon Samaritain, de l'enfant prodigue, ou bien un document qui était une combinaison des deux sources sus-indiquées. En conséquence, les matériaux inconnus à Marc qui se trouvent dans *Lc*, III, 1-XIX, 28, se partagent en trois parties : une première, employée par Matthieu et Luc dans la période galiléenne; une seconde, utilisée par Luc dans le voyage en Pérée et par Matthieu dans la période galiléenne et le ministère à Jérusalem, et une troisième, employée par Luc seulement pour le voyage en Pérée. Les deux parties que Matthieu a utilisées étaient, semble-t-il, à l'état séparé et non déjà combiné.

3. Il est hautement probable que les sources immédiates de nos évangiles contenaient chacune une somme considérable de matière commune, qui provenait des sources, probablement écrites, antérieures aux sources immédiates de nos évangiles. Il y aurait lieu de chercher à distinguer ces sources immédiates de nos évangiles des sources primitives.

II. Dans ses « Nouvelles notes sur le problème synoptique » A. Carr[1] soutient que la priorité de Marc n'est ni certaine, ni exempte de difficultés. Il y a entre Marc et Matthieu des ressemblances et des différences de langue et de style qui ne peuvent s'expliquer par l'absorption pure et simple de Marc par Matthieu. Carr suppose donc que Matthieu dans

---

1. *Further Notes on the synoptic Problem.*

ses courses d'évangélisation aurait trouvé l'évangile de Marc; il n'aurait pas voulu changer l'ordre et le choix des événements. Mais comme témoin oculaire, il avait beaucoup à y ajouter. De là vint une édition nouvelle de Marc, enrichie par les souvenirs personnels de l'Apôtre. Nous ne voyons pas bien en quoi cette façon d'expliquer la formation de l'évangile de Matthieu exclurait la priorité de Marc et son absorption dans le premier évangile. Tout au plus pourrait-ou dire qu'elle implique l'hypothèse d'un Marc antérieur au Marc actuel.

III. Kirsopp Lake[1] essaie de déterminer la date à laquelle fut constitué le document Q. Il est persuadé, avec d'autres critiques, que celui-ci ne contenait pas les récits de la passion et de la résurrection. Il a dû par conséquent être formé à une époque où la résurrection du Seigneur n'était pas le point capital de la prédication apostolique, mais où les chrétiens se préoccupaient surtout du retour du Seigneur. Le fond de Q est l'attente du retour du Seigneur. Cette époque doit être fixée vers l'an 30-50. A partir des épîtres aux Thessaloniciens et surtout des épîtres aux Corinthiens, la résurrection du Seigneur vint au premier plan de la prédication comme modèle et gage de la résurrection des fidèles.

IV. Au tableau général de la formation des évangiles synoptiques, donné ci-dessus, s'oppose celui qu'a présenté Streeter dans les *Oxford Studies in the synoptic Problem*, p. 209, sur l'évolution littéraire des évangiles[2].

Le document Q, l'évangile de Marc et les premier et troisième évangiles représentent trois stades de

---

1. *The date of Q; The Expositor*, VIIe S., n° 42, p. 494. London, 1909.
2. *The literary Evolution of the Gospels.*

l'évolution des évangiles. A l'origine, la vie du Seigneur était racontée de vive voix, et personne ne songeait à la consigner par écrit, car on s'attendait à voir le Seigneur revenir sous peu. Plusieurs problèmes cependant se posaient en Palestine aux missionnaires chrétiens : Les rapports de l'enseignement de Jésus avec celui de Jean-Baptiste; avec l'enseignement des pharisiens; comment Jésus crucifié pouvait-il être le Messie qui doit apparaître puissant et glorieux? Il y avait lieu de rassembler les enseignements du Seigneur sur ces divers points, parce qu'ils pouvaient être oubliés, tandis que, dans le milieu palestinien, les faits de sa vie ne le pouvaient pas. Ceci nous explique la formation et la nature du document Q.

Par contraste, à Rome, les chrétiens ne se préoccupaient pas de ces problèmes qui intéressaient surtout les chrétiens de Palestine. Ils avaient besoin de connaître la vie de Jésus, sa nature et son action. A cet état d'esprit répond l'évangile de Marc, lequel laisse de côté tout ce qui ne devait pas intéresser le chrétien de Rome et s'attache surtout à montrer que Jésus est le fils de Dieu. De même que le document Q avait été écrit pour compléter l'enseignement oral des missionnaires, l'évangile de Marc avait pour but de compléter le document Q, lequel ne contenait aucun récit et en particulier ne parlait pas de la passion et de la résurrection du Seigneur. Il est probable qu'à Rome on avait le document Q, recueil surtout d'enseignements du Seigneur, que l'évangile de Marc venait heureusement compléter.

Matthieu et Luc eurent, au contraire, pour but de remplacer le document Q et Marc, en les complétant l'un par l'autre et en y ajoutant des faits et des enseignements connus par ailleurs. Ils commencèrent leur récit par la naissance de Jésus et le poursuivirent jusqu'à la passion et à la résurrection du Seigneur. Le travail de ces deux évangélistes est une œuvre écrite avec art, où tout est choisi pour atteindre le but que chacun d'eux se proposait. Matthieu a voulu démontrer aux Juifs que Jésus était le Messie qu'ils attendaient, qu'il a réalisé les prophéties et qu'il était le Juge qui devait venir.

Luc a voulu écrire une biographie de Jésus dans le genre de celles qu'ont écrites Tacite ou Plutarque. Il choisit dans ses documents et rejette tout ce qui fait double emploi ou qui pourrait être mal interprété par ses lecteurs. Il a introduit dans son récit ce qui montrait surtout en Jésus un ami des pauvres, des malheureux, des pécheurs repentants. Pour lui, Jésus n'était pas en premier lieu le Messie d'Israël; il était la lumière des nations, celui en qui toute chair a vu le salut de Dieu.

Matthieu et Luc par leurs évangiles ont clos l'évolution de la tradition authentique de la vie et des enseignements du Seigneur.

V. Tous les critiques reconnaissent que les évangélistes se sont servis de documents. Deux questions se posent à ce sujet : 1° Les mêmes principes de critique sont applicables pour l'Ancien Testament et le Nouveau, mais les matériaux ont-ils été employés de la même façon dans ces deux groupes d'écrits? 2° Le tréfonds des évangiles est-il araméen?

1° La première question a été traitée par E. Addis : *La critique de l'Hexateuque comparée avec celle des évangiles synoptiques*[1]. La date des documents qui ont été utilisés pour la composition de l'Hexateuque est incertaine, tandis que celle de Marc et du document Q est fixée à quelques années près. L'un et l'autre ont

---

1. *Studies in the synoptic Problem*, p. 367.

été écrits peu après les événements au lieu que les documents de l'Hexateuque sont séparés des événements par plusieurs siècles. Les évangélistes ont traité leurs sources en historiens et non en compilateurs. Ils les ont adaptées à leur but, les ont modifiées pour la forme, ont pris ce qui leur convenait et laissé de côté ce qui ne rentrait pas dans leur cadre. Et la preuve de ce fait résulte de ce que, bien que Marc ait été reproduit presque en entier par Matthieu et Luc, on ne pourrait, si on ne l'avait pas, le reconstruire exactement à l'aide des écrits de ces deux évangélistes. Il n'en est pas de même pour les documents qui ont formé l'Hexateuque; ils peuvent être retrouvés à peu près intacts dans l'ensemble de l'ouvrage. Ils ont été reproduits tels quels par le compilateur de l'Hexateuque. Qu'on lise certains récits de la Genèse, par ex. VI, 13-VIII, 22 et on se rendra compte qu'on a ici deux récits juxtaposés. Or, on n'aura jamais cette impression en lisant un récit quelconque de Matthieu ou de Luc. Il y a entre leur œuvre et l'Hexateuque la différence qu'il y a entre une œuvre d'historien et une compilation.

2° Le tréfonds araméen, tel est le sujet qu'a traité W. C. Allen [1]. Quelques critiques ont soutenu que Notre-Seigneur avait donné ses enseignements en grec, mais la très grande majorité pense qu'il a parlé l'araméen, la langue alors en usage en Palestine. On peut donc affirmer que le tréfonds des évangiles était araméen, tout au moins en tant qu'évangile oral; il semble même que nos évangiles actuels sont basés en partie sur des originaux araméens. Allen croit avec Wellhausen que l'évangile de Marc est une traduction d'un original araméen; il a été traduit de très bonne

---

1. *Oxford Studies in the synoptic Problem*, p. 287.

heure et c'est en grec que l'ont connu Matthieu et Marc. L'auteur du premier évangile a utilisé une collection de discours, faite par l'apôtre Matthieu; collection qu'il possédait dans l'original araméen ou peut-être déjà traduite en grec. Luc aurait connu quelques parties de ces discours, mais déjà traduits. Par une discussion des aramaïsmes contenus dans Marc et dans le document Q, Allen conclut que le tréfonds de nos évangiles était araméen.

VI. Hawkins, dans son étude : *Probabilities as to the so-called double Tradition of St. Matthew and St. Luke* examine le document qui est à la base de ces deux évangiles [1] et cherche à en établir la forme et le contenu, à l'aide des passages communs à Matthieu et à Luc, qui ne sont pas dans Marc. Ce document Q serait à identifier avec les Logia du Seigneur, dont parle Papias. Quelques passages reproduits seulement par l'un des deux évangélistes provenaient aussi de Q. Qu'ils aient omis des parties du document qu'ils avaient sous les yeux, cela ressort du fait qu'ils n'ont pas reproduit tout à fait entièrement leur autre source, l'évangile de Marc.

VII. B. H. Streeter s'est demandé aussi si quelques passages particuliers à Matthieu ou à Luc se trouvaient dans le document Q [2]. La partie de Luc, IX, 51-XVIII, 14 est, en général, un extrait de Q, mais amplifié au moyen d'une collection de paraboles, particulière à Luc. Quelques passages particuliers à Matthieu provenaient aussi de Q, mais il est plus difficile de les déterminer. La question se complique du fait que Matthieu et Luc n'ont pas connu Q en original, mais en deux traductions diversement amplifiées.

---

1. *Studies in the synoptic Problem,* p. 96.
2. *Ibid.,* p. 185.

VIII. B. H. Streeter recherche dans le même recueil quel est l'ordre original du document Q[1]. Si l'on examine les sections les plus remarquables, communes à Matthieu et à Luc seuls, on constate qu'elles se présentent dans le même ordre dans les deux évangélistes. Quelques sections sont agglomérées dans Matthieu, par exemple dans le sermon sur la montagne, lesquelles sont dispersées dans Luc, XI-XVII; on peut signaler encore quelques autres passages rangés différemment dans Matthieu et Luc. Or, la façon dont Matthieu s'est servi de Marc prouve qu'il a changé l'ordre des matériaux que lui fournissait ce document, tandis que Luc, en général, l'a conservé : on constate d'ailleurs que Matthieu a une tendance à former de longs discours à l'aide de sentences sur le même sujet. Un examen des discours du Seigneur prouve qu'ils se composent de fragments primitivement séparés.

IX. W. C. Allen[2] reconstruit le recueil des discours du Seigneur, qu'a utilisé le premier évangéliste en coordonnant les passages où il relève la même phraséologie et la même doctrine. Il y incorpore ceux où il trouve certains termes : ἡ βασιλεία τῶν οὐρανῶν, ὁ υἱὸς τοῦ ἀνθρώπου, ὁ πατὴρ ὁ ἐν τοῖς οὐρανοῖς, πατήρ pour désigner Dieu, συντέλεια τοῦ αἰῶνος, δικαιοσύνη, μισθός, ἐκκλησία, etc. et des phrases ou expressions juives : οἱ δίκαιοι, θρόνος δόξης, etc., des idées juives ou qui s'appliquaient à des auditeurs juifs. Cette source est caractérisée par un type très primitif de doctrine. Le Christ est le Fils de l'homme, ou le Roi du royaume à venir. Il est aussi le Fils de Dieu qui seul peut révéler le Père. Il est plus grand que Jonas ou Salomon, plus grand même que le Temple.

Il n'est pas probable que Luc ait connu cette source

---

1. *Studies in the synoptic Problem.* p. 140.
2. *Ibid.*, p. 235.

que Matthieu a utilisée. On retrouve dans son évangile de nombreux passages analogues à ceux de cette source, mais on constate qu'ils ne sont pas identiques pour la phraséologie, le contexte et quelquefois pour la signification. Il est possible que Luc ait trouvé ces passages dans des documents qui avaient utilisé ce recueil de discours. La connaissance qu'il en a eue était donc indirecte. Les ressemblances littérales que l'on relève entre les discours ou sentences du Seigneur, reproduits par le premier et le troisième évangéliste, ne prouvent pas l'emploi par eux du même document, parce que la tradition primitive s'était attachée à les répéter aussi littéralement que possible. Et encore à un certain degré seulement, car nous avons des discours du Seigneur que Luc n'a pas reproduits exactement dans les mêmes termes que Matthieu, le *Pater,* par exemple. Et puis il faut tenir compte pour expliquer ces ressemblances littérales de l'assimilation qui s'est produite de l'un à l'autre évangile du fait des copistes.

X. De son côté J. Vernon Bartlet recherche quelles ont été les sources de l'évangile de Luc[1]. Il admet que Marc a été une de ces sources, mais il pense que Luc a eu une source particulière pour tous les passages qu'il n'a pas empruntés à Marc. Le style de ces passages et les idées caractéristiques font supposer que cette source spéciale de Luc était d'origine judéo-chrétienne ou hellénistique.

La tradition apostolique, Q, était déjà incorporée dans la source spéciale de Luc, qui contenait en particulier le voyage de Jésus dans la Pérée, de Galilée à Jérusalem, et les détails particuliers à Luc dans les récits de la passion et de la résurrection. Cette source

1. *Studies in the synoptic Problem*, p. 315.

lui viendrait probablement de l'évangéliste Philippe.

XI. A propos du document Q les critiques se sont demandé si Marc l'avait connu et s'en était servi. Streeter a étudié cette question dans les *Studies in the synoptic Problem,* p. 265. Il examine les passages suivants : Prédication de Jean-Baptiste, *Mc,* I, *Mt,* III, *Lc,* III ; la Tentation de Jésus dans le désert, *Mc,* I, *Mt,* IV, *Lc,* IV ; la discussion sur Beelzebub, *Mc,* III, *Mt,* XII, *Lc,* XI ; la parabole du grain de moutarde, *Mc,* IV, *Mt,* XIII, *Lc,* XIII ; l'envoi en mission des apôtres, *Mc,* VI, *Mt,* X, *Lc,* IX, X. De cet examen il ressort que Matthieu et Luc ont emprunté leur récit à une autre source que Marc, au document Q, mais que le récit de Marc ne suppose pas une autre tradition que celle de Matthieu-Luc. Il est invariablement plus court, mais la brièveté du récit provient de ce qu'il omet des traits qui faisaient partie du document original. Marc a donc connu celui-ci et l'a abrégé. Une seconde preuve qu'il l'a connu, c'est que fréquemment il a combiné dans un seul contexte des sentences qui se rencontrent séparées dans Q, où elles sont dans un contexte mieux approprié. Cette seconde preuve ne nous paraît pas décisive, parce que Marc a fort bien pu connaître ces sentences à l'état séparé par la tradition qui lui était particulière.

Streeter fait observer que Marc a connu le document Q, mais qu'il l'a cité plutôt de mémoire. Il ne voulait pas le remplacer mais le compléter ; il l'a donc cité seulement dans la mesure où il était nécessaire de le faire pour ne pas mutiler son récit biographique.

XI. Une autre hypothèse serait possible, à notre avis. Pour les passages cités plus haut Marc aurait connu une tradition où les faits et les paroles du Seigneur étaient exposés plus brièvement et Matthieu-Luc, une autre tradition où ils étaient plus complets. En d'autres termes nous aurions dans ces passages deux traditions indépendantes l'une de l'autre.

C'est à cette conclusion qu'est arrivée aussi G. Dewitt Castor[1]. « Les deux sources, dit-il, sont si fondamentalement différentes, les matériaux qu'elles ont employés sont si manifestement une partie d'un héritage commun dans ces premiers jours de la tradition orale, lorsque des relations écrites commencèrent à être faites, que toute relation directe entre ces sources paraissent improbables. » Il faut donc toujours en revenir à une dépendance d'une même tradition antérieure, la tradition apostolique pour les diverses sources qu'ont utilisées les évangélistes.

XII. Étudiant les mêmes passages des évangiles synoptiques, le P. Lagrange est arrivé aux mêmes conclusions[2]. « Nous sommes donc amenés à ce dilemme. Ou bien Marc n'a pas eu sous les yeux le texte de Q, même en araméen, et il ne s'en est donc pas servi, ou bien il l'a eu sous les yeux, mais il l'a traité avec une entière indépendance. Dans cette seconde hypothèse, il faut encore expliquer cette indépendance de Marc. A moins de supposer qu'il a agi par pur arbitraire, ce que les critiques très indépendants n'accordent pas volontiers aux ultra-radicaux comme Loisy, Marc ne s'est éloigné des Logia que parce qu'il suivait une autre tradition. C'est la seule supposition raisonnable, étant donné le respect avec lequel les évangélistes ont recueilli les paroles de Jésus. Par conséquent, en dernière analyse, l'autorité préférée par Marc était une tradition distincte, très probablement celle de Pierre, pour les paroles de Jésus, comme pour les récits. »

XIII. Examinant aussi la question de savoir si Marc

---

1. *Journal of biblical Literatur*, Vol. XXXI, p. 82. Boston, 1912.
2. *Évangile selon saint Marc*, p. CIX. Paris, 1911.

s'est servi de Q ou si Q s'est servi de Marc, C. Patton [1] croit qu'il est impossible d'établir quel est celui des deux, Marc ou le document Q, qui est le plus ancien. Marc n'a pas pu avoir sous les yeux le document Q, pas plus que celui-ci n'a eu Marc. Ils sont donc indépendants l'un de l'autre. Leurs matériaux communs leur viennent de sources indépendantes l'une de l'autre.

XIV. Harnack examine la place qu'a occupée la source Q dans les évangiles [2] et l'usage qui en a été fait principalement par Matthieu et Luc. Il détermine le contenu et la forme de ce document en examinant les parties communes à Matthieu et à Luc. Ces parties forment les deux onzièmes du premier et le dixième du second. On peut les classer en trois groupes : 1, de nombreux passages où la ressemblance est souvent tout à fait littérale; 2, les passages où la divergence est si grande qu'il semble douteux que les deux évangélistes aient eu une source commune; 3, des sections importantes où des ressemblances frappantes sont combinées avec des divergences non moins frappantes.

De cet examen il résulte que Matthieu a modifié sa source sous l'influence de préoccupations dogmatiques ou apologétiques tandis que Luc l'a modifiée surtout au point de vue du style. Harnack croit que les deux évangélistes ont utilisé la même traduction grecque du document araméen. Il y avait tout au plus des différences de détail entre leurs exemplaires. D'après la reconstruction qu'il fait de ce document il aurait eu 7 récits, 12 paraboles, 13 collections de sentences et 29 discours courts et longs. Il commençait à la prédication de Jean-Baptiste et se terminait avec le discours

---

[1]. *Did Mark use Q? Or did Q use Mark? The American Journal of Theology*, Vol. XVI, p. 634. Chicago, 1912.
[2]. *Sprüche und Reden Jesu.*

sur les fins dernières. Les récits de la passion et de la résurrection n'y étaient pas inclus.

Harnack analyse et essaye de reconstruire ce document et il conclut : Q est une collection de discours et de sentences de Jésus, non orientée vers la passion, avec un horizon presque exclusivement galiléen, et sans traces spéciales de tendances particulières, apologétiques, didactiques, politico-religieuses ou nationales.

XV. En 1894 un anonyme avait soutenu que les Logia que Papias avait attribués à Matthieu n'étaient pas des sentences du Seigneur mais un recueil de prophéties messianiques destinées à prouver aux Juifs que Jésus était le Messie annoncé par les prophètes [1]. C. Burkitt [2] avait présenté la même conjecture, sans pouvoir l'établir d'une façon rigoureuse. C'est ce que vient d'essayer Rendel Harris [3].

On sait qu'il existait chez les premiers chrétiens un recueil des oracles messianiques et des autres textes de l'Ancien Testament applicables à Jésus : l'Épître de Barnabé, le Dialogue entre Jason et Papiscus, le Dialogue avec Tryphon, l'*Adversus Judaeos* de Tertullien et surtout les *Testimonia ad Quirinum* de Cyprien, les Témoignages choisis contre les Juifs attribués à Grégoire de Nysse en sont des exemplaires sous des formes diverses. Rendel Harris dresse la généalogie de ces recueils et remonte à leur source originale. D'après lui elle serait les Logia compilés par l'apôtre Matthieu. Le terme λόγια peut fort bien désigner des oracles messianiques. D'après les témoiguages d'Irénée et d'Eusèbe, Papias aurait écrit cinq livres de Λόγια κυριακά. Or, dans le catalogue du pro-

---

1. *The Oracles attributed to Matthew by Papias of Hierapolis.*
2. *The Gospel History and its transmission.* Edinburgh, 1906.
3. *Testimonies.* Cambridge, 1916.

fesseur Lambros il y a un manuscrit du monastère d'Iveron au Mont Athos dont le titre est :. Ματθαιου μοναχου. Συγγραφη κατα Ιουδαιων ανεπιγραφος εν λογοις ε'. Ce moine Matthieu, inconnu à l'histoire ecclésiastique, ne serait-il pas tout simplement l'apôtre Matthieu et n'aurions-nous pas dans ce manuscrit une refonte grecque des Logia de Matthieu? Rendel Harris en est persuadé.

XVI. Dans leurs études sur le problème synoptique Spitta et Haupt se sont placés à des points de vue spéciaux.

Les critiques s'accordent à supposer que les évangiles dépendent de récits évangéliques primitifs, et admettent, pour la plupart, qu'il faut distinguer deux sources, Marc et les Logia, qui auraient été utilisées de manière différente par Matthieu et Luc. Spitta, tout en croyant que les évangélistes ont reproduit des documents, et d'abord un écrit fondamental, qu'il appelle *Grundschrift,* ne pense pas que celui-ci ait été surtout reproduit par Marc, mais plutôt par Luc; c'est donc dans cet évangéliste qu'il faut le rechercher. Il le rétablit, p. XIII-XVIII, tel qu'il le conçoit après une longue discussion des textes évangéliques de Luc, Marc et Matthieu [1].

Cette *Grundschrift* aurait été tout à la fois plus complète et moins complète que l'évangile de Marc. Elle aurait contenu les données chronologiques de Luc, III, 1-3, la généalogie de Jésus, les trois tentations, le discours de Jésus dans la plaine, *Lc,* VI, 17-49, les apparitions de Jésus ressuscité, l'ascension. Mais elle n'avait pas les morceaux que Luc a empruntés à Marc : la multiplication des pains, la purification du temple, la préparation du repas pascal, etc. Elle aurait

---

[1]. *Die synoptische Grundschrift in ihrer Ueberlieferung durch das Lukasevangelium.*

été écrite d'après la tradition araméenne, vers l'an 40, par quelqu'un de bien informé, peut-être un apôtre. La *Grundschrift* de Marc provient de la même tradition, mais en est une traduction différente.

Si l'on admettait l'hypothèse de Spitta, ce serait donc dans Luc qu'il faudrait chercher le document primitif qui est à la base de nos évangiles. Dans Marc il y manque des sections importantes qui ont disparu dans le texte actuel par suite d'une mutilation probablement accidentelle du manuscrit archétype, d'où dérivent tous nos manuscrits de Marc. Après les mots : « Commencement de l'évangile de Jésus-Christ », I, 1, qui sont le titre du livre, il devait y avoir un évangile de l'enfance, peut-être une généalogie de Jésus, et certainement un récit de la naissance surnaturelle de Jésus. Puis venait une notice sur Jean-Baptiste dont les citations des prophètes, I, 2, 3, sont une suite. Dans le corps de l'évangile il y aurait aussi une lacune qui se serait produite, ch. III, 21. Entre la première partie du ⅴ 21 et la seconde, le passage perdu rapportait le discours dans la plaine, la guérison du démoniaque, etc. A la fin de l'évangile a disparu ce qu'on appelle la finale longue, XVI, 9-20.

Spitta conçoit la formation du IIIe évangile de la façon suivante : Luc aurait reproduit l'écrit fondamental sans le modifier ; il aurait emprunté quelques passages au proto-Marc ou au Marc actuel et aurait reproduit un document qui contenait surtout des discours, IX, 57-XVIII, 14. Enfin il aurait ajouté des récits de provenances diverses : le centurion de Capharnaüm, la résurrection du fils de la veuve de Naïm, l'histoire de la pécheresse, Zachée, le bon larron, les disciples d'Emmaüs, etc.

Nous reconnaîtrons volontiers que Spitta a déployé dans son exposé une grande souplesse critique, qu'il a fait preuve d'une extraordinaire habileté à manier et à disposer les textes, mais dirons-nous qu'il a résolu le problème synoptique? Nous devrons seulement constater qu'il a changé les dispositions des données de la question. Des critiques pensent comme lui que Luc ne dépend pas de notre Marc actuel, mais cela n'explique qu'un côté du problème; il reste à savoir quelle est la position de Matthieu. En tout cas, il nous paraît difficile d'admettre que Marc ait subi des mutilations aussi considérables que celles que suppose Spitta. Passe pour la lacune de la fin, bien que nous croyons que la finale, XVI, 9-20, est de Marc, mais pour celles du commencement et de l'intérieur de l'évangile, elles ne nous paraissent pas justifiées. Il est plutôt probable que si Marc n'a pas les passages susmentionnés c'est qu'ils n'existaient pas dans la *Grundschrift* primitive, ce qui détruit en partie l'hypothèse de Spitta.

XVII. W. Haupt[1] a essayé aussi de déterminer les sources qui ont servi à la formation de nos évangiles synoptiques. Voici celles qu'il a cru découvrir[2]. Il établit d'abord les sources existantes vers le milieu du 1er siècle.

1. Un essai écrit de Mémoires de Jérusalem, racontant les deux derniers jours de la vie de Jésus.

2. Un essai semblable de Mémoires de Galilée, racontant le ministère de Jésus depuis l'apparition de Jean-Baptiste jusqu'à la prédiction de sa passion par Jésus et son départ pour Jérusalem pour sa dernière Pâque.

3. Le plus ancien récit complet de la vie de Jésus

---

1. *Worte Jesu und Gemeindeüberlieferung zur Quellengeschichte der Synopse.* Leipzig, 1913.

2. Nous empruntons l'analyse de l'ouvrage à un compte rendu de CLAYTON R. BOWEN, *The American Journal of Theology*, vol. XVIII, p. 435. Chicago, 1914.

formé par la réunion des deux récits précédents, les prédictions sur la passion formant le trait d'union. Ce récit, Stammbericht, qui ne contenait aucun discours est la source de tous les récits subséquents. Il existait en plusieurs recensions et a subi de nombreux changements et additions. Comme les récits 1 et 2 il a été formé en Palestine, avant le milieu du 1er siècle.

4. Le Grundbericht, G, ou source narrative incorporée dans Marc et utilisée plus tard par Matthieu et Luc. Ce récit ne contient encore aucun discours et se développe sur la base du Stammbericht, 3, mais il n'est plus une reproduction objective de la tradition; il est dominé complètement par le dessein de démontrer la messianité de Jésus : « L'histoire est ainsi corrigée par la dogmatique. » De nouveaux matériaux sont ajoutés, spécialement des miracles; le vieux fond de récits est élargi et réformé à nouveau pour s'adapter à la preuve de la messianité. Ce document a été produit dans la communauté de Jérusalem vers l'an 50. Son but le plus caractéristique était de prouver aux Juifs incroyants que « Dieu a fait tout à la fois Seigneur et Messie ce Jésus que vous avez crucifié », *Act.*, II, 36, discours de Pierre aux Juifs, le jour de la Pentecôte.

5. Le premier recueil de discours (Q^1) contenait primitivement un discours eschatologique aux disciples sur leur avenir apostolique (en substance dans Matthieu); puis un discours subséquent sur les rangs dans le royaume, appuyé par l'exemple du petit enfant; probablement aussi la parabole du Semeur. Ce document est basé sur des paroles traditionnelles de Jésus, mais sous cette forme il a été produit par la communauté. Il a été écrit pour compléter G, auquel il a été ajouté aux environs de l'an 50. Jérusalem est aussi son lieu d'origine. Paul le connaissait, comme il res-

sort de la première épître aux Thessaloniciens, ch. IV et V et de la première épître aux Corinthiens, ch. IX. Son point de vue est celui d'un christianisme strictement juif; (il défend, *Mt*, X, 5 ss, à ceux auxquels il est adressé la mission chez les Gentils), à supposer même qu'il ne soit pas pleinement anti-paulinien.

6. Une seconde addition à G (Q^2) consistait dans une série de dix-sept conflits entre Jésus et les pharisiens, avec un court discours traitant aussi de questions sur la Loi. Ce dernier est ajouté à Q^1; le premier à G, qui, cependant, forme maintenant un seul document. Le point de vue de Q^2 est moins strictement juif que celui de Q^1; il commence déjà à exercer une certaine critique sur les usages et la croyance traditionnels et à développer une conscience morale et religieuse indépendante. Cette seconde addition à G a été faite aussi à Jérusalem, vers l'an 55 et a été connue de Paul, I *Cor.*, VII. G, Q^1 et Q^2 ont pu exister en l'an 55 en trois codex séparés, mais étaient regardés comme une collection des Memorabilia de Jésus dans des éditions successives. Les écrivains subséquents les ont utilisés ensemble.

7. Un récit, développé, comme G, du Stammbericht original, mais indépendamment. Comme il est devenu la source spéciale de Marc il est appelé S (Sonderquelle). Celle-ci est historiquement une source narrative de la plus grande valeur. Différent de G, ce récit n'a aucun but dogmatique; il est écrit non pour prouver une thèse, mais pour raconter l'histoire évangélique. Il possède beaucoup de matériaux qui ne se trouvent pas dans G; il est excessivement vivant et pittoresque et donne à Marc son air de vérité et de réalité. Il n'a aucun intérêt spécialement judéo-chrétien, et a dû naître dans une communauté hellénistique. Il n'a pas de rapports avec Pierre; la fameuse

250 CRITIQUE ET PHILOLOGIE DU NOUVEAU TESTAMENT.

déclaration de Papias est seulement une conjecture mal comprise, sans relation réelle soit avec l'évangile de Marc, soit avec S.

8. L'évangile de Marc. Celui-ci a fondu en un les deux ouvrages plus anciens (G avec des additions Q^1 et Q^2, et S) avec certains changements et des additions faites par l'éditeur. Les unités plus anciennes furent brisées et des passages des deux sources furent employés alternativement, ce qui causa de fréquentes récapitulations et des doublets. L'ouvrage parut vers l'an 70 ; Haupt ne parle pas de la personne ou du lieu de résidence de l'auteur.

9. Une troisième addition à G (Q^3) faite par un groupe chrétien de Palestine après la destruction de Jérusalem. On y trouve trente-cinq passages de discours, contenant des instructions pour la communauté dans les sombres jours qui viennent, où, séparée de la synagogue, son nom rejeté comme le mal, elle doit prendre courage et une conscience d'elle-même qui lui permette de faire face au monde comme un corps religieux indépendant. Q^3 est plus long que lequel que ce soit des passages du primitif Q, qu'il supplémente ; il contient le bloc du discours sur la montagne, le récit de la tentation et beaucoup plus que ce qui est maintenant le plus proéminent dans nos évangiles. C'est le produit de la communauté chrétienne et non une réminiscence historique de ce que Jésus a dit ; son esprit au plus est son legs. Le point de vue fondamental est universaliste, critiquant sévèrement les chefs pharisiens et les Juifs, reconnaissant le juste jugement de Dieu sur Israël aveugle et entêté. Les matériaux de Q^3 sont, bien entendu, simplement les matériaux de Q dans Matthieu et Luc, qui n'ont pas de parallèle dans Marc, lequel fut écrit de trop bonne heure pour en faire usage.

10. Récits ultérieurs ajoutés à G, après que Marc

s'en fut servi et avant que Matthieu et Luc l'aient utilisé. Ceux-ci comprennent une généalogie davidique (différente dans les différentes copies de G), une histoire de la conception virginale et de la naissance (mieux conservée dans Matthieu; Luc prenant seulement le fait et donnant de nouveaux détails), peut-être aussi une relation du suicide de Judas (dans Matthieu et Actes). La copie faite par Matthieu de G possède aussi d'autres additions, surtout dans les récits de la passion et de la résurrection.

11. Un troisième document narratif, utilisé par Luc comme une source spéciale (L). Un récit entièrement complet basé (comme G et S) sur le Stammbericht primitif, mais continuant l'histoire au delà de la résurrection dans l'âge apostolique primitif, de sorte qu'il devint aussi une source pour les Actes. Ses matériaux ressemblent beaucoup à ceux de S et sont tout à fait différents de G, mais ce récit idéalise et contient beaucoup de miracles pieux et sans art; il est tout à fait éloigné de la base historique de son récit. L'auteur est un chrétien d'origine juive, mais de mentalité universaliste, pour lequel la controverse primitive judéo-païenne est oubliée depuis longtemps. Il parle toujours de Jésus comme « le Seigneur » et a beaucoup d'éléments en commun avec le quatrième évangéliste (Jean a-t-il connu L?); il a pu cependant écrire en Asie Mineure, quoique ses matériaux soient judéens. Sa date est approximativement l'an 80.

12. Des séries d'additions de discours postérieures (Qz = addition, zusatz, à Q) faites aux parties Q du document GQ, comme les matériaux indiqués au n° 10, ont été ajoutées aux parties de G. Comme précédemment la copie utilisée par Matthieu ne reçut pas exactement les mêmes séries d'additions que la copie utilisée par Luc.

Ce sont des allusions au sort de Jérusalem, plusieurs paraboles et explications, spécialement dans Luc (juge injuste, ami importun, le riche fou, le bon Samaritain, le riche et Lazare, l'intendant infidèle) mais aussi dans Matthieu (jugement du troupeau de porcs). Quelques additions sont communes aux deux évangélistes, principalement des suggestions qui ont été travaillées différemment par les deux évangélistes (*Lc,* XII, 35 s = les dix vierges de Matthieu; l'enfant prodigue de Luc = les deux fils, l'un obéissant, l'autre désobéissant de Matthieu; le frère aîné de l'enfant prodigue dans Luc = les vignerons dans la vigne, dans Matthieu; les deux débiteurs dans Luc, VII, 41-43 = le mauvais serviteur dans Mt, XVII, 23-34). Les additions sous ce chef sont principalement des notes marginales faites dans les manuscrits de Q, traitées par les évangélistes avec plus de liberté que les textes eux-mêmes. La date et le lieu d'origine de ces additions ne sont pas indiqués.

13. Une rédaction tardive strictement judéo-chrétienne (Nazaréenne) de l'exemplaire de GQ, que Matthieu a utilisée. Ceci est une polémique tempérée, anti-paulinienne, comme celle de l'épître de Jacques, qui se place à peu près au même point de vue, lequel est peut-être celui du groupe judéo-chrétien de Jérusalem après sa reconstruction à la fin du Ier siècle.

14. L'évangile de Luc. Écrit vers l'an 100 par un auteur qui certainement n'est pas Luc, le compagnon de Paul, l'auteur du Journal de voyage dans les Actes, et probablement n'est pas un gentil. Il est plus un historien qu'aucun de ses prédécesseurs ou que Matthieu; il se sert d'un plus grand nombre de sources (y compris Josèphe) qu'aucun des évangélistes et il en use d'une façon plus critique, quoiqu'il altère moins la langue, que Matthieu. Dans l'ensemble, la forme actuelle des sources peut se retrouver plus fidèlement dans Luc

(à comparer la citation du Journal de voyage dans les Actes).

15. L'évangile de Matthieu. Il a été écrit par un judéo-chrétien universaliste, plus récent que Luc de quelques années. Matthieu est plus théologien qu'historien, plus attentif à produire à l'aide de ses divers matériaux une unité religieuse édifiante. Il est habile dans ce genre de composition et présente « l'Évangile » avec plus de succès que Luc, comme l'expérience de l'Église l'a toujours reconnu.

16. Contribution personnelle de Luc; additions et changements dus à l'éditeur en faveur de l'ébionisme, de l'ascétisme et de l'humilité.

17. Contribution personnelle de Matthieu; quatorze citations de l'Ancien Testament avec réflexions : matériaux ajoutés dans les sections traitant de la naissance de Jésus, de la passion, de la résurrection; certains commentaires se rapportant à Pierre (spécialement XVI, 17-19), quelques paraboles ajoutées, explications et remarques de l'éditeur.

Comme conclusion nous avons, d'après Haupt, peu de paroles authentiques de Jésus, beaucoup plus de tradition des communautés (Gemeindeüberlieferung) ou plutôt de poésie des communautés (Gemeindedichtung). En d'autres termes, nous aurions quelques paroles directes de Jésus, un grand nombre de paroles transmises par les communautés chrétiennes ou plutôt dues à l'imagination de ces communautés.

XVIII. Dans son *Introduction to the Literatur of the New Testament*, J. Moffatt a consacré un important chapitre à l'étude du problème synoptique[1]. Il rejette tout d'abord l'hypothèse de la tradition orale, laquelle ne peut expliquer les ressemblances et les

---

1. *Op. cit.*, p. 177-216.

divergences des évangiles synoptiques et admet la priorité de l'évangile de Marc par rapport à ceux de Matthieu et Luc. Il analyse le témoignage de Papias, duquel il ressort qu'il y eut tout d'abord un évangile de Marc qui reproduisait la prédication de Pierre et des récits provenant de la tradition orale, mais le tout sans ordre. Ce Marc aurait été plus court que notre Marc actuel. Celui-ci est en effet un ouvrage où l'on retrouve des traces de rédactions successives, des additions, des changements. L'auteur a donc reproduit l'ensemble du Marc primitif en le complétant à l'aide de matériaux qui lui venaient d'ailleurs; il ne s'est pas servi du document Q.

Papias nous apprend encore que Matthieu a écrit en araméen les Logia du Seigneur, document Q. Mais notre Matthieu grec a certainement utilisé l'évangile de Marc, de sorte qu'on ne peut admettre qu'il est une traduction des Logia de Matthieu. Il a été composé à l'aide des Logia de Matthieu et de notre Marc actuel. Il en est de même de l'évangile de Luc, mais ces deux évangélistes ont eu aussi d'autres sources qui leur étaient particulières. Moffatt ne croit pas impossible que l'évangile de Matthieu ait été une des sources de Luc, mais il pense qu'on peut expliquer autrement que par une dépendance de Luc à Matthieu les passages où ces deux évangélistes s'accordent contre Marc. Elles proviennent peut-être de la tradition orale, du document Q, de sources communes, enfin de l'adaptation qui a été faite plus tard du texte d'un évangile à l'autre.

XIX. H. Pasquier pense avoir trouvé la solution du problème synoptique [1]. Voici un exposé succinct de son système. Le premier évangile n'est pas autre que les Logia attribués à Matthieu par Papias. Rien ne prouve

---

1. *La solution du problème synoptique.* Tours, 1911.

que Matthieu ait eu des sources écrites ; témoin oculaire de la plupart des événements qu'il raconte, il dit ce qu'il a vu et entendu. Son évangile se compose de discours parfaitement ordonnés ; l'enchaînement logique des sentences prouve que Matthieu n'a pas trouvé ces sentences à l'état dispersé et fragmentaire, sans liaison entre elles, mais qu'il a rapporté exactement quant à leur substance, sinon avec tous leurs développements, les instructions du Seigneur, comme elles avaient été réellement prononcées.

Luc a utilisé la tradition orale transmise par les témoins oculaires ; en ce qui concerne les faits on ne peut affirmer qu'il se soit servi de documents écrits. Dans les discours il faut distinguer les sentences des paraboles. Les paraboles qui lui sont propres lui ont été fournies par la tradition orale ou écrite et sont indépendantes de Matthieu. Les sentences, au contraire, sont en dépendance de Matthieu ; elles ne lui ont pas cependant été empruntées directement, vu qu'elles sont disposées dans Luc tout autrement que dans Matthieu. Luc a emprunté ces sentences à des documents fragmentaires qui avaient été formés par les fidèles lesquels avaient reproduit les parties des discours du Seigneur qui, dans Matthieu, les avaient le plus frappés.

L'évangile de Marc est une combinaison de Matthieu et de Luc. Marc se proposait avant tout d'établir une concorde des événements déjà racontés par les deux autres synoptiques en prenant comme base l'évangile de Matthieu, le rectifiant surtout au point de vue chronologique et le complétant par des détails empruntés à Luc et quelques rares additions fournies par la prédication de Pierre.

Sans entrer dans la discussion de ce système, nous ferons remarquer qu'il est en opposition avec le texte de Papias, où il est parlé de la composition de l'évangile de Marc. D'après Pasquier la priorité de Marc est « une invention allemande », imaginée par des protestants et des libres penseurs, p. XI. Si cet argument a une valeur quelconque il se retourne contre l'hypothèse de Marc postérieur aux évangiles de Matthieu et de Luc. Cette hypothèse a été présentée tout d'abord par Griesbach, un protestant ; elle a été reprise par le rationaliste Christian Baur et l'école de Tübingen. Enfin, elle a été exposée en détail par Davidson, un des derniers représentants de l'école de Tübingen, dans son *Introduction to the Study of the New Testament*, Vol. I, p. 478-498 : Davidson avait trouvé avant Pasquier les arguments qui établissent la postériorité de Marc.

XX. E. Rede Buckley a étudié aussi la question synoptique dans toute son ampleur[1]. Voici d'abord les conclusions auxquelles, d'après lui, les critiques seraient arrivés :

1. Marc, ou un document grec qu'on peut difficilement distinguer de Marc, a été utilisé par Matthieu et Luc dans la compilation de leurs évangiles. Quoique la majorité des critiques s'accordent sur ce point, quelques-uns ne l'acceptent pas et d'autres l'admettent avec cette restriction que Luc s'est servi d'une forme plus courte de l'évangile de Marc. Quelques-uns enfin soutiennent que Marc est lui-même une compilation et qu'une de ses sources a été le document Q.

2. Matthieu et Luc ont tous deux utilisé une même source grecque, Q, laquelle contenait non seulement la matière qui leur était commune et n'était pas dans Marc, mais aussi des matériaux, particuliers à chacun d'eux et quelques-uns rapportés par Marc. Encore ici

---

[1]. *An Introduction to the synoptic Problem.* London, 1912.

l'assentiment n'est pas général; quelques-uns soutiennent que Matthieu et Luc n'ont pas utilisé le même document, mais deux versions différentes de celui-ci qui auraient été déjà développées de différentes façons.

3. Quant à l'usage de Q quelques-uns pensent que Matthieu a utilisé une collection de sentences du Seigneur et Luc un document en partie narratif, en partie composé de discours, que les compilateurs de ces documents ont tiré de sources apparentées une certaine quantité de matière commune. Une certaine confusion s'est introduite dans la question par ce fait que les critiques n'emploient pas dans le même sens le sigle Q. Pour les uns, c'est un même document utilisé tout à la fois par Matthieu et Luc; pour d'autres ce serait un document dont se seraient servis les compilateurs des sources utilisées par Matthieu et Luc.

Voici maintenant les conclusions qu'adopte Buckley :
1. Matthieu et Luc ont tous les deux utilisé Marc.
2. Matthieu s'est servi d'une collection de paroles du Seigneur et Luc d'une seconde source, qui était un évangile, mais dans ces deux documents distincts, collection de sentences et évangile, étaient incorporés des matériaux dérivés d'une source primitive qu'on peut appeler Q, laquelle serait donc la source primitive de la matière commune à Matthieu et à Luc.

3. Marc a pu se servir d'une collection de paroles du Seigneur; toutefois le témoignage des faits ne justifie pas l'identification de celle-là avec Q, mais suggère au contraire que c'était une collection indépendante.

4. Derrière nos évangiles, il y a une considérable littérature évangélique précanonique et le processus d'accroissement et de sélection marchait simultanément, de sorte qu'un document basé sur des sources

primitives n'a jamais utilisé l'ensemble de toutes ces sources.

5. Quoique l'hypothèse des deux documents soit probablement la vraie solution du problème, si nous voulons dire que Marc et Q sont les deux sources les plus importantes des évangiles canoniques, elle serait fausse si nous l'entendions en ce sens que ces deux documents sont les seuls qui aient été employés.

Voici maintenent quels seraient d'après Buckley les divers stages de la tradition évangélique : Luc nous apprend qu'à l'origine « plusieurs ont entrepris de composer un récit des faits qui se sont accomplis parmi nous »; il y eut donc une production d'évangiles relatant ce que Jésus avait fait et enseigné et de plus une collection des paroles du Seigneur. Lorsque ces diverses collections se furent multipliées, des écrivains entreprirent de disposer systématiquement ces divers matériaux et se produisirent alors :

1. L'évangile de Marc dans lequel un certain nombre de paroles du Seigneur extraites d'une petite collection de ces paroles furent incorporées à la narration des faits.

2. T, ou Tertium evangelium, dans lequel le même procédé fut suivi mais sur une plus grande échelle : une collection plus complète de sentences fut utilisée, collection dans laquelle un essai de groupements des paroles du Seigneur avait été fait.

3. MQ, seconde source de Matthieu, dans lequel toutes les paroles utilisables furent groupées en cinq sections; quelques fragments narratifs y ont été probablement introduits avec les paroles dérivées de certains évangiles.

4. Matthieu, dans lequel nous avons le mélange d'un évangile complet avec une collection complète de paroles.

5. Luc, dans lequel nous avons le mélange de deux évangiles, Marc et T. Il aurait donc reproduit pour les discours une autre source que celle employée par Matthieu.

XXI. C'est aussi, à un certain degré, la question synoptique qu'a étudiée W. West Holdsworth dans son ouvrage : *Gospel Origins*[1]. Les évangiles ont une commune origine qui est la prédication des apôtres. Les récits et les discours ont dû apparaître de bonne heure sous forme de documents écrits. Les paroles du Seigneur furent recueillies en plusieurs collections. Papias a mentionné une collection de Logia du Seigneur faite par Matthieu en araméen ; Irénée et Origène rapportent le même fait. L'œuvre de Matthieu ne fut pas une simple accumulation de Logia, mais une mise en ordre de ceux-ci. Elle a été traduite en grec avant que les matériaux dérivés de Marc y aient été incorporés.

L'évangile canonique de Matthieu comprend trois sections : les récits de l'enfance, les Logia, les matériaux empruntés à Marc. Ce n'est pas du Marc actuel qu'ils viennent, mais d'une édition antérieure.

L'évangile de Marc est homogène et ne trahit aucune dépendance du document Q. Marc a donné trois éditions de son évangile : une première qui a dû être écrite en Judée et qu'a utilisée Luc ; une seconde écrite en Égypte et dont s'est servi l'auteur du Matthieu canonique ; enfin une troisième qui est notre Marc actuel. Matthieu et Luc n'auraient donc pas fait des suppressions dans le texte du Marc actuel, mais c'est Marc qui aurait ajouté des détails à ses deux éditions précédentes.

Luc aurait utilisé pour écrire son évangile une col-

---

[1]. *Gospel Origins* : *A Study in the synoptic Problem*, London, 1913.

lection de Logia, différente de celle de Matthieu, la première édition de l'évangile de Marc et des documents spéciaux contenant le récit de la nativité, le voyage dans la Pérée, les récits de la passion et de la résurrection.

XXII. Nicolardot[1] ne traite pas la question des sources des évangiles, mais essaye de déterminer le caractère de l'œuvre de chaque évangéliste, le but qu'ils se sont proposé et leur méthode d'exposition. Matthieu est un compilateur, qui a arrangé ensemble tout ce qu'il savait avec beaucoup d'art dans un but typologique et apologétique. Luc écrit avec art et n'utilise pas ses matériaux tels qu'ils se présentent; il les travaille à nouveau en leur imposant sa marque littéraire et intellectuelle. Luc n'est pas un évangéliste tout uniment, ni strictement un historien. Il traite les matériaux traditionnels avec le respect du croyant, l'exactitude — toute relative — de l'hagiographe, et la liberté grecque de l'artiste. Marc a écrit quelques années après 70. Son but est l'édification. Il cherche à retracer les événements dans leur ordre chronologique, mais en réalité il les adapte aux besoins d'instruction des fidèles. Il fait un large usage des Logia, mais il a d'autres sources. Il n'est pas l'écho des discours de Pierre.

En résumé, les évangélistes sont arrangeurs plus que créateurs. Ils utilisent, outre leurs informations orales, des documents écrits dont la substance passe dans leur œuvre, abondante, reconnaissable, matériellement identique à elle-même, bien que remaniée, repensée, adaptée au but que chacun d'eux s'est proposé.

XXIII. La Commission pontificale « de Re biblica »

---

1. *Les procédés de rédaction des trois premiers évangélistes.*

a rendu le 26 juin 1912 un décret sur la question synoptique. En voici le texte :

I. Utrum, servatis quae juxta praecedenter statuta omnino servanda sunt, praesertim de authenticitate et integritate trium Evangeliorum Matthaei, Marci et Lucae, de identitate substantiae Evangelii graeci Matthaei cum eius originali primitivo, necnon de ordine temporum quo eadem scripta fuerunt, ad explicandum eorum ad invicem similitudines aut dissimilitudines, inter tot varias oppositas auctorum sententias, liceat exegetis libere disputare et ad hypotheses traditionis sive scriptae sive oralis vel etiam dependentiae unius a praecedenti seu a praecedentibus appellare?

Resp. Affirmative.

II. Utrum ea quae superius statuta sunt, ii servare censeri debeant, qui nullo fulti traditionis testimonio nec historico argumento, facile amplectuntur hypothesim vulgo duorum fontium nuncupatam, quae compositionem Evangelii graeci et Evangelii Lucae ex eorum potissimum dependentia ab Evangelio Marci et a collectione sic dicta sermonum Domini contendit explicare; ac proinde eam libere propugnare valeant?

Resp. Negative ad utramque partem.

Voici la traduction française qu'a donnée le P. Prat de ce décret :

I. Tout en se conformant aux décisions précédentes qui doivent être rigoureusement observées, spécialement en ce qui concerne l'authenticité et l'intégrité des trois évangiles de Matthieu, de Marc, de Luc, l'identité substantielle de l'évangile grec de Matthieu avec son premier texte original, comme aussi en ce qui touche l'ordre chronologique de composition de ces évangiles, les exégètes peuvent-ils, pour expliquer les ressemblances et les divergences des synoptiques entre eux, au milieu de tant d'opinions diverses et opposées des critiques, discuter librement et embrasser à leur gré l'hypothèse de la tradition, soit écrite soit orale, ou même celle d'un évangéliste par rapport à l'un ou à l'autre de ses devanciers.

Rép. Oui.

II. Faut-il considérer comme observant les décisions formulées ci-dessus ceux qui, sans pouvoir se baser sur aucun témoignage de la tradition ou aucune preuve historique, embrassent facilement l'hypothèse communément dite des deux sources, laquelle s'efforce d'expliquer la composition de l'évangile grec de Matthieu et de Luc, principalement d'après leur commune dépendance de l'évangile de Marc et de la collection dite des « Discours du Seigneur »; et par suite, les tenants de cette hypothèse peuvent-ils librement la défendre?

Rép. Non, pour les deux parties.

De ce décret il ressort que l'exégète catholique peut embrasser à son gré l'hypothèse de la tradition soit écrite, soit orale ou même celle de la dépendance d'un évangéliste à un autre tout en maintenant toutefois l'ordre de succession traditionnel, Matthieu araméen, Marc, Luc; par conséquent il ne peut adopter l'hypothèse qui soutient que Matthieu et Luc dépendent de Marc et des Logia. Le Matthieu grec reproduit en effet la substance du Matthieu araméen. De plus, l'exégète doit admettre l'authenticité et l'intégrité des évangiles synoptiques.

L'hypothèse des deux sources qu'a présentées Grotius ferait droit, d'après le P. Prat[1], en même temps aux données de la tradition et aux exigences de la critique. Il la formulait ainsi : « Sicut autem Marcus usus est Matthaei hebraeo, ni fallor, codice; ita Marci

---

[1]. *La question synoptique; Essais de solution; Études*, T. CXXXIV, p. 346. Paris, 1913.

libro graeco usus mihi videtur quisquis is fuit Matthaei graecus interpres. Nam quae Marcus ex Matthaeo desumpsisset, idem hic iisdem prope verbis posuit, nisi quod quaedam a Marco hebraico aut chaldaico loquendi genere expresse propius ad graeci sermonis normam emollivit. » Il y aurait donc eu action directe du Matthieu araméen sur Marc, réaction de Marc sur le Matthieu grec, utilisation de Marc et, si l'on veut, aussi de Matthieu par Luc. Les synoptiques dériveraient donc, dans leur ensemble, de deux documents : le Matthieu araméen et le Marc canonique. Ce système a été soutenu par Zahn. Il avait été adopté auparavant par Patrizi, de Valroger, Schanz. Le P. Prat cite comme le tenant de nos jours : Batiffol, Barnes, Fracassini, Lagrange, Bonaccorsi, Calmes, Chapman, Mangenot, Gigot, Valbuena, Camerlynck et Coppieters. Il nous semble qu'il y aurait des réserves à faire dans cette liste; tous les critiques nommés ne nous paraissent pas avoir embrassé exactement cette hypothèse, surtout dans son ensemble.

Le P. Méchineau[1] fait observer que, d'après la Commission biblique, on peut résoudre la question synoptique en supposant aux évangiles des sources orales ou écrites où la dépendance de l'un à l'autre et qu'elle a déterminé exactement le problème en le réduisant à trouver la raison d'être des ressemblances et des différences entre les trois synoptiques. Or, d'après lui, les ressemblances s'expliquent par le fait que les évangélistes ont puisé aux mêmes sources ou à des sources semblables : orales, écrites ou dépendent l'un de l'autre. Les différences proviennent des sources consultées, tant écrites qu'orales; différence dans la manière et la mesure dont les évangélistes s'en sont

---

1. *I Vangeli di S. Marco e di S. Luca e la Questione sinottica secondo le riposte della Commissione biblica*, p. 191. Roma, 1913.

servi; différence du but à atteindre, des qualités et du génie de l'écrivain, enfin de la liberté qu'avait chacun d'eux de travailler et de développer son sujet.

Matthieu a raconté ce qu'il avait vu et entendu; pour le choix de ses matériaux et l'ordre suivi il a pu subir l'influence de la catéchèse apostolique. Marc a reproduit la prédication de Pierre, identique en substance à celle que reproduisait Matthieu; en outre, il s'est servi de l'évangile araméen de Matthieu; il a pu reproduire aussi des faits et des circonstances obtenues de par ailleurs. Sur certains faits la catéchèse romaine différait de la palestinienne. Luc s'est servi des mêmes sources ou presque identiques que ses prédécesseurs, mais ne s'en est pas servi de la même façon. Outre de nombreuses sources, écrites ou orales (la prédication de Paul), il a utilisé les évangiles de ses deux prédécesseurs. Le P. Méchineau conclut que la question synoptique n'est certainement pas résolue d'une manière positive et adéquate, mais qu'elle ne le sera jamais. C'est pour lui : « primo argumento di consolazione ».

J. Sickenberger [1] pense qu'on peut exprimer d'après la Commission biblique les relations des évangélistes entre eux de la façon suivante. La source Q, qui égale en substance les Logia de Matthieu, a été la source du Matthieu grec et de Luc; le Matthieu grec serait la source de Marc, d'où dérive Luc en partie.

1. *Das neue Dekret der Bibelkommission über das Mt. Evangelium und die sog. Zweiquellen, Theorie*, dans *Bib. Zeitsch.*, Bd IX, p. 391. Freiburg Br., 1911.

CHAPITRE II

ÉVANGILE DE SAINT MATTHIEU.

J. Weiss, *Das Matthäus-Evangelium*, dans J. Weiss : *Die Schriften des Neuen Testament*. Tübingen, 1906.
A. Carr, *The authenticity and originality of the first-Gospel: Expositor*, T. XXXII, p. 339.
W. Allen, *Commentary on the Gospel according to St. Matthew*. Edinburgh, 1907.
E. Klostermann, H. Gressmann, *Matthäus*, dans Lietzmann, *Handbuch zum Neuen Testament*. Tübingen, 1909.
A. Plummer, *An exegetical Commentary on the Gospel according to St. Matthew*. London, 1909.
*E. Dimmler, *Das Evangelium nach Matthäus übersetzt, eingeleitet und erklärt*. M. Gladbach, 1909.
*G. G. Cereselo, *Authenticità, età e storica autorità del Vangelo di S. Matteo*. Roma, 1909.
*J. Niglutsch, *Brevis Commentarius in Evangelium S. Matthaei*. Trient, 1913.
*S. Méchineau, *Il Vangelo die S. Matteo sec. le riposte della Commissione biblica*. Roma, 1912.
A. H. Mc Neile, *The Gospel according to St. Matthew*. London, 1915.
Lukyn Williams, *The Hebrew-Christian Messiah or the Presentation of the Messiah to the Jews in the Gospel according to St. Matthew*. London, 1916.

I. Dans la préface de son travail Willoughby C. Allen explique la méthode qu'il a suivie dans son commentaire sur l'évangile selon saint Matthieu[1]. Les textes évangéliques comportent trois genres d'études.

---
1. *Commentary on the Gospel according to St. Matthew.*

Le critique doit en établir le texte, en dégager les sources et déterminer les rapports qu'ils ont entre eux. Le commentateur dégagera l'idée que l'évangéliste et ses lecteurs se faisaient de la vie du Christ et de ses enseignements. L'historien comparera les textes pour dégager la figure historique de Jésus-Christ. Allen sera surtout commentateur, bien que, par occasion, il se montre historien. Dans l'introduction il a fait la besogne du critique.

Il recherche d'abord les sources du premier évangile. On y retrouve, constate-t-il, tout l'évangile de Marc, tel que nous le possédons, et non un Marc antérieur, mais modifié quant à l'ordre et à la teneur des récits, abrégés et corrigés pour la langue, ou pour les descriptions, plus atténuées et moins réalistes. On y relève ensuite des parties communes à Matthieu et à Luc. Les critiques contemporains les attribuaient en masse à un recueil qu'ils intitulaient « Logia du Seigneur » et désignaient par la lettre Q ; ils ne s'accordaient pas d'ailleurs sur l'étendue de ce document. Allen distingue dans cette source des discours de caractère anti-pharisaïque et nettement judéo-chrétien, lesquels ne seraient autres que les Logia de Matthieu, dont parle Papias et d'autres parties, également accessibles à Luc mais indépendantes des Logia. L'auteur du premier évangile, en outre, a étayé son récit de nombreuses prophéties de l'Ancien Testament, empruntées à un recueil de témoignages messianiques. Il l'a complété par les récits de l'enfance, qui lui venaient d'une source palestinienne et enfin, il y a joint des notes qui lui étaient propres. En tout six sources qu'Allen a distinguées en marge, dans sa traduction anglaise du texte évangélique, par les lettres E L M O P X.

Allen expose ensuite le plan et la théologie du

premier évangile. L'auteur en est inconnu ; Matthieu n'aurait fourni que les deux cinquièmes de l'écrit. L'époque de composition serait l'an 70 ou un peu auparavant. Quelques bonnes remarques sur les termes caractéristiques du premier évangile complètent l'introduction.

Le commentaire ne se présente pas sous la forme ordinaire. Après une traduction anglaise du texte, faite sur un texte grec qui paraît éclectique, Allen précise le sens des phrases sans discussion ni exposé d'hypothèses. Il s'attache surtout à l'explication grammaticale, et aux rapprochements avec les textes contemporains, juifs ou chrétiens. Il ne craint pas d'être original dans son interprétation ; aussi, n'est-il pas toujours à suivre, principalement quand il tombe dans l'exégèse protestante : XVI, 18 et XXVI, 26. Au chapitre I, 16, il adopte la leçon du syriaque sinaïtique : « Joseph, qui épousa Marie, une vierge, engendra Jésus, qui est appelé Christ », mais il fait remarquer qu'il s'agit ici de descendance légale.

Dans une note sur la valeur historique de l'évangile de Matthieu, placée à la fin du commentaire, et qui en forme ainsi la conclusion, Allen reconnaît que tout ce qui, dans le premier évangile, provient de Marc possède une valeur historique de premier ordre. Les discours du Seigneur, empruntés aux Logia de Matthieu, sont authentiques et présentent les vrais enseignements du Christ. Il en résulte, ainsi qu'il avait été dit dans la préface, que nous possédons dans une large mesure les paroles et les actes du Christ historique. Allen veut bien nous dire d'ailleurs que l'étude scientifique des évangiles aboutit à des résultats analogues à ceux de la tradition.

II. Plummer [1] s'attache surtout à étudier l'évan-

1. *Commentary on the Gospel according to St. Matthew.*

gile de Matthieu au point de vue théologique et religieux. Dans une introduction assez étendue, il cherche d'abord à déterminer quel est l'auteur du premier évangile; il croit que Matthieu a rassemblé en araméen les sentences du Seigneur et que le rédacteur de l'évangile a inséré celles-ci dans son travail, dont la partie narrative avait été composée à l'aide d'un document analogue à l'évangile selon saint Marc. Le premier évangile fut donc attribué à Matthieu parce que celui-ci avait fourni la plus grande partie des matériaux. En comparant l'évangile de saint Matthieu avec ceux de saint Marc et de saint Luc, Plummer montre comment l'auteur a retravaillé ses sources pour les adapter à son but, qui était surtout doctrinal et apologétique. L'étude sur la Christologie du premier évangile, Jésus, le fils de l'homme, le fils de Dieu est concise mais très substantielle. Il en ressort que Jésus a revendiqué pour lui-même la filiation divine et que sa vie et ses enseignements, l'Église qu'il a fondée sont inexplicables si l'on n'admet pas sa divinité. « L'Incarnation peut paraître impossible aux hommes de notre génération, mais avec Dieu toutes choses sont possibles », p. XXXI. Le premier évangile a été écrit peu après l'an 70.

Plummer examine ensuite la question très importante des rapports de l'évangile selon saint Matthieu avec les Testaments des douze patriarches. Les ressemblances d'idées et même d'expressions sont très nombreuses entre ces deux écrits et l'on se demande quel est celui des deux qui est l'original, car l'un dépend certainement, dit-on, de l'autre. Les Testaments, au moins pour le texte hébreu, ont été composés avant l'ère chrétienne. Pour la traduction grecque, la date est moins certaine. Il semblerait donc que Notre-Seigneur et Paul ont connu les Testaments et s'en sont inspirés dans leur enseignement. C'est l'opinion de Charles. Mais notre auteur présente diverses observations qui prouvent que les écrits du Nouveau Testament ne dépendent pas des Testaments et que les ressemblances, qu'il reconnaît indéniables, s'expliquent mieux autrement. Les passages parallèles entre les évangiles et les Testaments se retrouvent presque tous dans les enseignements du Seigneur qui sont particuliers au premier évangile. Si Jésus avait répété des sentences des Testaments on devrait en retrouver aussi dans les deux autres synoptiques. En outre, ces ressemblances si nombreuses entre les écrits néotestamentaires et les Testaments sont réduites à deux ou trois seulement avec les écrits postapostoliques. L'explication la plus simple c'est que ces ressemblances peuvent d'abord être accidentelles ou provenir de ce que des écrivains contemporains ont reproduit des idées ou même des phrases d'un usage courant à cette époque. Enfin et surtout, en ce qui concerne les ressemblances d'expressions grecques, elles sont dues au traducteur ou aux copistes chrétiens des Testaments qui, consciemment ou non, ont assimilé les sentences des Testaments à celles du Nouveau Testament et principalement aux paroles du Seigneur, rapportées par l'évangile de Matthieu, lequel, des trois, était le plus connu.

Nous ne pouvons examiner dans le détail le substantiel commentaire qui nous est donné ensuite de l'évangile. Remarquons seulement l'étude du Sermon sur la Montagne, qui est un véritable traité sur ce discours et un exposé très clair de la signification des paroles de Notre-Seigneur. La naissance surnaturelle de Jésus est défendue avec habileté contre les récentes objections. Les paroles de Jésus à l'apôtre Pierre : « Tu es Pierre et sur cette pierre je bâtirai mon Église », sont certainement authentiques, bien qu'il soit possible qu'elles soient hors de leur contexte. Plummer tout en accordant que Notre-Seigneur a pu reproduire, dans son discours sur la fin du monde, des idées apocalyptiques courantes de son temps, refuse d'admettre qu'à la base de ce discours se trouve une Apocalypse juive apocryphe. L'ordre que Jésus a donné à ses apôtres d'aller évangéliser toutes les nations est authentique, malgré les difficultés textuelles qu'on a pu soulever à l'égard du passage qui le rapporte.

III. Alan Hugh Mc Neile[1] a publié en 1915 un commentaire très détaillé sur l'évangile selon saint Matthieu. Dans l'introduction il pose les principes sur lesquels il a basé son travail. 1. Les compilateurs du premier et du troisième évangile se sont servis du second évangile dans sa forme actuelle. 2. Ils ont utilisé des recensions différentes d'une source grecque écrite, citée sous le sigle Q, qui consistait principalement en sentences de Jésus et accompagnées peut-être pour la plupart d'entre elles d'un cadre historique. 3. Le compilateur de notre évangile s'est servi de matériaux provenant d'autres sources, par exemple, pour quelques parties du sermon sur la montagne, pour des sentences qui lui sont propres, pour la généalogie et les récits de l'enfance, pour quelques récits sur Pierre et sur Pilate. Il a utilisé aussi un écrit grec, traduit de l'araméen, et contenant des passages de l'Ancien Testament (Testimonia) avec probablement de brèves explications de leur réalisation dans la vie du Christ, passages extraits d'un texte hébreu différent du texte massorétique. Il n'y a aucune preuve claire que l'auteur ait jamais traduit lui-même de l'hébreu;

---

[1]. *The Gospel according to St. Matthew;* the greek text with introduction, notes and indices. London, 1915.

à part les Testimonia, il a normalement employé les Septante.

De l'évidence externe il ressort que la date du premier évangile doit être fixée vers l'an 70-115. L'évidence interne indiquerait plutôt la date 80-100. Dans son ensemble le premier évangile respire dans une atmosphère palestinienne et les traditions qu'utilise l'auteur, à part Marc et Q, sont palestiniennes. Et cependant, il ne se sert pas de l'Ancien Testament hébreu, excepté dans les passages qu'il emprunte aux Testimonia. Il paraît avoir vécu quelque part en Syrie dans un pays où les chrétiens n'étaient pas en rapports constants avec Jérusalem et où les traditions qu'ils possédaient étaient de valeur très inégale, allant de celles qui portaient une empreinte indiscutable d'authenticité aux histoires de caractère purement légendaire ayant grandi en dehors du contrôle que les apôtres ou des témoins oculaires auraient pu exercer sur elles. L'auteur n'était certainement pas l'apôtre Matthieu.

Le point de vue tout à la fois conservateur et ultra-critique se montre bien dans le jugement que porte Mc Neile sur la naissance surnaturelle de Jésus : dans le récit de la naissance virginale le fait central est encadré dans une matière qui, dans le second et le troisième évangile, contient sans doute un élément ou imaginaire ou midrashique, mais non mythologique. C'était le résultat naturel de la nature merveilleuse du fait. Mais quant au récit du fait lui-même il est maintenu, dans la note additionnelle, p. 10-13, qu'aucune explication adéquate n'a été présentée autre que celle d'être un fait historique ; il est impossible de faire dériver ce récit d'une origine littéraire qui lui serait antérieure.

Traitant de la valeur historique du discours du Seigueur sur la ruine de Jérusalem et la parousie, XXIV, 3-36, Mc Neile croit, avec d'autres critiques, que nous avons là une composition apocalyptique d'un judéo-chrétien, mais il admet qu'à la base du discours se trouvent des paroles de Jésus sur l'imminence de la fin du monde. Le Seigneur, d'après lui, aurait positivement annoncé son prochain retour, sa parousie glorieuse.

Mc Neile reconnaît cependant une haute valeur historique aux paroles du Seigneur. Le premier évangéliste, nous dit-il, leur a conservé leur tour original et leur saveur primitive. Il a gardé cette couleur juive qui fait de Jésus un homme de son temps et de son pays; il nous a donné ainsi un vivant portrait du Christ.

L'exégèse du nouveau commentateur est faible sur les points qui embarrassent le plus un anglican, par exemple sur la façon d'entendre la Cène eucharistique, sur les paroles de Jésus, conférant à Pierre la primauté apostolique. « Aucune explication, dit-il, de « Ceci est mon corps » ne peut être présentée dans un commentaire; sa signification varie pour les chrétiens avec les variétés de leur expérience individuelle. » Quant à la promesse du Christ à Pierre elle est réduite à peu de chose : La pierre sur laquelle sera fondée l'Église, c'est la dignité de Messie que Simon a reconnue en Jésus; les portes de l'enfer ne prévaudront pas contre elle en ce sens que le Messie ressuscitera glorieux.

Ce serait mal juger de l'esprit qui règne dans ce commentaire par les opinions que nous venons de relever; au fond, il est plutôt conservateur, bien qu'il ait subi l'influence de récents travaux critiques. Remarquons, en particulier, qu'il a affirmé à diverses reprises que Jésus est le Fils de Dieu en un sens unique et incommunicable.

IV. Dans une suite de douze conférences, données devant l'honorable société de Lincoln's Inn, 1911-1915, le Dr Lukyn Williams a étudié le Messie hébreu-chrétien ou la présentation du Messie aux Juifs dans l'évangile selon saint Matthieu[1]. Son but est de montrer les motifs qu'a eus l'auteur pour composer son œuvre et d'interpréter ses paroles dans le sens qu'il voulait leur donner.

Dans la première il examine les faits de la vie de Jésus depuis l'origine jusqu'à sa manifestation en Galilée : sa généalogie, sa naissance virginale à Bethléem, la fuite en Égypte, les Mages, Nazareth. Il croit que la communauté chrétienne de Jérusalem possédait un recueil de paroles du Seigneur, mais qu'elle désirait un exposé plus complet des rapports de Jésus avec les Juifs et de la position de celui-ci en face de la Loi. C'est pour répondre à ce besoin que l'auteur a écrit son évangile en grec pour atteindre un public plus étendu. A Jérusalem et en Palestine, les Juifs, parlant le grec, étaient plus nombreux qu'on ne le dit. Le Dr Lukyn suppose donc que notre premier évangile a été écrit en grec ; la tradition représentée par Origène et par Jérôme, affirme nettement que Matthieu a écrit son évangile en hébreu.

La deuxième étudie les partis juifs au temps de Notre-Seigneur : les Esséniens, les Saducéens et les Pharisiens. Des premiers il n'y a pas lieu de s'occuper, car on ne voit pas que Jésus ou Jean-Baptiste aient eu aucun rapport avec eux. Les Sadducéens, appelés ainsi probablement du prêtre Zadok, représentaient à Jérusalem la classe riche, favorable aux Romains, s'en tenant à la Loi et rejetant toute addition traditionnelle. Les Scribes, primitivement ceux qui écrivaient les

---

[1]. *The Hebrew-Christian Messiah or the Presentation of the Messiah to the Jews in the Gospel according to St. Matthew.*

livres religieux des Hébreux, étaient au temps de Notre-Seigneur les interprètes de la Loi ; quelques-uns étaient Sadducéens, mais presque tous étaient Pharisiens. Lukyn rappelle que Jésus a reproché aux Pharisiens d'avoir une religion purement extérieure et d'être des hypocrites. Comment expliquer cette attitude de Notre-Seigneur en face d'hommes que d'autres nous représentent comme des hommes pieux, fidèles observateurs de la Loi ? Diverses explications ont été présentées. Il y avait deux tendances chez les Pharisiens : la tendance libérale des disciples de Hillel et la tendance rigoriste des disciples de Shammaï ; c'est les premiers que Jésus a fréquentés et les seconds qu'il a anathématisés. Il est possible aussi que le terme « hypocrites » n'ait pas été entendu par Jésus au sens d'homme qui fait une action pour se faire valoir et tromper sur ses véritables dispositions et que le Seigneur ait voulu reprocher surtout aux Pharisiens l'étroitesse de leur religion.

La troisième est consacrée à Jésus guérissant les malades. Quoique des hommes de Dieu aient opéré des miracles à toutes les époques nous constatons que, bien que les miracles du Seigneur n'aient pas prouvé directement sa divinité, ils ont établi cependant la vérité de son affirmation qu'il était le Messie envoyé par Dieu.

La quatrième traite de Jésus docteur et s'occupe de l'originalité des enseignements du Seigneur. Il n'a subi aucune influence étrangère, qu'elle soit bouddhiste, perse ou grecque. Il a été profondément original et s'il a adopté le mode d'enseignement usité de son temps : paraboles, allégories; s'il a reçu quelques empreintes des idées courantes, il s'est inspiré surtout de l'Ancien Testament.

La cinquième examine la position de Jésus en face

de la Loi. Lorsqu'il a déclaré qu'il était venu non abolir la Loi mais la perfectionner, le Seigneur n'avait pas en vue les observances légales, mais les principes et les vérités qui étaient à la base de la Loi.

La sixième s'occupe des enseignements moraux de Notre-Seigneur. La plupart d'entre eux étaient déjà connus par l'Ancien Testament, mais il les a renouvelés, approfondis et leur a donné une force nouvelle en les appuyant sur son autorité.

Les septième, huitième et neuvième étudient les titres qui ont été donnés au Messie dans les évangiles, Fils de David, Fils de l'homme, Fils de Dieu. Les Juifs croyaient à la venue du Messie, roi national. Jésus a réalisé l'espérance populaire, mais en la spiritualisant. Il fut le Fils de l'homme, car il a réalisé la double représentation de l'homme dans ses souffrances et sa faiblesse, mais il fut aussi Fils de Dieu par nature.

La dixième étudie Jésus proclamant le royaume de Dieu déjà présent, mais devant venir seulement plus tard dans sa plénitude; la onzième, Jésus-Christ sur la croix, rachetant l'humanité et la douzième, Jésus victorieux de la mort et envoyant ses apôtres prêcher son nom à toutes les nations.

V. A. S. Barnes[1] étudie l'origine de l'évangile grec de saint Matthieu. Il trouve dans le texte trois séries qui paraissent d'origine différente : 1° une série contenant des récits étroitement apparentés à ceux de Marc; 2° une seconde contenant des discours qu'on retrouve à l'état dispersé dans Luc; 3° une troisième série contenant principalement des récits, mais particuliers à Matthieu. Cette troisième série s'apparente aux récits de Marc par ses caractéristiques et a dû faire partie d'un évangile de Marc plus complet que celui

---

1. *Suggestions on the origin of the Gospel according to St. Matthew; Journal of theol. Studies*, Vol. VI, p. 187. London, 1905.

que nous avons actuellement. Barnes croit que Marc a donné trois éditions de son évangile : une première à Césarée vers l'an 42 ; une seconde à Alexandrie, quelques années plus tard et une troisième à Rome vers 68 ou aux environs. C'est l'édition d'Alexandrie qui a servi à former l'évangile de Matthieu par l'incorporation dans son texte des Logia du Seigneur recueillis par Matthieu et traduits en grec. Cette amalgation aurait été exécutée vers l'an 66 à Alexandrie. Cette date résulterait du passage où Irénée dit que l'évangile de Matthieu fut écrit alors que Pierre et Paul prêchaient l'Évangile à Rome, c'est-à-dire vers 67. La date qu'assigne Eusèbe à l'évangile de Matthieu : « Matthieu prêcha d'abord aux Hébreux. Comme il dut aller en d'autres pays, il leur donna son évangile dans sa langue maternelle », viserait l'évangile araméen de Matthieu. La date traditionnelle du départ des apôtres de la ville de Jérusalem est l'an 42. Par cette hypothèse, Barnes croit avoir réconcilié la tradition et la critique moderne. Ce n'est pas l'opinion de la Commission biblique, comme nous le verrons plus loin.

VI. Willoughby C. Allen[1] croit que l'évangile actuel de Matthieu a été écrit en grec, à Antioche, vers l'an 50. Il aurait utilisé une traduction grecque de Marc écrite primitivement en araméen. Il démontre aussi que tout dans cet évangile est strictement juif et qu'il n'y a aucune trace des enseignements postérieurs sur l'Église.

VII. E. Stock[2] rappelle l'argument donné par T. R. Birks dans ses *Horae evangelicae* pour établir que l'évangile de Matthieu avait été écrit avant l'an 44. Marc, Luc et Jean dans leurs récits de la passion

---

[1]. *The alleged catholicism of the first Gospel and its date; Expos. Times*, Vol. XXI, p. 439. Edinburgh, 1909-1910.

[2]. *The date of the first Gospel; Expos. Times*, Vol. XXI, p. 523. Edinburgh, 1909-1910.

appellent toujours Pilate par son nom et par son titre : ἡγεμών. Matthieu, au contraire, le désigne sept fois, seulement par son titre : Ὁ δὲ Ἰησοῦς ἐστάθη ἔμπροσθεν τοῦ ἡγεμόνος, *Mt*, XXVII, 11. Ce n'est qu'avant l'an 44, date où un successeur de Pilate porta ce titre qu'on a pu l'employer sans y joindre le nom de Pilate. L'argument ne nous paraît pas convaincant.

VIII. En certains passages, l'évangéliste Matthieu n'est pas en accord complet avec Marc et Luc. Ces divergences apparentes proviennent d'après E. Lévesque des procédés littéraires de Matthieu[1]. L'absence de préoccupation vraiment historique se révèle chez lui dans les grands discours et dans le groupement des faits miraculeux. A un fond principal, qui forme l'essentiel du discours et se rapporte à une situation déterminée, sont ajoutés d'autres matériaux tirés d'enseignements du Maître, donnés en des temps et des lieux différents, mais se laissant plus ou moins étroitement rattacher par l'analogie des idées. L'évangéliste groupe les faits comme les idées ; ils sont réunis dans un dessein tout autre que la suite chronologique des événements.

Parmi les procédés particuliers à Matthieu signalons le pluriel, mis volontiers à la place du singulier, pluriel d'indétermination ou pluriel de catégorie. C'est aussi une sorte de condensation de plusieurs faits où des détails d'un même fait, telle que leur ordre ou leur développement réel est négligé au profit d'un enseignement à mettre plus en relief. Divers exemples de cette façon de procéder sont cités, IV, 3 ; IX, 8 ; II, 20. Lors du festin de Béthanie, les disciples, d'après Matthieu, dirent avec indignation, lorsqu'ils virent la femme répandre des parfums sur la tête de

---

1. *Quelques procédés littéraires de saint Matthieu*; Revue biblique, p. 1. N.-S. Treizième année. Paris, 1916.

Jésus : A quoi bon cette perte ? tandis que d'après Jean, Judas seul fit cette réflexion. Matthieu n'est pas entré dans le détail ; il s'est contenté d'une formule générale.

C'est aussi comme un pluriel de catégorie qu'on doit interpréter l'expression dont se sert Matthieu à propos des larrons qui insultèrent Jésus en croix. Il a groupé par catégories ceux qui insultèrent Jésus sur la croix : le peuple qui passait, les sanhédrites, les voleurs crucifiés, sans faire pour ces derniers, comme Luc, la distinction que l'un d'eux seulement insultait Jésus, tandis que l'autre le priait de le recevoir avec lui au paradis.

La même solution peut être appliquée à la divergence des récits de Matthieu, VIII, 5-13 et de Luc, VII, 1-10, dans le fait de la guérison du serviteur d'un officier à Capharnaüm, et aussi dans les apparitions de Jésus aux saintes femmes et à Marie Madeleine, après sa résurrection. Dans le récit de l'institution de l'eucharistie on trouve un autre exemple de simplification et de raccourci des faits par Matthieu.

Signalons une bonne explication du passage, XXVIII, 17 : καὶ ἰδόντες αὐτὸν προσεκύνησαν, οἱ δὲ ἐδίστασαν. Il s'agit des onze disciples réunis sur la montagne de Galilée, que Jésus leur avait indiquée. On traduit ordinairement : « Et le voyant ils l'adorèrent, cependant quelques-uns eurent des doutes. » Mais οἱ δέ ne signifie pas quelques-uns, mais ceux-ci. Ce serait donc les disciples qui, tout à la fois, l'adorèrent et eurent des doutes, ce qui est contradictoire. Mais dans l'araméen le plus-que-parfait n'existe pas et il est remplacé dans le Nouveau Testament par l'aoriste. Ainsi au ℣ 16, l'aoriste ἐτάξατο est traduit par le plus-que-parfait ; il doit en être de même ici : « les disciples l'adorèrent : ceux-ci avaient été dans le doute » précédemment.

IX. D'une étude sur les citations de l'Ancien Testament, particulières à l'évangile de Matthieu[1] Stephenson reconnaît que ces citations sont empruntées à un Florilège hébreu de prophéties messianiques. Il examine dix d'entre elles et remarque qu'elles sont introduites par une formule spéciale : ἵνα (ὅπως) πληρωθῇ ou τότε ἐπληρώθη τὸ ῥηθέν; elles sont empruntées au texte hébreu de l'Ancien Testament, tandis que les autres citations de Matthieu proviennent des Septante. Il en conclut qu'étant donnés leurs caractères spéciaux elles dérivent d'une source unique et qu'elles font partie de l'œuvre de l'auteur original.

X. La Commission Pontificale « de Re biblica » a rendu le décret suivant, le 19 juin 1911, sur l'évangile selon saint Matthieu :

De auctore, de tempore compositionis et de veritate historica Evangelii secundum Matthaeum.

I. Utrum, attento universali et a primis saeculis constanti Ecclesiae consensu, quem luculenter ostendunt diserta Patrum testimonia, codicum Evangeliorum inscriptiones, sacrorum librorum versiones vel antiquissimae et catalogi a sanctis Patribus, ab ecclesiasticis scriptoribus, a Summis Pontificibus et a Conciliis traditi, ac tandem usus liturgicus Ecclesiae orientalis et occidentalis, affirmari certo possit et debeat Matthaeum Christi apostolum, revera Evangelii sub eius nomine vulgati esse auctorem?

Resp. affirmative.

II. Utrum traditionis suffragio satis fulciri censenda sit sententia quae tenet Matthaeum et caeteros Evangelistos in scribendo praecessisse, et primum Evangelium patris sermone a Iudaeis palaestinensibus tunc usitato, quibus opus illud erat directum, conscripsisse?

---

[1]. *The Old Testament quotations peculiar to the Matthew* : *The Journal of theological Studies*, Vol. XX, p. 227. London, 1919.

Resp. Affirmative ad utramque partem.

III. Utrum redactio huius originalis textus differri possit ultra tempus eversionis Hierusalem, ita ut vaticinia quae de eadem eversione ibi leguntur, scripta fuerint post eventum; aut, quod allegari solet Irenaei testimonium (*Adv. Haer.*, III, 1, 2) incertae et controversae interpretationis, tanti ponderis sit existimandum, ut cogat reicere eorum sententiam qui congruentius traditioni censent eamdem redactionem ante Pauli in Urbem adventum fuisse confectam?

Resp. Negative ad utramque partem.

IV. Utrum sustineri vel probabiliter possit illa modernorum quorumdam opinio, iuxta quam Matthaeus non proprie et stricte Evangelium composuisset, quale nobis est traditum, sed tantummodo collectionem aliquam dictorum seu sermonum Christi, quibus tanquam fontibus usus esset alius auctor anonymus, quem Evangelii ipsius redactorem faciunt?

Resp. Negative.

V. Utrum ex eo quod Patres, et ecclesiastici scriptores omnes, imo Ecclesia ipsa jam a suis incunabulis, unice usi sunt, tanquam canonico, graeco textu Evangelii sub Matthaei nomine cogniti, ne iis quidem exceptis, qui Matthaeum apostolum patrio scripsisse sermone expresse tradiderunt, certo probari possit ipsum Evangelium graecum identicum esse quoad substantiam cum Evangelio illo patrio sermone ab eodem Apostolo exarato?

Resp. Affirmative.

VI. Utrum eo quod auctor primi Evangelii scopum prosequitur praecipue dogmaticum et apologeticum, demonstrandi nempe Iudaeis Jesum esse Messiam a prophetis praenuntiatum et e davidica stirpe progenitum, et quod insuper in disponendis factis et dictis quae enarrat et refert, non semper ordinem chronologicum tenet, deduci inde liceat ea non esse ut vera recipienda; aut etiam affirmari possit narrationes gestorum et sermonum Christi, quae in ipso Evangelio leguntur, alterationem quamdam et adaptationem sub influxu prophetiarum Veteris Testamenti et adultioris Ecclesiae status subiisse, ac proinde historicae veritati haud esse conformes?

Resp. Negative ad utramque partem.

VII. Utrum, speciatim solido fundamento destitutae censeri jure debeant opiniones eorum, qui in dubium revocant authenticitatem historicam duorum priorum capitum, in quibus genealogia et infantia Christi narrantur, sicut et quarumdam in re dogmatica magni momenti sententiarum, uti sunt illae quae respiciunt primatum Petri, *Mt,* XVI, 17-19, formam baptizandi cum universali missione praedicandi Apostolis traditam, *Mt,* XXVIII, 19,20, professionem fidei Apostolorum in divinitatem Christi, *Mt,* XIV, 33, et alia huiusmodi, quae apud Matthaeum peculiari modo enuntiata occurrunt?

Resp. Affirmative.

De ce décret il résulte : 1° Du consentement universel de l'Église dès les premiers siècles, lequel est établi par les témoignages des Pères, les titres des manuscrits des évangiles, par les versions les plus anciennes et les catalogues des Livres saints, par l'usage liturgique de l'Église orientale et occidentale, on peut et on doit affirmer que Matthieu, l'apôtre du Christ, est vraiment l'auteur de l'évangile qui porte son nom.

2° Du témoignage de la tradition il s'ensuit que Matthieu a été le premier à écrire un évangile et il l'a écrit dans la langue parlée en ce temps-là en Palestine, c'est-à-dire en araméen.

3° La rédaction du texte original ne peut êtredifférée après la ruine de Jérusalem, sous prétexte que les prophéties qui parlent de cette ruine ont été écrites après l'événement. Le témoignage d'Irénée, d'une interprétation douteuse et controversée ne doit pas être estimé d'un tel poids qu'il oblige à rejeter l'opinion de ceux qui, plus attachés à la tradition, pensent que cette rédaction a été faite même avant l'arrivée de Paul à Rome.

Le texte d'Irénée, dont il est parlé ici, a été l'objet de discussions nombreuses. Le voici d'abord : « Matthieu, parmi les Hébreux, publia un évangile écrit en leur propre langue, tandis que (pendant que) Pierre et Paul prêchaient l'Évangile à Rome et en fondaient l'église. Après le départ (la mort) de ceux-ci, Marc, le disciple et l'interprète de Pierre, lui aussi, nous a transmis par écrit ce que Pierre prêchait. Et, de son côté, Luc, le compagnon de Paul, consigna dans un livre ce qui avait été prêché par celui-ci. Ensuite, Jean, le disciple du Seigneur, qui avait reposé sur la poitrine de Jésus, publia, lui aussi, l'Évangile, tandis qu'il habitait à Éphèse, en Asie. »

Diverses explications ont été données de ce passage : Les uns pensent qu'Irénée a voulu dire que Matthieu a écrit son évangile pendant que Pierre et Paul prêchaient l'évangile à Rome et que Marc a écrit le sien après la mort des apôtres; les autres ont déclaré tout simplement qu'Irénée s'était trompé sur la date de composition des évangiles; d'autres enfin ont cru qu'il ne s'agissait pas ici de la mort des deux apôtres, mais de leur départ de Rome. Aucune de ces solutions n'a satisfait Dom Chapman[1], qui a soutenu qu'il ne s'agissait pas dans ce passage de la date des évangiles, mais d'établir contre les Valen-

---

[1]. *St. Irenaeus on the dates of the Gospels* : *Journal of theol. Studies*, Vol. VI, p. 563. London, 1905.

tiniens que l'enseignement de quatre des apôtres principaux n'a pas été perdu, mais nous a été transmis par écrit.

Si nous lisons le contexte nous constatons que l'évêque de Lyon combat les Valentiniens qui prétendaient que les évangiles devaient être complétés par l'Évangile de la vérité. Or, argumente-t-il, les apôtres n'ont prêché l'Évangile qu'après avoir reçu le Saint-Esprit et nos quatre évangiles ne sont que leur prédication mise par écrit par eux ou par leurs disciples; ces évangiles n'ont donc pas besoin d'un complément. Et voici, d'après dom Chapman, comment il faut traduire le texte pour rétablir l'argumentation d'Irénée; toute l'attention doit se porter sur le fait que ce qui a été prêché a été ensuite transmis par écrit :

« Matthieu, chez les Hébreux, [outre qu'il leur prêcha l'évangile], publia un évangile écrit en leur propre langue; Pierre et Paul prêchant l'Évangile [non aux Juifs mais] à Rome [sans l'écrire] en fondant là l'Église [dont je donnerai le témoignage bientôt, c'est-à-dire, HI, 3]. Mais [quoiqu'ils moururent sans avoir écrit un évangile] après leur mort [leur prédication n'a pas été perdue pour nous, car] Marc, le disciple et l'interprète de Pierre, nous l'a transmise, ayant aussi écrit [comme Matthieu] les choses qui ont été prêchées par Pierre. En outre Luc, le compagnon de Paul [l'autre apôtre], écrivit dans un livre l'évangile prêché par cet apôtre. Enfin, Jean, le disciple du Seigneur, publia aussi un évangile, pendant qu'il vivait à Éphèse en Asie. »

« Qu'importe à cette argumentation, fait remarquer le P. Prat, qui a adopté l'interprétation de Dom Chapman, l'ordre et la date des évangiles? Ce qu'Irénée veut mettre en lumière c'est la continuité de l'Évangile oral et de l'Évangile écrit, avec leur dérivation commune des apôtres remplis de l'Esprit-Saint. Aussi s'attache-t-il à montrer que l'Évangile a été prêché partout : aux Juifs, aux Romains, aux Grecs, et que cette prédication des apôtres s'est conservée dans nos évangiles canoniques. Souligner que deux évangiles auraient été écrits *seulement après* la mort des apôtres, c'eût été, de gaieté de cœur, soulever une objection et affaiblir sa thèse. Mais il se garde bien d'en user ainsi. Il se borne à déclarer, qu'après la disparition des apôtres, Marc nous a transmis par écrit — ἐγγράφως παραδέδωκεν — remarquez la valeur propre de ce parfait — ce que Pierre avait coutume de prêcher. Rien n'insinue le fait que le second évangile aurait été composé seulement alors. Et cela est vrai, à plus forte raison, pour Luc, dont l'activité littéraire n'est pas mise en corrélation avec la mort des apôtres. »

Nous continuons la traduction du décret de la Commission biblique.

4º On ne peut tenir, même comme probable, l'opinion moderne d'après laquelle Matthieu n'aurait pas composé proprement et strictement un évangile, tel que celui que nous possédons, mais aurait formé seulement une collection des paroles et des discours du Christ dont un autre auteur anonyme se serait servi comme de source, et par suite serait le rédacteur de notre évangile de Matthieu.

5º Du fait que tous les Pères et les écrivains ecclésiastiques, l'Église elle-même, se sont servis uniquement comme canonique du texte grec connu sous le nom de Matthieu, sans excepter ceux qui affirment que l'apôtre Matthieu a écrit dans sa langue maternelle, on peut prouver que l'évangile grec lui-même est identique quant à sa substance avec l'évangile écrit par l'Apôtre dans sa propre langue.

6º Du fait que l'auteur du premier évangile a poursuivi un but principalement dogmatique et apologétique, à savoir de démontrer aux Juifs que Jésus était le Messie annoncé par les prophètes et qu'il était de race davidique et de ce que en outre dans la disposition des faits qu'il raconte et des discours qu'il rapporte, il n'a pas toujours gardé l'ordre chronologique, on ne peut en conclure que les uns et les autres ne doivent pas être regardés comme historiques ; on ne peut pas affirmer non plus que les récits des faits et des discours du Christ, qu'on lit dans les évangiles ont subi une altération quelconque et une adaptation sous l'influence des prophéties de l'Ancien Testament et de l'état de l'Église déjà adulte.

7° On doit tenir comme dénuées de fondement solide les opinions de ceux qui mettent en doute l'authenticité historique des deux premiers chapitres, dans lesquels sont racontées la généalogie et l'enfance du Christ, ainsi que plusieurs sentences de grande importance dogmatique, telles que celles de la primauté de Pierre, *Mt,* XVI, 17-19, la forme du baptême et la mission de prêcher partout donnée en même temps aux apôtres, *Mt,* XXVIII, 19-20, la profession de foi des apôtres à la divinité du Christ, *Mt,* XIV, 33, et d'autres semblables que l'on rencontre dans l'évangile de Matthieu.

CHAPITRE III

ÉVANGILE DE SAINT MARC.

J. Weiss, *Das Markus-Evangelium,* dans J. Weiss, *Die Schriften des Neuen Testaments.* Tübingen, 1906.

A. Merx, *Das Evangelium Markus.* Berlin, 1905.

Klostermann-Gressmann, *Markus,* dans Lietzmann, *Handbuch zum Neuen Testament.* Tübingen, 1907.

M. Brückner, *Die Petruserzählungen im Markusevang. Zeitsch. für die neutest. Wissensch.*, Bd 8, p. 34.

* J. Rohr, *Sprachgebrauch des Markusevang. nach der Markusapokalypse; Theol. Quartalsch.*, Bd 89, 507.

B. W. Bacon, *The Beginnings of Gospel Story : A historical Inquiry into the Sources and Structure of the Gospel according to Mark.* New Haven, 1909.

M. Goguel, *L'Évangile de Marc et ses rapports avec ceux de Matthieu et de Luc.* Paris, 1909.

W. Green, *The Gospel according to St. Mark.* London, 1909.

G. Wohlenberg, *Das Evangelium des Markus ausgelegt.* Leipzig, 1910.

* J.-M. Lagrange, *L'Évangile selon saint Marc.* Paris, 1911.

A. Loisy, *L'Évangile selon Marc.* Paris, 1912.

A. Plummer, *The Gospel according to St. Mark.* Cambridge, 1914.

* J. Rohr, *Die Glaubwürdigkeit des Markusevangeliums.* Münster, 1913.

A. Bauer, *Der Schluss des Markusevangeliums; Wiener Stud.*, Bd 34, p. 301.

W. L. Allen, *The Gospel according to St. Mark.* London, 1915.

J. Dean, *The Gospel according to St. Mark.* London, 1916.

C. Burkitt, *The historical character of the Gospel of the Marc; The amer. Journal of Theology,* avril 1911.

B. W. Bacon, *Is Mark a Roman Gospel.* London, 1919.

I. H. Holtzmann[1] examine l'état présent de la controverse sur l'évangile de Marc. Après avoir constaté que les critiques s'accordent sur la priorité de Marc, il passe en revue les travaux de Wrede, Wellhausen, B. Weiss, Schweitzer, Merx. Comme orientation générale il établit les cinq points suivants : 1. Le motif de tout écrit évangélique n'est pas historique, mais religieux. 2. Le récit très vraisemblablement primitif de Marc a derrière soi une longue tradition orale. 3. Le texte écrit de l'évangile a été plusieurs fois retravaillé et développé, ce qui oblige à conclure à un Marc primitif, Urmarkus. 4. Marc ne suit pas l'ordre chronologique mais l'ordonnance réelle de ses matériaux. 5. Marc se tient plus ou moins dans le cercle des idées pauliniennes. Deux points cependant du récit de Marc restent non ébranlés : le commencement et la fin de l'activité de Jésus. On peut donc tenir Marc pour un document historique de valeur positive.

II. Brückner[2] pense que les Souvenirs de Pierre dont parle Papias se rapportent principalement aux événements dont l'Apôtre a été témoin : la résurrection de la fille de Jaïre, la transfiguration de Jésus, les derniers discours à Jérusalem, Gethsémani.

III. J. Warren Moulton[3] montre comment les deux questions suivantes : Marc est-il le premier qui ait fixé par écrit la tradition évangélique; est-ce qu'il y a à la base de son évangile des documents écrits? ont été résolues par Loisy et Bacon. Il n'accepte pas leurs solutions sur les miracles, sur la chronologie et sur l'influence paulinienne; il déclare impossible une distinction de sources dans le récit de Marc et s'en tient à

---

1. *Markuscontroverse in ihrer heutigen Gestalt; Archiv für Religionswissenschaft*, Bd X, p. 18-40; 161-200. Leipzig, 1907.
2. *Petruserzählungen im Markusevangelium*.
3. *The relation of the Gospel of Mark to primitive christian Tradition; Harvard theol. Review*, 3, p. 403-436. Cambridge, Mass. 1910.

l'explication traditionnelle de la formation de cet évangile et à la valeur historique de son contenu.

IV. Wisner Bacon[1] soutient que le rédacteur définitif de Marc était un pauliniste et que son évangile est fortement imprégné des doctrines pauliniennes ; il accentue l'esprit anti-judaïque de *Mc,* VII, 1-23 et l'enseignement du ch. IV sur l'endurcissement du peuple juif.

V. E. Mangenot[2] a mis au point cette question de l'influence paulinienne dans l'évangile de Marc. Il passe en revue toutes les hypothèses qui ont été émises pour la soutenir, en discute les arguments et il en démontre la faiblesse. Voici ses conclusions : « Je ne vois aucun inconvénient à reconnaître, le cas échéant, que le second évangéliste a exprimé la pensée authentique de Jésus et la tradition primitive des apôtres en des termes que ni Jésus, ni les premiers apôtres n'ont pas réellement employés, mais que Paul, nourri et pénétré de la tradition des Douze, a mis en usage pour rendre très exactement l'enseignement de Jésus et des apôtres. Je reconnaîtrais alors un fond primitif sous une forme postérieure, qui ne l'aurait ni altéré ni modifié. Quant à l'influence paulinienne sur certains enseignements de Marc, il faut, me semble-t-il, si on l'admet, la déclarer très éloignée et très indirecte. Plusieurs des exemples indiqués ou s'expliquent autrement ou ne sont pauliniens qu'en un sens très large... Pour moi, toutes choses bien considérées, je réduirais au minimum le paulinisme de Marc, et je le reconnaîtrais dans l'emploi de certains termes, qui seraient démontrés être spécifiquement pauliniens, plutôt que dans le choix des doctrines. »

---

1. *The Beginnings of Gospel Story.*
2. *Les évangiles synoptiques : Le paulinisme de Marc,* p. 363-435. Paris, 1911.

VI. Le P. Lagrange[1] examine la même question à un triple point de vue. 1. Le paulinisme littéraire de l'évangile de Marc : « Personne, écrit-il, n'a signalé des rapprochements caractéristiques entre le style de Marc et celui de Paul, par exemple dans la syntaxe. On ne peut dire d'aucune phrase qu'elle s'inspire directement d'une phrase de Paul. Les expressions que Marc a en commun avec Paul ne comportent aucune doctrine spécifiquement paulinienne; certains mots ne sont pas même pris dans le même sens chez les deux écrivains.

2. Paulinisme doctrinal : sur la christologie, sur l'universalité du salut, sur la réprobation des Juifs, Marc reproduit l'enseignement du Seigneur que Paul a développé... Le paulinisme de Marc est donc un paulinisme rudimentaire, ou plutôt le point de départ que Paul a pris dans la doctrine de Jésus.

3. Il reste le paulinisme de partisan, le parti pris de rabaisser les Douze au profit de Paul. Dans le second évangile, en effet, les apôtres ne sont guère ménagés : Jésus leur reproche de manquer d'intelligence; ils n'ont aucune idée du véritable idéal de Jésus; Pierre se scandalise; il renie son Maître; Judas le trahit. Tout cela prouve la fidélité de l'évangéliste à rapporter les faits tels qu'ils se sont passés et l'on peut ajouter tels qu'ils ont dû se passer. On ne voit nulle part apparaitre un point de comparaison entre les Douze et Paul. L'apôtre des Gentils a dû lui aussi recevoir l'illumination d'en haut et s'il a eu l'intelligence ouverte et l'esprit prompt il s'était servi tout d'abord de cette prédominance sur les apôtres, ignorants et peu intelligents, pour persécuter avec plus d'ardeur l'Église du Christ. »

---

1. *Evangile selon saint Marc : Le paulinisme de S. Marc*, p. CXL. Paris, 1911.

VII. D'après Wisner Bacon[1], l'évangile de Marc, bien qu'il contienne des faits réels, n'a pas été construit comme un écrit historique ; le principe directeur de sa construction a été de répondre aux exigences pratiques de la condition des communautés ; c'est ce que l'auteur appelle la théorie des « pragmatic values ».

VIII. La question de la finale de Marc, XVI, 9-20, continue à occuper les critiques. N'admettant pas comme authentique la finale longue que nous avons dans la plus grande partie des manuscrits majuscules, sauf le Vaticanus et le Sinaiticus, non plus que la finale courte, représentée par quatre majuscules et quelques autres autorités, n'acceptant pas d'ailleurs que le texte de Marc s'arrêtât à ἐφοβοῦντο γάρ, qui n'est pas une finale, de l'aveu de tous les critiques, bien que quelques-uns pensent que le texte finissait ainsi, E. J. Goodspeed[2] essaie de reconstituer la finale originale, perdue on ne sait par quelle cause. Il part de cette idée que Matthieu reproduit Marc dans son récit de la passion, sauf pour quelques faits qui lui sont propres. Or, il constate que *Mc*, XVI, 1-8, est en parallèle avec *Mt*, XXVIII, 1-8, où les mêmes faits sont racontés ; mais *Mt*, XXVIII, 9, 10, est la suite naturelle du récit et même Jésus y dit aux saintes femmes : Ne craignez point, ce qui répond à la frayeur qu'elles avaient d'après Marc. Donc, *Mt*, XXVIII, 9,10, devait être dans Marc et complétait le récit.

La suite du récit de Matthieu raconte le rapport que font les soldats gardiens du tombeau aux princes des prêtres et l'ordre que ceux-ci donnent aux sol-

---

[1]. *The purpose of Mark's Gospel*, Journal of Bibl. *Literature*, Vol. XXIX, p. 41. New York, 1910.
[2]. *The original conclusion of the Gospel of Mark*; Amer. *Journal of Theology*, Vol. IX, p. 484. Chicago, 1905.

dats de dire que le corps de Jésus a été enlevé de nuit par ses disciples. Ce récit est le complément de celui où Matthieu raconte qu'une garde fut placée auprès du tombeau, épisode que Marc n'a pas relaté. Donc ce complément ne devait pas être dans son récit.

La suite du récit de Matthieu, XXVIII, 16-20, rapporte l'apparition de Jésus à ses disciples en Galilée. Or, dans Marc, XVI, 7, Jésus avait dit aux femmes : Allez, dites à ses disciples et à Pierre : Il vous précède en Galilée; cette apparition de Jésus en Galilée devait donc être racontée dans le texte de Marc. Comme complément de son récit Marc devait donc rappeler que Jésus avait engagé les femmes à ne pas avoir peur et raconter son apparition en Galilée.

Ceci posé, le texte doit être reconstruit de la façon suivante : ⅴ 7 : « Mais allez, dites à ses disciples et à Pierre : Il vous précède en Galilée, là vous le verrez, comme il vous l'a dit. Et elles sortirent et s'enfuirent du sépulcre, car le tremblement et l'effroi les avaient saisies. Et elles ne dirent rien à personne, car elles avaient peur. Et voici, Jésus vint au-devant d'elles et leur dit : Salut! Celles-ci s'étant approchées, saisirent ses pieds et l'adorèrent. Alors, Jésus leur dit : Ne craignez point; allez, dites à mes frères de partir pour la Galilée, et là ils me verront... Et les onze disciples s'en allèrent en Galilée, sur la montagne où Jésus leur avait ordonné d'aller. Et Jésus vint à eux, et quand ils le virent ils l'adorèrent, mais quelques-uns doutèrent. Et il leur parla disant : Toute autorité m'a été donnée au ciel et sur la terre. Allez donc et faites mes disciples toutes les nations, leur enseignant à garder toutes les choses que je vous ai commandées. Et voilà, je suis avec vous tous les jours jusqu'à la consommation des siècles. »

Sous prétexte que l'ordre de Jésus de baptiser au nom du Père, du Fils et du Saint-Esprit a été mis en doute par quelques critiques, Goodspeed ne l'insère pas dans sa reconstitution de Marc. On remarquera aussi qu'il a fait quelques modifications au texte de Matthieu. Cette reconstitution si séduisante qu'elle soit, n'a que la valeur d'une conjecture. Il n'est pas d'ailleurs le premier qui ait essayé de retrouver la finale de Marc dans le texte de Matthieu. Volkmann l'avait déjà fait.

IX. H. Schmidt[1] a essayé de reconstruire la finale de Marc à l'aide des conjectures de Rohrbach sur le chap. XX de l'évangile de saint Jean.

X. L. Brun[2] a tenté aussi de préciser ce que pouvait contenir cette finale; il y trouve surtout un rôle particulier à l'apôtre Pierre qui aurait reçu des ordres de la bouche même du Seigneur.

XI. D'une étude rapide des témoignages externes et internes sur la finale de Marc, J. Mader[3] conclut, tout en acceptant la canonicité : La finale de Marc, XVI, 9-20, n'a pas été écrite par l'évangéliste Marc, mais elle est la conclusion d'une des nombreuses narrations évangéliques dont parle Luc, I, 1. Elle fut ajoutée à l'œuvre incomplète de Marc même avant la composition de l'évangile de Jean et est peut-être le reste d'un écrit du presbytre Aristion.

XII. Le P. Lagrange[4] a étudié à fond la finale de Marc : il examine d'abord la tradition diplomatique et patristique, puis la canonicité et enfin l'authenticité

---

1. *Zur Frage des urspr. Markusschlusses*; Th. Studien und Kritiken, Bd 80, p. 487-513. Gotha, 1905.
2. *Bemerkungen zum Markusschluss*, Th. Studien und Kritiken, Bd 84, p. 157-180. Gotha, 1911.
3. *Der Markusschluss*; Bibl. Zeitschrift, Bd III, p. 269-272. Freiburg Br., 1905.
4. *Évangile selon saint Marc*, p. 426. Paris, 1911.

littéraire. Cette finale est canonique; sur ce point, pas d'hésitation. Par l'étude interne de la finale il constate « qu'il y a trois raisons très graves de penser que la finale n'est pas de la même main que le reste de l'évangile... Ce sont là, ajoute-t-il, des raisons de critique interne, et il faudrait peut-être les sacrifier, malgré l'évidence qu'elles ont pour ceux qui sont accoutumés à ces études, si elles étaient condamnées par les témoignages externes. Mais quand on compare ce fait à cet autre que des manuscrits très anciens, de l'Afrique à la Syrie, en passant par la Palestine et l'Égypte, omettent la finale, on est acculé à choisir entre deux hypothèses. Ou vraiment l'évangile ne contenait pas d'abord la finale, ou elle a été retranchée parce qu'on y a reconnu la main d'un autre auteur. Dans les deux cas, Marc n'en serait pas l'auteur... Cette proposition est présentée ici cependant sous toutes réserves, comme le plus probable, et avec une restriction sur laquelle il faut insister. »

Le P. Lagrange [1] étudie ensuite l'addition à la finale de Marc que l'on trouve dans le manuscrit Freer des évangiles [2]. De son examen il résulte que l'addition Freer ne peut absolument pas être regardée comme faisant partie de la finale et même qu'elle n'a pas été composée pour être insérée dans la finale. C'est un morceau, emprunté quelque part, qui a été inséré dans cet endroit au moyen de deux petites sutures, ἀπελογοῦντο au début, et ἀλλά à la fin... Il est possible que nous ayons là l'écho affaibli de paroles authentiques, prononcées par Jésus.

XIII. G. Bonaccorsi [3] a étudié aussi l'addition Freer

---

1. *Op. cit.*, p. 437.
2. *Cf.* notre *Histoire des livres du Nouveau Testament*, T. III, p. 338 ss. Paris, 1908.
3. *Nuovi Manoscritti e la finale di San Marco; Rivista storico-critica delle Scienze theologische,* T. IV, p. 521. Roma, 1908.

et a conclu que non seulement cette addition ne faisait pas partie du texte primitif de la finale, mais qu'elle n'était même pas contenue dans le document duquel celle-ci fut extraite. Il est possible que cette addition dérive d'une parole authentique de Jésus, mais il n'est pas impossible qu'elle ait été composée de toutes pièces par un autre que Marc. Ces versets ne sont pas de beaucoup antérieurs à l'an 130, ni postérieurs à l'an 200.

XIV. Le P. Van Kasteren reprend dans *De Studien* l'étude de la finale de Marc et soutient que la finale longue et le logion Freer, inséré dans cette finale, proviennent d'un ouvrage supposé d'Aristion. Marc dans sa finale n'a pas transcrit le texte d'Aristion servilement, mais l'a adapté à l'esprit général de son évangile. Le logion a été ajouté par un lecteur pour combler la lacune entre les ⱱ 14 et 15. Le P. Vosté qui expose cette théorie dans la *Revue bibl.*, juillet 1916, ne l'accepte pas et croit que la finale longue est bien de Marc qui a condensé à la fin de son évangile en quelques phrases mal cousues ensemble ce que, en des circonstances normales, il aurait raconté plus en détail dans son beau style si expressif.

XV. B W. Bacon [1] croit que le ch. XIII de l'évangile de Marc est un facteur décisif pour fixer la date des évangiles synoptiques. Il rejette l'hypothèse de la feuille volante apocalyptique que Marc aurait insérée à cet endroit de son évangile et croit que le chapitre apocalyptique des synoptiques est dans sa structure générale la composition de notre second évangéliste, suivie par Matthieu et Luc, sans emploi par eux de sources étrangères. Il démontre les deux points suivants : 1. Dans sa structure générale l'apocalypse

---

[1]. *The Apocalyptic Chapter of the synoptic Gospel; Journal of bib. Literature*, Vol. XXVIII, p. 1. New York, 1909.

de Marc, XIII, est la composition du rédacteur lui-même de l'évangile, RQ, se basant principalement sur la Source Q, les épîtres pauliniennes et l'Ancien Testament. 2. Le compilateur du Marc canonique a formé sa construction en se référant aux événements de l'an 66 à 70; il n'est, par conséquent, pas antérieur à 70, 71, ni postérieur à 75.

XVI. M. Goguel[1] nous apprend, dans sa préface, que son travail est la première partie d'une étude sur les sources de l'histoire évangélique et la composition des évangiles synoptiques. Il étudie, à propos du second évangile, le problème qui résulte de la coexistence de trois récits parallèles, Matthieu, Marc, Luc, entre lesquels il s'agit de discerner quel est celui qui est l'origine des deux autres. Ce travail, une fois fait, il faut essayer de remonter au delà des textes actuels pour découvrir à quelles sources ils ont puisé.

L'auteur, s'appuyant sur les données de la tradition, établit que Marc, juif de naissance, a écrit son évangile à Rome sous l'influence de Pierre. Il étudie ensuite le plan du second évangile en le comparant avec ceux du premier et du troisième évangiles et conclut à la priorité de Marc. Il examine alors un à un tous les récits du second évangile et les rapproche de ceux de Matthieu et de Luc et aboutit à la même conclusion, c'est-à-dire à la priorité de Marc. Entre temps, il avait recherché les sources d'où provenaient chacun des récits du second évangile. Voici ce qui ressort de ses recherches.

Le rédacteur du second évangile aurait juxtaposé des récits de caractères très divers et aussi de valeur historique très inégale, suivant un plan qui lui est

---

1. *L'Évangile de Marc et ses rapports avec ceux de Matthieu et de Luc.*

personnel et qui est dominé par quelques idées très simples : Jésus, le Christ sauvant le monde par sa mort ; les Juifs endurcis, d'après un plan conçu à l'avance par Dieu ; le mystère du Royaume confié aux apôtres. Il a emprunté les éléments de son récit principalement aux souvenirs de Pierre, puis aux Logia, à la source particulière à Matthieu et à Luc, à un document indépendant de cette source, à la tradition primitive ou secondaire, à une tradition populaire, mélangée de légendes ou transformée par la conscience chrétienne. Il a retravaillé ses sources en y ajoutant des détails ou en en supprimant. Le tout a été disposé d'après un plan tout à la fois psychologique, chronologique et géographique. Les événements se déroulent d'une manière logique, finement observée, exprimée avec netteté et dans un ordre bien marqué. Cependant, il y a tendance à grouper les récits qui présentent le même caractère principal. Enfin, on découvre dans le second évangile des traces d'interpolations ou d'additions dues à des rédacteurs postérieurs. Marc aurait écrit vers l'an 65 ; l'apocalypse du chapitre XIII aurait été ajoutée vers l'an 75. Quant à la finale, XVI, 9-20, elle serait plus tardive.

XVII. Rohr[1] pense que Marc non seulement a utilisé les souvenirs de Pierre, mais aussi l'évangile de Matthieu dans son état primitif, c'est-à-dire sous sa forme araméenne.

Passons maintenant aux études d'ensemble sur l'évangile selon saint Marc.

XVIII. Le travail du P. Lagrange sur l'évangile de saint Marc est le plus complet qui ait été publié jusqu'à nos jours sur cet évangile. Après une bibliographie détaillée le savant dominicain étudie les questions

---

1. *Die Glaubwürdigkeit des Markusevangeliums.*

d'introduction : Marc et son évangile d'après l'Écriture et la tradition ; la composition du second évangile et la critique récente ; la critique du texte ; le style et la composition de Marc ; le caractère sémitique et spécialement araméen de l'évangile de Marc, ses latinismes ; les sources du second évangile ; le témoignage historique du second évangile ; quelques points de la théologie de Marc ; conclusion. Relevons les positions de l'auteur au point de vue critique et historique.

Après un examen attentif des données du Nouveau Testament et de la tradition sur Marc et son évangile, le P. Lagrange conclut que toutes s'accordent à attribuer un évangile à Marc, qui a écrit comme disciple de Pierre. Sur la date de composition les données sont pour les années 42 ou 43, ou bien entre la mort de Pierre et de Paul et l'an 70. C'est cette seconde date appuyée sur des textes de Papias et d'Irénée qu'adopte notre auteur. Il passe ensuite en revue les opinions des critiques sur la composition du second évangile. Les critiques catholiques se sont abstenus des hypothèses aventureuses comme le Proto-Marc, le paulinisme exagéré de Marc, la décomposition en membres épars d'un ouvrage parfaitement un ; tous sont d'accord pour voir dans la catéchèse de Pierre le fondement des récits de Marc ; ils sont divisés ou hésitants sur la question très délicate de l'emploi par Marc du recueil des discours ou de l'évangile araméen de Matthieu. Les opinions des critiques protestants ou rationalistes n'aboutissent pas à des résultats critiques généralement reçus sur la composition littéraire du second évangile.

Le P. Lagrange, après avoir rassemblé les passages qui montrent l'action de Pierre et groupé les faits qui suggèrent de lui attribuer une part prépondérante dans les origines de Marc, conclut que ce qui demeure le plus probable, c'est que Marc ne dépend pas des Logia. Mais s'il en dépend ce n'est assurément pas comme un compilateur ou un imitateur servile, et c'est, selon toute apparence, comme un auteur qui a ses sources à lui. Car Marc n'est pas un rédacteur, mais un auteur. « L'auteur a toujours suivi des sources, très probablement des sources orales ; il n'a pas transcrit servilement des documents écrits, sauf à les souder par de petites ajoutes. »

Le P. Lagrange ne veut pas étudier le problème synoptique, car, d'après lui, ce serait prématuré. Il ajoute cependant que « la critique est aujourd'hui unanime sur ce point que Marc a servi de source à Luc et au Matthieu grec, qui est notre premier évangile ». Actuellement cependant la critique n'est plus aussi unanime sur ce point.

Le P. Lagrange émet ensuite des vues très suggestives sur la critique textuelle des évangiles et de Marc en particulier ; il montre bien qu'en général on n'a pas à tenir compte des leçons occidentales qui ne sont que des leçons dérivées. Il ne refusera pas cependant, dans le commentaire, de citer les plus importantes et de les discuter. L'étude sur le style et la composition de Marc et sur le caractère sémitique et spécialement araméen de Marc est remarquable. La conclusion est que « Marc est exempt d'hébraïsmes dérivés directement d'un texte hébreu ; il n'est pas la traduction d'un texte araméen ; son texte est moins grec que celui de Matthieu et de Luc. Le grec de Marc doit son caractère sémitique à ce fait qu'il reproduit d'assez près des conversations ou des récits en langue sémitique et spécialement en langue araméenne. Son grec est toujours du grec, mais du grec de traduction, non qu'il traduise un écrit araméen, mais parce qu'il reproduit une catéchèse araméenne ».

Nous regrettons de ne pas disposer d'un espace suffisant pour suivre le P. Lagrange dans son exposé sur la valeur historique et sur les enseignements doctrinaux du second évangile. Signalons seulement son interprétation sur l'expression : « Le Fils de l'homme ». « Il me semble, dit-il, que lorsque Jésus se nomme Fils de l'homme, il entend simplement « l'homme que je suis », pour attirer l'attention sur sa personne, sans prendre ouvertement, et pour ainsi dire officiellement, le titre de Messie. Il va sans dire que, par le fait même, les plus glorieuses prérogatives messianiques peuvent s'accorder avec ce titre. » Rien n'empêche d'estimer que Jésus se réservait de développer au moment voulu ce nom de Fils de l'homme et c'est ce qu'il a fait en particulier devant le Sanhédrin, où il déclare très nettement qu'il est le Christ, le Fils du béni, lui, le Fils de l'homme que l'on verra assis à la droite de la Puissance et venant avec les nuées du ciel.

Le P. Lagrange fait aussi bien ressortir que, dans la pensée de l'évangéliste, Jésus est Fils de Dieu : dès la première ligne il l'affirme et tout le long de son récit il rappelle les témoignages des esprits mauvais, du Père et de Jésus lui-même sur sa nature divine. « Il est parfaitement clair que Marc a dit Jésus Fils de Dieu dans son sens propre. S'il n'eût vu dans ces mots qu'un terme métaphorique, un synonyme de Messie, il aurait dû indiquer une fois ou l'autre l'équivalence. C'est ce qu'il n'a pas fait. Il a même fait le contraire en s'abstenant de faire nommer Jésus Fils de Dieu par aucun Israélite... Jésus est Fils de Dieu du fait d'une existence surnaturelle, plus ou moins connue des démons et affirmée par le Père et par le Fils lui-même. »

Le savant auteur conclut ainsi son introduction : « Si l'on considère que Marc, informé par le principal témoin de la vie publique de Jésus, évidemment sincère comme rapporteur des faits, n'est influencé par aucune théologie spéciale, on tiendra son évangile, même au simple point de vue scientifique, pour un document d'une gravité hors de pair, qui nous donne une connaissance très incomplète, mais certaine, des faits et des paroles de Jésus. »

XIX. A. Loisy déclare au commencement de son ouvrage que celui-ci n'est pas un « livre d'érudition ». « Il a essayé seulement de projeter quelques lumières sur les questions importantes : caractère, origine, objet de la composition, en les traitant d'un point de vue purement critique et historique. » Ces vues sont exposées en raccourci dans l'introduction. « L'évangile de Marc est mal composé ou plutôt n'est pas composé du tout. On y trouve quelques anecdotes mal liées, quelques brèves sentences, et quand le discours est un peu plus long, c'est une compilation qui s'adapte mal aux circonstances indiquées. »

Après un résumé rapide du contenu de l'évangile, Loisy extrait ce qui lui paraît être le fond primitif; le reste est une addition d'un disciple de Paul qui a voulu adapter la tradition galiléenne sur Jésus aux enseignements de son maître. Ce dernier rédacteur est celui qui a donné un caractère nettement paulinien à l'évangile. L'analyse qu'a faite Loisy montre sa part dans la rédaction. Il reconnaît qu'elle ne correspond pas exactement à la réalité du travail rédactionnel, mais « il en subsistera toujours assez, et elle paraît assez juste dans son orientation générale pour donner une idée exacte de la place occupée par l'évangile dit de Marc dans l'évolution de la pensée chrétienne, et mieux encore dans l'évolution du christianisme. Elle permet, en effet, de voir comment le plus ancien des évangiles canoniques est une synthèse ou une ébauche de synthèse, avec adaptation réciproque des maigres traditions relatives à la prédication et à la mort de Jésus, de l'Évangile qu'on appelle apostolique ou galiléen et de l'Évangile paulinien de la religion que prêchait Paul, fondée sur la mort rédemptrice d'un être divin et concrétisée dans des rites d'initiation et d'union mystique, les sacrements du baptême et de l'eucharistie ».

Tout cela est une vue systématique, le développement d'un premier postulat : L'Évangile de Paul est indépendant de la tradition ; c'est un mélange des doctrines juives et des mystères gréco-syriens. Le Christ de Paul, c'est un Dieu sauveur à la manière des Osiris, des Adonis, des Mithra ; un être céleste qui fait son apparition sur la terre et accomplit une œuvre efficace de salut universel. « Il est mis à mort et revient à la vie comme eux, préfigurant dans son sort celui des humains qui participeraient à son culte, commémoreraient sa mystique aventure et s'associeraient ainsi à sa passion. » L'auteur oublie de nous dire quels sont les passages des épîtres pauliniennes où il a trouvé ces affirmations. Si tel est vraiment l'Évangile que prêchait l'Apôtre des gentils, comment expliquer que Pierre et les apôtres aient accepté son Évangile, si radicalement différent de celui qu'ils prêchaient eux-mêmes. L'opposition qui exista tout d'abord entre Paul et les chrétiens de Jérusalem avait pour cause les conditions d'admission des Gentils. Quelles n'eussent pas été les protestations si l'Apôtre avait prêché un Jésus analogue aux Adonis, aux Mithra des mystères païens ! Il n'y a d'ailleurs qu'à lire attentivement les épîtres pauliniennes pour constater que Paul connaissait et prêchait le Fils de Dieu, fait homme, dont il rappelait les actes sur la terre.

Il est permis de se demander si Loisy dans ce

nouvel aspect qu'il donne à l'évangile de saint Marc n'a pas été influencé par les récentes théories allemandes sur les infiltrations des mystères orientaux et grecs qui se seraient produites dans les croyances des premiers chrétiens. Ce qu'il veut, en définitive, démontrer, c'est que les évangiles sont des écrits, élaborés à diverses reprises, suivant l'évolution de la conscience chrétienne. Tout cela n'est pas nouveau et repose sur une base assez chancelante, celle de la critique littéraire des textes, qui dépend la plupart du temps d'un point de vue préconçu.

XX. Dans son commentaire sur l'évangile de saint Marc[1], A. Plummer présente les points de vue suivants : Les versions syriaques de Cureton et du ms. Lewis du Sinaï seraient du ve ou du ive siècle, ce qui nous paraît assez fondé[2]. Le texte de Marc témoigne de ses accointances avec l'enseignement et les souvenirs de Pierre. Il a connu les Logia, écrits antérieurement à son évangile, mais il ne s'en est pas servi. Il a plutôt voulu faire un récit plus complet de la vie de Jésus, récit contenant les faits et les discours. Il n'y a chez lui aucun esprit de système, aucun parti pris de controversiste. « Il ne décrit pas le Messie, ni ne l'interprète : sa grandeur était suffisamment démontrée par ses actes et par ses paroles. » Il a pris plaisir à raconter et il l'a fait avec le caractère et le charme d'un réaliste. La finale longue de l'évangile n'est pas authentique au sens strict. Marc a du être interrompu par la persécution. Il écrivait plus près de l'an 70 que de l'an 65.

1. *The Gospel according to St. Mark*. Cambridge, 1914.
2. « Les manuscrits Sin et Cur représentent une version syriaque antérieure à la Peschitta, mais qui ne date que du ive siècle. » *Revue bibl.*, juil. 1920, p. 323.

CHAPITRE IV

ÉVANGILE DE SAINT LUC.

H. Koch, *Die Abfassungszeit des lukanischen Geschichtswerkes*. Leipzig, 1911.

J. Weiss, *Das Lukas-Evangelium*, dans J. Weiss, *Die Schriften des Neuen Testaments*. Tübingen, 1906.

A. Harnack, *Lukas der Arzt, der Verfasser des dritten Evangeliums*. Leipzig, 1906. *Die Apostelgeschichte*. Leipzig, 1908.

B. Weiss, *Die Quellen des Lukasevangeliums*. Berlin, 1907.

* Th. Innitzer, *Kommentar zum Evangelium des heil. Lukas*. Graz, 1912.

Th. Zahn, *Das Evangelium des Lukas ausgelegt*. Leipzig, 1914.

G. Mc Laughlin, *Commentary on the Gospel according to St. Luke*. Chicago, 1912.

E. W. Lummis, *How Luke was writen : Considerations affecting the Two-Documents Theory*. London, 1915.

W. F. Burnside, *The Gospel according to St. Luke*. Cambridge, 1914.

H. Mc Lachlan, *St. Luke, the Man and his Work*. Manchester, 1920.

H. J. Cadbury, *The Style and literary Method of Luke* : I, *The diction of Luke and Acts;* II, *The Treatment of Sources in the Gospel*. Cambridge, E. U. 1920.

A. M. Perry, *The Sources of Luke's Passion Narrative*. Chicago, 1920.

E. Klostermann, *Lukas*. Tübingen, 1919.

1. Dans son ouvrage, « Saint Luc, l'homme et son œuvre [1] », H. Mc Lachlan, professeur de grec hellénistique à l'Université de Manchester, examine les divers

---

1. *St. Luke, the Man and his Work.*

points de vue auxquels on peut se placer pour connaître et juger les œuvres de Luc. Il tient grand compte du texte occidental, mais il ne croit pas qu'on puisse l'accepter ou le rejeter en bloc ; il y a lieu d'examiner chaque passage en particulier.

L'auteur des Actes était un homme de haute valeur, un véritable homme de lettres. Il est plus classique que les autres évangélistes ; c'est un helléniste qui sait varier les formes de son style, suivant que le sujet l'exige. Il a dans les Actes si bien coordonné ses sources qu'il est difficile de les distinguer. Il connaissait la littérature grecque. Sa chronologie est aussi exacte que celle des historiens de son temps ; il est bien au courant des coutumes et des institutions de son époque. Il ne semble pas que Luc ait connu le latin. Il n'est pas certain qu'il ait connu l'araméen ou l'hébreu ; il est probable cependant qu'il a traduit lui-même ses documents araméens. En tout cas, il reste beaucoup d'aramaïsmes dans l'évangile de saint Luc. Il a édité ses sources avec une certaine liberté, leur donnant sa forme de style et y introduisant ses expressions caractéristiques.

Comme théologien, Luc a beaucoup insisté sur la prière, sa pratique et son efficacité, sur les actes du culte. Sa doctrine sur le Saint-Esprit et sur le Messie est très développée ; celle sur l'autre vie, sur la rédemption l'est moins. Il est cependant question de la rémission des péchés dans les Actes.

Mc Lachlan insiste sur l'humour qui se trahit dans certaines paraboles de l'évangile ; il y relève même de l'ironie. Les deux lettres qu'on trouve dans les Actes sont authentiques, bien qu'on puisse y reconnaître la main de Luc. Les discours de Pierre et de Paul ne peuvent être tenus pour des reproductions littérales des discours originaux, car ils sont reproduits dans la langue et la phraséologie de Luc. Même dans les discours de la première partie des Actes, qui sont de provenance araméenne, les citations de l'Ancien Testament sont empruntées aux Septante. Luc a donc corrigé le texte targoumique par le texte grec. Dans les discours de Paul on retrouve des expressions pauliniennes et quelques-unes des doctrines de l'Apôtre. Luc a représenté exactement la situation dans laquelle se produisait chaque discours et les paroles de l'orateur ne sont pas aussi littéralement reproduites que ne sont exprimés ses sentiments et sa personnalité.

Le Journal de voyage de Luc est à peine la dixième partie des Actes, mais il en est, à certains points de vue, la partie la plus importante; les détails géographiques et nautiques y sont d'une exactitude parfaite.

L'auteur examine enfin le caractère de Gallion et sa conduite lors du procès de Paul, devant son tribunal; le passage du codex de Bèze, *Lc*, VI, 4, sur l'homme qui travaille le jour du sabbat; les rapports de Luc avec le livre de la Sagesse et la péricope de la femme adultère. D'après lui, elle n'est pas de Jean; elle est absente de nombreux manuscrits du IVe évangile et n'en reproduit pas le style et la phraséologie. Elle provient de l'évangile de Luc, dont elle a les termes caractéristiques, les tendances linguistiques et les idées.

II. La première partie du travail de H. J. Cadbury: *Le Style et la méthode littéraire de Luc*[1], est consacrée au vocabulaire de Luc et des Actes. L'évangile de Luc contient 2.080 mots différents et les Actes, 2.054. Luc et les Actes ont en commun 1.014 mots, de sorte que le vocabulaire de Luc et et des Actes est de 3.120 mots. Si l'on retranche les noms propres le total n'est plus que de 2.697 mots.

Afin de comparer le vocabulaire de Luc avec ceux

---

1. *The Style and literary Method of Luke.*

des écrivains atticistes, Cadbury dresse cinq tableaux où sont rangés : 1° Les mots attiques communs à tous les écrivains, ou mots se rencontrant chez plusieurs écrivains attiques ; Luc a 137 de ceux-là. 2° Mots trouvés seulement ou principalement dans un écrivain en prose avant Aristote ; Luc en a 27. 3° Mots trouvés dans la poésie mais non dans la prose attique ; Luc en a 82. 4° Mots appartenant à la prose post-classique, y compris Aristote ; Luc en a 202. 5° Mots trouvés pour la première fois dans Luc ; il y en a 22.

La conclusion est que le vocabulaire de Luc, tout en ayant ses affinités avec le grec de la Bible, n'est pas si éloigné du style littéraire des Atticistes qu'on ne puisse le comparer avec celui-ci. On peut se demander si l'abîme entre le grec néotestamentaire et le grec attique ou atticiste n'a pas été exagéré de nos jours, grâce à la connaissance du grec populaire par les papyrus. On a trop diminué l'élément littéraire dans le vocabulaire du Nouveau Testament. On a trop diminué aussi l'élément sémitique en attribuant ce phénomène à la langue vulgaire de l'époque. Une bonne partie du vocabulaire post-classique de Luc paraît être due à un langage judéo-chrétien.

L'auteur étudie ensuite le vocabulaire médical de Luc et constate que les termes que l'on a qualifiés de médicaux sont des mots de la langue ordinaire que l'on retrouve dans les écrivains du temps. Lucien, en particulier, possède autant que Luc de ces termes médicaux. Mais, ainsi que l'a fait remarquer le P. Lagrange, les médecins grecs n'avaient pas un langage spécial ; il fallait donc plutôt étudier la physionomie des événements racontés pour savoir si ce récit était le fait d'un médecin.

Afin de faire ressortir ce que présente de particulier le style et la méthode littéraire de Luc, Cadbury étudie la façon dont il a traité ses sources, la manière dont il s'est comporté à leur égard, les transformations qu'il leur a fait subir. Ces transformations n'ont pas toujours été voulues ; quelquefois elles procédaient de l'application inconsciente de la manière d'écrire de Luc. Quelques-uns de ces changements sont dus à des raisons historiques ou d'autres à des tendances doctrinales ; l'auteur ne s'en occupe pas, son but étant de rechercher ce qui est d'ordre littéraire.

Cadbury est persuadé que Luc a utilisé comme une des sources de son évangile, l'évangile de Marc ; c'est donc à cet évangile qu'il comparera celui de Luc. Il ne fait pas entrer en ligne de compte les autres sources que Luc a pu utiliser pour son évangile et les Actes, parce que n'en possédant pas le texte il n'a pu les comparer avec les écrits de Luc. Le présent travail aura cependant l'excellent résultat de nous faire entrevoir la façon dont Luc a traité les sources de ses écrits, des Actes en particulier, que nous ne possédons pas.

Nous ne pouvons entrer dans le détail des comparaisons qu'établit Cadbury entre l'évangile de Luc et celui de Marc. Signalons-en quelques-unes seulement : Il y a des changements d'ordre des sections, des abréviations et des omissions ; celles-ci attribuables surtout à des motifs religieux. Quelques phrases de Marc ont été mal comprises. Des changements sont dus à des prédilections littéraires. L'usage des verbes, des noms, des pronoms, des adverbes, des prépositions est étudié avec soin. Le présent historique est évité ; l'imparfait changé en aoriste ; certains noms sont évités ainsi que quelques adverbes et prépositions, etc.

III. E. J. Goodspeed[1] étudie le vocabulaire de Luc et

---

1. *The Vocabulary of Luke and Acts; Journal of bibl. Literature*, vol. XXXI, p. 92-94; Boston, 1912.

des Actes ; il fait remarquer tout d'abord que le compte des mots donné par Graux et Nestle est approximatif. Le tableau donné par Smith[1] serait plus exact. Le voici avec une indication du nombre total des mots, du nombre de mots différents et du nombre des mots particuliers à chacun.

Nombre total des mots		Mots différents	Mots particuliers
Luc	35.239	2.697	715
Paul	31.457	2.446	797
Jean	27.185	1.396	212
Matthieu	17.921	1.542	111
Marc	10.720	1.529	77

Il y aurait eu lieu d'examiner séparément les divers écrits de chacun, par exemple pour Luc, l'évangile et les Actes : c'est ce que vient de faire Goodspeed. Il constate que l'évangile de Luc contient 2.080 mots différents et les Actes 2.054 ; Luc et les Actes ont en commun 1.014 mots : ils ont donc en commun la moitié de leur vocabulaire. Pour serrer la question de plus près, il faudrait examiner la proportion des mots particuliers à Luc, qui se trouvent dans les Actes, car l'emploi de la même langue produit nécessairement l'usage des mêmes mots. Ainsi, Matthieu qui a 1.711 mots en a 845 qu'on retrouve dans les Actes, donc presque aussi la moitié de ses mots. Il faudrait tenir compte aussi de l'emploi des noms propres, des particules qui se retrouvent nécessairement dans les deux écrits que l'on compare.

IV. B. Weiss[2] a repris à nouveau la question des sources de l'évangile de Luc qu'il avait déjà traitée dans ses précédents ouvrages. Luc a eu sous les yeux le texte de Marc tel que nous l'avons actuellement, et il

---

1. *Presbyterian and Reformed Revew*, oct. 1891. Philadelphie.
2. *Die Quellen des Lukasevangeliums*. Stuttgart, 1907.

s'en est servi, en y faisant quelques changements, supprimant quelques détails, mais reproduisant scrupuleusement les paroles de Jésus. Quant aux concordances de Luc avec Matthieu contre Marc, elles ne proviennent pas de ce que l'un des évangélistes se serait servi de l'autre, elles s'expliquent par une rencontre accidentelle, par le même motif de polir le texte difficile de Marc ou par l'emploi d'une tradition orale. Luc s'est servi de la source Q qu'il possédait dans le même état que Matthieu. Les divergences entre eux s'expliquent par leurs différents procédés littéraires. Marc se serait servi aussi de la source Q, laquelle aurait contenu non seulement des discours mais aussi des récits. Enfin, Luc aurait possédé une troisième source qui lui était particulière et contenait tout ce qui lui était propre et quelques autres parties, qu'on retrouve dans Marc avec des différences, ce qui explique pourquoi Luc s'éloigne quelquefois de celui-ci : il ne reproduit pas Marc, mais sa source particulière. Cette source était écrite; son auteur paraît bien connaître la tradition johannique et la suit de près; c'est un judéo-chrétien universaliste, qui estime très haut la vie ascétique et qui, se plaçant au point de vue de l'Ancien Testament, voit dans les pauvres des hommes pieux et dans les riches des impies.

V. Easton[1] examine cette source L au point de vue linguistique et arrive aux mêmes résultats que B. Weiss. La liste qui est donnée des rapprochements de Luc et de Jean et qui comprend 39 passages parallèles pourra être utilisée pour la solution du problème johannique. C'est surtout dans le récit de la passion qu'ils sont le plus nombreux et le plus frappants.

---

1. *Linguistic Evidence for the Source L; Journal of bib. Literature,* Vol. XXIV, p. 139-180; Vol. XXX, p. 78-103. New-York, 1910-1911.

VI. Dibelius[1] recherche d'où provient cette source particulière de Luc. S'appuyant sur la persistance de la tradition orale et la facilité qu'on avait dans les milieux non littéraires à conserver le souvenir des faits et des paroles, il n'admet pas une source écrite. Luc était natif d'Antioche, et il y a vécu au temps où se formait la première communauté chrétienne. Il a donc pu recueillir la tradition de la bouche de ces Hiérosolymitains qui, après la lapidation d'Étienne, vinrent à Antioche. Parmi eux étaient Manaen, Barnabas et aussi un prêtre, qui connaissait bien les usages du Temple. Luc leur doit aussi les récits qu'il lisait déjà dans Marc, mais sous une forme indépendante et peut-être meilleure, ce qui nous explique que dans certains passages parallèles Luc paraît avoir un texte plus original que Marc.

VII. Parsons[2] trouve trois sources utilisées par Luc, indépendamment de Marc : ce qu'il appelle la « grande Interpolation », IX, 51-XVIII, 14; le Sermon dans la Plaine, VI, 17-49 et un document christologique dont les matériaux sont répandus à travers les ch. III-VII. Ces trois documents ont été écrits en Palestine, probablement à Jérusalem, pendant la période missionnaire du 1ᵉʳ siècle.

VIII. Le P. Lagrange[3] examine à nouveau la question si souvent débattue de la date du recensement de Quirinius et se demande comment il faut traduire : αὕτη ἀπογραφὴ πρώτη ἐγένετο ἡγεμονεύοντος τῆς Συρίας Κυρηνίου. Il ne croit pas que l'on doive traduire : Ce fut un premier recensement au temps où Quirinius était

---

1. *Die Herkunft der Sonderstück des Lukasevangeliums; Zeitsch. für die neutest. Wissenschaft*, Bd XII, p. 325-343. Giessen, 1911.
2. *A historical Examination of some Non-Markan Elements in Luke*. Chicago, 1914.
3. *Ou en est la question du recensement de Quirinius? Revue bib.*, N. S., T. VIII, p. 60-84, Paris, 1911.

gouverneur de Syrie, mais : Ce recensement eut lieu avant que Quirinius ne fût gouverneur de Syrie. Il prouve que πρῶτος peut être employé dans le sens de πρότερος, qui, outre : premier des deux, signifie aussi : qui va avant un autre. Il donne plusieurs exemples de ce sens. « Luc parle d'un recensement qui eut lieu vers la fin du règne d'Hérode. Des personnes qui n'auraient connu que le fameux recensement de l'an 6 après J.-C. auraient pu se demander si c'était le même. Luc aurait répondu en distinguant le recensement général de celui qui eut lieu plus tard; ce contexte est aussi satisfaisant que possible. Mais la phrase est un peu lourde par l'accumulation des génitifs. »

IX. Dans un article de l'*Expositor*[1] et dans son ouvrage sur le « Support que donnent les récentes découvertes archéologiques à la valeur historique du Nouveau Testament[2] », W. Ramsay est revenu lui aussi sur la date de ce recensement. Il justifie complètement l'évangéliste et affirme que le recensement fut bien le premier de ceux dont on a constaté l'existence en divers lieux, notamment en Égypte, qu'il eut lieu vers 8-7 avant J.-C., d'après les usages orientaux, auxquels s'adaptait l'administration romaine. Il explique comment Tertullien a pu dire que le recensement a été fait par Sentius Saturninus. Il est possible que Quirinius ait gouverné la Syrie une partie de l'année et ait eu pour successeur Sentius Saturninus, mais il est plus probable que Quirinius et Sentius Saturninus aient été en même temps légats de l'empereur, avec des offices différents. On a d'autres exemples de ce fait. Ramsay, dans le cours de l'exposé, cite une inscription trouvée à Antioche de Pisidie en 1912, où est

---

1. *Luke's Narrative of the Birth of the Christ; Expositor*, VIIIe s.; Vol. IV, p. 385-407, 481-507. London, 1912.
2. *The Bearing of recent Discovery on the Truthworthiness of the New Testament.* London, 1915.

mentionné P. Sulpicius Quirinius duumvir et une autre trouvée au village de Hissar-ardi près d'Antioche, où l'on relève aussi le nom de P. Sulpicius Quirinius.

X. J. G. Machen examine dans un premier article[1] les hymnes du premier chapitre de l'évangile de Luc et dans un second[2] l'origine des deux premiers chapitres de cet évangile. Il constate que ces hymnes sont écrits dans la langue des Septante, respirent un esprit juif et ont des rapports très marqués avec les Psaumes de Salomon et des prières juives. Ils ont dû être écrits par un Juif, familier depuis sa jeunesse avec les expressions de la piété juive. Mais comme on ne peut supposer qu'un narrateur chrétien aurait introduit dans son récit des hymnes juifs, Machen induit qu'il faut les attribuer à Marie et à Zacharie. Le cantique de Marie est le produit de sa méditation pendant son séjour de trois mois en Judée; Zacharie a composé le sien à une époque qu'on ne peut préciser.

Une étude lexicographique des deux premiers chapitres de Luc établit leur parenté avec les Septante et leur origine palestinienne. Le contenu prouve une familiarité intime avec les sentiments judéo-palestiniens et la piété juive. Malgré cela, Luc peut être l'auteur de ces chapitres, mais seulement avec cette supposition qu'il était en possession des traditions palestiniennes, qu'il les ait eues dans une source écrite, araméenne ou grecque. Machen conclut que les récits de l'enfance appartiennent à l'état original du troisième évangile et représentent la tradition palestinienne, primitive et authentique.

La question de l'attribution à Marie ou à Élisabeth du Magnificat continue à être discutée. Nous avons

---

1. *The Hymns of the first chapter of Luke; Princeton theological Review*, X, p. 1-38. Princeton, 1912.
2. *The origin of the two chapters of Luke;* ibid., p. 212-277.

donné les éléments de cette discussion dans l'*Histoire des livres du Nouveau Testament,* T. II, p. 515. Voici quelques précisions.

XI. Dans l'article *Magnificat* du HASTINGS, *Dictionary of Christ and Gospels,* Vol. II, p. 101, A. E. Burn discute d'abord les autorités qui, *Lc,* I, 46, ont la leçon : καὶ εἶπεν Ἐλισάβετ. Les trois manuscrits vieux latins a b l sont des représentants du groupe européen et ne forment qu'un témoignage, auquel vient se joindre celui de Niceta, évêque de Rémésiana, qui devait avoir entre les mains un codex du même type. Quant au texte d'Origène, il doit être probablement de Jérôme qui connaissait des manuscrits vieux latins ayant la leçon : Et ait Elisabeth. Pour le passage d'Irénée, IV, 7, 1 : Sed et Elisabeth ait, deux manuscrits ont Elisabeth et un autre Maria. Dans un autre passage, III, 10, 1, il y a : Propter quod exsultans Maria clamabat... Magnificat. Il est probable que le traducteur latin a corrigé le texte d'Irénée, et y a introduit la leçon Elisabeth, en se servant de son codex vieux latin. Cette variante serait donc représentée par une seule autorité : le texte de type européen de la version vieille latine, du IIIe siècle. La leçon καὶ εἶπεν Μαριάμ, appuyée sur des autorités d'origine diverse, doit être préférée à la leçon καὶ εἶπεν Ἐλισάβετ, appuyée sur une seule autorité, un des types de la version vieille latine. Tertullien prouve que le texte africain de la vieille latine était en faveur de ait Maria : Exsultat Elisabeth, Johannes intus impulerat, glorificat Dominum Maria, Christus intus instinxerat[1].

XII. J. H. Bernard[2], dans *The Expositor*, aboutit aux

---

1. *De Anima,* 26.
2. *The Magnificat: The Expositor.* VIIe s., n° 15, March 1907, p. 193-206. London.

mêmes résultats en démontrant que les paroles du Magnificat sont mieux appropriées à Marie qu'à Élisabeth. Il discute l'objection tirée de l'expression : Ἔμεινεν δὲ Μαριὰμ σὺν αὐτῇ, I, 56. Ἀυτῇ, se rapportant à Élisabeth, indique que c'est elle qui vient de parler; donc le Magnificat doit lui être attribué. Il peut se rapporter tout aussi bien à Élisabeth qui avait parlé aux ℣ 42-45. Bernard cite des exemples, *Gen.*, XIX, 23-26; *Tobie,* XIV, 3-12; *Act.*, XV, 1, 2, où le pronom désigne des personnes dont il est séparé par plusieurs membres de phrase. On ne doit pas oublier que dans le grec biblique le pronom est employé avec beaucoup de liberté.

XIII. C. W. Emmet[1] présente plusieurs des arguments précédents, mais ajoute quelques remarques importantes. Le ℣ 56 est pour ainsi dire commandé par le ℣ 57 : τῇ δὲ Ἐλεισάβετ ἐπλήσθη. Il eût été maladroit d'écrire : ἔμεινεν δὲ σὺν Ἐλεισάβετ, tandis que σὺν αὐτῇ se relie naturellement à τῇ δὲ Ἐλεισάβετ du verset suivant. On a fait observer que le Magnificat reproduisait quelques-unes des sentences du cantique d'Anne, mère de Samuel. C'est, dit-on, Élisabeth, stérile comme elle, qui a dû lui emprunter ses paroles de reconnaissance à Dieu pour l'avoir délivrée de son opprobre. Mais il faut remarquer que les seules paroles d'Anne qui pouvaient s'appliquer aussi à Élisabeth : Même la stérile enfante sept fois et celle qui avait beaucoup d'enfants se flétrit, *I Sam.*, II, 5, ne sont pas dans le Magnificat, tandis qu'on y trouve immédiatement avant celles-ci : L'arc des puissants est brisé. Et les faibles ont la force pour ceinture. Ceux qui étaient rassasiés se louent pour du pain. Et ceux qui étaient

---

1. *Should the Magnificat be ascribed to Elisabeth? The Expositor,* VIIᵉ s., n° 48, décembre 1909, p. 521-529. London.

affamés n'ont plus faim, paroles qui ont leur analogue dans le Magnificat. Les autres versets du cantique se rapportent mieux à la situation de Marie qu'à celle d'Élisabeth, témoin celles-ci : Le Seigneur a jeté les yeux sur la bassesse de sa servante; voici, en effet, que désormais toutes les générations m'appelleront bienheureuse.

XIV. E. W. Lummis[1] admet que Matthieu et Luc ont reproduit dans leurs récits la presque totalité de l'évangile de Marc, mais il ne croit pas que pour les parties qui leur sont communes et ne se trouvent pas dans Marc ils aient utilisé une source ou des sources communes, en particulier la source Q. Cette source Q est, d'après lui, imaginaire et n'est pas du tout nécessaire pour expliquer les faits. Les coïncidences entre Matthieu et Luc peuvent être expliquées seulement par cette théorie que Luc était apparenté avec Matthieu et qu'il a acquis sa connaissance des matériaux qui leur sont communs, à quelques exceptions près, s'il en est, directement de Matthieu et de Matthieu seul. E. W. Lummis croit et essaye de démontrer que cette hypothèse explique, mieux que toute autre, les divers faits que présente la matière commune à Matthieu et Luc : ordre, disposition des matériaux, etc.

XV. L'étude de P. Berg[2] sur les sources de l'évangile de Luc ne nous paraît pas présenter des résultats nouveaux : Du témoignage de l'écrit, de la tradition unanime et de Paul, Luc est l'auteur du IIIe évangile; il s'est servi de Marc qu'il a modifié quelquefois, de Q en araméen et de sources particulières araméennes, écrites et orales et non des épîtres pauliniennes et de Josèphe; ces sources étaient de haute

---

1. *How Luke was writen.*
2. *Die Quellen des Lukasevangeliums; Neue Kirchliche Zeitschrift,* XXI, p. 282-313; 337-352. Leipzig, 1910.

valeur historique ; les deux premières s'appuyaient sur le témoignage de Marc et de Matthieu, la troisième sur la tradition des premières communautés chrétiennes. Il aurait écrit son évangile vers le milieu de l'an 70.

Les chap. IX, 51-XVIII, 14, de l'évangile de Luc forment un groupe séparé qu'on appelle ordinairement : Section du voyage en Pérée. On s'est déjà plusieurs fois demandé à quelles sources Luc avait puisé son récit. Voici les dernières études sur cette section.

XVI. Schaarschmidt [1] est d'avis que tout le récit de voyage est un fragment d'un évangile indépendant et n'aurait pas dû être incorporé dans Luc après le ch. IX, 50, car il marche à côté du Luc synoptique.

XVII. Rockwell Wickes [2] range la matière de cette section en quatre groupes : 1. Les passages qui sont littéralement identiques aux passages parallèles de Matthieu ; 2. Les passages dont le contenu est plus ou moins identique avec ceux de Matthieu mais divergent pour les expressions ; 3. Les passages, ne se trouvant pas dans Matthieu, mais qui pouvaient se trouver dans ses sources et qu'il aurait omis, comme il l'a fait pour des passages de Marc, parce qu'ils lui semblaient déroger à la puissance et à la divinité du Seigueur ou déprécier le caractère des apôtres ; 4. Les passages de Luc qui ne sont pas dans Matthieu, mais qu'il n'aurait pas omis s'il les avait connus parce qu'ils sont en accord avec ses idées caractéristiques.

Cette analyse suggère à l'auteur l'existence de deux sources : l'une contenant les parties 1, 2, 3, commune à Luc et à Matthieu, et l'autre 4, particulière à Luc.

---

1. *Reisebericht im Lukasevangelium; Theol. Studien und Kritiken,* Bd 82, p. 12-28. Gotha, 1909.
2. *The Sources of Luke Peraean Section.* Chicago, 1913.

Les passages de ces deux sources, rangés bout à bout, forment un tout homogène. En outre, Wickes montre qu'il y a entre les deux sources des expressions différentes pour exprimer la même idée et que les enseignements sur la personne du Seigneur, son œuvre et ses fonctions ne sont pas les mêmes dans les deux documents.

Le point faible de cette théorie est dans l'adjonction à la source, commune à Matthieu et à Luc, des passages, 3, que Matthieu a dû connaître, mais qu'il a laissés de côté pour des raisons diverses ; c'est une simple supposition qui permet d'étoffer le premier document et de le rendre homogène.

XVIII. A. Harnack a établi que Luc le médecin est l'auteur du troisième évangile et des Actes des apôtres [1]. Nous apprenons par les épîtres pauliniennes que l'Apôtre eut un compagnon de voyage, du nom de Luc, qui était médecin. D'après la tradition chrétienne, unanime depuis le milieu du IIe siècle, ce Luc était l'auteur du troisième évangile et des Actes des apôtres ; il était d'Antioche. Sous prétexte que les Actes contiennent des légendes et des faits non historiques, les critiques modernes soutiennent qu'un compagnon de Paul et un témoin oculaire des événements n'a pas pu écrire ce livre des Actes. Harnack abandonne la valeur intégrale historique des Actes des apôtres, mais soutient néanmoins que Luc en est l'auteur, ainsi que du troisième évangile. Voici les preuves principales qu'il en donne.

Il existe dans les Actes des apôtres une sorte de Journal de voyage, où l'auteur parle toujours à la première personne ; il se trouve surtout dans les passages suivants : XVI, 10-17 ; XX, 5-15 ; XXI, 1-18 ;

---

[1]. *Lukas der Arzt, der Verfasser des Lukasevangeliums; Die Apostelgeschichte.*

XXVII, 19; XXVIII, 16. Ce Journal serait l'œuvre de Luc, qui aurait écrit les Actes des apôtres, en utilisant des traditions orales et écrites, et y aurait inséré son Journal de voyage. En effet, Harnack démontre qu'au point de vue du vocabulaire et du style, il y a identité entre ce Journal et le reste des Actes, ainsi que le IIIe évangile. Il prouve de plus que, lorsque Luc utilise des sources, il leur imprime, il est vrai, sa marque littéraire, mais il ne les modifie pas tellement qu'on ne puisse les discerner. Et, d'ailleurs, les changements qu'il y introduit sont dans la manière de l'auteur du Journal. On ne peut nier cependant que la première partie des Actes provienne d'un document, de source probablement hiérosolymitaine. Cela n'infirme en rien la preuve, parce que ce document était araméen et que Luc, l'ayant traduit en grec, lui a donné sa propre forme littéraire.

Harnack essaye ensuite de démontrer que, lors même qu'on puisse contester la valeur historique de certains faits racontés dans les Actes, il n'en reste pas moins que ce livre est l'œuvre de Luc. D'ailleurs, il y a possibilité d'expliquer ces difficultés historiques et l'auteur en discute quelques-unes, mais sans affirmer cependant nettement que les faits sont historiques de tout point. Il faut tenir compte de la mentalité de l'auteur et de ses procédés littéraires.

Le dernier chapitre est intitulé « Conséquences » et nous donne les conclusions de l'auteur sur l'origine du IIIe évangile et des Actes, ainsi que des évangiles synoptiques. Luc écrivit son œuvre à Éphèse, vers l'an 90 après Jésus-Christ. Pour le IIIe évangile il utilisa comme sources l'évangile de Marc, une collection de sentences du Seigneur, connue aussi de Matthieu, et diverses traditions hiérosolymitaines. C'est à des sources de même provenance qu'il emprunta le récit des premiers chapitres des Actes. Ces sources étaient encombrées de légendes et Luc, crédule de nature, était incapable de distinguer la légende de l'histoire. Il a retravaillé ses sources et quelquefois même il a composé certaines parties de toutes pièces. Le Benedictus, le Magnificat, les discours de Pierre et de Paul dans les Actes, la lettre apostolique du chapitre XV, seraient son œuvre. En passant, Harnack parle de la légende de la naissance virginale de Jésus, de la colossale crédulité de Luc et de son amour bien grec pour les fables. Il est donc impossible de ranger Harnack, comme on l'a fait, parmi les défenseurs de la tradition chrétienne.

XIX. H. Koch s'est proposé de fixer aussi exactement que possible la date de composition des écrits historiques de Luc[1]. Pour arriver à ce résultat, il examine d'abord la finale des Actes des apôtres, les sources des Actes et l'image qu'ils nous transmettent des communautés chrétiennes, puis les particularités du discours eschatologique de Jésus dans l'évangile de Luc. Voici les conclusions auxquelles il aboutit : Luc a rassemblé les matériaux de son évangile pendant les deux ans qu'avait duré la captivité de Paul à Césarée. Il les a mis en ordre à Rome et a publié son travail vers 61-62. Il avait, pendant le même temps, collectionné ses principaux matériaux pour les Actes et les avait complétés pendant son séjour à Rome. Ce fut vers l'an 64 qu'il donna les Actes des apôtres. Du fait que l'évangile de Marc a été l'une des sources de celui de Luc, il s'ensuit que le premier a été composé avant l'an 60 et, par conséquent, que nos évangiles synoptiques ont été rédigés au temps de la génération qui a suivi la mort du Seigneur.

1. *Die Abfassungszeit des lukanischen Geschichtswerkes.*

XX. Le 26 juin 1912 la Commission Pontificale « de Re biblica » a rendu le décret suivant :

De auctore, de tempore compositionis et de historica veritate Evangeliorum secundum Marcum et secundum Lucam.

I. Utrum luculentum traditionis suffragium inde ab Ecclesiae primordiis mire consentiens ac multiplici argumento firmatum, nimirum disertis Sanctorum Patrum et scriptorum ecclesiasticorum testimoniis, citationibus et allusionibus in eorumdem scriptis occurrentibus, veterum haereticorum usu, versionibus librorum Novi Testamenti, codicibus manuscriptis antiquissimis et pene universis, atque etiam internis rationibus ex ipso sacrorum librorum textu desumptis, certo affirmare cogat Marcum, Petri discipulum et interpretem, Lucam vero medicum, Pauli adiutorem et comitem, revera Evangeliorum quae ipsis respective attribuuntur esse auctores?

Resp. Affirmative.

II. Utrum rationes, quibus nonnulli critici demonstrare nituntur postremos duodecim versus Evangelii Marci, XVI, 9-20, non esse ab ipso Marco conscriptos, sed ab aliena manu appositos, tales sint, quae jus tribuant affirmandi eos non esse ut inspiratos et canonicos recipiendos; vel saltem demonstrent versuum eorumdem Marcum non esse auctorem?

Resp. Negative ad utramque partem.

III. Utrum pariter dubitare liceat de inspiratione et canonicitate narrationum Lucae de infantia Christi, I-II, aut de apparitione Angeli Jesum confortantis et de sudore sanguinis, XXII, 43, 44; vel solidis saltem rationibus ostendi possit — quod placuit antiquis haereticis et quibusdam etiam recentioribus criticis arridet, — easdem narrationes ad genuinum Lucae Evangelium non pertinere?

Resp. Negative ad utramque partem.

IV. Utrum rarissima illa et prorsus singularia documenta, in quibus Canticum Magnificat non beatae Virgini Mariae, sed Elisabeth tribuitur, ullo modo praevalere possint ac debeant contra testimonium concors omnium fere codicum tum graeci textus originalis tum versionum, necnon contra interpretationem quam plane exigunt non minus contextus quam ipsius Virginis animus et constans Ecclesiae traditio?

Resp. Negative.

V. Utrum, quoad ordinem chronologicum Evangeliorum, ab ea sententia recedere fas sit, quae, antiquissimo aeque ac constanti traditionis testimonio roborata, post Matthaeum qui omnium primus Evangelium suum patrio sermone conscripsit, Marcum ordine secundum et Lucam tertium scripsisse testatur; aut huic sententiae adversarii vicissim censenda sit eorum opinio, quae asserit Evangelium secundum et tertium ante graecam primi Evangelii versionem esse compositum?

Resp. Negative ad utramque partem.

VI. Utrum tempus compositionis Evangeliorum Marci et Lucae usque ad urbem Jerusalem eversam differre liceat; vel eo quod apud Lucam prophetia Domini circa huius urbis eversionem magis determinata videatur, ipsius saltem Evangelium obsidione jam inchoata fuisse conscriptum, sustineri possit?

Resp. Negative ad utramque partem.

VII. Utrum affirmari debeat Evangelium, Lucae praecessisse librum Actuum apostolorum, *Act.*, I, 1, 2; et quum hic liber, eodem Luca auctore, ad finem captivitatis romanae Apostoli fuerit absolutus, *Act.*, XXVIII, 30, 31, eiusdem Evangelium non post hoc tempus fuisse compositum?

Resp. Affirmative.

VIII. Utrum, prae oculis habitis tum traditionis testimoniis, tum argumentis internis, quoad fontes quibus uterque Evangelista in conscribendo Evangelio usus est, in dubium vocari prudenter queat sententia quae tenet Marcum iuxta praedicationem Petri, Lucam autem juxta praedicationem Pauli scripsisse; simulque asserit iisdem Evangelistis praesto fuisse alios quoque fontes fide dignos sive orales sive etiam jam scriptis consignatos?

Resp. Negative.

IX. Utrum dicta et gesta, quae a Marco juxta Petri praedicationem accurate et quasi graphice enarrantur, et a Luca, *assecuto omnia a principio diligenter* per testes fide plane dignos, quippe *qui ab initio ipsi viderunt et ministri fuerunt sermonis, Lc,* I, 2, 3, sincerissime exponuntur, plenam sibi eam fidem historicam jure vindicent, quam eisdem semper praestitit Ecclesia; an e contrario eadem facta et gesta censenda sint historica veritate, saltem ex parte, destituta, sive quod scriptores non fuerint testes oculares, sive quod apud utrumque Evangelistam defectus ordinis ac discrepantia in successione factorum haud raro deprehendantur, sive quod, cum tardius venerint et scripserint, necessario conceptiones menti Christi et Apostolorum extraneas aut facta plus minusve iam imaginatione populi inquinata referre debuerint, sive demum quod dogmaticis ideis praeconceptis, quisque pro suo scopo indulserint?

Resp. Affirmative ad primam partem, negative ad alteram.

Il résulte de ce décret : 1° que la tradition unanime de l'Église représentée par les témoignages des saints Pères et des écrivains ecclésiastiques, par la pratique des hérétiques, par les versions et les manuscrits et aussi les raisons tirées du texte même des saints Livres nous obligent à affirmer que Marc, disciple et interprète de Pierre et Luc, aide et compagnon de Paul, sont les auteurs de l'évangile qui leur est respectivement attribué.

2° Les raisons par lesquelles plusieurs critiques s'efforcent de démontrer que les douze derniers versets de l'évangile de Marc ne sont pas l'œuvre de Marc lui-même, mais ont été interpolés par une main étrangère ne donnent pas le droit d'affirmer qu'ils ne sont point canoniques et inspirés; elles ne démontrent même pas que Marc n'en est pas l'auteur.

3° Il n'est pas permis de révoquer en doute l'inspiration et la canonicité des récits de Luc sur l'enfance du Christ, ou sur l'apparition de l'ange qui réconforte Jésus et sur la sueur de sang; on ne peut même pas démontrer que ces récits n'appartiennent pas à l'évangile primitif de Luc.

« On voit, dit le P. Prat[1], combien délicatement nuancée est cette décision. L'authenticité n'est point inculquée dans les deux cas avec la même énergie ni dans la même mesure. D'un côté, l'attitude est positive : on rejette comme insuffisants et peu solides les arguments contraires; de l'autre, elle est plutôt négative : on trouve les arguments trop faibles pour forcer l'adhésion. »

« La première partie des deux décrets n'est pas libellée non plus de la même manière. On prononce irrévocablement l'inspiration et la canonicité des deux passages de saint Luc, inspiration et canonicité qu' « il n'est pas permis de révoquer en doute »; quant à la finale de Marc, l'avenir semble réservé : pour le moment, les raisons des adversaires « ne donnent pas le droit d'en nier l'inspiration et la canonicité. »

---

[1]. *La Question synoptique : L'origine des évangiles selon saint Marc et selon saint Luc; Études*, T. CXXXIII, p. 504. Paris, 1912.

La question de la finale de Marc reste donc ouverte d'une certaine façon : la Commission biblique déclare seulement que les arguments par lesquels on en nie l'authenticité ne sont pas péremptoires. Le deviendront-ils jamais?

4° Les documents très peu nombreux et singuliers qui attribuent le Magnificat à Élisabeth et non à la Vierge Marie ne peuvent prévaloir contre le témoignage de presque tous les manuscrits grecs, des versions, l'interprétation du passage et la tradition constante de l'Église.

5° Il n'est pas permis d'abandonner l'ordre chronologique des évangiles, s'appuyant sur le témoignage constant de la tradition, qui atteste que Matthieu a écrit le premier son évangile dans sa langue nationale, Marc, le second et Luc, le troisième.

L'hypothèse de ceux qui soutiennent que le second et le troisième évangile ont été écrits avant la traduction grecque du premier n'est pas opposée à cette cinquième sentence. Ceci veut dire seulement que l'on doit admettre que Marc et Luc ont été écrits après l'évangile araméen de Matthieu[1]. On ne sait pas à quelle époque l'évangile araméen de Matthieu a été traduit en grec.

6° On ne peut pas différer la date de composition des évangiles de Marc et de Luc jusqu'à la ruine de Jérusalem; on ne peut même pas conclure de ce que, dans Luc, la prophétie du Seigneur sur la destruction de cette ville paraît plus déterminée, que son évangile du moins a été écrit lorsque le siège était déjà commencé.

7° L'évangile de Luc a été écrit avant le livre des Actes des apôtres et comme celui-ci a été terminé vers

---

1. Cf. MÉCHINEAU, *I Vangeli di S. Marco e di S. Luca*, p. 108. Roma, 1913.

la fin de la captivité de l'Apôtre à Rome, on doit dire que son évangile n'a pas été composé après cette époque. La date de l'évangile de Luc dépend donc de celle des Actes; or, les Actes ont été écrits vers la fin de la captivité romaine de Paul.

8° Le témoignage de la tradition, les arguments internes en ce qui concerne les sources dont Marc et Luc se sont servis ne permettent pas de révoquer en doute cette sentence qui affirme que Marc a écrit d'après la prédication de Pierre et Luc d'après celle de Paul, et qui affirme en même temps que les évangélistes ont eu d'autres sources orales ou même écrites.

9° Les faits et les paroles qui ont été rapportés avec soin et comme graphiquement par Marc d'après la prédication de Pierre et par Luc en suivant des témoins dignes de foi ont été très sincèrement exposés et méritent la croyance que l'Église leur a donnée; on ne peut donc soutenir que ces faits et ces paroles soient en partie destitués de vérité historique, soit parce que les écrivains n'ont pas été des témoins oculaires, soit parce qu'on relève entre les deux évangélistes des différences d'ordre dans la succession des faits, soit parce que, ayant écrit tardivement, ils ont dû nécessairement rapporter des idées étrangères à l'esprit du Christ et des apôtres ou des faits plus ou moins créés par l'imagination du peuple, soit que enfin chacun selon son but ait été favorable à des idées dogmatiques préconçues.

XXI. Le P. Lagrange va publier sous peu un Commentaire sur l'évangile selon saint Luc, analogue à celui qu'il a donné sur l'évangile de saint Marc.

ACTES DES APOTRES

A. Harnack, *Neue Untersuchungen zur Apostelg. und zur Abfassungszeit der syn. Evangelien.* Leipzig, 1911. — *Ist die Rede des Paulus in Athen ein ursprünglicher Bestandteil der Apostelgeschichte.* Leipzig, 1913.

W. Ramsay, *The authorities used in the Acts,* I-XII, dans *The Expositor*, S. 7. Vol. VII, 4 London, 1909.

J. W. Bailey, *Why was Acts writen?* Bibl. World. Jan. 1909.

* A. Camerlynck, *Commentarius in Actus apostolorum, editio sexta denuo emendata et notabiliter aucta.* Bruges, 1910.

* R. Schumacher, *Der Diakon Stephanus.* Münster, 1910.

* K. Pieper, *Die Simon-Magus-Perikope.* Münster, 1911.

* K. Six, *Das Aposteldekret,* Act. XV, 28-29. Innsbruck, 1911.

W. M. Furneaux, *The Acts of the Apostles.* Oxford, 1912.

E. Dentler, *Die Apostelgeschichte, übersetzt und erklärt.* Mergentheine, 1912.

* A. Steinmann, *Die Apostelgeschichte, übersetzt und erklärt.* Berlin, 1913.

E. Preuschen, *Die Apostelgeschichte,* dans Lietzmann, *Handbuch zum Neuen Testament.* Tübingen, 1913.

G. Hoennicke, *Die Apostelgeschichte erklärt.* Leipzig, 1914.

* F. Prat, *Saint Luc et les Actes des apôtres; Sur quelques décisions récentes de la Commission biblique,* dans *Études*, T. CXXXVII, p. 737-760.

E. Norden, *Agnostos Theos.* Leipzig, 1913.

Ishoʻdad of Merv, *Commentaries,* Vol. IV : *Acts of the Apostles and three catholic Epistles.* Cambridge, 1913.

H. Wendt, *Die Apostelgeschichte,* 9ᵉ Auflage. Göttingen, 1913.

E. de Faye, *Étude sur les origines des églises de l'âge apostolique.* Paris, 1909.

H. Wendt, *The historical Trustworthiness of the Book of Acts,* dans *The Hibbert Journal*, Vol. XII, n° 1, p. 141 ss. London, 1913.

J. Wellhausen, *Kritische Analyse der Apostelgeschichte.* Berlin, 1914.

* L. Méchineau, *Gli Atti degli Apostoli secundo le riposte della Commissione biblica.* Roma, 1914.
   W. F. Burnside, *The Acts of the Apostles.* Cambridge, 1916.
   Th. Zahn, *Die Urausgabe der Apostelgeschichte des Lukas.* Leipzig, 1916.
   * E. Jacquier, *Valeur historique des Actes des apôtres; Revue biblique,* janvier 1915.
   * L. Pirot, *Les Actes des apôtres et la Commission biblique.* Paris, 1919.
   Th. Zahn, *Die Apostelgeschichte des Lucas,* Kap. I-XII. Leipzig, 1919.
   Foakes Jackson, Kirsopp Lake : *The Beginnings of Christianity.* Part I : *The Acts of the Apostles* : Vol. I Prolegomena, I : *The Jewish, Gentile and Christian Backgrounds.* London, 1920.

I. Dans la courte préface qu'il a placée en tête de son commentaire sur les Actes des apôtres, E. Preuschen [1] ne nous dit rien sur la composition de ce livre. Il émet cependant l'hypothèse que la forme occidentale des Actes a pu être l'œuvre de Tatien; il rappelle qu'Eusèbe affirme que celui-ci eut l'audace de changer certaines paroles de l'Apôtre. D'ailleurs, Tatien, syrien de naissance, qui avait vécu à Rome, puis en Orient, était mieux à même que personne de modifier le texte des Actes, tel qu'il se présente dans la forme occidentale. Le commentaire de Preuschen est surtout philologique et historique; il est intéressant surtout pour les nombreux rapprochements qu'il établit entre le texte des Actes et la littérature classique.

II. A. Camerlynck a donné une nouvelle édition du Commentaire de Van Steenkiste sur les Actes des apôtres [2]. Signalons quelques-unes des positions que soutient l'auteur. Le titre du livre : *Actes des apôtres* est ancien, mais ne vient pas de l'auteur lui-même,

---

1. *Die Apostelgeschichte.*
2. *Commentarius in Actus Apostolorum.*

lequel est Luc, le médecin, compagnon de Paul. Le livre a été édité plus probablement en l'an 63-64. L'auteur a utilisé pour écrire son livre ses propres souvenirs, dont quelques-uns pouvaient être déjà écrits, certaines notes qui lui ont été communiquées et des documents écrits par lui ou par d'autres. Il ne s'est servi ni des épîtres pauliniennes, ni des écrits de Josèphe. Les Actes des apôtres sont d'une haute valeur historique et toutes les divergences qu'on a signalées entre eux et les épîtres pauliniennes sont expliquées dans le commentaire. Les Actes ont été tenus pour canoniques et inspirés dès le premier siècle, mais ils ont laissé peu de traces dans les premiers écrits chrétiens. Le texte des Actes nous est parvenu sous deux formes, la forme orientale qui se trouve dans les principaux manuscrits majuscules et la forme occidentale représentée par le Codex de Bèze, les versions vieilles latines, Irénée, etc. La forme orientale doit être préférée, sauf à accepter quelques variantes de la forme occidentale. Il existe une troisième forme mixte, d'origine secondaire et dont il n'y a pas lieu de tenir compte. La chronologie des Actes des apôtres est étudiée avec soin. Voici quelques-unes des dates adoptées : Mort du Christ, 3 avril 33; Conversion de Saul, 34; Visite de Paul à Jérusalem, 37; Concile de Jérusalem, 51; Paul devant Festus, 60, à Rome, 61; Martyre de Pierre, 64 (65); Martyre de Paul, 67. Camerlynck étudie aussi la condition politique et religieuse des Juifs à l'époque des Actes; il en ressort très nettement combien Luc a été exact dans ses descriptions historiques et géographiques. Le chapitre sur l'hellénisme, sa civilisation, sa culture religieuse et philosophique éclaircira maint détail des Actes.

III. De nombreuses études parues en ces dernières années sur les Actes des Apôtres, principalement sur la valeur historique[1] et sur le texte de ce livre, ont obligé le Dr Wendt à publier une neuvième édition de son travail sur les Actes[2]. Il n'en a pas modifié le caractère et il a maintenu toutes les positions qu'il avait soutenues précédemment, sauf sur quelques points de détail. Il a cependant complété ce qu'il avait dit sur les sources. Il n'accepte pas l'hypothèse de Harnack sur l'identité de l'auteur des Actes et du IIIe évangile; l'unité linguistique du livre ne lui paraît pas prouvée. D'après lui, il aurait été compilé par un chrétien, issu de la gentilité, lequel aurait eu comme source principale un document ayant pour auteur un compagnon de Paul. Ce document était beaucoup plus complet que le « Journal de voyage »; il s'y trouvait des récits sur les premiers temps apostoliques. Le récit de la conversion de Paul racontée au ch. IX n'en faisait pas partie, mais bien celle qu'on lit au ch. XXIV. Les Actes ont été compilés vers l'an 95-100; ils s'arrêtent brusquement parce que le document utilisé n'allait pas plus loin. Cette solution nous paraît inadmissible. Le compilateur, qui, après tout, ne reproduit pas uniquement la même source, aurait bien pu donner à son œuvre le complément nécessaire en relatant la fin du procès de Paul et son martyre. Il n'ignorait ni l'un ni l'autre, s'il a écrit à la fin du Ier siècle, comme le soutient Wendt.

Une modification heureuse du commentaire a été de placer à part les discussions plus étendues sur des points particuliers : la glossolalie, les trois récits de la conversion de Paul, le décret apostolique, etc. Le Dr Wendt admet la recension occidentale de ce décret,

---

1. Nous en donnerons un résumé dans *les Études de critique et d'exégèse*.
2. *Die Apostelgeschichte*.

c'est-à-dire le texte qui forme un petit catéchisme moral, comprenant quatre clauses : l'abstention de pratiques idolâtriques, de l'homicide, de l'impureté, la pratique de la charité fraternelle. Ce décret ne visait qu'un cercle restreint de chrétientés.

Le Dr Wendt a modifié ainsi, par suite de la publication de l'inscription de Delphes, la chronologie des Actes qu'il avait adoptée tout d'abord : 34, conversion de Paul ; 49, Concile de Jérusalem ; automne de l'an 50, arrivée de Paul à Corinthe ; 54, arrivée à Éphèse ; printemps de l'an 59, arrestation de Paul à Jérusalem ; printemps de l'an 62, arrivée à Rome ; été de l'an 64, martyre de Paul à Rome.

IV. Le quatrième volume d'Isho'dad de Merv, évêque d'Hadatha, vers 850 après J.-C., contient le commentaire sur les Actes et sur les épîtres catholiques[1]. Dans l'introduction, Rendel Harris fait remarquer que l'auteur dépend d'Ephrem et de Théodore de Mopsueste. C'est à ce dernier qu'il emprunte son explication sur la citation qu'a faite Paul, *Act.*, XVIII, 28, 29, des poètes païens. Il la rattache à cette autre citation de l'Apôtre, *Tite*, I, 12 : Crétois toujours menteurs, méchantes bêtes, ventres paresseux et voici comment il l'explique : Ceci : En lui nous vivons, nous nous mouvons et avons notre être et ceci : Et comme certains de vos propres sages l'ont dit : Nous sommes de sa race, Paul l'emprunte à des poètes païens. Maintenant sur ceci : En lui nous vivons, etc., les Crétois disaient comme étant la vérité sur Zeus qu'il était un Seigneur qui fut tué par un sanglier et enseveli et son tombeau est connu parmi nous. Aussi Minos, fils de Zeus, a fait un panégyrique de son père dans lequel il dit : Les Crétois t'ont creusé une

---

1. *Commentaries : Acts of the Apostles and three catholic Epistles.*

tombe, ô saint, ô élevé, eux qui sont menteurs, méchantes bêtes, ventres paresseux. Car tu n'es pas mort à jamais, tu es vivant et ressuscité, car en toi nous vivons, nous nous mouvons et nous avons l'être. Ainsi le bienheureux Paul a pris sa sentence de Minos. Car il a pris encore : Nous sommes de la race de Dieu. Paul a donc emprunté sa citation au *Minos* d'Epiménide, poète crétois vivant vers 594 avant J.-C. On voit pourquoi ce poète a dit des Crétois qu'ils étaient toujours menteurs.

Nous pourrions relever encore dans ce commentaire d'Isho'dad des données fort intéressantes. Les deux anges qui parlèrent aux apôtres ayant les yeux levés au ciel pendant que Jésus s'éloignait, *Act.*, I, 10, étaient Gabriel et Michel. La Marie dans la maison de laquelle se rendit Pierre lors de sa délivrance miraculeuse, *Act.*, XII, 12, était sa femme et ses fils étaient Jean Marc et Rhoda. Au livre XIII, le commentateur explique le passage des *Actes*, XIV, où les Lycaoniens de Lystres appellent Barnabé, Zeus et Paul, Hermès; il rapporte à ce sujet les légendes païennes sur Zeus et sur Aphrodite, maîtresse des incantations et de la fornication. Ils appelèrent Paul, Hermès, celui de tous les dieux qui était le plus habile et le plus intelligent. Il était dénommé Hermès Trismégiste parce qu'il connaît trois choses, ce qui est passé, ce qui est présent et ce qui arrivera. Le commentateur, au livre XVe, ne paraît pas bien savoir pourquoi Paul affirme qu'il est citoyen romain; il croit que c'était parce qu'il était né et avait été élevé à Tarse, une cité des Romains. On était d'après lui citoyen romain parce qu'on était d'une cité placée sous l'autorité des Romains. Nous ne dirons donc pas qu'il faut accepter toutes les interprétations de l'évêque nestorien, comme quand il explique que les Libertini dont il est parlé, *Act.*, VIII, 9, étaient les disciples d'un philosophe nommé Lubertino, mais nous le lirons avec fruit parce qu'il est un témoin très averti de la tradition syrienne.

V. On sait que Harnack soutient que Luc le médecin, le compagnon de Paul, est l'auteur du troisième évangile et du livre des Actes. Attaqué par Schürer, Loisy et d'autres critiques, il défend ses positions nouvelles dans le quatrième fascicule[1] de ses contributions à l'introduction du Nouveau Testament. Le travail comprend trois parties :

1° Harnack avait démontré dans un précédent fascicule[2] que l'auteur du Journal de voyage était le même que celui qui avait composé le reste du livre des Actes, parce que l'on retrouve dans ce Journal les expressions, les tournures, les formes de phrase proprement lucaniennes, en d'autres termes, toutes les caractéristiques du style de Luc. Il reprend cet argument et le renforce en transcrivant tous les passages du Journal de voyage dont il distingue les formes lucaniennes par la forme typographique des mots. Il relève ainsi toutes les particularités linguistiques et stylistiques que l'on retrouve dans ce Journal de voyage, dans le reste des Actes, dans le troisième évangile et nulle part ailleurs dans le Nouveau Testament. L'argument est convaincant, car il est impossible de supposer que l'auteur des Actes aurait retouché à ce degré le Journal de voyage pour lui donner la marque de son style. D'ailleurs, s'il avait voulu le corriger, comment n'aurait-il pas supprimé tout d'abord ce pronom : « Nous » qui tout d'un coup est inséré dans le récit? Enfin, comme il est certain

---

1. *Neue Untersuchungen zur Apostelgeschichte und zur Abfassungszeit der synoptischen Evangelien.*
2. *Die Apostelgeschichte.*

que l'auteur du Journal est Luc, il s'ensuit que tout le livre des Actes a été écrit par lui.

2° L'objection principale que formulent Schmidt, Jülicher, Schürer contre la valeur historique du livre des Actes est la profonde différence qui existe d'après eux entre le Paul des Actes et le Paul des épîtres ; leur portrait présente des traits absolument discordants. Le Paul anti-judaïsant et universaliste des épîtres ne peut être le Paul conciliant des Actes et comme le premier est historique, le second ne peut l'être. Harnack montre très bien qu'il ne ressort pas du tout des épîtres que Paul a été aussi intransigeant qu'on le dit, qu'il est resté bien juif, et que son amour pour sa nation a toujours été très vif. Pour Paul la Loi est abolie dans son principe, *sub specie aeterni*, mais pour lui, Juif de race, le judaïsme reste une *forma legis* qui garde une valeur directive. Ainsi se concilient le respect que Luc prête à l'Apôtre pour le Temple, pour la circoncision, pour la Loi et les déclarations si nettes de Paul sur l'abolition des œuvres de la Loi et sur la justification par la foi nouvelle.

3° Harnack continue à soutenir que les Actes ont pu être écrits vers l'an 60-62, alors que le procès de Paul à Rome n'était pas encore terminé. Le troisième évangile a donc été composé avant cette date et comme il dépend, affirme Harnack, du second évangile, il s'ensuit que l'évangile de Marc a été écrit avant l'an 60. Quant au premier évangile, il l'aurait été avant l'an 70. La date assignée à l'évangile de Marc nous paraît difficilement conciliable avec le texte d'Irénée : Après le départ de Rome (ou la mort) de Pierre et de Paul, Marc nous transmit, lui aussi, les ayant écrites, les choses prêchées par Pierre. A moins de soutenir qu'Irénée s'est trompé, il faut admettre que le second évangile a été écrit après 64 ou 67. Dans un dernier chapitre, Harnack essaye d'expliquer comment des récits, écrits du vivant des témoins oculaires des événements, ont pu relater de si nombreux miracles. La conclusion devrait être que ces miracles sont historiques. Mais Harnack n'admet pas la possibilité des miracles. Il en est donc réduit à dire que les légendes peuvent se former rapidement.

VI. E. de Faye[1] n'a pas voulu donner un tableau d'ensemble de l'âge apostolique. « Dans quelles circonstances, nous dit-il, les premières églises chrétiennes se sont-elles formées, pourquoi le christianisme, dès qu'il paraît, soit en Palestine, soit dans le vaste monde gréco-romain, prend-il aussitôt la forme d'une église, quel a été le développement, la physionomie, l'esprit des communautés primitives, telles sont les questions dont nous avons demandé la solution aux documents les plus sûrs? » Ces documents, c'est d'abord les épîtres de Paul dont E. de Faye accepte sans restriction l'authenticité et la valeur historique, puis les Actes des apôtres, dont il recherche les sources. Il croit que, pour les quatorze premiers chapitres, l'auteur s'est servi principalement d'un document excellent, et de traditions orales de moindre valeur. Pour la seconde partie des Actes, Luc, qu'il reconnaît être l'auteur du livre, a employé un journal de voyage, qu'il avait écrit au temps où il accompagnait Paul dans ses voyages apostoliques.

Appuyé sur ces documents, E. de Faye essaye de résoudre les questions qu'il a posées. Sa réponse est basée tout entière sur ce fait que le Seigneur a choisi douze apôtres, qui ont formé le collège apostolique et qui, dans la pensée de Jésus, devaient être le noyau du nouvel Israël, d'une société dont il a donné les

---

1. *Étude sur les origines des églises de l'âge apostolique.*

règles et les conditions dans ses discours et surtout dans le sermon sur la montagne.

Le collège apostolique s'est reformé après les apparitions du Seigneur ressuscité, et a groupé autour de lui tous ceux qui croyaient en Jésus Messie. Ils ont donc formé une société, et c'est sur le modèle de cette société primitive qu'ont été établies en Palestine et dans le monde païen les nouvelles communautés chrétiennes.

E. de Faye ne veut pas dire que ces sociétés étaient des églises parce qu'elles n'étaient pas, d'après lui, organiquement constituées, qu'elles ne possédaient ni chefs, ni institutions; c'est là une question de mots, et il ne serait pas difficile de démontrer que, dès l'origine, ces sociétés ont été appelées églises, et que, d'ailleurs, si elles n'ont pas eu tout d'abord une organisation complète, elles avaient cependant un commencement d'organisation qui se développera plus tard. Il y aurait d'autres observations à présenter. Nous préférons reconnaître que le travail est bien conduit, et qu'on y trouvera d'excellents exposés principalement en ce qui concerne la lutte entre Paul et les judéo-chrétiens.

VII. La question des sources du livre des Actes des apôtres a été longuement discutée et les hypothèses pour la résoudre ont été tellement nombreuses qu'on a dû en conclure qu'elle était pratiquement insoluble. La conclusion la plus plausible est que l'auteur, Luc, a eu des sources puisqu'il n'a pas été témoin de tous les événements qu'il raconte, mais que, dans la plupart des cas, il est impossible de les distinguer.

Waitz[1] avait essayé de montrer que la péricope des Actes, VIII, 5-24, où il est parlé de Simon le Magicien

---

1. *Die Quelle der Philippusgeschichten in der Apostelgeschichte;* Zeits. für die N. T. Wissenschaft. 1906, p. 360.

provenait des Actes de Pierre et il en avait conclu que c'est à ces Actes que l'auteur des Actes des apôtres avait emprunté tout ce qu'il racontait sur Pierre dans son écrit. D'après lui c'est indûment que le diacre Philippe avait été introduit dans la péricope, VIII, 5-40, à la place de Pierre dont parlait le document primitif, les Actes de Pierre. Un diacre ne pouvait être le ministre de la parole que les apôtres s'étaient réservée. K. Pieper réfute cette théorie[1]. Après avoir rapidement passé en revue les diverses hypothèses sur les sources des Actes et exposé les preuves que Waitz donne de l'existence d'une histoire primitive de Pierre, il examine les difficultés que soulève la théorie qu'il discute.

Sa conclusion est que la péricope de Simon le Magicien provient de la plume de Luc et non d'anciens Actes de Pierre qu'il aurait retravaillés. Il rejette par conséquent ces mêmes Actes comme source des premiers chapitres de l'œuvre de Luc.

VIII. Le décret du Concile de Jérusalem, *Actes*, XV, 28, 29, qui trace aux convertis du paganisme les règles particulières qu'ils doivent observer, se présente dans les manuscrits des Actes et dans les écrivains ecclésiastiques sous deux formes : l'une dite orientale, parce qu'elle se trouve dans les témoins orientaux et l'autre dite occidentale, parce qu'elle est surtout dans les témoins occidentaux. Cette seconde forme se distingue de la première en ce qu'elle ajoute le précepte de ne pas faire à autrui ce que l'on ne voudrait pas qu'il nous fût fait et que le décret est présenté comme une sorte de petit catéchisme moral. La question souvent débattue et que traite à nouveau le P. K. Six[2], est de savoir quelle est la forme originale du décret, quelle

---

1. *Die Simon-Magus Perikope.*
2. *Das Aposteldekret.*

est son origine et son histoire dans les quatre premiers siècles.

Le travail est divisé en deux parties : Origine du décret apostolique, son acceptation dans les quatre premiers siècles. Après avoir établi la cause qui a donné naissance à ce décret, son but, le P. Six en démontre l'historicité. Il le suit ensuite en Orient et en Occident pour établir l'usage qui en a été fait. Il fait remarquer que Luc l'a donné sous une forme abrégée, sans développement, mais complet cependant. Il croit, en outre, que ce décret ne s'appliquait qu'aux communautés pagano-chrétiennes qui avaient des rapports avec les judéo-chrétiens. Pour lui la forme orientale serait la forme primitive.

Ce travail très méthodiquement conduit apporte une bonne contribution à la valeur historique du livre des Actes.

IX. Dans son travail : *La composition et la date des Actes*[1], Torrey a soutenu que pour les quinze premiers chapitres des Actes la langue est distinctement celle d'une traduction du grec ; dans les autres chapitres, au contraire, l'idiome n'est pas sémitique et il n'y a aucune preuve que nous ayons affaire là à une traduction. L'ouvrage entier, cependant, présente une uniformité non méconnaissable de vocabulaire et de phraséologie, de sorte qu'il est certain (pour celui qui admet la source sémitique) que l'auteur de XVI-XXVIII est le traducteur de I-XV. Le document araméen aurait été écrit vers l'an 49-50.

B. W. Bacon a attaqué les positions de Torrey dans *The American Journal of Theology*, janvier 1918. F. Jackson les a discutées aussi dans *Harvard theological Review*, oct. 1917. Torrey leur a répondu dans

---

1. *The Composition and the Date of the Acts.* New Haven, 1918.

The Am. J. of Theol., janvier 1919. J. C. Burkitt, dans *The Journal of theological Studies*, a discuté aussi certains points de l'hypothèse de Torrey.

X. Aberle avait soutenu, 1885, que les Actes étaient la plaidoirie que Luc avait présentée en faveur de Paul, accusé devant le tribunal de Néron. D. Plooij croit que l'évangile faisait partie aussi de cette plaidoirie et que Luc a voulu relater tous les faits sur lesquels s'appuyait Paul pour prêcher le christianisme, faits qui sont d'abord la vie et les enseignements de Jésus, puis le développement du Christianisme et surtout l'action de Paul dans ce développement[1]. L'évangile et les Actes ne sont donc pas des livres distincts mais deux parties d'un même livre. Ce plaidoyer a été écrit avant que la cause de Paul n'ait été portée devant le tribunal de César et a été adressé à ceux qui faisaient partie du conseil que l'Empereur consulterait, probablement Sénèque et Burrhus. Il faut donc en fixer la date vers l'an 62. Il n'aurait pu être écrit plus tard, car l'auteur n'aurait pu, après la violente persécution de Néron, continuer à affirmer que l'autorité romaine était bien disposée à l'égard des chrétiens.

Bien des objections pourraient être faites contre cette thèse. Remarquons seulement que devant le tribunal de César il n'était pas question de discuter les doctrines du christianisme; l'autorité romaine voyait dans celui-ci simplement une variété du judaïsme et elle ne s'occupait pas de ces discussions sur des noms et sur la Loi; les charges contre Paul étaient que celui-ci était un homme turbulent qui excitait des troubles dans les principales villes de l'Empire et devenait une menace pour la paix romaine.

XI. Le discours que les Actes mettent dans la

1. *The work of St. Luke: A historical Apology of Pauline Preaching before the Roman Court; The Expositor*, décembre 1914, p. 518.

bouche de Paul aurait été, d'après Norden [1], composé par un écrivain du IIe siècle, qui s'est inspiré des termes généraux de la prédication apostolique, et a particularisé son discours en y mêlant des idées stoïciennes. Le discours de l'Aréopage n'aurait rien d'original : il reproduisait un type de discours commun en ce temps-là sur le thème stoïcien, περὶ τοῦ θείου, conception étrangère à Paul. Norden retrouve ce type de discours dans les écrits similaires de l'époque, le Poimandrès, la XXXIIIe Ode de Salomon, le Kerygma Petri, la Prédication de Barnabas, dont il donne des passages parallèles. En fait, les rapprochements avec les deux premiers écrits sont très vagues, même difficiles à apercevoir; ils sont plus discernables avec les deux autres, mais se réduisent à la reproduction d'un thème général : un appel du prédicateur chrétien aux païens, des exhortations à se repentir et une allusion à la résurrection du Christ; il n'y a aucune dépendance littéraire entre les Actes et ces écrits. Or, un thème de prédication a bien pu être emprunté à la tradition chrétienne et rien ne prouve que les écrits cités, surtout le Kerygma Petri et la Prédication de Barnabas, n'aient pas été influencés par les Actes qui leur étaient antérieurs.

Norden essaye ensuite de démontrer que le discours d'Athènes reproduit des pensées que nous connaissons déjà par d'autres passages des Actes : XVII, 24 = *Ex.*, XX, 11; *Actes*, IV, 24; XIV, 25; VII, 74. De même ⅴ 26 = *Deut.*, XXXII, 8, etc. Ces ressemblances prouvent simplement que les apôtres reproduisaient des idées qui étaient le thème ordinaire de la catéchèse chrétienne.

Norden examine ensuite la dédicace « à un Dieu

---

1. *Agnostos Theos.*

inconnu », ἀγνώστῳ θεῷ, que Paul dit avoir trouvé sur un autel d'Athènes et essaye d'établir que nous avons là un procédé de rhétorique dont se servaient les orateurs de l'époque. Ils commençaient leurs discours en se référant à un trait caractéristique, religieux ou non, qu'ils avaient remarqué dans la ville où ils parlaient. Ainsi avait fait Apollonius de Tyane. Dans un discours à Athènes sur les sacrifices il aurait parlé des dieux inconnus. Le discours des Actes aurait été composé d'après ce discours, parce qu'ils présentent tous deux les mêmes arguments, spécialement en ce qui concerne la piété des Athéniens et leurs autels à des dieux inconnus. Il n'existait pas de dédicace à « un dieu inconnu », mais seulement à « des dieux inconnus ». Paul, dit-on, pour établir sa thèse, aurait employé le singulier au lieu du pluriel. Mais s'il avait agi ainsi on se serait moqué de lui ou on l'aurait accusé de tromperie. Ce discours ne peut donc pas être de lui : il est du rédacteur qui a compilé les documents qui forment les Actes et les a retravaillés pour les adapter à son but. Dans un appendice : la Composition des Actes des apôtres, Norden soutient en effet que les Actes sont un livre composite, qui a pour fond le récit d'un compagnon de Paul, récit qui a subi les interpolations et les retouches d'un écrivain postérieur. Un exemple de ces interpolations est dans la préface, I, 1, 2, très mal agencée et qui n'exprime pas, comme elle aurait dû le faire, le but du livre. Norden croit que la préface primitive était ainsi conçue : « J'ai consacré mon premier livre, ô Théophile, à tout ce que Jésus a fait et enseigné jusqu'au jour où il fut enlevé ; maintenant, je vais essayer d'écrire les événements qui ont suivi, ceux dont j'ai été témoin moi-même et ceux que j'ai connus par des hommes dignes de foi, jusqu'au séjour de Paul à Rome. » L'auteur original devait donner un aperçu sommaire de ce qui s'était passé à Jérusalem entre la mort de Jésus et la conversion de Paul. Il raconte ensuite les faits, mais n'emploie le terme « nous » que pour les événements où il a pris part ou dont il a été témoin.

XII. Harnack [1] a fait ressortir le mal fondé des conclusions de Norden et réfuté les preuves sur lesquelles celui-ci s'appuyait. Harnack fait remarquer que les idées stoïciennes que l'on rencontre dans ce discours pouvaient être connues de Paul, car elles étaient très répandues au Ier siècle. Il n'est aucun des termes ou des expressions employés dans ce discours qui ne se retrouve dans les Actes ; les rencontres d'idées entre ce discours et le reste des Actes sont très nombreuses. Ce discours a de proches affinités avec les épîtres pauliniennes.

Harnack résume ainsi ses arguments contre l'hypothèse de Norden.

1° On ne peut pas prouver qu'Apollonius, dans son grand discours à Athènes sur les sacrifices, qui a été reproduit probablement dans son écrit περὶ θυσιῶν, se soit inspiré d'autels à des dieux inconnus.

2° On ne peut pas prouver qu'Apollonius ait jamais, quelque part que ce soit, prononcé un discours qui procède d'une inscription d'autel ou même d'autels à des dieux inconnus.

3° On ne peut pas prouver non plus qu'il ait jamais eu seulement connaissance d'autels athéniens à des dieux inconnus.

4° Enfin, il est impossible de prouver que son biographe Damis, au commencement du IIe siècle, ait mentionné ces autels, car les mots mis en cause

---

1. *Ist die Rede des Paulus in Athen ein ursprünglicher Bestandteil der Apostelgeschichte?*

peuvent appartenir aux œuvres de Philostrate, commencement du iiie siècle.

Les doctrines de Paul et celles d'Apollonius sont de tous points différentes. Il n'y a aucun lien qui unisse Paul strictement monothéiste et Apollonius nettement polythéiste.

XIII. Quelle est pour nous la signification de la personnalité d'Étienne, de son action et de ses paroles? Telle est la question qu'étudie Maurice Jones dans *The Expositor* [1]. Tout ce que nous savons sur lui se trouve réuni dans les Actes des apôtres, VI-VIII, 4. D'après Harnack, ce serait un extrait d'un document antiochien, dû à Silas, auquel auraient été empruntés aussi XI, 19-30, l'église d'Antioche; XII, 25-XV, 35, voyage de mission de Paul et de Barnabé en Asie Mineure; discussions à Antioche, conférence de Jérusalem; retour de Paul et de Barnabé à Antioche. Ce document dû à un témoin oculaire serait de haute valeur historique. Ramsay est du même avis, mais il rattache ce document au diacre Philippe, à qui nous devrions tout ce qui est raconté dans les chapitres II-XII. Sur la question discutée du choix des diacres pour le service des tables, Jones affirme nettement qu'il n'y eut pas là l'institution d'un nouveau ministère dans l'Église, mais seulement l'adjonction aux diacres hébreux déjà existant de diacres hellénistes qui devaient s'occuper spécialement des veuves de leur nationalité. Tous les diacres mentionnés sont en effet des Juifs hellénistes; il n'eût pas été naturel, s'il s'agissait là d'une institution nouvelle, que tous les élus fussent des hellénistes et qu'il n'y eût aucun Juif palestinien.

Etienne était un juif helléniste, probablement

---

[1]. *The Significance of St. Stephen in the History of the primitive Christian Church; The Expositor*, march 1917, p. 161-178.

d'Alexandrie. Dans son discours il cite l'Ancien Testament d'après la version des Septante et en plusieurs passages il dépend de Philon et de Josèphe. Mais comment se justifie l'accusation portée contre lui : « Cet homme ne cesse de tenir des propos contre le lieu saint et contre la Loi? » L'examen de son discours la fait ressortir. La vraie religion pour Étienne était la religion dont Moïse a été le premier représentant et qui a été prêchée par les prophètes, religion toute de culte spirituel. Mais, depuis Moïse, l'histoire d'Israël a été l'histoire de sa désobéissance à la volonté de Dieu, telle qu'elle a été révélée par Moïse et du passage d'une religion spirituelle à une religion relativement matérielle et à des observances rituelles. La dégénérescence a commencé dans le désert quand Aaron a élevé le veau d'or et elle s'est poursuivie pendant tout le cours de l'histoire d'Israël. Même l'érection du temple de Jérusalem fut une apostasie de la religion formulée par Moïse. La vie religieuse du peuple d'Israël a donc été une continuelle résistance au Saint-Esprit et cette résistance a atteint son plus haut degré par le rejet de Jésus, le Messie, choisi par Dieu. Pour Étienne la religion de son temps était donc contraire à l'institution divine.

XIV. Dans son travail sur le diacre Étienne[1] Schumacher étudie d'une manière spéciale le discours d'Étienne. « Qui veut savoir, dit-il, l'idée mère et le but du discours d'Étienne doit se garder d'y voir un modèle d'éloquence où chaque mot porte, où chaque phrase tend au but, où le moindre détail est coordonné à la pensée maîtresse. » C'est une improvisation prononcée dans l'émoi d'un guet-apens, devant un auditoire hostile, pour répondre à des accusations qui ne s'accor-

---

1. *Der Diakon Stephanus.*

daient pas entre elles. Et d'ailleurs cette improvisation ne s'achève pas. Si Luc avait composé ce discours, il l'aurait établi d'une façon plus logique et aurait répondu d'une façon plus précise aux accusations des Juifs contre Étienne. On n'y retrouverait pas d'ailleurs la couleur sémitique qui se trahit dans ce discours. Luc a dû avoir une traduction de l'araméen.

XV. Miss F. M. Stawell a soutenu dans une communication faite à l' « *International Medical Congress* » tenu à Oxford que Luc était Romain[1]. La langue et le style de son œuvre le prouveraient. Son style est modelé sur le latin ou sur le grec des Septante. Luc a connu les écrivains grecs médicaux et il était probablement médecin; mais quelques-uns des meilleurs écrivains médicaux de cette époque étaient Romains. Le nom de Λουκᾶς n'est pas grec mais romain; c'est un surnom de la gens Aenaea. Cette origine romaine expliquerait la sympathie de Luc pour l'autorité romaine, son désir de la montrer dans son meilleur jour. Enfin le plan qu'il suit dans son livre, faisant de Rome l'aboutissement de la prédication chrétienne, serait aussi une indication de l'origine romaine de Luc. Remarquons seulement que la couleur latine de la langue de Luc est peu évidente. Le grec de Luc, dans les parties qui lui sont entièrement propres, telles que le Journal de voyage, est le grec de la conversation des gens instruits. Nous ne nous arrêterons pas au parallèle qu'établit miss Stawell entre les Actes et l'Énéide.

XVI. Dans une étude sur les autorités dont s'est servi Luc pour établir son récit des douze premiers chapitres des Actes, Ramsay[2] déduit les conclusions

---

1. *St. Luke and Virgil.*
. *The authorities used in the Acts*, I-XII.

suivantes : La valeur historique de ces chapitres dépend des sources auxquelles Luc les a empruntés. Qu'il ait eu des sources écrites, on n'en peut douter, mais il ne les a pas reproduites servilement, il les a complétées à l'aide de renseignements obtenus de par ailleurs. Cela ressort de ce fait qu'il existe entre les détails de quelques récits des différences qui ont fait douter de leur réalité historique. Ainsi, il y a entre les trois récits de la conversion de Paul, IX, 1-19; XXII, 3-21; XXVI, 9-20, des détails divergents qu'on a souvent relevés. Si Luc les a laissés subsister, ce n'est pas qu'il ne les ait pas vus, mais il les a reproduits tels qu'il les avait appris, sans y rien changer, parce qu'à son point de vue et pour le but qu'il se proposait, ils étaient sans importance.

Nous nous rendons compte de ce travail de l'historien sur ses sources par l'examen du discours de Pierre à ses frères pour l'élection d'un apôtre à la place de Judas, I, 16-22. Il n'a certainement pas été prononcé tel que nous l'avons, et ne reproduit pas la source originale dans tous ses détails. Ce discours de l'Apôtre contient des termes qui ne répondent pas à la situation du moment : Pierre parle à ses frères de leur ministère, διακονία, de leur épiscopat, ἐπισκοπή, expressions qui rappellent l'organisation primitive des églises. Remarquons cependant que ces termes peuvent avoir été employés dans leur sens général, et non dans le sens administratif qu'ils ont reçu plus tard. Le discours donne surtout des explications, nécessaires pour les lecteurs grecs, mais inutiles aux Juifs qui l'entendaient. Tels doivent être le récit de la mort de Judas et surtout le ỳ 18 : « Ce qui aussi a été connu de tous les habitants de Jérusalem, tellement que ce champ a été appelé en leur propre langue, Hakeldama, c'est-à-dire le champ du sang. » Nous devons conclure de ces observations que Luc a ajouté des détails au fond authentique du discours.

Luc a emprunté plusieurs de ses récits à des documents, mais il a eu aussi communication de quelques-uns d'entre eux de la bouche de témoins oculaires, qu'il a connus à Jérusalem, vers 57-59, lors de la captivité de Paul. Il les a appris de plusieurs rapporteurs, ce qui explique la différence de certains détails, lesquels n'ont pas été suffisamment amalgamés. Parmi ces témoins, les plus importants furent le diacre évangéliste, Philippe et ses filles. C'est de celui-ci qu'il tenait probablement les discours de Pierre et il les a peu remaniés, tenant ce témoin pour très véridique. Ces discours n'ont pas l'empreinte ordinaire du style de Luc et surtout les phrases y sont assez mal construites. Il semble bien qu'on ait là les notes d'un auditeur, qui a reproduit les phrases de l'orateur à peu près telles qu'elles ont été prononcées. Il y a des mots qui ne se rapportent à aucun verbe. Prenons, par exemple, le discours de Pierre au centurion Cornelius, ⱴ 34-43. C'est une suite d'idées détachées, qui viennent les unes après les autres sans être reliées d'après les règles de la syntaxe.

Nous n'avons pas à relever les traits archaïques que l'on remarque dans les discours de Pierre. Observons seulement combien les récits qui encadrent ces discours sont naturels, simples, vraisemblables. C'est un témoin oculaire qui a raconté la guérison du boiteux de naissance, l'arrestation de Pierre et de Jean et les autres récits des chapitres IV, V, VII, VIII. Et ce témoin est Philippe, qui a certainement rapporté à Luc l'évangélisation de la Samarie, VIII, et la conversion de Cornelius, X.

C'est un autre témoin qui a raconté à Luc la scène qui se passa lorsque Pierre justifia devant l'église de

Jérusalem sa conduite à l'égard des païens. Il répète ce qui a été raconté au chapitre précédent, mais avec des différences de présentation. La phraséologie du second discours de Pierre reproduit davantage celle de Luc que précédemment. La phrase de Pierre : Μηδαμῶς, Κύριε, ὅτι οὐδέποτε ἔφαγον πᾶν κοινὸν καὶ ἀκάθαρτον, X, 14, de forme hébraïque, est changée, XI, 8, en Μηδαμῶς, Κύριε, ὅτι κοινὸν ἢ ἀκάθαρτον οὐδέποτε εἰσῆλθεν εἰς τὸ στόμα μου, de forme tout à fait grecque. On pourrait citer encore d'autres divergences et les expliquer par ce fait que, dans le second exposé, Luc fait davantage œuvre d'historien et traite plus largement ses sources que dans le premier.

Le récit qui relate comment Pierre fut délivré de la prison, XII, 3-17, est palpitant de vie. C'est un tableau achevé, d'une vérité et d'un pittoresque qu'on trouve rarement même dans les récits de Luc. Aucun détail inutile, aucune amplification; la narration est simple et rapide. Nous avons certainement là le récit qu'a dû faire Pierre des faits et des réflexions que lui a suggérées l'intervention de l'ange. Il est probable que le narrateur est un de ceux qui ont entendu Pierre dans la maison de Marie, mère de Marc, lorsqu'il raconta sa libération. On a pensé à la servante Rhoda, qui a pu donner tous les détails que contient le récit. Il est possible aussi que Luc l'ait connu par Jean Marc. En tout cas, il porte tous les caractères de la vérité historique.

XVII. Dans l'*Analyse critique des Actes des apôtres*[1] Wellhausen donne une série de notes où il essaye de distinguer les parties qui proviennent de sources de celles qui ont été surajoutées. Voici quelques-unes des observations qu'il présente : La descrip-

---

1. *Kritische Analyse der Apostelgeschichte.*

tion de la glossolalie, au ch. II, rapproche celle-ci du phénomène que décrit Paul dans sa première épître aux Corinthiens, ch. XIV; le discours de Pierre qui suit ne tient aucun compte de ce don des langues; Wellhausen ne sait à qui l'attribuer. Le discours d'Étienne ne répond d'aucune façon aux faits racontés et aux accusations portées contre lui. La conversion de Paul aurait précédé la lapidation d'Étienne; par conséquent le rôle qui est attribué à celui-ci dans le meurtre d'Étienne est fictif. La conversion de Cornelius a été imaginée pour donner à Pierre l'initiative de l'introduction des païens dans la communauté chrétienne sans les soumettre aux observances légales, ce qu'indiquerait la vision de Pierre à Joppée. Le voyage de Paul et de Barnabé à Jérusalem, XV, est le même que celui du ch. XI, et de l'épître aux Galates, II, 1. Le rédacteur l'a retardé afin de faire approuver par les apôtres de Jérusalem les missions de Paul chez les Gentils. Tous les passages en « nous » n'appartiennent pas au Journal de voyage : il en est une partie qui est du fait du rédacteur, lequel d'ailleurs est l'auteur des discours à Athènes et aux presbytres d'Éphèse. Le récit du voyage de Paul, de Césarée à Rome, est le décalque d'un récit de navigation existant déjà. D'après Wellhausen, Paul serait arrivé à Rome au commencement de 56; il aurait été arrêté à Jérusalem au printemps de l'an 55; il était à Éphèse en 52, à Corinthe en 50; ses missions d'Asie mineure et de Macédoine auraient eu lieu de 45 à 49; le concile de Jérusalem se serait tenu en 44 et Paul se serait converti en l'an 30; il mourut en l'an 58.

XVIII. Th. Zahn[1] a essayé de restituer les textes originaux des Actes des apôtres. S'appuyant sur les

---

1. *Die Urausgabe der Apostelgeschichte des Lucas.*

manuscrits des vieilles versions latines et sur les écrivains latins des premiers siècles, il restitue d'abord le texte latin des Actes ; puis, en se servant des manuscrits grecs de type occidental, des versions syriaques et égyptiennes, des citations des écrivains grecs, il rétablit le texte grec des Actes, qu'il tient pour le texte original. Il a soin d'imprimer en lettres espacées les mots de ce texte, qui diffèrent de ceux du texte grec oriental. On se rend compte de suite combien le texte occidental diffère du texte oriental.

Th. Zahn a donné aussi un Commentaire des douze premiers chapitres des Actes[1]. L'exposé est très touffu ; on a quelquefois l'impression qu'il s'y rencontre des renseignements et des explications qui n'importent pas directement à l'exégèse du texte. La documentation très abondante sera la partie la plus intéressante et la plus utile.

XIX. Avec l'aide de plusieurs collaborateurs, Foakes Jackson et Kirsopp Lake ont entrepris la publication d'une suite d'études sur les commencements du christianisme. La première est consacrée aux Actes des apôtres[2]. Elle comprendra trois volumes ; les deux premiers sont intitulés Prolégomènes. La première partie est historique et étudie le monde juif, le monde païen et le monde chrétien au 1er siècle de notre ère. La seconde est critique et traite les questions suivantes : les Actes comme histoire ; les arguments pour et contre Luc auteur ; la grammaire des Actes ; les Actes et les Septante ; les sources des Actes ; le texte des Actes, etc. Le troisième volume donnera le texte et le Commentaire des Actes. Le premier seul a paru à ce jour.

---

1. *Die Apostelgeschichte des Lucas*, I-XII.
2. *The Beginning of Christianity*. Part I : *The Actes of the Apostles*. Vol. I, *Prolegomena I*.

Dans la préface, les auteurs déclarent qu'il devient de plus en plus certain que le christianisme au 1ᵉʳ siècle a accompli une synthèse entre les religions gréco-orientales et la religion juive dans l'empire romain. La prédication de la repentance et du royaume de Dieu commencée par Jésus s'est transformée en culte sacramentel du Seigneur Jésus-Christ. De ces affirmations nous devons conclure que les auteurs voient dans le christianisme une religion syncrétique où se trouvent mélangées les doctrines juives et les doctrines, des religions de mystères, réagissant les unes sur les autres. Nous croyons qu'ils font fausse route. A la base du christianisme nous trouvons, il est vrai, des doctrines juives, mais transformées, élevées par Jésus-Christ. Les doctrines des religions de mystères en sont totalement absentes. On n'a trouvé aucune trace de celles-ci dans les évangiles. Quelques-uns ont essayé de les retrouver dans les épîtres pauliniennes, mais il a été démontré que Paul dans ses enseignements doctrinaux en est indépendant.

XX. Le 12 juin 1913 la Commission pontificale « De Re biblica » a porté le décret suivant :

De auctore, de tempore compositionis et de historica veritate libri Actuum apostolorum :

Propositis sequentibus dubiis Pontificia Commissio de Re biblica ita respondendum decrevit.

I. Utrum perspecta potissimum Ecclesiae universae traditione usque ad primaevos ecclesiasticos scriptores assurgente, attentisque internis rationibus libri Actuum sive in se sive in sua ad tertium Evangelium relatione considerati et praesertim mutua utriusque prologi affinitate et connexione, *Lc*, I, 1-4; *Act.*, I, 1-2, uti certum tenendum sit velamen, quod titulo Actus apostolorum, seu Πράξεις Ἀποστόλων, praenotatum, Lucam Evangelistam habere auctorem?

Resp. Affirmative.

II. Utrum criticis rationibus, desumptis tum ex lingua et stylo, tum ex enarrandi modo, tum ex unitate scopi et doctrinae, demonstrari possit librum Actuum apostolorum uni dumtaxat auctori tribui debere; ac proinde eam recentiorum scriptorum sententiam, quae tenet Lucam non esse libri auctorem unicum, sed diversos esse agnoscendos ejusdem libri auctores, quovis fundamento esse destitutam?

Resp. Affirmative ad utramque partem.

III. Utrum, in specie, pericopae in Actis conspicuae, in quibus, abrupto usu tertiae personae, inducitur prima pluralis (Wirstücke), unitatem compositionis et authenticitatem affirment; vel potius historice et philologice consideratae eam confirmare dicendae sint?

Resp. Negative ad primam partem; affirmative ad secundam.

IV. Utrum, ex eo quod liber ipse, vix mentione facta biennii primae romanae Pauli captivitatis, abrupte clauditur, inferri liceat auctorem volumen alterum deperditum conscripsisse, aut conscribere intendisse, ac proinde tempus compositionis libri Actuum longe possit post eamdem captivitatem differri; vel potius jure et merito retinendum sit Lucam sub finem primae captivitatis romanae apostoli Pauli librum absolvisse?

Resp. Negative ad primam partem, affirmative ad secundam.

V. Utrum, si simul considerentur tum frequens ac facile commercium, quod procul dubio habuit Lucas cum primis et praecipuis Ecclesiae Palestinensis fundatoribus nec non cum Paulo gentium apostolo, cuius et in evangelica praedicatione adjutor et in itineribus comes fuit; tum solita eius industria et diligentia in exquirendis testibus rebusque suis oculis observandis;

tum denique plerumque evidens et mirabilis consensus libri Actuum cum ipsis Pauli epistolis et cum sincerioribus historiae monumentis; certo teneri debeat Lucam fontes omni fide dignos prae manibus habuisse eosque accurate, probe et fideliter adhibuisse : adeo ut plenam auctoritatem sibi jure vindicet?

Resp. Affirmative.

VI. Utrum difficultates quae passim objici solent tum ex factis supernaturalibus a Luca narratis; tum ex relatione quorumdam sermonum, qui, cum sint compendiose traditi, censentur conficti et circumstantiis adaptati; tum ex nonnullis locis ab historia sive profana sive biblica apparenter saltem dissentientibus; tum demum ex narrationibus quibusdam, quae sive cum Actuum auctore sive cum aliis auctoribus sacris pugnare videntur; tales sint ut auctoritatem Actuum historicam in dubium revocare vel saltem aliquo modo minuere possint?

Resp. Negative.

De ce décret il résulte : 1° que Luc, qui a écrit le troisième évangile, est aussi l'auteur des Actes des apôtres; 2° qu'il n'y a pas eu plusieurs auteurs des Actes, mais que Luc en est l'unique auteur; 3° que les parties où la première personne du pluriel est introduite n'infirment pas l'unité et l'authenticité de l'écrit; 4° que Luc a écrit les Actes à la fin de la première captivité romaine de l'apôtre Paul; 5° qu'il a employé des sources dignes de foi et que son livre possède, par conséquent, une pleine valeur historique; 6° que toutes les objections qu'on a soulevées contre sa véracité historique sont dénuées de valeur.

XXI. Dans son ouvrage : *les actes des apôtres et la Commission biblique*, Pirot développe ces conclusions. Il relève le témoignage du canon de Muratori, d'Irénée, de Tertullien, de Clément d'Alexandrie, Eusèbe et Jean Chrysostome, déclarant tous que Luc est l'auteur des Actes. Il discute le passage où Chrysostome affirme qu'il en est qui attribuent les Actes à Clément, d'autres à Barnabé, d'autres à Luc. Si ce passage est authentique, ce qui est douteux, il y a eu confusion entre les Actes et l'épître aux Hébreux, laquelle est, en effet, attribuée à Clément, à Barnabé ou à Luc. Le Nouveau Testament et les écrivains ecclésiastiques établissent que Luc était d'origine païenne, qu'il fut médecin, donc un homme cultivé, compagnon et disciple de Paul. Or, de l'étude du livre des Actes, il ressort que Luc était un Grec cultivé, issu de la Gentilité, qu'il était médecin ou tout au moins au courant des termes médicaux, qu'il était compagnon et disciple de Paul. De la comparaison avec le troisième évangile et les Actes il ressort que ces deux livres ont le même auteur.

Au point de vue philologique et doctrinal il est évident que les « fragments-nous » ont été écrits par l'auteur qui a composé le reste de l'ouvrage. Ils ont été rédigés par un compagnon de Paul et ce compagnon n'a pu être que Luc. Malgré les opinions des critiques qui rejettent la composition des Actes à la fin du Ier siècle, Pirot soutient que la conclusion brusque des Actes, la façon dont il y est parlé de Pierre, des Juifs et de l'autorité romaine, la non-utilisation des épîtres de Paul prouvent que les Actes ont été écrits vers la fin de la première captivité de Paul à Rome. Pour renvoyer la date de composition des Actes à la fin du Ier siècle, des critiques soutenaient que Luc s'était servi des œuvres de Josèphe. Il n'en est rien. Luc est indépendant de Josèphe.

La valeur historique des Actes est incontestable. Et d'abord, Luc s'est adressé pour écrire son récit à des témoins des événements; il était très soigneux dans la rédaction de son œuvre. Les Actes sont en parfait accord avec les épîtres de Paul, avec les monuments historiques, les inscriptions. Les discours des Actes sont substantiellement authentiques. Enfin, toutes les objections soulevées contre la véracité historique des Actes peuvent être résolues.

XXII. A Loisy va publier un commentaire sur les Actes des apôtres, analogue à celui qu'il a donné sur les évangiles synoptiques.

LES ÉPITRES CATHOLIQUES

* A. Camerlinck, *Commentarius in epistolas catholicas.* Bruges, 1909.

* J. E. Belser, *Epistel des hl. Jakobus,* übersetzt und erklärt. Freiburg Br. 1909.

A. Hort, *The Epistle of St. James,* I-IV, 7. London, 1910.

R. J. Knowling, *The Epistle of St. James.* London, 1911.

H. Windisch, *Die katholische Briefe,* dans Lietzmann, *Handbuch zum Neuen Testament.* Tübingen, 1911.

The Expositor's Greek Testament, ed. by W. Nicoll, vol. V; *Catholic Epistles.* London, 1911.

G. Hollmann, *Der Jakobusbrief; der Brief des Judas und der zweite Brief des Petrus,* dans J. Weiss, *Die Schriften des Neuen Testaments.* Tübingen, 1906.

J. de Zwaan, *2 Peir. en Judas.* Leiden, 1909.

R. Knopf, *Die Briefe Petri und Judä,* dans Meyers *Kommentar,* 7ᵉ Aufl. Göttingen, 1912.

* Van Kasteren, *De Eerste Brief van d. Apost. Petrus.* Rossum, 1911.

J. H. Kennedy, *The hellenistic atmosphere of the Epistle of James; Expositor,* serie VII, vol. XXXVII. London, 1911.

J. H. Ropes, *The text of the Epistle of James; Journal of bibl. Literature,* vol. XXVIII, p. 103-129. Boston, 1910.

* Van der Heeren, *Ueber Jakobus Brief; Collationes Brugenses,* vol. XVII. Bruges, 1912.

G. Wohlenberg, *Der erste und zweite Petrusbrief und der Judasbrief.* Leipzig, 1915.

J. B. Mayor, *The Epistle of St. James* : the greek Text with Introduction, Notes and Comments and further Studies in the Epistle of St. James. London, 1913.

St. J. Parry, *A discussion of the general Epistle of St. James.* London, 1903.

Grafe, *Die Stellung und Bedeutung des Jakobusbriefs in der Entwickelung des Urchristentums.* Tübingen, 1904.

B. Weiss, *Der erste Petrusbrief und die Kritik.* Leipzig, 1906.

J. B. Mayor, *The Epistle of St. Jude and the second Epistle of St. Peter.* London, 1907.

J. H. Ropes, *A critical and exegetical Commentary en the Epistle of St. James.* Edinburgh, 1916.

1. Robson, *Studies in the second Epistle of St. Peter.* Cambridge, 1915.

CHAPITRE PREMIER

LES ÉPITRES CATHOLIQUES EN GÉNÉRAL.

I. Le commentaire qu'a publié Camerlynck[1] sur les épîtres catholiques est une refonte de l'œuvre de van Steenkiste. Les introductions à chaque épître sont complètement nouvelles. Voici quelques-unes des positions qui y sont prises : Jacques, évêque de Jérusalem, frère de Jésus, est l'auteur de l'épître qui porte son nom. Il est probable, mais non certain, qu'il est le même que Jacques l'apôtre, fils d'Alphée. Il n'est pas frère utérin du Seigneur, mais on ne peut déterminer comment il était parent avec celui-ci. Jacques a écrit son épître, probablement vers l'an 47, aux judéo-chrétiens vivant en dehors de la Palestine.

Pierre est mort évêque de Rome et dans cette ville en l'an 64 (65). Il s'est probablement servi de Silvanus pour écrire sa première épître, vers l'an 63-64. Quant à la seconde épître on ne peut prouver avec certitude qu'elle est l'œuvre de Pierre; cependant il est probable qu'elle l'est. Elle a dû être écrite à Rome peu après la première. Elle dépend de l'épître de Jude, ce que l'on croit d'ordinaire mais n'est pas certain.

Jean l'apôtre, fils de Zébédée, est l'auteur des trois épîtres qui portent son nom. L'authenticité du verset

---

1. *Commentarius in epistolas catholicas.*

des trois témoins est discutée dans le détail. La conclusion est qu'il est d'origine espagnole et que Priscillien est un des premiers écrivains qui le rapportent, mais sous une forme hérétique.

Jude est le frère de Jacques, évêque de Jérusalem ; rien ne s'oppose à ce qu'il ait été apôtre. Il a dû écrire un peu avant l'an 64 (65), probablement en Palestine. Il a cité une prophétie qu'il attribue à Énoch. Or, cette prophétie provient d'un écrit apocryphe, mais cette fausse attribution n'attaque en rien l'inspiration de cette épître, car en faisant cela l'auteur a parlé suivant l'usage du temps et n'a pas voulu authentiquer cette prophétie.

II. Windisch[1] ne croit pas que l'épître de Jacques ait été écrite par Jacques, évêque de Jérusalem. Celui-ci était un Juif trop strict pour avoir parlé d'une loi « de liberté », réduite aux seuls principes moraux. Ce n'est pas contre Paul, mais contre ceux qui avaient mal compris l'enseignement de l'Apôtre qu'est dirigé le passage sur la foi et les œuvres. Windisch n'accepte pas l'hypothèse de Massebieau et de Spitta que cette épître est un écrit juif, auquel on a ajouté en deux passages le nom du Christ ; il reconnaît cependant que quelques-uns des arguments mis en avant pour soutenir cette hypothèse ont une certaine valeur. Pour lui cette épître présente les mêmes caractères que la Didachè et l'épître de Clément.

L'épître de Jude ne peut, d'après Windisch, être attribuée au frère du Seigneur qui porte ce nom. Il est possible qu'il y ait eu un Jude, que nous ne connaissons pas et qui a écrit cette épître. L'auteur de la seconde épître de Pierre, qui est d'ailleurs un pseudépigraphe, lui a emprunté ce qui concerne les libertins

---

1. *Die katholische Briefe.*

gnostiques. Windisch croit qu'on peut soutenir que Pierre a été l'inspirateur de la première épître qui porte son nom, si l'on admet que Silvanus a été non pas un secrétaire écrivant sous la dictée, mais un rédacteur qui a donné à l'épître sa forme et quelques idées.

CHAPITRE II

L'ÉPITRE DE SAINT JACQUES.

I. Le travail du Dr Hort sur l'épître de Jacques était resté inachevé; il a été publié d'après les notes [1] de l'auteur, sans qu'il ait reçu de celui-ci sa forme définitive. Tel qu'il est, il reste néanmoins très précieux pour l'abondance et la précision des renseignements qu'il nous donne, surtout au point de vue philologique. Le commentaire est complet jusqu'au ch. IV, 7; il manque donc seulement la fin de l'épître, IV, 8-V, 20.

Dans l'introduction, le Dr Hort étudie d'abord la question de l'auteur de l'épître. Après avoir exclu les autres Jacques, nommés dans le Nouveau Testament, il établit que l'auteur c'est Jacques le Juste, évêque de Jérusalem, frère du Seigneur, qui ne fut pas un des douze apôtres. Tant que Jésus fut vivant il ne crut pas à sa messianité, mais il devint croyant peu après la mort de celui-ci, à la suite probablement d'une apparition particulière qu'il en eut. Il était appelé frère du Seigneur, non pas qu'il fût son frère utérin ou son cousin, mais parce qu'il était le fils de Joseph, le père putatif de Jésus.

Jacques n'a pas écrit son épître pour répondre à

---

1. *The Epistle of St. James.*

Paul, mais plutôt pour corriger les mauvaises interprétations que l'on faisait de certaines paroles de l'Apôtre; c'est contre elles qu'il s'élève. Il a dû écrire, par conséquent, après l'épître aux Romains, donc vers l'an 60, dans les dernières années de sa vie.

L'épître de Jacques a été connue dès la fin du Ier siècle, mais n'a pas été reconnue comme canonique dès ce moment-là. Voici les conclusions que dégage le Dr Hort d'un examen attentif de la littérature chrétienne primitive. Elle fut connue à Rome dès les temps anciens, et utilisée à Alexandrie par Clément, Origène et Denys, mais sans qu'on lui attribuât une autorité divine. Elle était dans le canon de l'église syrienne, mais n'a laissé aucune trace dans l'église du nord de l'Afrique. Elle était rangée par Eusèbe dans la classe des antilégomènes, c'est-à-dire parmi les livres acceptés par quelques églises, mais non par toutes. Acceptée par Jérôme et par Augustin, elle fut dès lors regardée comme canonique en Occident et aussi en Orient, sauf par Théodore de Mopsuete et les écrivains ses disciples.

II. J.-B. Mayor[1] avait donné, il y a onze ans, un beau travail sur l'épître de Jacques; il eut beaucoup de succès puisqu'il en donna, en 1913, une troisième édition. Il a revu avec beaucoup de soin ses deux précédentes éditions et ajouté dans la troisième des études nouvelles. Il a refait en partie son travail sur Jacques et les frères du Seigneur, mais il garde la même position que précédemment. Jacques, le frère du Seigneur, était fils de Joseph et de Marie; il ne fut pas un des douze, ni même un disciple du Seigneur, mais il fut convaincu par une apparition spéciale de Jésus et se joignit aux apôtres avant la Pentecôte. Nous n'avons

---

1. *The Epistle of St. James.*

pas à discuter à nouveau la question des « Frères du Seigneur », d'où dépend celle de la filiation de Jacques. Nous la traitons dans nos *Études de critique et d'exégèse*. Elle a été tranchée d'une manière définitive par Jérôme, et la solution qu'en donne Mayor est opposée d'ailleurs à la foi de l'Église catholique qui croit à la perpétuelle virginité de Marie.

Mayor a examiné aussi à nouveau les rapports qui existent entre l'épître de Jacques et les autres livres du Nouveau Testament, en particulier les épîtres de Paul et de Pierre; il continue à croire que celles-ci sont postérieures à l'épître de Jacques et que l'on y trouve des traces évidentes de cette dernière épître. Cette opinion n'est pas partagée par tous les critiques; il semble probable que Jacques et Paul sont indépendants l'un de l'autre.

Dans un nouveau tirage qu'il fait de sa troisième édition, l'auteur étudie en appendice ce que le commentaire de Hort sur l'épître de Jacques, récemment publié, apporte de nouveau; il examine en particulier les notes sur des termes et des phrases de cette épître. Il reconnaît que Hort avait adopté sur la question des frères du Seigneur la théorie d'Épiphane, à savoir que ceux que l'on appelait les « Frères du Seigneur » étaient ses demi-frères, étant les fils qu'avait eus Joseph d'une autre femme que Marie.

Malgré les réserves que nous avons eu à faire sur les opinions de Mayor, nous devons reconnaître que son travail est de premier ordre et pour les nombreux renseignements qu'il nous donne et pour la science philologique et exégétique qu'il y a déployée. Les questions grammaticales et lexicologiques ont été étudiées avec beaucoup plus de soin qu'on ne le fait d'ordinaire. Les arguments de Spitta et de Massebieau qui voient dans l'épître de Jacques un document juif préchrétien et qui soutiennent que les deux passages où se trouve le nom du Christ sont des interpolations, ont été solidement réfutés, principalement par la comparaison entre cette épître et les écrits juifs de l'époque.

III. Les vues les plus diverses ont été émises sur l'épître de Jacques. La plupart des critiques pensent que les sentences de l'écrit se suivent sans lien logique apparent; Parry[1] n'est pas de cet avis. D'après lui, l'épître, dans une suite de pensées bien enchaînées, développe cette idée : Le chrétien peut et doit résister à la tentation. L'auteur étudie ensuite les rapports de cette épître avec les écrits de Paul et montre que l'enseignement des deux apôtres sur la foi est au fond identique. L'épître de Jacques aurait été écrite à des chrétiens vers la fin de l'âge apostolique.

IV. Grafe[2] soutient d'autres opinions. L'auteur a utilisé l'Ancien Testament, la Sagesse du fils de Sirach, les Testaments des Douze Patriarches, les écrits du Nouveau Testament, les évangiles et les épîtres de Paul et de Pierre, le Pasteur d'Hermas et la première épître de Clément; il aurait donc écrit dans le premier quart du IIe siècle. C'est une compilation d'un auteur inconnu, qui a placé sa lettre sous le nom de Jacques, le frère du Seigneur, pour lui donner de l'autorité. Contrairement à ce qu'ont soutenu Massebieau et Spitta, ce n'est pas un écrit juif christianisé.

V. B. Weiss[3] réfute les hypothèses de Grafe. D'après lui l'auteur de l'épître est réellement Jacques, le frère du Seigneur; il n'a pas connu l'épître aux Romains, non plus que les écrits plus tardifs, sauf l'épître de

---

1. *A discussion of the general Epistle of St. James.*
2. *Die Stellung und Bedeutung des Jakobusbriefes in der Entwicklung des Urchristentums.*
3. *Der erste Petrusbrief und die Kritik.*

Pierre. Les lecteurs étaient des chrétiens, encore affiliés à la synagogue et qui étaient persécutés par leurs frères juifs, riches, tandis qu'eux étaient pauvres.

VI. H. A. A. Kennedy[1] étudie les influences helléniques qui se sont exercées sur l'auteur de l'épître de Jacques. Il fait remarquer que tous les critiques s'accordent à constater la bonne tenue de cette épître au point de vue de la langue et du style. « Elle est écrite, dit Mayor, dans un grec simple, robuste et avec une habileté rhétorique sans négligence. » Elle n'est pas une traduction. Cet usage idiomatique de la langue grecque nous est une indication du milieu dans lequel écrivait l'auteur. On ne doit pas oublier que l'écrit s'appuie sur l'Ancien Testament et qu'il a de fréquents rapports avec les écrits du judaïsme palestinien, la Sagesse du fils de Sirach, les Testaments des douze Patriarches, mais il faut faire ressortir ses affinités remarquables avec le judaïsme hellénistique, tel que nous le trouvons dans les écrits de Philon et la Sagesse de Salomon. Le milieu de l'auteur était donc de culture hellénistique et Kennedy pense à l'Égypte.

VII. J. H. Ropes[2] examine le problème que présente le texte de l'épître de Jacques. Il fait observer qu'il est bien simplifié par le fait que nous n'avons aucun texte occidental de cette épître et que les autorités que nous possédons n'ont aucune des marques caractéristiques du texte occidental. Voici les points qu'il essaie de démontrer, se basant sur la classification des manuscrits dressée par Westcott-Hort. 1. Aucun manuscrit ou version de cette épître ne donne un texte

---

1. *The hellenistic Atmosphere of the Epistle of James; Expositor*, 8ᵉ Série, 37ᵉ année, juillet 1911, p. 37. London.
2. *The text of the Epistle of James; Journal of bib. Literature*, Vol. XXVIII, p. 103-129. New York, 1909.

non retouché, « neutre », pur de correction. Par conséquent, la probabilité transcriptionnelle, quand elle est claire, est une raison suffisante pour rejeter le témoignage même des meilleurs manuscrits.

2. Le codex B, quoique non parfait, fournit un texte meilleur que celui de tout autre manuscrit ou groupe de manuscrits. De là, dans les cas où la probabilité transcriptionnelle reste indécise, la leçon du codex B doit être acceptée, pourvu qu'il puisse être montré par des témoins anciens que la leçon de B n'est pas une excentricité, particulière à B seul.

3. Les rapports généalogiques des autres manuscrits anciens et le texte d'où dérivent les versions égyptiennes ainsi que le « texte alexandrin » sont encore obscurs.

4. Le « texte syrien » de K L P et de beaucoup de manuscrits ne contribuent en rien à la formation d'un texte correct.

5. La version vieille latine a été faite d'après un texte ressemblant de près à celui de B, mais quelque peu plus corrigé.

VIII. Dans l'introduction de son commentaire sur l'épître de Jacques[1], Ropes soutient que cette épître est un traité religieux et moral ayant la forme, mais seulement la forme, d'une lettre. C'est probablement l'œuvre pseudonyme d'un chrétien d'origine juive, vivant en Palestine dans le dernier quart du 1er siècle ou le premier quart du second. L'épître reflète les conditions de la vie juive en Palestine et presque toutes les idées ont leurs racines dans la pensée juive, mais dans la langue, le style, la manière de s'exprimer et quelques-unes des idées des influences helléniques sont profondes et reconnaissables. La pré

---

1. *A critical and exegetical Commentary on the Epistle of St. James.*

sentation des idées et le style rappellent plutôt la diatribè hellénique que les écrits juifs sapientiaux. Cette épître a été probablement écrite à Césarée de Judée; l'auteur et les lecteurs étaient des Juifs parlant grec.

A lire le compte rendu qui a été donné de ce travail de Ropes dans la *Revue biblique,* juillet 1920, p. 457.

IX. Dans son commentaire sur l'épître de saint Jacques[1], Max Meinertz conclut sans hésiter des Actes des apôtres et de l'épître aux Galates que cette épître est de Jacques l'évêque de Jérusalem, qui n'est autre que l'apôtre Jacques, fils d'Alphée.

1. *Der Jakobusbrief.* Bonn, 1916.

CHAPITRE III

LA PREMIÈRE ÉPITRE DE SAINT PIERRE.

Nous trouvons dans la *Revue biblique,* 1913, p. 309, une analyse d'un ouvrage de Perdelwitz[1] sur la première épître de Pierre. « La 1ª Petri comprendrait deux parties : une prédication familière prononcée à l'occasion d'une cérémonie baptismale, rappelant aux néophytes les obligations auxquelles ils s'engagent, et un écrit parénétique ou d'édification adressé plus tard à la communauté à laquelle ces néophytes appartenaient. La prédication rédigée par écrit, I, 3-IV, 11 et la lettre d'exhortation, I, 1, 2 ; IV, 12-V, 14, auraient été conservées quelque temps dans leur état primitif aux archives de la communauté, avant d'être, à dessein ou non, unies l'une à l'autre sous la forme de l'épître que nous possédons. On pourra faire remarquer à juste titre que la diversité des matières traitées dans une lettre n'est pas un argument contre son unité. Sinon ne devrait-on pas dédoubler toutes les épîtres de Paul qui comprennent une partie dogmatique et une partie de morale pratique ? L'étude de Perdelwitz ne s'arrête point à la question de la critique littéraire, elle s'étend à l'interprétation de l'épître à la lumière des rites usités dans les religions à mystères. Si le

---

1. *Die Mysterienreligion und das Problem des I Petrusbriefes.* Giessen, 1913.

caractère du discours d'initiation sacramentelle a été mis, au préalable, vivement en relief, c'est précisément pour permettre à l'auteur de se livrer à l'aise à des rapprochements entre la doctrine pétrinienne et celle des initiations étrangères au christianisme, rapprochements qui sont plus fondés sur le vocabulaire que sur la réalité. Finalement, l'épître serait, à cause de ses dépendances vis-à-vis des rites en question, d'un auteur du iie siècle, peut-être d'un nommé Pierre qui aurait eu un fils nommé Marc. Heureusement, Perdelwitz ne se dissimule pas qu'il opère sur un terrain très hypothétique. »

CHAPITRE IV

LA SECONDE ÉPITRE DE SAINT PIERRE ET L'ÉPITRE DE SAINT JUDE.

I. Dans son travail sur les épîtres de Pierre et de Jude R. Knopf[1] soutient que la première épître de Pierre est l'œuvre d'un disciple de Paul, écrivant vers la fin du 1er siècle; l'épître de Jude est un écrit antignostique de la même époque; la seconde épître de Pierre est une œuvre plus tardive qui ne peut être placée dans les trois premières générations chrétiennes. Pour expliquer ces épîtres Knopf s'est inspiré de la langue et de la religion de l'hellénisme contemporain.

II. Voici les positions que tient Mayor[2] dans son Commentaire sur l'épître de Jude et la seconde épître de Pierre. On sait que l'épître de Jude se retrouve presque tout entière dans la seconde épître de Pierre et cela d'ordinaire littéralement. On se demandera donc tout d'abord, quelle est celle des deux épîtres qui dépend de l'autre. Les critiques sont très partagés sur ce point. Les uns attribuent la priorité à Jude, les autres à Pierre; Mayor adopte, avec la majorité des catholiques, la première opinion. En définitive, tous les arguments qu'on a présentés pour l'une ou pour l'autre opinion sont d'ordre subjectif; il en est même

---

1. *Die Briefe Petri und Judä.*
2. *The Epistle of St. Jude and the second Epistle of St. Peter.*

qui sont employés en sens contraire par les tenants des deux hypothèses. Toutes les suppositions qu'on a faites pour expliquer les ressemblances entre les deux épîtres, même l'emploi d'une source commune, sont assez vaines et le problème ne nous paraît pas résolu.

Une autre question se pose. Ces deux épîtres sont-elles authentiques? Mayor inclinerait à croire que l'apôtre Jude a écrit l'épître qui porte son nom. Pour la seconde épître de Pierre il conclut qu'elle n'est pas de l'apôtre Pierre, puisqu'elle ne peut être attribuée au même écrivain que la première épître de Pierre. Cette affirmation est excessive. Il y a des différences de langue, de style, de tenue générale entre les deux épîtres de Pierre, mais on y relève aussi des ressemblances et les différences peuvent s'expliquer. De plus, ces arguments d'ordre interne ne sont pas décisifs. On devrait donc néanmoins conclure que la seconde épître de Pierre est authentique si les témoignages de la tradition étaient catégoriques. Eusèbe, *Hist. eccl.*, III, 25, 3, nous dit que, de son temps, la seconde épître de Pierre était contestée, bien que beaucoup l'admissent. Origène, en effet, cite deux textes empruntés à la seconde épître de Pierre et les met dans la bouche de Pierre : *Et iterum Petrus dicit : Consortes, inquit, facti estis divinae naturae,* II Pr., I, 4.

Dans l'introduction de son travail Mayor étudie, outre les deux questions que nous venons de signaler, la grammaire et le style des deux épîtres, les rapports de celles-ci avec les autres livres du Nouveau Testament et les premiers écrits chrétiens, l'usage que Jude a fait des livres apocryphes, Hénoch, Assomption de Moïse, Testaments des patriarches, l'histoire des anges tombés, les faux docteurs dans l'Église de la fin du Ier siècle. Enfin, il discute la signification des termes : φθινοπωρινός, ἐπίγνωσις, φθείρω, φθορά, κατὰ περίφρασιν.

III. D'un examen de l'évidence externe et des critères internes A. Camerlynck [1] aboutit à la conclusion suivante : Authentia II Petri certo demonstrari nequit, sed solide probabilis apparet. Dans son ouvrage sur les épîtres catholiques il affirme de nouveau cette opinion et ajoute que Pierre semble s'être servi d'un interprète, mais différent de celui qui avait écrit sa première épître.

IV. J. J. Lias [2] montre la ressemblance de construction de la phrase qui existe entre la première épître de Pierre, la seconde et l'épître de Jude, construction différente de celle des autres livres du Nouveau Testament et pense qu'un examen attentif des caractères linguistiques de ces trois épîtres aboutirait à résoudre la question de leur authenticité.

V. La thèse de l'authenticité de la seconde épître de Pierre a été soutenue aussi par H. Grosch [3] ; elle aurait été écrite vers 66, 67. L'épître de Jude en dépendrait.

VI. H. Werdermann [4] essaye de caractériser les fauteurs d'erreurs, dont il est parlé dans l'épître de Jude et dans la seconde de Pierre. Il croit que c'était des gnostiques, auxquels la possession de l'Esprit donnait des visions, les élevait au-dessus d'eux-mêmes et leur permettait un libertinisme moral très étendu. Ils niaient la Parousie et tout ce qui s'y rapportait et voulaient cependant continuer à faire partie de la communauté chrétienne. Il y eut des gnostiques de cette

---

1. *Quaeritur utrum demonstrari possit II epistolam Petri a principe Apostolorum fuisse conscriptam; Collectiones Brugenses*, p. 6-13. 1907.
2. *The genuineness of the 2. Epistle of St. Peter; Bibliotheca sacra,* LXX, p. 599-606. Oberlin, 1914.
3. *Die Echtheit des zweiten Briefes Petri.* Berlin, 1911.
4. *Die Irrlehrer des Judas und 2. Petrusbriefes: Beiträge zur Förderung der christ. Theologie.* Gütersloh, 1914.

espèce au 1ᵉʳ siècle, ce qui permet de fixer très vraisemblablement la date de ces épîtres vers l'an 80. L'épître de Jude est authentique; la seconde de Pierre, pseudonyme.

VII. K. Henkel[1] expose trois opinions au sujet des destinataires de la seconde épître de Pierre : 1° il n'y en avait pas de déterminés; 2° c'était des Juifs; 3° des chrétiens issus du paganisme. Il adopte cette troisième opinion et prouve que l'épître a été envoyée aux communautés pagano-chrétiennes d'Asie Mineure, auxquelles avait été déjà envoyée la première épître. Les épîtres de Paul dont il est parlé, III, 15, sont les épîtres aux Galates, aux Éphésiens, aux Colossiens, qui ont bien les caractères visés dans ce passage.

VIII. G. Wohlenberg[2] a publié un commentaire sur les épîtres de Pierre et sur l'épître de Jude dans la collection dirigée par Zahn. Dans l'introduction il examine les questions critiques que soulèvent ces deux épîtres. La première épître de Pierre a été écrite de Rome au commencement de l'an 64 et a été envoyée aux chrétiens de la gentilité, mentionnés dans l'adresse. Quoique Pierre en soit l'auteur, la composition a été l'œuvre de Silas, le compagnon de Paul et de Pierre, ce qui explique les rapports de langue et d'idées entre cette épître et les épîtres pauliniennes. D'ailleurs, on peut penser que Pierre a connu celles-ci. La seconde épître de Pierre a été écrite un an avant la première, en hébreu, à Antioche et envoyée aux chrétiens de Galilée. L'épître de Jude a été écrite vers l'an 70, à l'aide du texte hébreu de la seconde épître de Pierre et envoyée aux mêmes communautés pour renforcer les exhortations de celle-ci. Jude en est l'auteur.

---

1. *Adressaten des zweiten Petrusbriefes; Theologie und Glaube*, p. 632-640, 1910. Paderborn.
2. *Der erste und zweite Petrusbrief und der Judasbrief.*

LES ÉCRITS JOHANNIQUES

CHAPITRE PREMIER

ÉVANGILE DE SAINT JEAN.

*M. Lepin, *L'origine du quatrième évangile.* Paris, 1907.

W. Bacon, *The older John, Papias, Irenaeus, Eusebius and the Syriac translator; Journal ob biblical Literature,* XXVII, 1-23. New York.

H. J. Holtzmann, *Evangelium, Briefe und Offenbarung des Johannes;* 3ᵉ *Aufl.* besorgt von W. Bauer. Tübingen, 1908.

J. A. Robinson, *The historical Character of St. John's Gospel.* London, 1908.

W. Soltau, *Evangelium Johannes; Th. Studien und Kritiken.* Gotha, 1908.

J. Wellhausen, *Das Evangelium Johannes.* Berlin, 1908.

Th. Zahn, *Das Evangelium des Johannes.* Leipzig, 1908.

W. Worsley, *The fourth Gospel and the Synoptists.* Edinburgh, 1909.

W. Heitmüller, *Das Johannesevangelium.* Göttingen, 1908.

E. H. Asquith, *The historical Value of the fourth Gospel.* London, 1910.

W. Bousset, *Ist das 4 Evangelium eine literarische Einheit? Theol. Rundschau.* XIIᵉʳ *Iahrg.* Tübingen, 1908.

*P. Dausch, *Das Johannesevangelium, seine Echteit und Glaubwürdigkeit.* Münster, 1909.

J. S. Johnston, *The Philosophy of the fourth Gospel* : a Study of the Logos doctrine, its Sources and its Significance. London, 1909.

D'Alma, *La controverse du quatrième évangile.* Paris, 1908.
— *Philon d'Alexandrie et le quatrième évangile.* Paris, 1911.

B. W. Bacon, *The fourth Gospel in research and debate :* A serie of essays and problems concerning the origin and value of the anonymous writings attributed to the apostle John. New Haven, 1910.

M. Goguel, *Les sources du récit johannique de la Passion.* Paris, 1910.

A. V. Green, *The Ephesian canonical Writings :* An elementary Introduction to the Gospel, Epistles and Apocalypse, commonly attributed to the apostle John. London, 1910.

* M. Lepin, *La valeur historique du quatrième évangile* Paris, 1910.

Fr. Spitta, *Das Johannesevangelium als Quelle der Geschichte Jesu.* Göttingen, 1910.

D. Volter, *Grundlage und Ueberarbeitung ins Johannesevangelium; Teylers theologisch Tijdschrift, 8.* Haarlem.

L. Warburton, *Disarrangements in the fourth Gospel.* London, 1910.

* É. Belser, *Das Johannesevangelium und seine neueste Beurteilung; Theol. Quartalschrift.* Tübingen, 1911.

* S. Chapman, *John, the presbyter and the fourth Gospel.* London, 1911.

C. R. Gregory, *Wellhausen und Johannes.* Leipzig, 1911.

A. Merx, *Das Evangelium des Johannes nach der syrisch im Sinaikloster gef. Palimpsesthands erlautert.* Berlin, 1911.

J. Overbeck, *Johannesevangelium :* Studien zur Kritik seiner Erforschung. Tübingen, 1911.

H. Wendt, *Schichten im vierten Evangelium.* Göttingen, 1911.

L. Gumbel, *Das Johannes-Evangelium, eine Ergänzung des Lukas-Evangelium.* 1911.

* F. Mari, *Il quarto Vangelo.* Roma, 1910.

B. Weiss, *Das Johannesevangelium als einheitliches Werk geschichlich erklärt.* Berlin, 1911.

A. Juncker, *Zur neuesten Johanneskritik.* Halle a. S., 1912.

* Fr. Tillmann, *Das Johannesevangelium übersetzt und erklärt.* Berlin, 1913-1914.

W. Bauer, *Johannes,* dans Lietzmann, *Handbuch zum neuen Testament.* Tübingen, 1913.

C. Clemen, *Die Entstehung des Johannesevangelium.* Halle, 1912.

P. Gardner, *The Ephesian Gospel.* New-York, 1915.

H Latimer Jackson, *The Problem of the Fourth Gospel.* Cambridge, 1918.

De nombreuses questions se posent à propos de l'évangile de saint Jean ; nous les groupons sous trois chefs qui les englobent à peu près toutes : 1° l'auteur du IVᵉ évangile ; 2° sa composition ; 3° sa valeur historique.

I. Dans son travail, Bacon[1] touche à ces diverses questions, mais il les traite à un point de vue tout particulier : il déclare qu'un examen attentif des témoignages externes et internes, directs et indirects sur l'origine et l'histoire du IVᵉ évangile l'a conduit à une conclusion opposée à celle de la tradition. A ses débuts, cet évangile rencontra de l'opposition, mais la surmonta, grâce à son intérêt doctrinal et à son avantage pratique. Le témoignage de la tradition se résume en deux séries : d'abord des citations qui s'adaptent au IVᵉ évangile et quelquefois l'attribuent à Jean ; de celle-ci il n'y en a aucune qui soit antérieure à l'an 170. Ensuite, des échos du IVᵉ évangile ou des passages influencés par lui ne se retrouvent qu'en Asie Mineure et aussi à Rome vers l'an 250. Rien ne suggère qu'on tenait l'ouvrage comme d'origine apostolique. Il était anonyme et les trois épîtres johanniques ont été écrites pour le recommander. Son but était une interprétation de la tradition évangélique dans le « sens spirituel », c'est-à-dire à la lumière de la doctrine paulinienne de l'incarnation et de la vie éternelle par l'union mystique des croyants, avec Dieu le Père au moyen de la communication de l'esprit du Christ. Il veut présenter la carrière de Jésus comme une incarnation rédemptrice du Logos divin. Sur certains points ses renseignements sont meilleurs que ceux des synoptiques. L'évidence indirecte nous induit à supposer qu'il a été écrit à Éphèse par un chrétien paulinien d'origine

---

[1]. *The fourth Gospel in Research and Debate.*

juive et de culture philosophique, tel que l'a été Apollos. Le IVᵉ évangile a circulé en Asie Mineure, à peu près au temps d'Hadrien. Le contenu de cet évangile, loin de former un tout homogène, a été altéré, abrégé, augmenté, revisé et remodelé, peut-être à diverses reprises. L'uniformité du style n'est pas une raison suffisante pour nier ces changements.

Bacon rejette donc l'origine johannique du IVᵉ évangile : Jean avait été martyrisé à Jérusalem avant l'an 70, mais non en même temps que son frère Jacques, martyrisé en l'an 44, puisqu'il était présent à la conférence de Jérusalem, vers l'an 49. D'ailleurs, il est impossible qu'un pêcheur du lac de Génézareth ait pu écrire cet évangile. Peut-on le supposer au courant de la philosophie ionienne et du développement de l'idée du Logos dans l'école stoïcienne et de son application juive à Alexandrie et à Éphèse? Cependant, il était bien au courant de la topographie de la Palestine, mais il a pu visiter le pays et faire des pèlerinages à Jérusalem. Le récit rapporte souvent des faits historiques, mais l'allégorie est dominante et interprète les faits. S'il a indiqué le 14 nisan comme le jour de la mort de Jésus, c'est parce que c'était conforme à l'enseignement de son église : la Pâque, c'est la mort de Jésus, tandis que, pour les synoptiques, l'eucharistie remplace la pâque.

Et Bacon conclut : L'acceptation des vues critiques sur le IVᵉ évangile implique un grand défi et une grande responsabilité. On ne peut plus parler de l'autorité apostolique d'un témoin oculaire, d'un confident de la conscience profonde de Jésus. Encore moins sera-t-il possible de présenter la christologie du IVᵉ évangile comme un témoignage personnel de Jésus sur lui-même.

II. Avant de traiter les trois questions mentionnées plus haut, signalons le résumé qui a été donné par Goguel[1] des conclusions auxquelles ont abouti les critiques rationalistes :

1. La tradition extérieure sur l'évangile est sans valeur.

2. L'évangile n'émane pas d'un témoin oculaire; il n'est donc pas de l'apôtre Jean.

3. La préoccupation de l'évangéliste est d'ordre didactique et apologétique, non d'ordre historique et biographique.

4. L'auteur a utilisé la tradition synoptique en l'adaptant à ses besoins.

5. Les déviations que son récit présente par rapport à ceux de ses devanciers proviennent de cette adaptation et non d'une ou de plusieurs sources particulières.

6. Les discours représentent la pensée de l'évangéliste, non celle du Christ.

§ 1. — L'auteur du IVe évangile.

Sauf l'ouvrage de Lepin : *L'origine du quatrième évangile,* il n'a pas été publié de travaux d'ensemble sur cette question, mais des travaux de détail qui permettent d'éclaircir quelques difficultés.

I. Le but de Lepin[2] a été d'établir l'authenticité johannique du IVe évangile, qu'il a décomposée en trois parties : authenticité d'époque, authenticité de lieu, authenticité d'auteur. Pour déterminer l'époque de composition, il s'applique à montrer par les écrits du IIe siècle que le IVe évangile, très répandu vers la fin du IIe siècle, avait été utilisé par les gnostiques vers

---

1. *Les études sur le quatrième évangile* : Revue de Théologie et de Philosophie, janvier, p. 48. Lausanne, 1914.
2. *L'origine du quatrième évangile.*

145-180 et par les montanistes à partir de 156, par Justin, 150-160, qu'il avait exercé une certaine influence sur le Pasteur d'Hermas, sur Valentin, sur la Didachè, sur l'épître du pseudo-Barnabé, et sur Basilide. D'un examen des épîtres d'Ignace, de Polycarpe et du témoignage des presbytres de Papias, il ressortirait enfin que l'évangile serait antérieur à l'an 110 ou même à l'an 100. Remarquons que l'on ne peut citer aucun passage de l'évangile, reproduit dans ces documents ; tout ce qu'on peut affirmer c'est que les épîtres ignatiennes sont imprégnées des enseignements christologiques du IVe évangile.

L'authenticité du lieu de composition est très importante, car elle est actuellement la question la plus discutée, et voici pourquoi. La tradition, représentée principalement par Irénée, affirme que « le IVe évangile a été publié à Éphèse par Jean, le disciple du Seigneur, celui qui reposa sur sa poitrine ». Le témoignage est aussi net que possible. Pour l'infirmer les négateurs de l'authenticité johannique soutiennent qu'Irénée a confondu Jean l'apôtre, le fils de Zébédée, avec un Jean le presbytre qui aurait, en effet, vécu à Éphèse et dont nous parle Papias. Quant à Jean l'apôtre il n'aurait jamais séjourné à Éphèse et, d'après Georgios Hamartolos, il aurait été mis à mort par les Juifs en même temps que son frère Jacques. La question très complexe a été fort bien exposée et discutée par Lepin. En résumé, il prouve que le témoignage de Georgios Hamartolos et de Philippe de Side sur la mort de Jean n'a aucune valeur et qu'Irénée n'a pu confondre Jean l'apôtre avec Jean le presbytre pour diverses raisons, dont la plus concluante est que ce Jean le presbytre n'a jamais existé ou tout au moins qu'on ne peut conclure son existence du texte de Papias. Sur ce dernier point nous ne sommes pas parfaitement convaincu. Le texte de Papias nous semble résister à cette énergique tractation et peut-être y aurait-il lieu de placer ici plutôt un point d'interrogation, ou d'expliquer ce texte d'une autre façon.

Le IVe évangile a donc été écrit à Éphèse par Jean l'apôtre. Cette seconde partie de la proposition a été prouvée en détail par Lepin. Il a établi que la tradition primitive a attribué unanimement le IVe évangile à Jean, qu'il y a unité d'auteur entre les épîtres johanniques, l'Apocalypse et l'évangile et que les deux premiers écrits sont de Jean, que l'examen interne de l'évangile prouve que l'auteur est Jean, parce que l'évangéliste s'identifie personnellement avec le disciple que Jésus aimait, disciple réel et apôtre, parce qu'il est un palestinien et qu'il possède une tradition spéciale, indépendante de celle des synoptiques, enfin parce que de tous les traits caractéristiques il ressort que l'auteur est Jean. De ce long examen, Lepin conclut que les contradictions des critiques montrent que la négation de l'authenticité johannique du IVe évangile entraîne dans des difficultés insolubles, tandis que la concordance exacte des vérifications faites sur le témoignage de la tradition et le témoignage interne du livre garantit pleinement la thèse de l'authenticité. Cette conclusion nous paraît inattaquable dans son ensemble.

Nous avons déjà donné les mêmes preuves de l'authenticité johannique du IVe évangile [1]; nous n'avons donc à revenir que sur quelques points de la démonstration qui ont reçu de nouveaux développements.

II. L'hypothèse, mise en avant par Wellhausen [2] et

---

1. *Histoire des livres du Nouveau Testament*, t. IV, p. 51. Paris, 1908.
2. *Das Evangelium Marci*, p. 90. Berlin, 1903.

par Schwartz[1], à savoir que Jacques et Jean, fils de Zébédée, ont été mis à mort ensemble par les Juifs, vers l'an 43-44, trancherait la question de l'authenticité johannique, si elle était prouvée. Elle a été acceptée comme ayant une base documentaire par plusieurs critiques : H. Holtzmann[2], Bousset[3], von Soden[4], Schmiedel[5], Loisy[6], Klostermann[7], J. Weiss[8]. Déjà, en 1897, A. Réville[9] avait fait observer que le passage de l'évangile de Marc, X, 39, et le passage parallèle de Matthieu, XX, 23, prouveraient que l'apôtre Jean est mort martyr dans l'exercice de son apostolat, et non pas sous le poids des ans, après une vieillesse dépassant de beaucoup le terme ordinaire de la vie. Car, à quelque point de vue qu'on se place, clairvoyance miraculeuse de Jésus ou prédiction mise dans sa bouche *post eventum,* Jean et Jacques ont bu la même « coupe » et subi le même « baptême » que lui. Papias aurait affirmé, dit-on, que Jean fut mis à mort par les Juifs peu avant la guerre de Vespasien, ce qui couperait court à l'hypothèse de son séjour prolongé en Asie Mineure jusqu'à un âge très avancé.

La discussion porte donc surtout sur le témoignage de Papias. Il nous a été conservé par deux historiens.

---

1. *Ueber den Tod der Söhne Zebedäi; Abhandlung. der Königl. Gesellsch. der Wiss. zu Göttingen,* N. F., VI, 1904, p. 5 ss. — *Noch einmal der Tod der Söhne Zebedäi; Zeitsch. für die NT. Wiss.,* 1910, p. 89. Giessen.
2. *Einleitung in das Neun Test.,* p. 471. Tübingen, 1891.
3. *Die Offenbarung Johannis,* 2ᵉ Auf., p. 48, 49. Göttingen, 1906.
4. *Urchristliche Literatur;* p. 214. Berlin.
5. *John, Sohn of Zebedee; Encycl biblica,* col. 2509. London, 1901.
6. *Chronique biblique,* dans la *Revue d'histoire et de litt. relig.,* p. 578 ss. Paris, 1904.
7. *Handbuch zum N. T., Markus,* p. 89. Tübingen.
8. *Zum Martyrentode der Söhnen Zebedäi. Zeitsch. für die N. T. Wiss.,* 1910, p. 107 ss.
9. *Jésus de Nazareth,* I, p. 354, n. 1. Paris.

Dans le codex Baroccianus [1], 142, on trouve le passage suivant, emprunté, croit-on, à l'Histoire ecclésiastique de Philippe de Side (vers 430) : Παπίας ἐν τῷ δευτέρῳ λόγῳ λέγει ὅτι Ἰωάννης [ὁ θεολόγος] καὶ Ἰάκωβος ὁ ἀδελφὸς αὐτοῦ ὑπὸ Ἰουδαίων ἀνῃρέθησαν.

Dans le codex Coislinianus, 305, la Chronique de Georgios Hamartolos [2], moine byzantin du IXe siècle, rapporte ceci : Après Domitien, Nerva régna un an; il rappela Jean de l'île (Patmos) et lui permit d'habiter à Éphèse. Il restait seul des douze disciples et après avoir écrit l'évangile qui est selon lui, il fut jugé digne du martyre, car Papias, évêque d'Hiérapolis, qui a vu cela, dit, au second livre de ses discours du Seigneur, qu'il a été mis à mort par les Juifs, ὅτι ὑπὸ Ἰουδαίων ἀνῃρέθη. » Et il ajoute qu'il a ainsi accompli la prophétie de Notre-Seigneur à son sujet : Vous boirez, dit-il à Jean et à son frère Jacques, la coupe que je bois et vous serez baptisés du baptême dont je suis baptisé.

Il est probable que ce témoignage de Papias ne fait qu'un avec celui de Philippe de Side et lui a été emprunté. Si l'on examine le contexte, on se convainc que Georgios Hamartolos place ce martyre de Jean après le règne de Nerva, 96-98 après J.-C., et non en 44, date du martyre de Jacques, son frère. Il rappelle même que, d'après Eusèbe [3], Jean habita l'Asie et mourut à Éphèse, Ἰωάννης δὲ τὴν Ἀσίαν, πρὸς οὓς καὶ διατρίψας ἐτελεύτησεν ἐν Ἐφέσῳ.

On avouera que les divers faits relatés sont contradictoires et permettent de supposer que ce passage a été interpolé. Or, ce passage ne se trouve que dans un

---

1. Édité par DE BOOR; *Neue Fragmente des Papias, Hegesippus und Pierius*, p. 170, 1888. Leipzig.
2. GEORGIOS HAMARTOLOS, *Chron.*, éd. Muralto, 1859, p. XVII ss.
3. *Hist. eccl.*, III, 1.

manuscrit de la Chronique de Georgios Hamartolos; les vingt-six autres manuscrits de cette Chronique omettent tout ce qui est dit du martyre de Jean et à la place ils s'expriment ainsi : Il termina sa vie en paix. Il est à croire que cette notice sur le martyre de Jean a été insérée dans la Chronique, pour établir qu'en lui s'était réalisée, comme dans son frère, la parole du Seigneur.

Lightfoot[1] croit que la notice est bien de Papias, mais il suppose qu'elle est incomplète et que dans le texte primitif il y avait : Παπίας...... φάσκει ὅτι Ἰωάννης [μὲν ὑπὸ τοῦ Ῥωμαίων βασιλέως κατεδικάσθη, μαρτυρῶν εἰς Πάτμον, Ἰάκωβος δὲ] ὑπὸ Ἰουδαίων ἀνῃρέθη. Papias dit que Jean [fut condamné par le roi des Romains, étant martyr, (rendant témoignage) à Patmos et Jacques] fut tué par les Juifs. Cette hypothèse trancherait la difficulté.

Reste celle que présente le second texte, qui proviendrait de l'Histoire ecclésiastique de Philippe de Side : Papias dit en son livre deuxième que Jean le théologien et son frère Jacques furent mis à mort par les Juifs. En supposant même que cette notice vienne de Papias ou de Philippe de Side, il est certain que Jean n'a pas été mis à mort en même temps que son frère Jacques. Ce dernier a été exécuté en l'an 43-44, par ordre d'Hérode, et Jean vivait encore lors de la visite de Paul à Jérusalem, ainsi que celui-ci le dit dans son épître aux Galates, II, 9 : Jacques et Céphas et Jean, qui sont considérés comme des colonnes, me donnèrent la main d'association. Or, cette visite a eu lieu vers l'an 49. Schwartz avait supposé que le Jean dont parlait Paul n'était pas le fils de Zébédée,

---

1. *Essays on the Work entitled Supernatural Religion*, p. 212. London, 1889.

mais Jean Marc; il a plus tard abandonné cette supposition absurde.

De plus, comment expliquer d'une façon plausible que Luc en racontant la mort de Jacques n'ait pas ajouté que son frère Jean, qu'il nomme d'ailleurs, a été mis à mort en même temps que lui : Il fit tuer par le glaive Jacques, frère de Jean, *Act.*, XII, 2?

La discussion a été poursuivie entre Spitta et Schwartz sur la signification du texte de Marc sans que rien de bien nouveau ait été apporté pour la solution de la difficulté.

Signalons seulement en opposition à l'hypothèse de Schwartz cette notice extraite de la Chronographie d'Élie bar-Šinaya, métropolitain de Nisibe, traduite par L. J. Delaporte, Paris, 1910 : p. 59. CCXXe Olympiade-An 413-An 414-An 415. — En lequel, en l'an 7 de Trajan, mourut Jean l'Évangéliste (Irénée l'écrivain)-An 416. Le chronographe, se basant sur le témoignage d'Irénée, mentionne la mort de Jean en l'an 7 de Trajan, donc vers l'an 105.

IV. On avait remarqué qu'en dehors des témoignages de Philippe de Side et de Georgios Hamartolos sur le martyre de l'évangéliste Jean on n'en avait aucun autre dans la tradition chrétienne. Latimer Jackson [1] donne encore les quatre suivants :

1. Heracleon, cité par Clément d'Alexandrie [2], mentionne ceux qui n'ont pas scellé leur foi par le martyre : ἐξ ὧν Ματθαῖος, Φίλιππος, Θωμᾶς, Λευίς καὶ ἄλλοι πολλοί. Puisque Jean n'est pas cité parmi ceux-ci, c'est donc qu'il a été martyrisé, à moins qu'on ne le range dans les ἄλλοι πολλοί.

---

1. *The Death of John, the son of Zebedee*; *The Journal of thelogical Studies*, Vol. XVIII, p. 30-32. London, 1916.
2. *Strom.*, IV, 9.

2. Dans le *Martyre d'André*[1] nous lisons : καὶ ἐκληρώθη Πέτρος τὴν περιτομήν. Ἰάκωβός καὶ Ἰωάννης τὴν ἀνατολήν. Φίλιππος τὰς πόλεις τῆς Σαμαρίας καὶ τὴν Ἀσίαν... Nous ne voyons pas comment ce passage prouve que Jean a été martyrisé.

3. Le troisième témoignage est celui du Martyrologe syriaque, qui a été déjà cité et discuté.

4. Dans son homélie *De persecutione*, 343-344 après J.-C., Aphraat s'exprime ainsi : « Grand et excellent est le martyre de Jésus... Après lui suivit le fidèle martyr Étienne que les Juifs ont lapidé... Simon et Paul furent des martyrs parfaits. Jacques et Jean marchèrent sur les traces du Christ leur maître. Aussi (d'autres) apôtres plus tard et en divers lieux confessèrent leur foi et se montrèrent de véritables martyrs. » Seul, ce témoignage nous paraît affirmer nettement que Jean l'apôtre, frère de Jacques, a été martyrisé et probablement en même temps que son frère. Il faudrait donc reconnaître qu'au IVe siècle en Asie Mineure et dans l'extrême Orient il existait une tradition à ce sujet. On avouera que ce n'est pas suffisant pour infirmer la tradition contraire.

V. Il est inutile de nous arrêter longtemps aux objections que nous avons mentionnées déjà sur la possibilité du séjour de Jean à Éphèse. S'il y avait vécu, dit-on, Paul aurait parlé de lui dans son épître aux Éphésiens, ainsi que dans sa première lettre écrite à Timothée, vivant à Éphèse, et Pierre aussi dans sa première lettre adressée aux chrétiens d'Asie. On s'étonne même que Timothée ait pu exercer le ministère que Paul lui avait confié si Jean était à Éphèse. Et surtout, comment Ignace, dans sa lettre aux Éphésiens, XII, leur écrit-il qu'ils ont été initiés aux mêmes

---

[1]. Édition BONNET, *Acta apostolorum apocrypha*, IIe partie, T. I, p. 46.

mystères que Paul, Παύλου συμμύσται, qui avait vécu chez eux, il y avait une quarantaine d'années et ne leur dit-il rien de Jean qui avait vécu longtemps parmi eux et cela peu de temps auparavant? Ce silence d'Ignace paraît en effet assez extraordinaire, mais il n'est pas une preuve positive contre le séjour de Jean à Éphèse. Ignace avait une raison spéciale pour parler de Paul et ne paraît pas en avoir une de parler de Jean, auquel d'ailleurs on peut croire qu'il fait allusion quand il dit : Je vous demande une place dans vos prières pour avoir part, moi aussi, à l'héritage des chrétiens d'Éphèse qui, par la puissance de Jésus-Christ, furent toujours unis aux autres apôtres, *ad Eph.*, XI, 2. Aucun apôtre en dehors de Jean et de Paul n'a eu de rapports avec les chrétiens d'Éphèse. Le contexte nous indique pourquoi Ignace parle de Paul et non de Jean : Vous êtes le chemin de passage de ceux qui vont à Dieu par le martyre, vous, les initiés aux mêmes mystères que Paul, cet homme d'une sainteté éprouvée sur les traces de qui je voudrais avoir marché. Comme Paul il allait au martyre et il n'avait pas ce point de ressemblance avec l'apôtre Jean.

Il est facile d'expliquer pourquoi Jean n'a pas été mentionné par Paul dans ses épîtres aux Éphésiens et à Timothée. L'apôtre Jean n'était pas à Éphèse au moment où Paul a envoyé ces épîtres. Nous ne savons pas à quelle époque il vint habiter cette ville, mais ce fut tardivement, vers la fin du Ier siècle, si nous tenons pour véridique ce passage de la Chronique de Georgios Hamartolos : Après Domitien, Nerva régna un an et ayant appelé Jean de l'île, il lui permit d'habiter à Éphèse. Des *Acta Johannis*[1], 160-180, il semble résulter que Jean vivait déjà à Éphèse du temps de

---

1. Lipsius-Bonnet, *Acta apostolorum apocrypha*, IIe partie, T. I. p. 153.

Domitien et ce fait est confirmé par Clément d'Alexandrie [1] qui parle du retour de Jean à Ephèse après la mort de Domitien. En tout cas, on comprend très bien que Paul n'ait pas parlé de Jean dans l'épître aux Éphésiens, qui est une circulaire où ne se trouve aucune allusion à quelque personne que ce soit.

VI. Nous avons déjà parlé [2] de l'objection très sérieuse qui a été faite à l'attribution du IV⁰ évangile à l'apôtre Jean, fils de Zébédée, un pêcheur du lac de Tibériade, du fait de la sublime doctrine du Logos, qu'il enseigne au début de cet évangile. Cette doctrine aurait été, dit-on, empruntée à Philon d'Alexandrie. Nous avons reconnu qu'il existait en effet certaines ressemblances de terminologie entre le Logos du IVᵉ évangile et celui de Philon, mais nous avons établi qu'elles provenaient non d'un emprunt du premier au second, mais de la source commune où tous deux avaient puisé, l'Ancien Testament, les écrits rabbiniques du temps et les idées ambiantes sur le Logos.

Dans son fond le Logos du IVᵉ évangile est essentiellement différent de celui de Philon. Entre le Logos de Jean et le Logos de l'écrivain juif, il y a toute la différence d'un être distinct, concret, réel, vivant à un être abstrait, métaphysique.

Les travaux qui ont paru en ces dernières années ont fortifié ces conclusions en les développant et en apportant de nouvelles preuves, que nous allons indiquer.

C'est dans l'important travail du P. Lebreton [3] sur les Origines du dogme de la Trinité que nous trouvons des notions précises sur l'emploi et la signification du terme « Logos » chez les philosophes grecs,

---

1. *Liber quis dives salvetur?* XLII.
2. *Histoire des livres du Nouveau Testament*, t. IV, p. 117 ss.
3. *Les Origines du dogme de la Trinité.* Paris, 1910.

dans l'Ancien Testament, dans le judaïsme alexandrin. Nous nous bornerons à citer les propositions principales, renvoyant à l'ouvrage du savant Jésuite pour le détail des preuves, car il n'en est aucune qui ne soit appuyée sur des textes.

Héraclite enseigne, d'après Sextus Empiricus, que le feu vivant et éternel est la raison universelle et le logos divin... En tant que logos, il est la loi du monde, le critérium de la vérité, la règle de la justice (p. 42). D'après l'ancien stoïcisme, le logos est la raison immanente du monde, il le pénètre tout entier (p. 48). Il est, dit Cicéron, « la vérité éternelle qui de toute éternité s'écoule » (p. 49). Dans les êtres individuels, comme dans le monde entier, le logos est d'abord un principe de détermination, une forme; dans les êtres inanimés, c'est la propriété essentielle qui les spécifie, ἕξις; dans les plantes, c'est la nature, φύσις; dans les hommes et les dieux, c'est la raison, λόγος. Il est aussi une force; dans la matière, il est la tension, τόνος, la cohésion qui en maintient les différentes parties; dans les plantes, il est la poussée vitale qui gonfle les racines et soulève les rochers; dans les animaux, il est le principe du mouvement, l'impulsion, ὁρμή, qui les porte ici ou là sous l'action des causes extérieures; dans l'homme, il devient pensée et parole, logos intérieur, ἐνδιάθετος, et logos manifesté, προφορικός; par le premier, l'homme participe à l'âme du monde, au logos universel; par le second, il est uni aux dieux et aux autres hommes, p. 50.

En Égypte, Thôt, le dieu ibis ou babouin d'Hermopolis, avait, d'après la légende, produit le monde par la seule vertu de sa parole, p. 61.

Pour Plutarque, le logos est, comme pour les stoïciens, un principe d'énergie et de détermination; mais, au lieu d'être la force et la loi immanentes du monde, il sera l'agent par lequel Dieu l'a construit, et le modèle d'après lequel il l'a fait. Le logos est l'exemplaire et le démiurge du monde, p. 63-64.

Dans l'Ancien Testament, le caractère divin de la Sagesse, son caractère personnel est, du moins à première vue, assez nettement accusé, *Prov.*, IX, 1 ss., p. 112. Au ch. VIII, 22 ss., la Sagesse est rapprochée de Dieu et assez nettement distinguée de lui, p. 113. Dans le livre alexandrin de la *Sagesse de Salomon*, la Sagesse est nettement distinguée de Dieu, p. 117. Dans la création, elle apparaît comme l'ouvrière, τεχνῖτις, de tout ce qui existe. Sous ce rapport, elle joue le même rôle que la parole ou le logos de Dieu, p. 117.

Dans les Livres saints la parole de création, *Gen.*, I, 3, de salut, *Ps.* CVII, 20, de malédiction, *Zach.*, V, 1-4, est personnifiée, mais elle n'est point conçue comme une hypostase distincte de Dieu, p. 119. Au livre de la Sagesse, IX, 1, s'accentue la personnification de la parole, ib.

Dans les Targums, Judaïsme palestinien, la parole ou Memra est souvent mentionnée; elle vit, elle parle, elle agit; mais si l'on veut préciser la portée de cette expression, on ne trouve le plus souvent qu'une périphrase, substituée par le targumiste au nom de Iahvé; ainsi que l'a justement remarqué Dalman, « on est très éloigné d'en faire une hypostase divine; on prononce la « Parole » mais on pense à « Dieu », p. 145.

Entre la Memra des targumistes et le Logos de Jean il n'y avait guère qu'une analogie verbale : l'une est une abstraction sans consistance, qui donne au langage une forme plus impersonnelle, sans proposer à la pensée une réalité distincte de Dieu ; l'autre est une personne vivante et agissante, capable de s'incarner et de vivre parmi nous... Sans doute, la terminologie rabbinique pouvait être présente à l'esprit de l'évangéliste, lorsqu'il écrivait son prologue, et peut-être faut-il en voir la trace non seulement dans la mention du *Logos*, mais encore dans celle de sa *gloire* et de sa *demeure* parmi nous. Mais si les vocabulaires sont semblables, les pensées sont profondément différentes, p. 148.

Dès avant Philon, la théologie juive avait développé la conception de la Parole de Dieu, et le livre alexandrin de la *Sagesse* avait prêté le même rôle au λόγος et à la σοφία. Les allégoristes hellénistes, antérieurs à Philon, avaient aimé à introduire dans les Livres sacrés leurs spéculations sur le logos, p. 183. Avec Philon se développe le rôle du logos. Dans l'ange de Iahvé, Philon voit le logos, p. 184. Il est l'instrument des œuvres de Dieu et, en particulier, de la création du monde, p. 186. Souvent Philon considère le logos non comme la parole active et puissante de Dieu, mais comme une force qui a son action propre.

Il est le révélateur de Dieu, p. 187. Par rapport au monde sensible, il doit être considéré comme un modèle ou un exemplaire; il est l'idée archétype, de laquelle les êtres sans forme et sans qualité ont reçu leur signification et leur figure, p. 192. Philon parle aussi du logos diviseur ou coupeur, qui pénètre dans la matière amorphe et y distingue les propriétés des êtres, p. 193. Le logos est à la fois un principe d'énergie et de détermination, le lien et le soutien du monde, p. 194, la loi physique et la loi morale du monde, p. 196. Le logos est dit aussi premier-né, πρωτόγονος, de Dieu.

Philon appelle le logos, grand-prêtre, suppliant, ange et même, trois fois, dieu, ou dieu secondaire (θεός, δεύτερος θεός). Faut-il ne voir dans toutes ces personnifications du logos que de simples figures de langage? Le P. Lebreton serait disposé à le croire, tout en faisant quelques réserves.

Examinons maintenant les rapports, ressemblances et différences qui existent entre le logos de Philon et le Logos de Jean. Le logos, chez Philon, est la pensée de Dieu beaucoup plus que sa parole, tandis que, chez Jean, le Verbe est la parole de Dieu. C'est dire que, dans la conception philonienne du logos, c'est la spéculation hellénique qui a le plus profondément marqué son empreinte, tandis que, dans la théologie johannique, c'est la tradition biblique, p. 517.

On trouve dans Philon des textes où le logos est appelé « le fils premier-né » de Dieu et chez Jean le Verbe est le Fils de Dieu. La coïncidence est purement verbale : la paternité de Dieu a, chez Philon, un sens exclusivement cosmologique; le logos, qui est le monde intelligible, le modèle et le soutien du monde visible, est le fils premier-né de Dieu, de même que le monde visible est le fils puîné de Dieu. Pour Jean, le Père n'a qu'un fils, le Verbe, « le Monogène qui est dans le sein du Père », p. 517. Pour Philon, le logos est une représentation imparfaite de Dieu; il est son ombre, son image, son empreinte. Pour Jean, le Verbe révèle Dieu parfaitement et souverainement, p. 517 s. Pour Philon, le logos est l'instrument de Dieu; jamais Jean ne représente le Fils comme l'instrument du Père; il enseigne que le Père et le Fils ont par identité la même puissance infinie, la même activité inlassable, en un mot, font les mêmes œuvres par la même action, le Père donnant tout au Fils, le Fils recevant tout du Père, et tous deux étant l'un dans l'autre, p. 518.

D'après Philon, le logos est un être intermédiaire, à mi-chemin entre Dieu et le monde et les unissant l'un à l'autre; le Verbe de Jean n'est pas un intermédiaire, mais un médiateur; il réunit Dieu et l'homme, non parce qu'il se trouve entre eux, mais parce qu'il est à la fois l'un et l'autre, p. 519. Pour Philon, si le logos était aussi parfait que Dieu, il perdrait sa raison d'être; il ne pourrait ni expliquer la création du monde, indigne du Dieu souverain, ni offrir à la contemplation encore débile un terme à sa portée. Pour Jean, le Verbe est Dieu; sa divinité est identique à celle de son Père. Cette identité de nature du Fils avec son Père n'est pas moins essentielle à la théologie johannique que l'inégalité de Dieu et du logos l'était à la doctrine de Philon, p. 520.

Enfin, pour Philon, le logos n'est pas une personne, mais une force, une idée, un être métaphysique ou mythologique; pour Jean, le Verbe est Jésus-Christ, cet homme dont il rapporte les discours, dont il raconte la vie et la mort, p. 521.

Il y a donc des différences essentielles entre la doctrine de Philon et celle de Jean et l'on doit conclure que l'évangéliste n'a rien emprunté au philosophe juif, pas même le terme logos, qu'il connaissait par ailleurs.

La formation de la doctrine du Verbe chez Jean a pour cause profonde la révélation qui lui en a été faite par Jésus-Christ. Si elle a pris chez lui cette forme, cela est dû à des causes multiples : Dieu a créé le monde par sa parole; cette parole de Dieu a été personnifiée par les prophètes et les psalmistes et surtout dans les livres sapientiaux. Déjà, dans les épîtres de Paul, nous trouvons une doctrine analogue : le Fils est appelé force et sagesse de Dieu, 1 *Cor.*, I, 24; il est l'image de Dieu, II *Cor.*, IV, 4. Mais c'est surtout dans l'épître aux Colossiens qu'est développée la doctrine sur le Fils de Dieu, I, 12-19; Rendons grâces au Père... qui nous a transportés dans le royaume du Fils de son amour, en qui nous avons la rédemption, la rémission des péchés, lui qui est l'image du Dieu invisible, le premier-né de toute créature ; parce que en lui ont été créées toutes choses, celles qui sont dans les cieux et celles qui sont sur la terre, les visibles et les invisibles... ; toutes choses ont été créées par lui et pour lui, et lui est avant toutes choses et toutes choses subsistent en lui... ; il est le commencement, le premier-né d'entre les morts afin qu'il tienne lui le premier rang en toutes choses. Car il a plu à Dieu que toute plénitude habitât en lui. Dans l'épître aux Hébreux est enseignée la doctrine de la supériorité de Jésus-Christ, Fils de Dieu, au-dessus de toutes les créatures.

On peut conclure que les enseignements de Jean sur le Verbe, Fils de Dieu, étaient déjà vivants dans la conscience chrétienne et qu'il leur a donné leur expression définitive. « Dans ces différents documents, dit le P. Lebreton, surtout dans l'épître aux Hébreux, on trouve tous les éléments essentiels de la doctrine chrétienne du Verbe ; le nom seul manque. Ce nom apparaît enfin dans l'Apocalypse, jeté incidemment au milieu d'une vision triomphale, dans un contexte qui n'a rien de philosophique, mais qui rappelle plutôt la *Sagesse de Salomon*. On le retrouve maintenant dès le premier verset de l'évangile, il y apparaît sans explication, comme un terme déjà familier aux lecteurs », p. 387.

Le savant Jésuite ne croit pas que Jean ait emprunté cette conception aux discussions philosophiques de son temps et de son milieu, p. 387 ; quant au terme logos, on peut, avec la plus grande probabilité, lui attribuer une origine alexandrine. Si l'on remarque d'ailleurs qu'il apparaît sans être interprété et qu'on ne le trouve que dans le prologue, on conclura qu'il était déjà familier aux lecteurs de l'évangile, mais qu'il appartenait plutôt à la langue technique de la théologie qu'au langage courant des chrétiens, p. 516.

VII. Nous retrouvons des idées analogues à celles du P. Lebreton dans le travail où Engelbert Krebs [1] cherche à retrouver l'origine et le contenu du concept du Logos de Jean. Il reconnaît qu'il y a certaines analogies entre les doctrines religieuses de l'Égypte et celles de la Sagesse de Salomon, mais il nie qu'il y ait dépendance. Il est impossible de prouver que, soit le stoïcisme, soit l'éclectisme de Plutarque ou le syncrétisme gréco-égyptien ait exercé une influence sur la pensée de Jean. Malgré les fonctions que Philon attribue au logos, la personnalité de celui-ci reste incertaine. Il n'en est pas de même de la Sagesse biblique : « Si nous établissons, dit Krebs, la synthèse des caractères qui se dégagent des textes relatifs à la Sagesse, nous constatons que la Sagesse était dans ses opérations, Wirkungen, analogue au logos stoïcien, à l'Hermès populaire, aux Ameshas Spentas perses, au Logos philonien. Mais elle n'était dans son être, Wesen, ni panthéistique, ni liée à un support matériel comme le premier, ni mythologique ni ayant plusieurs significations comme ceux-ci; mais elle en différait profondément comme étant la Sagesse hypostatique du seul Dieu qu'Israël regardait comme vrai et personnel. » Krebs regarde comme seulement possible que la Memra, cette forme d'une personnification de la parole du Dieu Sauveur, fût déjà en circulation au temps des apôtres.

Etant donné ces constatations, « comment les

Der Logos als Heiland im ersten Iahrhundert. Ein religions- und- Dogmengeschichtlicher Beitrag zur Erlösungslehre, mit einem Anhang Poimandres und Johannes. Freiburg Br., 1910.

hommes du premier siècle ont-ils été préparés à comprendre le message de Jean que « le Verbe est devenu chair » pour apporter la rédemption et la vie ? Chez les Juifs et les païens, chez les philosophes et dans le peuple simplement religieux on avait la notion que la raison universelle ou la Sagesse du Dieu personnel n'était pas seulement la créatrice ou la médiatrice du monde, mais aussi la conductrice des âmes, celle qui apportait la vraie connaissance et le vrai salut. Une appellation en usage pour ce médiateur du salut était σοφία ou λόγος. Mais le terme logos était surtout celui qui était compris dans ce sens chez les Juifs aussi bien que chez les païens, chez les Palestiniens et chez les Alexandrins. »

Krebs ne croit pas cependant qu'on doive en conclure que la doctrine de Jean sur le Logos vienne de ces idées diffuses ou des spéculations philosophiques. Il en retrouve plutôt les premières origines dans l'œuvre et la personne du Christ, connu comme Sauveur, législateur et révélateur, Fils de Dieu, telles que nous les présentent les évangiles synoptiques ; il les retrouve aussi dans les épîtres de Paul et dans la liturgie primitive. Il y a donc eu seulement adaptation de la foi chrétienne à un langage qui la rendait accessible à tous. C'est dans Jean que se rencontre la première manifestation de cette adaptation. Écrivant à Éphèse, où s'étaient répandues toutes les doctrines sur le logos hermétique, messager de la révélation et idée du monde, sur le logos stoïcien, raison universelle, la doctrine alexandrine du logos et peut-être aussi celle de la Memra juive, l'évangéliste a choisi le terme logos en opposition au logos païen et au culte du logos hermétique. Au faux logos il plaçait en face le vrai Logos, le Fils de Dieu, créateur du monde et Dieu lui-même.

VIII. J. S. Johnston[1] a voulu démontrer que la Christologie du IVe évangile n'était en aucune façon étrangère à la pensée chrétienne du temps. Il examine ensuite ce qu'est le Logos pour Jean et il prouve qu'en opposition avec la spéculation grecque ou philonienne, il le regarde comme une personne et non comme une idée. Il se demande alors comment a pu naître cette conception du Logos et il en trouve l'origine dans les livres de la Sainte Écriture, Psaumes, Isaïe, Genèse, Exode, Job, Sagesse surtout, puis dans les écrits juifs postérieurs, Targums, Hénoch. Il examine ensuite l'apport de la philosophie grecque par l'entremise de Philon et, après avoir comparé les données grecques sur le logos et celles du IVe évangile, il conclut que Jean a adopté la terminologie grecque, mais a donné au terme Logos une signification précise en l'individualisant. Ainsi que l'a très bien dit Plummer, « la personnification de la Parole divine est poétique dans l'Ancien Testament, métaphysique dans Philon, historique dans Jean. Entre la poésie juive, la spéculation alexandrine d'un côté et le IVe évangile de l'autre, il y a le fait historique de la vie de Jésus-Christ, l'Incarnation du Logos ».

Johnston recherche ensuite les traces de cette conception du Logos dans les écrits néotestamentaires, l'objet de cette doctrine et sa valeur philosophique pour la théologie chrétienne.

IX. Dans son étude sur *l'Évangile éphésien*[2], P. Gardner donne de bonnes raisons pour établir l'origine éphésienne du IVe évangile; il en rattache les doctrines à celles des épîtres pauliniennes. Paul a prêché à Éphèse : l'évangéliste est clairement un disciple de l'enseignement paulinien dont il a adopté

---

1. *The Philosophy of the fourth Gospel.*
2. *The Ephesian Gospel.*

la tendance à l'allégorie et surtout la communion mystique entre le Christ et l'Église et l'identification de l'Esprit ou de l'Esprit du Christ avec le Christ glorieux lui-même. L'évangéliste a reproduit aussi quelques-unes des doctrines de Cérinthe; il insiste sur la réalité humaine de Jésus. L'influence de Philon sur le IV° évangile est bien moins profonde qu'on ne l'a supposé. L'évangéliste était plus immédiatement dépendant d'une théorie du logos répandue à ce moment à Éphèse, la patrie d'Héraclite.

Gardner découvre des affinités entre l'enseignement de l'évangile et ceux des mystères païens. Il s'étonne que l'évangéliste n'ait pas rapporté l'institution de l'eucharistie. Mais il y a fait allusion par son enseignement sur le pain de vie et il ne pouvait dévoiler davantage le mystère chrétien par excellence.

Il rejette comme tout à fait improbable que l'évangéliste soit Jean, fils de Zébédée. L'évidence interne s'y oppose. Outre de nombreuses divergences avec les synoptiques on remarquera que le IV° évangile n'attribue jamais la maladie à la possession démoniaque. Or, d'après Marc, IX, 38, Jean croyait à l'action des démons. Gardner croit que le disciple bien-aimé était le fils de Zébédée.

X. H. Barklay Swete, décédé en 1917, se demande qui était le disciple bien-aimé, dénommé ainsi cinq fois dans le IV° évangile; il est encore appelé l'autre disciple, connu du grand-prêtre [1]. C'est ce disciple qui a écrit l'évangile. Avec lequel des disciples du Seigneur faut-il l'identifier? Il était présent à la dernière cène et occupait une place prééminente; il était connu du

---

1. *The disciple whom Jesus loved; John of Ephesus Journal of theological Studies*, juillet 1916, p. 371. London.

grand-prêtre. Il serait inconcevable qu'un pêcheur de Galilée ait été en relation avec un membre de l'aristocratie sadducéenne. Il était au pied de la croix avec Marie, mère de Jésus; les apôtres s'étaient enfuis. Jésus lui confie sa mère et le disciple l'emmène dans sa maison, ce qui suppose qu'il avait une maison à Jérusalem. Peut-être est-ce dans cette maison qu'eut lieu la dernière cène? Et cela expliquerait que le maître de la maison ait occupé une place de choix auprès de Jésus.

Le disciple que Jésus aimait était-il apôtre? Il est appelé disciple, μαθητής; mais le IVe évangile désigne souvent les apôtres sous le nom de μαθηταί. Il est souvent nommé en compagnie de Pierre dans les évangiles et les Actes, ce qui indiquerait qu'il était apôtre. Mais d'autre part il n'était pas Galiléen, mais un riche habitant de Jérusalem ou des environs. Le IVe évangile, dont il serait l'auteur, indique qu'il était hiérosolymitain. Il relate peu de choses sur le ministère de Jésus en Galilée et au contraire entre dans les détails les plus précis sur l'action du Seigneur à Jérusalem. Il paraît très bien connaître la ville et ses monuments.

Si le disciple que Jésus aimait n'était ni Jean, le fils de Zébédée, ni un des apôtres, qui était-il donc? Jésus a aimé tous les siens, mais deux personnages seulement sont nommés dans les évangiles, comme ayant été particulièrement aimés par Jésus, Lazare, *Jn,* XI, 3, 5 et le jeune homme riche qui l'interrogea sur le chemin de Jérusalem, *Mc,* X, 21. Lazare remplirait bien toutes les conditions, signalées plus haut, mais il est étonnant que lors du récit de sa résurrection, Lazare n'ait pas été désigné comme le disciple que Jésus aimait. Quant au jeune homme riche il pourrait aussi remplir les mêmes conditions, mais il est dit, *Mc*, X, 22, qu'il se retira tout triste d'auprès de Jésus. Swete conclut que Dieu seul connaît la vérité sur cette question du disciple que Jésus aimait.

H. Barklay Swete a rassemblé ensuite tous les renseignements que la tradition nous a transmis sur Jean d'Éphèse. D'après Papias, un auditeur de Jean, il semble qu'il y aurait eu deux Jean, l'un apôtre et l'autre qualifié de presbytre. Le canon de Muratori qualifie Jean de disciple, tandis qu'André est apôtre. Les Valentiniens tenaient l'Evangéliste pour un apôtre. Hippolyte appelle Jean, apôtre et disciple. Clément d'Alexandrie identifie Jean d'Éphèse avec Jean l'apôtre. Justin déclare que Jean, l'auteur de l'Apocalypse, était un des apôtres du Christ. D'après Clément d'Alexandrie il possédait à Éphèse une autorité suprême : c'est lui qui fut le créateur de l'ordre des évêques. Jean d'Éphèse a été enterré dans cette ville d'après Polycrate ; sa mort eut lieu après le commencement du règne de Trajan, après 98. D'après un renseignement qu'on attribue à Papias, Jean, fils de Zébédée, aurait été mis à mort par les Juifs ; mais on a probablement mal compris Papias et il serait étonnant qu'Eusèbe qui avait Papias entre les mains n'en ait pas parlé, non plus que les autres témoins de la tradition.

De ces données, Swete conclut qu'on n'a pas de preuve convaincante de l'identité de l'apôtre Jean avec Jean d'Éphèse, ou même de la résidence du premier à Éphèse, à la fin du Ier siècle. Il est douteux que Jean d'Éphèse soit le presbytre Jean de Papias ; il n'est pas prouvé qu'il ait été apôtre au sens strict. La tradition l'a appelé apôtre, mais au sens large, pour honorer la mémoire du plus grand docteur que l'Église d'Asie ait connu après le passage de Paul.

XI. Heitmüller dans son commentaire sur le

IVᵉ évangile[1] s'inspire des résultats de la récente critique allemande. D'après lui, cet évangile est un écrit didactique traitant de doctrine et non d'histoire. Il reflète un profond mysticisme, mélangé de morale pratique. La pensée johannique est juive, mais elle vient du judaïsme hellénique et non du judaïsme palestinien. Ce qui paraît provenir de Philon représente les idées caractéristiques du judaïsme hellénique. Quelques idées, lumière et ténèbres, la naissance nouvelle, la doctrine sacramentelle viennent du syncrétisme de l'époque, tel qu'il est représenté dans les écrits hermétiques et autres écrits sur les religions de mystères. Il a été écrit entre 100 et 140. L'auteur est unique, mais il a écrit à différentes époques des morceaux séparés dont il a fait ensuite un tout. C'est le cas pour les discours de la Cène, ce qui expliquerait leurs différences. L'auteur s'inspire de la tradition, mais surtout des évangiles synoptiques.

XII. Le travail de H. Latimer Jackson : *le Problème du IVᵉ Évangile*[2], est un exposé de toutes les questions qui ont été posées par la critique moderne au sujet de cet évangile : Date approximative de l'évangile, l'auteur d'après la tradition et l'évidence interne ; le IVᵉ évangile et les synoptiques, la structure littéraire, la composition du IVᵉ évangile. Voici quelques-unes des solutions que propose Jackson.

Cet évangile a été écrit à Éphèse ou dans ses environs entre l'an 90 et 120, probablement dans la première décade du IIᵉ siècle. L'évidence externe ne prouve pas que le fils de Zébédée en est l'auteur. Il en est de même de l'évidence interne. Jean a été martyrisé vers l'an 44 en même temps que son frère

---

1. *Das Johannesvangelium.*
2. *The Problem of the fourth Gos el.*

Jacques. Il y a dans l'évangile certains traits qui indiquent une plume juive, mais il en est d'autres qui marquent une information de seconde main. L'examen de la structure littéraire ne permet pas de conclure à l'unité de l'œuvre. L'auteur est peut-être le disciple bien-aimé ou non; en tout cas c'était un homme de haute valeur intellectuelle; il connaissait bien la littérature hébraïque et était versé dans les spéculations alexandrines. Il est cependant indépendant de Philon. Il était juif d'origine, mais avait longtemps habité Éphèse. Il est malheureux que nous n'ayons pas son œuvre dans sa forme originale.

XIII. Dans un second ouvrage : *le Problème du quatrième évangile*[1], Latimer Jackson traite à nouveau les questions qu'il avait étudiées dans son précédent travail; il a changé quelques-unes de ses positions et a développé ses arguments. La date de composition de cet évangile ne peut être fixée d'une façon précise : il est antérieur à l'an 135 après J.-C. et ne peut être plus ancien que 75-80 ou la fin du Ier siècle. La tradition ancienne semble en faveur de l'authenticité johannique; il reste des doutes sur la résidence de Jean à Éphèse. Sur la personne de l'auteur, Jackson conclut que c'était un Juif, et probablement un Juif de Palestine, familier avec les scènes qu'il décrit et qui n'a été trouvé en défaut sur aucun détail topographique; il a écrit pour une communauté de Gentils. Le IVe évangile diffère des évangiles synoptiques sur de nombreux points : l'atmosphère n'est pas la même dans les récits et surtout dans les discours. Le IVe évangile s'attache surtout au ministère de Jésus à Jérusalem; il a mal placé l'expulsion du Temple des vendeurs, mais il a bien daté le jour

---

1. *The Problem of the fourth Gospel.*

de la mort de Jésus. Les miracles sont pour lui des signes, mais ne sont point des allégories inventées. Les discours présentent une certaine monotonie. Le Christ du IV⁰ évangile est un personnage royal, dépassant l'humanité, mais possédant cependant des caractères réellement humains. Le IV⁰ évangile est une œuvre composite, dont il faut éliminer la péricope de la femme adultère et le ch. XXI; il y a eu des dislocations et des dérangements dans le texte. Jackson essaye d'expliquer comment cet évangile est arrivé à sa forme actuelle. En *Excursus,* il conclut à la mort violente de Jean et examine la personnalité du disciple bien-aimé et déclare que son identité, en supposant que c'est un personnage réel, n'a été découverte en aucun cas.

§ 2. — La composition du IV⁰ évangile.

Les critiques se sont beaucoup occupés en ces dernières années de la composition du IV⁰ évangile : les uns se contentaient d'opérer quelques déplacements et des suppressions ; d'autres le bouleversaient de fond en comble ou le sectionnaient pour en attribuer les parties à divers rédacteurs.

I. Il faut remonter jusqu'au Diatessaron de Tatien pour retrouver des déplacements dans le texte du IV⁰ évangile. Ainsi, il plaçait II, 14-22; III, 1-21 après VII, 31; — IV, 4-45ᵃ; V, 1-47 après VI; — XII, 42-50 après V, 36ᵃ. On trouvera l'ordre dans lequel le IV⁰ évangile a été rangé par Tatien dans W. Bacon[1]. Il n'est pas à croire que Tatien, bien qu'il ait suivi pour son récit surtout les évangiles de Matthieu et de

---

1. *Tatian's Rearrangement of the fourth Gospel,* dans *The American Journal of Theology.* Chicago, 1900, p. 778.

Jean, ait disposé ainsi le texte de celui-ci parce qu'il possédait un exemplaire ainsi arrangé, mais il a plutôt transposé lui-même ces passages pour les harmoniser avec ceux des autres évangiles.

Au xive siècle, Ludolphe le chartreux avait aussi, dans sa *Vita Domini nostri Jesu Christi,* placé le ch. VIe du IVe évangile avant le Ve.

On s'est demandé plusieurs fois si l'ordre actuel des sections du IVe évangile est primitif ou si au contraire celles-ci n'auraient pas existé tout d'abord dans l'ordre indiqué par la suite des événements et n'aurait pas été troublé par accident[1] ou par le manque de soin des copistes[2] ou par une adaptation délibérée d'un éditeur[3]. Bacon soutient cette dernière opinion et croit qu'il faut lire le IVe évangile dans l'ordre suivant[4] : Les transpositions qui reposent seulement sur l'évidence interne sont marquées par des chiffres en italiques ; celles qui ont pour elles la version syriaque sinaïtique le sont par des chiffres en égyptiennes ; les autres sont soutenues par le Diatessaron de Tatien.

I. Le ministère en coopération avec le Baptiste : [I, 1-18]; 19-51; [II, 1-11]; III, 22-IV, 3 (44?).

II. Le ministère galiléen : (IV, 46^a?) II, 12; IV, 46^b54; VI, 1-71.

III. La période de l'exil et le ministère en Samarie ; Jésus à la fête de la Pentecôte : IV, 4-42 (43?); V, 1-47; *VII, 15-24;* (IV, 45?)

IV. La visite à Jérusalem lors de la fête des Tabernacles : VII, 1-14; 25-30; III, 1-21; 31-36; 45-52; *37-44.*

---

1. Spitta, *Zur Geschichte und Literatur des Urchristenthums,* 1913. Tübingen, p. 168-193.
2. Blass, *Philology of the Gospels.* London, 1898, p. 239.
3. Wendt, *Lehre Jesu,* vol. I, p. 228. Göttingen, 1901.
4. *Tatian's Rearrangement of the fourth Gospel,* p. 794.

V. La visite à la fête de la dédicace : *X, 22-25; VII*, 8ª [8ᵇ*], 10-18; 26-39; IX, 1-X, 5, 9*, 19-21; VIII, 12-59; X, 40-42.*

VI. La période de retraite à Ephraïm : XI, 1-57; XII, 26-36ª; *1-19;* 42-50, 36ᵇ-41.

VII. La dernière Pâque : 11, 13*; 14-22; [23-25*]; XIII, 1-15; [16]; 17-19; [20]; 21-35; XV, 1-XVI, 33; [XIII, 36-38]; XIV, 1-31; XVII, 1. **XVIII, 13, 24; 14; 15; 19-23; 16-18, 25ᵇ** — 40; XIX, 1-XX, 31; [XXI, 1-25].

II. Plusieurs critiques[1] ont proposé d'autres déplacements, par exemple celui de VII, 15-24 qui serait placé après V, 44[2]. Clemen[3] a donné la bibliographie de tous les travaux qui ont été faits sur ces transpositions dans le IVᵉ évangile. Parlons seulement du dernier en date qui est le plus complet, celui de Warburton Lewis[4]. Voici l'ordre des matières qu'il propose : I-II, 12-III, 22-30; II, 13-III, 21 + 31-36-IV-VI-V + VII, 15-24 + VIII, 21-59-IX-XII-XIII, 1-32-XV-XVI-XIII, 33-XIV-XVII-XVIII-XX-XXI. Examinons seulement les raisons pour lesquelles il modifie l'ordre des chapitres IV-VII.

A la fin du ch. IV, il est dit que Jésus fit encore ce second miracle après être revenu de Judée en Galilée, puis au ch. V, Jésus est à Jérusalem, tandis qu'au commencement du ch. VI, l'évangéliste ajoute : Après ces choses, Jésus s'en alla au delà de la mer de Galilée; c'est donc que les événements signalés s'étaient passés en Galilée et sont ceux qui sont racontés au ch. IV.

---

1. H. J. HOLTZMANN, *Unordnungen und Umordnungen im viertem Evangelium* dans *Zeitsch. für die nt. Wissenschaft*. Giessen, 1902.
2. WENDT, *Die Lehre Jesu*, I, p. 228. BLASS, *Philology of the Gospels*, p. 239. PAUL, *On two dislocations in John's Gospel*, dans *The Hibbert Journal*. London, 1908-1909.
3. *Die Entstehung des Johannesevangelium*. Halle, 1912, p. 6 ss.
4. *Disarrangements in the fourth Gospel*. Cambridge, 1910.

Il faut donc transposer ces deux chapitres et placer VI avant V.

De plus, VII, 15-24 n'est pas à sa place. L'étonnement que marquent les Juifs d'entendre Jésus parlant comme s'il connaissait les saintes Lettres ne répond pas au contexte, tandis qu'il est bien adapté à la fin du discours où Jésus parle à ses auditeurs de Moïse, V, 47. Il faut donc le placer à cet endroit et disposer le tout de la façon suivante : IV, VI, V, VII, 15-24; VII, 1-14 + 25-52.

Quant au déplacement des ch. XIII-XVII, il est insinué par cette parole de Jésus, XIV, 31 : « Levez-vous, partons d'ici. » Et cependant, le Seigneur continue à parler longtemps encore, ch. XV, XVI, XVII. On en a conclu qu'il y avait eu un dérangement dans le texte et on a cherché à le disposer d'après les idées proches les unes des autres. Ch. XIII, 32, Jésus parle de sa glorification par son Père; il a semblé que XIV, 1, où il affirme qu'il est le vrai cep et son Père le vigneron, est la suite de cette idée de la glorification du Fils par le Père. Si l'on reprend le discours à XIII, 33 on arrive à XIV, 31 : Levez-vous, partons d'ici qui se relie à XVII, 1 : Ainsi parla Jésus et levant les yeux au ciel, il dit. Vient alors la prière sacerdotale qui est la conclusion naturelle du discours.

Nous ne voyons aucun inconvénient à ce qu'on fasse cette transposition, du moment que l'authenticité de tout le discours est maintenue. Nous ferons observer cependant que la parole du Seigneur, XIV, 31, n'oblige pas absolument à faire cette transposition. Il y a longtemps que les exégètes en avaient donné une explication plausible. En somme, tous les déplacements de textes que l'on opère dans le IVe évangile veulent y introduire un ordre plus logique ou plus historique. Mais est-ou certain que l'auteur a cherché cet ordre et qu'il n'a pas plutôt reproduit ses souvenirs en les disposant dans un ordre général mais non strict.

III. Il y a longtemps déjà que les critiques avaient cru pouvoir distinguer dans le IVe évangile des documents d'origine diverse qui auraient été la source de l'évangile tel que nous le possédons actuellement. En 1796, Eckermann[1] supposa qu'au premier fond johannique avaient été ajoutés des récits qui provenaient de l'apôtre Jean. Réfuté par Storr et Süsskind, il se rétracta en 1806[2]. En 1811, Ammon[3] distingua dans le IVe évangile l'auteur et l'éditeur. Weisse[4] admit que l'apôtre Jean avait rédigé par écrit quelques-unes des paroles de Jésus; amplifiées par un disciple de l'apôtre, s'inspirant des souvenirs de son maître, elles sont devenues les discours du IVe évangile. Le cadre historique est fictif. Renan[5] avait distingué entre les faits et les discours du IVe évangile; les premiers seraient basés sur une tradition venant de l'apôtre Jean; les seconds ne seraient pas authentiques bien qu'il s'y rencontrât « d'admirables éclairs, des traits qui viennent véritablement de Jésus ». O. Holtzmann[6] pensa que l'auteur utilisa les évangiles synoptiques et une autre tradition qui s'était appuyée sur ceux-ci. Wendt[7] supposa l'existence de Logia Johanniques ou discours du Sei-

---

1. *Theol. Beiträge*, T. V. Altona.
2. *Erklärung aller dunkeln Stellen N. T.* Kiel, 1806.
3. *Johannem, evangelii auctorem, ab editore hujus libri fuisse diversum.*
4. *Die evang. Geschichte, krit. und phil. bearbeitet.* Leipzig, 1838. *Die Evangelienfrage in ihrem gegenw. Stadium.* Leipzig, 1856.
5. *Vie de Jésus.* Paris, 1863. *L'Antéchrist.* Paris, 1873. *L'Église chrétienne.* Paris, 1879.
6. *Die Anlage des Johannesev.* Th. Studien und Krit. Gotha, 1884.
7. *Die Lehre Jesu.* Göttingen, 1901. *Das Johannesevangelium.* Göttingen, 1900.

gueur, précédés de courtes introductions et rédigés par l'apôtre Jean. Un rédacteur les aurait enchâssés dans un récit historique, reproduisant la tradition de son temps sur la vie de Jésus. Soltau[1] adopta une opinion analogue. Briggs[2] arriva aux mêmes résultats : « L'évangile est aussi partiellement une compilation, où entrent un évangile primitif de Jean en langue hébraïque et l'hymne du Logos dans le prologue. » Enfin, Bacon[3] a soutenu une hypothèse qui prélude à celles que l'on présente aujourd'hui : Par l'examen de l'écrit, il distingue trois rédacteurs : le premier serait, pour le fond de l'évangile, l'apôtre Jean; ensuite viendrait celui qui aurait rédigé l'évangile dans son ensemble : puis, l'auteur du chapitre XXI, qui serait Jean le presbytre.

Actuellement, on cherche à distinguer les documents qui seraient entrés dans la composition du IV⁰ évangile.

Signalons tout d'abord un article de R. Schütz[4] dans la *Zeitschrift für die neutestamentliche Wissenschaft*, 1907, où il essaie de démontrer que les trois voyages à Jérusalem, antérieurs au chap. VII, doivent être supprimés et que de leur suppression il résulte que le IV⁰ évangile est en accord avec celui de Marc.

IV. En 1907, Wellhausen[5] avait étudié les discours de la cène dans le IV⁰ évangile et se basant sur XIV, 31 : Levez-vous, sortons d'ici, il avait conclu que l'ordre actuel ne pouvait être l'état primitif et que la suite de XIV, 1 se trouvait au ch. XVIII, 1. De même

---

1. *Zeitschrift für die neut. Wissenschaft.* Giessen, 1901.
2. *Introduction to the Study of holy Scripture.* New York, 1899.
3. *The Johannine Problem*, dans *The Hibbert Journal.* London, 1904.
4. *Zum ersten Teil des Johannesevangeliums*, p. 243.
5. *Erweiterungen und Aenderungen im 4 Evangelium.* Berlin.

le passage, VII, 3, 4 : « Ses frères lui dirent donc : Pars d'ici et va en Judée, afin que tes disciples voient, eux aussi, l'œuvre que tu fais. Car personne ne fait rien en secret, quand il cherche à être lui-même en évidence : si tu fais ces choses, manifeste-toi, toi-même, au monde », indique que Jésus n'avait pas encore prêché à Jérusalem, ce qui contredit les récits précédents où sont racontés divers voyages à Jérusalem.

Il reprend ces observations dans son travail sur l'évangile de Jean[1] et ajoute d'autres passages qui, d'après lui, indiqueraient les traces d'une facture composite. Ch. XX, 2 et XX, 11, Marie Madeleine après avoir vu que la pierre du tombeau avait été enlevée, se rend à Jérusalem pour en avertir Pierre et le disciple que Jésus aimait, puis on la trouve de nouveau auprès du tombeau sans que son retour ait été mentionné. Une observation analogue peut être faite à propos de Marthe, sœur de Lazare, XI, 28 et XI, 39. Ch. XII, 36, il est dit que Jésus, après avoir parlé, s'en alla et se cacha ; il semble que son ministère public est terminé. Et cependant, immédiatement après, il parle de nouveau aux Juifs, et leur reproche de ne pas croire en lui et pourtant, dit-il : Quiconque croit en moi, croit non pas en moi, mais en celui qui m'a envoyé.

Il ne serait pas difficile de montrer que ces passages ne présentent pas les incohérences que Wellhausen a cru y découvrir. Il s'appuie néanmoins sur eux pour soutenir que le IVe évangile est formé de morceaux d'époque différente.

L'ensemble est, comme une grande partie de la littérature juive et de la première littérature chrétienne, le

---

1. *Das Evangelium Johannis*. Berlin, 1908.

produit d'un processus littéraire qui se développe en plusieurs étapes (p. 6). Wellhausen procède donc à une analyse des diverses sections de l'évangile pour rechercher les diverses couches qui l'ont formé. Il signale les passages qui sont simplement la répétition l'un de l'autre : VI, 36-40 = 41-46; VII, 25-30 = 40-44; I, 22-24 = 25-28. En outre, l'argumentation revient constamment sur elle-même : III, 11-21; III, 31-36; X, 14 ss.; V, 19-27. Même, lorsque de nouveaux éléments sont ajoutés, ils ne ressortent pas logiquement de ce qui précède, mais lui sont joints par une façon d'agglutination. Les récits présentent des traces d'interpolation; les discours n'offrent pas une suite de preuves articulées et ne sont pas reliés aux circonstances dans lesquelles ils ont été prononcés. Wellhausen en conclut que l'évangile s'est formé graduellement par des apports successifs. Quelques morceaux émergent çà et là de l'ensemble comme des pierres dressées et s'arrangent dans une ligne plus ou moins continue, qui forme l'ossature de l'évangile ou *Grundschrift*, A. Cet écrit primitif n'a pas été reproduit dans son entier et a été incorporé dans un ouvrage plus récent, B, qui a grandi par degrés et a été l'œuvre de plusieurs mains. Les discours sont surtout l'œuvre de B, quoique A contienne aussi quelques dialogues qui ont été développés par B. Dans celui-ci se trouvent des péricopes originales, qui ne sont pas en rapport avec A : l'entretien de Jésus avec Nicodème et les allégories du bon Pasteur et de la vigne.

La critique littéraire a une importance beaucoup plus restreinte pour l'évaluation historique du IVe évangile que pour l'exégèse. Malgré ses diverses couches on peut l'estimer cependant comme une œuvre essentiellement une. Les accroissements qui y sont insérés proviennent du même cercle que celui où est né l'écrit fondamental et s'adresse aux mêmes lecteurs. Jean, le fils de Zébédée, ne peut être l'auteur primitif de l'évangile qui porte son nom. Marc, Papias et le vieux martyrologe syrien s'accordent à attester que celui-ci a été mis à mort de bonne heure à Jérusalem. On n'a donc aucune indication de nature positive sur l'origine du IVe évangile, p. 119.

L'analyse qu'a faite Wellhausen du IVe évangile ne nous semble pas établir que les divergences qu'il a relevées entre les diverses sections de l'écrit, les répétitions et les ressemblances qu'il signale obligent à conclure que l'écrit a été formé à l'aide de documents différents ou qu'il s'est accru progressivement. Il a reconnu d'ailleurs l'unité du IVe évangile, malgré les couches successives qu'il y découvre. Il faut donc expliquer autrement qu'il ne l'a fait les observations qu'il a relevées.

Et d'abord ces divergences et ces incohérences ne sont pas aussi profondes qu'il le prétend. Ainsi, que l'évangile rapporte que Marie Madeleine raconte à Jérusalem ce qu'elle a vu au tombeau du Christ, et que peu après elle est auprès du tombeau, sans qu'il dise qu'elle y est retournée, est-ce là une incohérence? Un évangile n'est pas un procès-verbal où toutes les circonstances sont notées.

Est-il nécessaire aussi qu'il soit une œuvre logique où tous les événements sont strictement enchaînés et disposés dans leur ordre historique?

L'apôtre Jean n'était pas un historien de métier; il n'a pas voulu non plus faire une œuvre d'art. Ceci nous explique les répétitions, les retours des discours sur des idées déjà exprimées et ce qui semble être des contradictions. Rien n'empêche d'ailleurs de supposer et cela paraît bien être la vérité que l'auteur a écrit d'abord des sections séparées, relatant un fait ou un discours. Cela expliquerait bien la connexion assez lâche qui existe entre les diverses parties de l'œuvre et aussi les répétitions, répétitions qui, pour les discours, peuvent provenir de Notre-Seigneur.

V. R. C. Gregory[1] a fait ressortir toute la faiblesse des arguments sur lesquels Wellhausen appuyait son hypothèse. Il reconnaît que la parole de Jésus, *Jn*, XIV, 21 : Levez-vous, sortons d'ici, paraît étrange à la place où elle se trouve, mais, placée là, elle prouve que l'évangile n'a pas été revisé. S'il l'avait été, le reviseur ne l'aurait pas laissée subsister à cet endroit et l'aurait reportée à la fin du discours du Seigneur. Il conclut que c'est trop demander à un livre de cette époque que chaque mot soit parfaitement intelligible et s'accorde exactement avec son contexte. Wellhausen a refait dans son travail sur le IVe évangile ce qu'il avait déjà fait pour les livres historiques de l'Ancien Testament.

VI. Th. Zahn[2] discute aussi le système de Wellhausen et il n'y trouve que des affirmations indémontrées, des hypothèses esquissées, où il n'y a pas un petit grain de connaissance nouvelle.

Rappelons qu'antérieurement à ces hypothèses critiques Jülicher avait protesté contre les procédés mis en œuvre. Il fait remarquer que les inégalités et les contradictions sur lesquelles on appelle l'attention pour établir les hypothèses d'interpolation et de déplacement des textes sont caractéristiques de Jean. Les critiques prennent trop souvent comme norme leur propre logique, leur attention aux détails, leur besoin de correction et de cohérence et voudraient un évangile tel qu'ils l'auraient écrit eux-mêmes. Mais la tâche de

---

1. *Wellhausen und Johannes.*
2. *Das Johannesevangelium unter den Händen seiner neuesten Kritiker.*

Jean de relier son Christ idéal à l'histoire de Jésus, de décrire le Christ de l'Esprit avec les matériaux d'une tradition encore à moitié plongée dans la chair n'était pas réalisable sans incohérences, la forme donnée étant trop fragile pour le contenu.

VII. A la même époque que Wellhausen, Schwartz[1] a publié sur la composition du IVe évangile une hypothèse analogue. N'ayant pas entre les mains son travail, nous sommes obligé de nous en rapporter à ce qu'en ont dit Brückner dans le *Theologischer Jahresbericht,* 1908, Leipzig, et Goguel dans la *Revue de Théologie et de Philosophie*. D'après Schwartz, dit Brückner, l'évangile de Jean est un livre formé de documents divers tout comme les livres historiques de l'ancienne littérature d'Israël. Et la preuve, c'est qu'on y relève des incohérences, des lacunes, des contradictions. Tous les passages où le disciple bien-aimé joue un rôle sont des interpolations; il en est de même du ch. XX, 2-10, de XIII, 23 ss., de XVIII, 10 ss., de XIX, 34 ss., et du ch. XXI. Schwartz met de côté tous les voyages à Jérusalem, antérieurs au ch. VII; il tient pour des additions postérieures les passages en harmonie avec les synoptiques, les développements homilétiques des discours, surtout, ch. VII et VIII, la scène de Barabbas et de la flagellation dans le récit de la passion, etc. Tout cela ne peut s'expliquer si l'évangile que nous possédons a été écrit d'un seul jet; ces faits s'expliquent très bien au contraire si l'évangile a subi avant de prendre sa forme définitive une série de transformations et de remaniements.

VIII. Voici, d'après Goguel[2], les hypothèses qu'a

---

1. *Aporien im vierten Evangelium* : Nachrichten der König. Gesell. der Wiss. zu Göttingen, 1907-1908.
2. *Art. cit.*, p. 131.

émises Schwartz sur la formation successive du IVᵉ évangile. « On peut y reconnaître trois couches successives. L'évangile est constitué d'une *Grundschrift* (écrit fondamental) qui a été remaniée par un rédacteur (*Bearbeiter*) et qui a subi les additions d'un interpolateur. Il n'a guère reçu sa forme définitive avant l'an 140. La *Grundschrift* était une œuvre dramatique d'une grande originalité; les poursuites contre Jésus y avaient pour motif la résurrection de Lazare et c'était Pilate qui en prenait l'initiative. L'auteur de cette *Grundschrift* ne s'est nullement considéré comme lié par la tradition évangélique; il en a usé librement avec elle et s'est montré poète génial et créateur d'une puissante originalité, sa seule préoccupation étant d'entonner pour célébrer les vertus de son Dieu un chant tout nouveau. Le génie du poète s'est manifesté en ce qu'il ne s'est pas borné à accentuer d'une manière dogmatique la divinité de son héros, mais qu'il a donné à l'humanité en lui toute sa valeur. Il est déjà assez loin des origines, mais d'un autre côté il a dû écrire assez tôt puisqu'il a pu laisser entièrement de côté la tradition synoptique pour célébrer librement, en poète, la divinité de Jésus.

« L'évangile primitif était une œuvre trop originale pour être conservée telle quelle dans l'Église. Le contraste avec les synoptiques était trop violent. Ainsi s'explique l'intervention de deux rédacteurs qui, l'un après l'autre, ont remanié l'évangile, lui faisant perdre son originalité, mais par là même l'adaptant aux besoins de l'Église de leur temps. Le premier de ces rédacteurs est celui que Schwartz appelle le *Bearbeiter*, c'est l'auteur de la première et peut-être aussi des deux petites épîtres de Jean. Il a fait disparaître l'originalité du récit johannique, émoussé les angles, supprimé tout ce qui pouvait étonner et choquer, par exemple réintroduit l'entrée de Jésus à Jérusalem et fait jouer un rôle aux Juifs dans l'histoire de la passion.

« Le second rédacteur n'est pour Schwartz qu'un interpolateur; il a ajouté à l'évangile de larges morceaux destinés à harmoniser son récit avec celui des évangiles synoptiques; il a supprimé la dédicace (dédicace dont XX, 31 permet de soupçonner l'existence); il a ajouté les passages relatifs au disciple bien-aimé et le chapitre XXI pour faire de l'évangile l'œuvre de l'apôtre Jean. Cela suppose qu'il vivait au moment où on commençait à identifier les deux notions d'apostolicité et de canonicité. Le même interpolateur a remanié la première épître de Jean et attribué à l'Apôtre la composition des deux petites épîtres et de l'Apocalypse. »

Il nous est difficile de discuter ces hypothèses n'ayant pas les articles sous les yeux, mais il nous semble que toutes les déductions dérivent d'un système préconçu. Partant de cette idée qu'un écrivain de génie avait composé un poème sur la personne et le rôle de Jésus, Schwartz a cherché les traces de ce poème dans le IVe évangile; quand il ne les a pas retrouvées, il a supposé qu'on les avait supprimées. Puis, il a attribué à des rédacteurs successifs ce qui restait du IVe évangile, en se plaçant aux points de vue divers qu'il leur attribue.

IX. Nous devons reconnaître que Bousset[1] a, tout d'abord, adhéré à un certain degré aux hypothèses de Schwartz et de Wellhausen sur le IVe évangile; il admet qu'il y a plus de remaniements qu'on ne l'avait admis tout d'abord. Plusieurs rédacteurs ont dû tra-

---

1. *Ist das vierte Evangelium eine literarische Einheit*, dans *Theol. Rundschau*, p. 1-12 et 39-64. Tübingen, 1909.

vailler à sa composition mais il repousse cette hypothèse d'une *Grundschrift,* œuvre existant tout d'abord à un état indépendant et tout à fait propre.

Plus tard, Bousset [1] affirmera l'unité du IVe évangile : l'hypothèse de Spitta, dont nous parlons plus loin est une œuvre d'imagination. Il est impossible de faire le départ entre les contradictions et les incohérences qui ont existé dans l'œuvre primitive et celles que l'on ne peut accepter.

X. Barth [2], au contraire, croit que si l'on additionne la *Grundschrift* de Spitta et celle de Wellhausen on produit une impression d'historicité chez les critiques indépendants. Il nous paraît difficile de conclure à la valeur historique d'un écrit dont on n'a conservé qu'une minime partie.

XI. Harnack [3] est disposé à reconnaître la valeur des arguments mis en avant pour contester l'unité du IVe évangile : « L'unité du livre qui n'a pas été édité par l'auteur mais par un cercle de disciples ne peut être prise dans un sens rigoureux, mais on ne peut préciser l'importance de l'intervention de l'éditeur ou du rédacteur. »

XII. A. Meyer [4] reconnaît l'importance des travaux de Wellhausen pour la critique du IVe évangile, mais il n'en accepte pas les résultats fondamentaux. Tout dans cet évangile, la langue, les idées portent à un tel point la même empreinte qu'on ne peut aboutir à une division certaine des parties. A quoi sert d'enlever les contradictions et les incohérences à l'écrivain A

---

1. *Johannesevangelium,* dans *Die Religion in Geschichte und Gegenwart,* B. III, p. 608-636. Tübingen, 1911.
2. *Das Johannesevangelium und die synoptischen Evangelien,* 2e Aufl. Grosslichterfelde, 1911.
3. *Lehrbuch der Dogmengeschichte,* IVe Auf. B. I, p. 107. Lepzig, 1909.
4. *Die johann. Literatur,* dans *Die Theol. Rundschau,* B. XIII. Tübingen, 1910.

pour les attribuer à un interpolateur B ? Elles sont incorporées dans la substance de l'évangile et proviennent de l'union que fait l'auteur de ses divers matériaux : les récits synoptiques et la tradition synoptique d'un côté et les doctrines judéo-chrétiennes primitives et hellénistiques-gnostiques de l'autre. L'auteur a pu d'ailleurs composer les diverses parties de son œuvre à des époques différentes et enfin des gloses ont pu y être introduites.

XIII. J. Weiss [1] croit aussi qu'il y a lieu de distinguer dans le IVe évangile l'écrit fondamental, *Grundschrift,* des parties complémentaires. Cet évangile nous a été transmis par une seconde main. L'auteur du chapitre XXI, qui écrit après la mort du disciple bien-aimé, a publié un écrit de celui-ci en l'augmentant de nombreuses additions et explications. C'est de lui que viennent tous les passages où il est parlé du disciple bien-aimé et du témoignage sur l'épisode du coup de lance porté au côté de Jésus. Dans les discours et les récits il a ajouté des éclaircissements pour rendre le texte traditionnel plus compréhensible.

XIV. Après vingt ans d'études sur le IVe évangile, Fr. Spitta [2] est arrivé à cette conviction, que cet évangile n'est pas une œuvre une, qu'il y a à sa base un document primitif dans lequel ont été mélangées des additions et introduits des changements de diverse nature. Pour arriver à dégager le document primitif, *Grundschrift,* il passe en revue les principaux chapitres de l'évangile et par une analyse très minutieuse il pense avoir déterminé ce qui appartient au document primitif et ce qui revient au rédacteur définitif. Voici

---

1. *Die Aufgaben der neutestamentlichen Wissenschaft in der Gegenwart,* p. 36. Göttingen, 1908.
2. *Das Johannesevangelium als Quelle der Geschichte Jesu.* Göttingen, 1910.

les observations qui lui ont permis de conclure à la formation composite de cet écrit : 1, Les nombreuses interprétations erronées des paroles de Jésus. 2, La double estimation des caractères de Nicodème et de Jean. 3, Les changements introduits dans des passages primitifs pour les accommoder aux conceptions de l'époque de composition définitive. 4, Les brusques changements d'aspect des scènes de l'action. 5, Les doublets fréquents.

A l'aide de ces critériums il a séparé le document primitif de ses agrégats postérieurs. Pour donner aux lecteurs une idée des résultats auxquels il a abouti nous reproduisons la péricope de la résurrection de Lazare. En face du document primitif nous plaçons les additions du rédacteur, dont les réflexions personnelles sont reproduites en italiques pour les distinguer des parties empruntées à des documents.

XI, 1. Il y avait un homme, Lazare de Béthanie, 3, dont les sœurs Marthe et Marie envoyèrent un jour à Jésus pour lui faire dire : Seigneur, voici, celui que tu aimes est malade. 5, Or, Jésus aimait Marthe et sa sœur et Lazare. 6, Lors donc qu'il eut appris qu'il était malade, 7, il dit à ses disciples : Allons de nouveau en Judée. 8, Les disciples lui dirent : Maître, il n'y a que peu de temps que les Juifs cherchaient

XI, 1, *un malade* (au lieu d'un homme)... *du village de Marie et de Marthe sa sœur.* 2, *Marie était celle qui oignit le Seigneur de parfum et qui essuya ses pieds avec ses cheveux et Lazare qui était son frère était malade...* 4, Jésus ayant entendu cela, il dit : Cette maladie n'est pas pour la mort, mais elle est pour la gloire de Dieu, afin que le Fils de Dieu soit glorifié par elle... 6, Il demeura cependant deux jours au à te lapider et tu y retournes encore. 9, Jésus répondit : N'y a-t-il pas douze heures au jour? Si quelqu'un marche au jour, il ne se heurte point...

16, Thomas, appelé Didyme, dit donc aux autres disciples : Allons, nous aussi, afin que nous mourions avec lui... 18, Or, Béthanie était près de Jérusalem, environ à quinze stades.

20, Dès que Marthe eut appris que Jésus venait,

lieu où il était. 7, Après cela. 9, *Car il voit la lumière de ce monde.* 10, *Mais si quelqu'un marche pendant la nuit il se heurte parce qu'il n'y a point de lumière en lui.* 11, Il parla ainsi et après cela, il leur dit : Lazare, notre ami, dort, mais je vais afin de le réveiller. 12, *Alors, les disciples lui dirent : Seigneur, s'il dort, il sera sauvé.* 13, *Or, Jésus avait parlé de sa mort; mais ceux-ci pensèrent qu'il parlait du repos du sommeil.* 14, *Alors Jésus leur dit ouvertement : Lazare est mort*, 15, et je me réjouis, à cause de vous de ce que je n'étais pas là, afin que vous croyiez, mais allons à lui.

17, Mais Jésus étant arrivé, il trouva qu'il était déjà depuis quatre jours dans le tombeau.

19, Beaucoup d'entre les Juifs étaient venus auprès de Marthe et de Marie pour les consoler au sujet de leur frère.

20, Mais Marie resta assise dans la maison.

elle alla au-devant de lui, 21, et dit : Seigneur, si tu avais été ici, mon frère ne serait pas mort. 22, Et maintenant, je sais que tout ce que tu demanderas à Dieu, Dieu te le donnera.

23, Jésus lui dit (à Marthe) : Ton frère ressuscitera. 24, Marthe lui dit : Je sais qu'il ressuscitera à la résurrection, à la résurrection au dernier jour. 25, Jésus lui dit : Je suis la résurrection et la vie. Celui qui croit en moi, quand même il serait mort, vivra et quiconque vit et croit en moi ne mourra jamais. Crois-tu cela ? 27, Elle lui dit : Oui, Seigneur, je crois que tu es le Christ, le Fils de Dieu, qui devait venir dans le monde.

28, Et ayant dit cela, elle s'en alla et appela Marie, sa sœur, en secret, et lui dit : Le Maître est là et t'appelle. 29, Dès qu'elle eut entendu, celle-ci se leva promptement et vint vers lui. 30, *Or Jésus n'était pas encore entré*

418 CRITIQUE ET PHILOLOGIE DU NOUVEAU TESTAMENT.

dans le village, mais il était à l'endroit où Marthe l'avait rencontré. 31, Les Juifs donc qui étaient avec elle dans la maison et qui la consolaient, voyant Marie se lever subitement et sortir, la suivirent, disant : Elle va au sépulcre pour y pleurer. 32, Etant donc arrivée à l'endroit où était Jésus, dès qu'elle le vit, elle se jeta à ses pieds et lui dit : Seigneur, si tu avais été ici, mon frère ne serait pas mort.

33, Quand donc Jésus la vit pleurer et que les Juifs qui étaient venus avec elle, pleuraient, Jésus fut troublé, 34, et dit : Où l'avez-vous mis ? Ils lui dirent : Seigneur, viens et vois. 35, Et Jésus (vint et quand il le vit) il pleura. 36, Les Juifs dirent alors : Voyez comme il l'aimait. 37, Quelques-uns d'entre eux disaient : Lui qui a ouvert les yeux de l'aveugle ne pouvait-il pas faire aussi que cet homme ne mourût pas ?... 41, Mais Jésus leva les yeux en

33, Jésus frémit dans son âme et 38, Jésus, frémissant de nouveau en lui-même, arriva au sépulcre. 34, C'était une grotte et une pierre était posée dessus. 39, Jésus dit : Otez la pierre. Marthe, la sœur du mort, lui dit : Seigneur, il sent déjà, car il est là depuis quatre jours. 40, Jésus lui dit : Ne t'ai-je pas dit que si tu crois, tu verras la gloire de Dieu ? 41, Ils ôtèrent donc la pierre.

42, *Je savais bien que tu m'exauces toujours.*

haut et dit : Père, je te rends grâce de ce que tu m'as écouté. 43, Et lorsqu'il eut dit ceci, il cria à haute voix : Lazare. Le mort sortit, ayant les mains et les pieds liés de bandes et le visage enveloppé d'un linge. Alors Jésus leur dit : Déliez-le et laissez-le aller. 45, Beaucoup des Juifs crurent en lui.

Mais j'ai dit cela à cause du peuple qui m'environne, afin qu'ils croient que c'est toi qui m'as envoyé.
43, Sors! il sortit.
45, *Ceux qui étaient venus vers Marie et avaient vu ce qu'il avait fait.*
46, *Mais quelques-uns d'entre eux allèrent vers les pharisiens et leur dirent ce que Jésus avait fait.*

Spitta a soumis tout le IVe évangile à une dissection analogue à celle-ci et il a abouti à reconstruire un document primitif qui suit de près le récit des synoptiques. Voici ce qu'il contiendrait d'après lui :

1, Le témoignage de Jean-Baptiste, I, 6, 7, 9, 10^c-12, 14, 15, 24, 26, 33, 34.

2, Les disciples de Jésus, I, 35-48 ; 50-52.

3, La purification du temple, II, 13-20.

4, L'entretien de Jésus avec Nicodème, II, 23-III, 1-3 ; 9-11.

5, Activité de Jésus et de Jean-Baptiste à la même époque, III, 22, 23, 25-27, 29, 30 ; IV, 1.

6, Séjour de Jésus en Samarie et arrivée en Galilée, IV, 4-7 ; 9, 10 ; 19-25 ; 28-30 ; 40 ; 44, 45.

7, Guérison d'un malade le jour du sabbat, V, 1 ; 8-10 ; 13-^{b}14 ; 18, 19^a ; VII, 19-24 ; V, 30-40 ; 24 ; 41-47 ; VIII, 39-45 ; 47-50 ; 56, 59.

8, L'entretien sur le pain de vie, VI, 1-3 ; 26^a-27, 30-32 ; 34-39 ; 41-43 ; 45, 47, 49, 51 ; VIII, 12-14 ; 16, 17 ; 21, 25, 26, 28, 29 ; 31-35.

9, L'insuccès de Jésus; la confession de Pierre, VI, 66-71.

10, Jésus à la fête des Tabernacles, VII, 1-4; 6, 9-17; 25-27; 31-33; 35; 45-52; 37, 38; 40-44.

11, La guérison de l'aveugle-né, IX, 1-4; 6-13; 15, 16; 24-28; 34, 35 et l'allégorie du bon Pasteur, X, 1-5; 11-16; 18-21.

12, Jésus à la fête de la Dédicace et en Pérée, X, 22-26; 29-42.

13, Résurrection de Lazare, XI, 1, 3, 5-9; 16, 18, 20-22; 33-37; 41, 43-45.

14, Le complot du Sanhédrin contre Jésus, XI, 47-49; 53.

15, Retour de Jésus à Béthanie, XI, 55-57; XII, 1-5; 7, 8.

16, Entrée de Jésus à Jérusalem, XII, 12-15; 19.

17, Le dernier discours public de Jésus, XII, 23-25; 27-29; 31, 32; 35-38; 41-44; 46-50.

18, Le dernier repas, XIII, 1, 2; 4-10; 21, 22; 24-30.

19, Le discours d'adieu de Jésus; XIII, 31; l'allégorie de la vigne, XV, 2-4, 6, 8-11; 14-16: la haine du monde, XV, 18, 19; 21, 22; 25; XVI, 1-4; le Paraclet, XVI, 5-8; 12-14; de l'adieu et du revoir, XVI, 16-23; 25; 32, 33; prière pour les disciples, XVII, 1, 4, 6, 8, 9^a, 11, 12, 14, 15, 17, 19, 23, 25, 26; la conclusion du discours, XIII; 33-35; XIV, 1-3; 12, 13, 16, 18, 27, 28, 30, 31.

20, Arrestation de Jésus, XVIII, 1-6, 8.

21, L'interrogatoire devant le sanhédrin, XVIII, 12, 13, 16, 19-23.

22, Les débats devant Pilate, XVIII, 28-31; 35, 38, 39; XIX, 9-16.

23, Le crucifiement de Jésus, XIX, 19, 21-23; 26-30.

24, L'ensevelissement de Jésus, XIX, 31-34; 41, 42.

25, L'apparition du ressuscité à Marie Madeleine, XX, 1-11; 14-18.

26, L'apparition du ressuscité à ses disciples, XX, 19, 21-23.

Tel serait le contenu du document primitif, que Spitta désigne par la lettre A et qui aurait une haute valeur historique. Il serait très ancien, et daterait peut-être d'avant l'an 44, et aurait été écrit par un disciple de Jésus, témoin oculaire des événements, très probablement l'apôtre Jean. Ainsi qu'on le constatera par l'indication des sections, il contenait un récit suivi de la vie du Seigneur. Les discours de Jésus ont été reproduits dans leur ensemble. On remarquera que Spitta a fait subir au texte un certain nombre de déplacements.

Prenant pour base le document A, un rédacteur y a introduit des faits et des paroles de Jésus qu'il a empruntés soit à des traditions, soit à d'autres documents. Il y a ajouté en outre ses réflexions personnelles. L'ensemble de ces additions constitue ce que Spitta appelle le document B. L'auteur serait un théologien du IIe siècle qui aurait écrit pour enseigner la doctrine du Logos; de lui viendrait tout ce qui se rapporte à cette doctrine dans le IVe évangile. Le document A rapporte les paroles de Jésus aussi fidèlement que les synoptiques, tandis que l'interpolateur B les a changées par ses additions théologiques. Au document A revient tout ce qui paraît historique à Spitta, tandis que B est accusé de toutes les modifications qui paraissent entraver la marche du récit ou enlever aux discours du Seigneur leur caractère simple et aphoristique. Il n'en reste pas moins que ce document paraît étriqué, sec, sans liaison. Le document A a même mieux conservé à la vie de Jésus ses caractères historiques que ne l'ont fait les synoptiques. Ceux-ci ont oblitéré la figure de Jésus, en tant que Juif strict, tandis que le document B le représente comme un juif qui observe toute la Loi, allant à Jérusalem non seulement à la fête de Pâques, mais à toutes les fêtes légales. Mais ce portrait de Jésus est bien incomplet puisque le critique enlève au Seigneur tout ce qui était en lui au-dessus d'une personnalité humaine. Les miracles rapportés par A sont des actions dues au pouvoir de la foi, et peuvent s'expliquer naturellement; B les a défigurés en les rattachant à sa doctrine du Logos. Les discours dans le document A sont imprégnés comme ceux des synoptiques d'idées eschatologiques; ils ne présentent aucune trace de la doctrine du Logos et se rapportent surtout à la revendication messianique de Jésus. Le titre : Fils de Dieu est, pour ce document, seulement un titre messianique.

On ne peut s'empêcher de remarquer que ce procédé de découpage est entièrement subjectif. L'auteur part de jugements préconçus et s'en sert pour opérer la dissection du IV⁰ évangile. Il s'ensuit que le sectionnement pourra être fait différemment par un autre critique qui s'inspirera d'autres critériums. Nous verrons plus tard qu'il ne tient pas compte de la tenue linguistique du IV⁰ évangile. Observons seulement que ce qui, d'après Spitta, a été ajouté par le rédacteur B est nécessaire pour l'explication du texte et que ce morcellement détruit le parallélisme qui existe entre les versets de quelques passages. Prenons pour exemple la dissection que fait Spitta du prologue de l'évangile. D'après lui, le document primitif commencerait au ⱽ 6 : « Il y eut un homme envoyé de Dieu qui s'appelait Jean. Il vint en témoignage, pour témoigner touchant la lumière. » Mais quelle est cette lumière à laquelle Jean est venu rendre témoignage sinon celle dont il est parlé aux versets précédents : « En lui (le Verbe) était la vie et la vie était la lumière. Et la lumière luit dans les ténèbres et les ténèbres ne l'ont point reçue. » Le ⅴ 6 est évidemment la suite des ⅴ 4 et 5. Et ceux-ci sont le développement du début de l'évangile : Au commencement était le Verbe. Mais Spitta le rejette parce que ce début enseigne la doctrine du Logos. Plus loin, il supprime du document A : Et le Verbe devint chair, toujours pour la même raison, et y garde les mots suivants : Il habita parmi nous, plein de grâce et de vérité. Il retranche encore les ⅴ 16, 17 qui sont la réplique et l'explication de ce verset : Et nous avons tous reçu de sa plénitude, et grâce pour grâce, car la Loi a été donnée par Moïse et la grâce et la vérité sont venues par Jésus-Christ.

Toús les critiques qui ont étudié le prologue du IVᵉ évangile s'accordent à y voir un morceau où toutes les pensées se répondent dans un ensemble solidement enchaîné et s'équilibrent dans un rythme parallélique, se développant normalement. Or, ce découpage de Spitta détruit cet enchaînement et tout le parallélisme de ce merveilleux morceau ; il ne reste que des membres de phrase, qui ne se relient pas normalement.

Le IVᵉ évangile, nous le reconnaissons, ne se présente pas comme une œuvre composée d'après les règles de notre esthétique moderne ; il n'est pas tout entier d'une même venue, et présente, surtout pour les discours, des retours sur lui-même. Il reste quand même que c'est une œuvre homogène pour les idées et les doctrines, ainsi que pour la langue, dont le caractère est très particulier.

XV. Wendt avait exposé son opinion sur la composition du IVᵉ évangile [1] ; il l'expose à nouveau dans un travail publié en 1911 [2].

---

1. *Das Johannesevangelium.* Göttingen, 1900. *Die Lehre Jesu.* Göttingen, 1901.
2. *Die Schichten im vierten Evangelium.* Göttingen, 1911.

Il croit que Wellhausen, Schwartz, Spitta, en s'appuyant sur les incohérences, les répétitions, les divergences du IV⁰ évangile, ont adopté un critérium tout extérieur et même mécanique. Tout cela ne prouve pas l'existence de plusieurs documents mélangés. Il veut, lui, trouver un critérium intérieur. Il distingue dans cet écrit deux couches superposées, l'une primaire qui est composée des discours, l'autre secondaire, formée surtout des parties narratives. Son critérium pour distinguer ce qui appartient à chacune des sources est le suivant : Le point de vue entre celui de la première et celui de la seconde est différent. Le narrateur voit en Jésus un thaumaturge et celui qui a écrit les discours le tient pour un prophète. Entre les discours de Jésus et certaines notes destinées à les expliquer il y a divergence. Celles-ci trahissent une interprétation grossièrement matérialiste de paroles essentiellement spirituelles de Jésus. Cependant les discours et les récits sont très intimement liés de façon à former un tout cohérent.

Le recueil de discours est d'origine ancienne et a pu avoir pour auteur premier l'apôtre Jean ; en tout cas, l'auteur a été un témoin auriculaire. Mais le rédacteur ne les a donnés qu'en substance ; le fond seul serait authentique. Quant aux récits ils viennent des synoptiques ou d'une tradition particulière ou ont été imaginés par le rédacteur pour illustrer quelques-unes des paroles de la source primitive. Leur valeur historique est bien inférieure à celle des discours.

Au moyen d'une analyse très minutieuse du texte, Wendt essaye de distinguer les deux sources qu'il a cru découvrir, puis il reproduit une traduction allemande de l'évangile dans laquelle il donne en caractères différents ce qui appartient à chacune d'elles. Le travail est très intéressant et l'auteur y a déployé une grande ingéniosité, mais on ne peut s'empêcher de croire que tout cela est bien suggestif, parce que fondé en partie sur des critériums préconçus et assez faibles en soi. Le principal critérium de dissection, à savoir que la conception de la mission de Jésus n'est pas la même dans les discours et les récits ne découle pas des textes, car ces deux conceptions de Jésus thaumaturge et de Jésus prophète se retrouvent dans tout l'évangile, dans les discours aussi bien que dans les récits.

On remarquera que Spitta et Wendt ont tous les deux découverts dans le IVe évangile un document primitif, *Grundschrift,* ancien et de haute valeur historique. Mais pour Spitta ce document était formé des récits de l'évangile, tandis que pour Wendt il contenait les discours du Seigneur. Les positions sont donc renversées. Pour Spitta le récit est historique et les discours sont l'œuvre d'un théologien du IIe siècle; pour Wendt les discours proviennent d'une tradition authentique et reproduisent en substance les discours du Seigneur, tandis que les récits ont un but dogmatique, qui est de prouver la divinité de Jésus par des miracles et de réfuter les objections faites à cette divinité. Inutile d'insister sur ces résultats divergents auxquels aboutissent les deux critiques.

XVI. Ces hypothèses du sectionnement du IVe évangile ont été réfutées par B. Weiss et C. Clémen. D'une étude détaillée de chacune des sections et de leur analyse minutieuse B. Weiss[1] conclut que l'évangile de Jean est une œuvre une. Si l'on y relève des incohérences ou des contradictions elles proviennent de ce que l'Apôtre a écrit son évangile à la fin de sa vie et

---

1. *Das Johannesevangelium als einheitliches Werk, geschichtlich erklärt.* Berlin, 1912.

qu'il y a mélangé ses souvenirs réels avec ce qui provenait de sa connaissance intime de son Maître ressuscité. Le travail de B. Weiss est un commentaire du IVe évangile qui a pour but de faire ressortir la réalité historique des récits et l'authenticité substantielle des discours du Seigneur. Toutefois, remarquons que sur bien des points nous n'accepterions pas les interprétations de l'auteur. La valeur historique des miracles en particulier y est trop diminuée.

XVII. Clemen ne s'est pas borné non plus à établir l'unité fondamentale du IVe évangile, il a étudié aussi la question d'auteur, la date et le lieu de composition de cet écrit [1].

On a beaucoup discuté en ces dernières années la question des sources du IVe évangile; Clemen, dans l'introduction à son ouvrage, *L'Origine de l'évangile de Jean,* passe en revue les diverses hypothèses qui ont été émises à ce sujet. Il divise ensuite son travail en deux parties : une partie spéciale et une partie générale. Dans la première il étudie l'évangile de Jean, section par section, et passe en revue toutes les théories, aboutissant à établir que cet évangile n'est pas un, mais est composé de pièces et de morceaux; il les rejette toutes et en présente une nouvelle pour expliquer ce qu'il croit être des répétitions, des contradictions. Il pense que l'auteur du IVe évangile a connu diverses traditions évangéliques, d'inégale valeur historique. Il admet que, sur certains points, par exemple en ce qui concerne la topographie et les détails personnels, il a reproduit une tradition fidèle, mais sur d'autres il a été induit en erreur, particulièrement sur la manière dont il a présenté la vie de Jésus, les rapports de Jean-Baptiste avec Jésus et les scènes de la passion.

---

1. *Die Entstehung des Johannesevangeliums.* Halle am S. 1912.

Clemen déclare qu'il est impossible de faire accorder dans leur ensemble le IV⁰ évangile et les évangiles synoptiques. Quant aux discours du Seigneur ils sont aussi basés sur une tradition, mais la forme est du fait de l'évangéliste. L'auteur conclut que le IV⁰ évangile ne peut avoir été écrit par l'apôtre Jean, mais il l'aurait été par un juif converti qui a dû avoir des rapports avec l'Apôtre et a utilisé des récits ou des paroles de Jésus qui venaient de celui-ci.

Dans la partie générale, Clemen étudie les trois questions suivantes : A quelle date le IV⁰ évangile a-t-il été écrit; en quel lieu et par qui? D'après lui, il n'a pas été écrit avant 94, parce que, dans certains détails des récits, de la passion principalement, il dépend de l'évangile de saint Luc, ni après 125, puisqu'à cette époque on en trouve des traces dans les écrivains de ce temps.

Le IV⁰ évangile a été écrit à Éphèse où a vécu l'apôtre Jean, vers la fin de sa vie. Clemen discute avec soin l'hypothèse qui a été soutenue par plusieurs critiques à savoir que Jean aurait été mis à mort en même temps que son frère Jacques, par l'ordre d'Hérode, vers l'an 44. Il la rejette comme fondée sur des preuves insuffisantes, par exemple les paroles de Jésus aux fils de Zébédée, *Mc*, X, 39, et un passage de Papias, et parce qu'elle est opposée au témoignage formel d'Irénée. Nous avons déjà dit quel était, d'après Clemen, l'auteur du IV⁰ évangile.

Nous ne pouvons discuter en détail le système qui est proposé dans cet ouvrage; faisons seulement deux observations. Il n'y a pas, nous semble-t-il, une différence bien profonde entre la théorie de Clemen et celles qu'il combat, tout au moins au point de vue des résultats. De plus, comment expliquer qu'un évangile, inspiré dans plusieurs de ses parties par un témoin oculaire, l'apôtre Jean, et écrit, sinon de son vivant, du moins peu de temps après sa mort, a reproduit tant de traditions de médiocre valeur historique et si peu, au contraire, de faits authentiques? Nous croyons donc que l'ensemble du travail de Clemen ne peut être accepté, sauf en ce qui concerne la réfutation des hypothèses contre l'unité du IVe évangile.

XVIII. Il n'est pas nécessaire de nous arrêter longuement au gros ouvrage de Franz Overbeck[1] sur l'évangile de saint Jean, car il offre peu de choses que l'on puisse tenir pour démontrées. Après un exposé très détaillé des hypothèses de la critique contemporaine sur le IVe évangile, depuis Bauer jusqu'à Wrede — la meilleure partie du travail à notre avis — et une discussion sur la façon dont s'est formée la tradition sur l'origine johannique du IVe évangile et sur l'apôtre Jean, l'auteur expose son système : Dans une des dix premières années du IIe siècle, un chrétien inconnu, probablement un Juif converti, très au courant des spéculations alexandrines, a écrit cet évangile pour défendre contre les gnostiques sa foi à Jésus-Christ, fils du Dieu vivant, et la faire accepter par les chrétiens convertis du paganisme. Pour donner du corps et de l'autorité à son travail il a emprunté aux évangiles synoptiques les faits de la vie du Seigneur, mais les paroles et les discours mis dans la bouche de Jésus sont de son invention, ainsi que les faits que l'on ne trouve pas dans les synoptiques. Il n'y a donc pas lieu de croire que pour ces discours et ces faits il a reproduit une tradition particulière. Tout ce qui n'est pas conforme aux synoptiques, les détails chronologiques, géographiques, est inauthentique. Quant à la tradition

---

1. *Johannesevangelium.*

sur le IVᵉ évangile elle est le résultat de l'idée que l'on s'était faite de l'origine johannique de l'évangile. Le séjour de Jean en Asie Mineure, son grand âge, les presbytres dont parle Papias, l'école de disciples de Jean à Éphèse, le témoignage d'Irénée, tout cela provient du besoin d'expliquer l'origine johannique du IVᵉ évangile. F. Overbeck conclut que nous avons ici une mystification. Ne serait-ce pas plutôt son ouvrage qui en serait une ?

XIX. Dans l'introduction, très courte, à son commentaire sur l'évangile de saint Jean[1], Bauer précise la position qu'il a prise. Il ne croit pas que les hypothèses récentes sur une pluralité de sources combinées par un rédacteur expliquent les caractères particuliers de cet évangile. Sur l'auteur il ne sait rien; il rejette le témoignage d'Irénée et croit que Papias a parlé de deux Jean, l'un apôtre et l'autre presbytre. C'est ce dernier qui est l'auteur de l'Apocalypse. Quant à Jean l'apôtre, fils de Zébédée, il a été mis à mort par les ordres d'Hérode Agrippa, en même temps que son frère Jacques. Bauer pense qu'il est probable que le IVᵉ évangile a été écrit à Éphèse : il fait observer cependant qu'il existe un ancien témoignage, celui d'Ephrem, d'après lequel il aurait été écrit à Antioche. La date de composition serait de 100 à 125 après Jésus-Christ.

Bauer relève dans cet évangile une tendance polémique contre les Juifs et reconnaît qu'il dépend en partie des évangiles synoptiques et d'une tradition ancienne. Le récit des noces de Cana et l'entretien de Jésus avec la femme Samaritaine auraient un certain fond historique, dont l'auteur se serait servi pour des considérations théologiques et symboliques. Il

---

1. *Johannes.*

admet avec la tradition chrétienne, Jean Chrysostome, Cyrille d'Alexandrie, Cyprien, Hilaire, que dans les discours de Jésus au chapitre VI il est question de l'eucharistie. « Le terme τρώγειν, répété quatre fois, 54-58, nous oblige à nous représenter une manducation véritable. Plus loin, nous trouvons dans notre chapitre réunie ensemble toute la terminologie de la Cène : εὐχαριστεῖν, διδόναι ἄρτον, φαγεῖν, πινεῖν, αἷμα, σάρξ. Manger et boire la chair et le sang du Christ devaient rappeler la cène du Seigneur aux lecteurs de l'évangile. Cet ordre avait à sa base cette idée, que l'on retrouve dans les religions païennes, que manger ce qui représentait un Dieu incorporait à ce Dieu et donnait l'immortalité. » Et Bauer cite les mystères de Bacchus, de Mithra, d'Attis. Inutile de réfuter ces affirmations ; nous l'avons déjà fait.

XX. Persuadé qu'il était impossible d'aborder le problème de la composition du IVe évangile avant d'avoir déterminé les sources diverses qui ont contribué à le former, Goguel s'est attaché à rechercher les sources du récit johannique de la passion[1], et celles des récits sur Jean-Baptiste[2]. Il s'appuie sur les incohérences qu'il a cru relever : « Là où l'on constate, dit-il, une incohérence dans le récit, on trouve un fil conducteur qui permet de reconstituer les diverses traditions en groupant les fragments qui ont entre eux une relation organique. » Voici les résultats de son enquête : Plusieurs indices matériels établissent que le récit de la passion dans le IVe évangile, sous sa forme actuelle, n'est pas homogène, mais qu'il est une

---

1. *Les Sources du récit johannique de la Passion.* Paris, 1910.
2. *Les Sources des récits du quatrième évangile sur Jean-Baptiste*, dans *Revue de Théologie et des questions religieuses*, t. XX, p. 12-44. Montauban, 1911.

combinaison de fragments d'origine et de caractère assez différents. Les éléments divers qui ont constitué ce récit forment les groupes suivants : Il y a d'abord quelques traditions anciennes, indépendantes du récit synoptique, mais qui peuvent avoir été en contact avec la source du récit de Marc; telles seraient, par exemple, l'indication chronologique, divergente de celle des synoptiques, discrètement mais nettement marquée à trois reprises, XIII, 1; XVIII, 28; XIX, 14; la première annonce de la trahison de Judas, XIII, 18-20 et le discours d'adieu sous sa forme primitive, XIV, 1, 2; XVI, en partie; 17-26; certains détails de l'arrestation de Jésus au Jardin des Oliviers; le fond premier de la relation du procès juif et du reniement de Pierre. Il y eut donc un récit johannique de la passion dont quelques fragments seulement ont été conservés dans le IVe évangile actuel.

Les morceaux empruntés par le rédacteur johannique à la tradition synoptique sont nombreux et importants; en voici quelques-uns : XI, 47-53, décision des Juifs de faire mourir Jésus; XII, 1-11, onction de Béthanie; XII, 12-16, entrée à Jérusalem; XIII, 21-30, annonce de la trahison; XVIII, 1-11, arrestation de Jésus; XVIII, 28-XIX, 16, procès romain; XIX, 17-37, exécution; XIX, 38-42, mise au sépulcre.

Certains morceaux du IVe évangile, composition du rédacteur, sont dus à des préoccupations dogmatiques et apologétiques : l'exécution de Jésus par les Juifs, le développement du récit du procès romain, la sympathie évidente que Pilate montre pour Jésus, la présentation de Jésus comme roi, l'épisode du titulus, les détails qui assimilent la mort de Jésus à celle de l'agneau, ceux qui sont destinés à montrer que Jésus ne tombe pas dans les embûches de ses ennemis mais va librement à la mort, le sang et l'eau qui coulent du côté de Jésus, les paroles de Jésus intercalées dans la narration.

Les sources utilisées par l'auteur pour les récits sur Jean-Baptiste sont au nombre de trois : deux sont des variantes du récit qui a servi aux évangélistes synoptiques; la troisième, la plus ancienne, est la meilleure de toutes celles que nous avons sur Jean-Baptiste.

Enfin, le rédacteur du IV⁰ évangile a dû connaître non seulement les récits synoptiques mais leurs sources [1]. Ils éclaircissent ce passage assez imprécis : « Après deux jours, Jésus partit de là et alla en Galilée; car Jésus avait déclaré lui-même qu'un prophète n'est point honoré dans sa propre patrie. Lors donc qu'il fut arrivé en Galilée, les Galiléens l'accueillirent, ayant vu toutes les choses qu'il avait faites à Jérusalem pendant la fête, car eux aussi étaient allés à la fête », IV, 43-45. Il semble qu'il y a contradiction entre la première partie du récit et la seconde. Mais tout s'éclaircit si l'on se rappelle le récit de *Mt*, XIII, 53-58; *Mc*, VI, 1-6; *Lc*, IV, 16-30. Jean fait ici allusion à une scène connue de ses lecteurs et l'on peut reconstituer l'épisode de la façon suivante. Les Galiléens reçoivent Jésus avec joie parce qu'ils savent qu'il a fait des miracles à Jérusalem et qu'ils s'attendent à lui en voir accomplir en leur présence. Mais Jésus leur reproche de ne pas croire s'ils ne voient des miracles et il leur déclare qu'un prophète est mal accueilli dans son pays. A cette constatation de Jésus se rapproche ce qu'il dit à l'officier royal, à Capharnaüm : Si vous ne voyiez des miracles et des prodiges, vous ne croiriez point.

---

[1]. *Le Rejet de Jésus à Nazareth*, dans *Zeitschrift für die nt. Wissenschaft*, XII⁰ˢ Iahrgang, p. 321. Giessen, 1911.

XXI. Le P. van Kasteren[1] estime vraisemblable l'opinion qui suppose que la péricope johannique de la femme adultère a existé primitivement dans le texte araméen de l'évangile de Matthieu et qu'elle se trouvait probablement dans le ch. XXII entre les ⅴ 40 et 41. Pourquoi cette péricope a-t-elle été évincée du texte de Matthieu et a-t-elle été introduite dans celui de Jean, c'est là ce que l'auteur ne peut expliquer complètement et les raisons qu'il en donne ne sont que plausibles.

§ 3. — Valeur historique du IVe évangile.

Sur la valeur historique du IVe évangile nous avons eu un ouvrage de haute valeur scientifique, celui de M. Lepin; avant de l'analyser, signalons quelques études intéressantes, quoique de moindre envergure.

I. J. A. Robinson[2] s'attache à démontrer que dans ses grandes lignes le IVe évangile est en accord avec les évangiles synoptiques et les suppose. On s'est étonné de trouver dans le IVe évangile plusieurs voyages à Jérusalem et des polémiques avec les Juifs dans cette ville, voyages et polémiques inconnus aux synoptiques. Robinson remarque que l'hostilité des Juifs, lors du dernier voyage de Jésus à Jérusalem, ne s'expliquerait pas s'il n'y avait pas eu déjà des dispositions haineuses des Juifs envers Jésus, lors des précédents voyages dans cette ville. Il est, d'ailleurs, impossible de croire que le Seigneur n'est pas allé durant le temps de sa vie publique à Jérusalem,

---

1. *Verisimilia circa pericopen de muliere adultera*, JOAN., VII, 53-VIII, 11; *Revue biblique*, 1911, p. 96.
2. *The historical Character of St. John's Gospel*, London. 1 08.

au moins au temps de Pâques, suivant la coutume juive.

Robinson signale ensuite les rapports qui existent entre plusieurs sentences de Jésus dans le IVᵉ évangile et celles des synoptiques. Il examine les trois objections qui ont été faites contre le miracle de la résurrection de Lazare : Il ne peut être placé dans le cadre du récit de Marc; il est même en opposition avec le récit des événements qui, dans Marc, ont abouti au crucifiement; Marc aurait relaté ce miracle s'il avait existé et s'il l'avait connu, et prouve qu'elles ne sont pas fondées. Enfin, il montre en quoi les récits de la résurrection de Jésus dans les synoptiques sont en accord avec ceux du IVᵉ évangile et en quoi celui-ci complète ceux-là.

II. F. W. Worsley[1] veut prouver que l'auteur du IVᵉ évangile prenant en général Marc comme la base de son œuvre parce qu'il reproduit très succinctement la tradition synoptique, omet tout ce qui se rapporte à la matière suffisamment développée par les synoptiques. Il fait cependant de temps en temps des allusions à leurs récits, comme s'il voulait dire « pour plus de détails voyez les autres récits »; il répète les faits déjà racontés par d'autres quand il veut y faire des corrections intentionnelles ou compléter les récits des synoptiques en y introduisant des détails que l'auteur considère comme essentiels pour l'intelligence des événements. Le but principal de l'évangéliste a été d'appeler l'attention spécialement sur la manifestation personnelle du Seigneur à ses disciples. Seul, un témoin oculaire et un apôtre pouvait entreprendre une tâche semblable et était capable de la mener à bien. Worsley prouve sa thèse dans le détail en mon-

---

1. *The fourth Gospel and the Synoptists.* Edinburg, 1909.

trant les rapports qui existent entre les récits des synoptiques et ceux du IVe évangile.

III. E. H. Asqwith[1] reconnaît que le but de l'auteur du IVe évangile a été expressément théologique, comme il le déclare lui-même, XX, 31, mais il affirme que l'auteur n'a pas inventé les faits pour établir une vérité théologique. Il déclare à plusieurs reprises qu'il a été témoin oculaire des événements, qu'il a été un disciple personnel de Jésus. La question de la valeur historique du IVe évangile ressortira de sa comparaison avec les évangiles synoptiques. Asqwith prouve l'accord de ces deux groupes de documents, mais il démontre que, même dans les parties où le IVe évangile raconte les mêmes faits que les synoptiques, l'auteur a été indépendant de ceux-ci et qu'il a écrit d'après sa propre expérience. En effet, il ne s'accorde pas avec les synoptiques dans tous les détails et en outre il ajoute des traits accidentels qui trahissent le témoin oculaire. Asqwith examine à ce point de vue d'abord les événements qui, dans le IVe évangile et les synoptiques, sont le plus étroitement unis : le ministère de Jean-Baptiste, la trahison de Judas, le procès et le crucifiement de Jésus et ses apparitions après la résurrection, puis cinq autres événements : la purification du temple, la multiplication des pains, la marche sur les eaux, l'entrée à Jérusalem et la cène. Enfin, il prouve la vérité historique du ministère du Seigneur en Judée. Nous ne pouvons suivre l'auteur dans tout le développement de sa thèse; prenons seulement un exemple, le crucifiement de Jésus, pour montrer comment il l'établit.

Les trois synoptiques nous apprennent qu'il y avait une inscription sur la croix, mais seul le IVe évangile

---

1. *The historical Value of the fourth Gospel.*

relate qu'elle était écrite en hébreu, en grec et en latin, qu'elle l'avait été par Pilate et qu'il y eut à ce sujet une discussion entre lui et les Juifs. La distribution des vêtements de Jésus aux soldats est racontée avec plus de détails par Jean, ce qui s'explique par le fait qu'il a assisté à la cène. De même il raconte que, près de la croix, se tenaient la mère de Jésus, la sœur de sa mère, Marie, femme de Cléopas et Marie Madeleine, tandis que Matthieu et Marc relatent que Marie Madeleine, Marie, mère de Jacques et Salomé, regardaient de loin ce qui se passait. Mais est-il impossible qu'à un moment donné les femmes se soient approchées de la croix et qu'après que Marie, mère de Jésus, fut partie, accompagnée de Jean, elles se soient éloignées? Mais Jean nomme la sœur de Marie, et Marie la femme de Cléopas tandis que Matthieu et Marc nomment Marie, mère de Jacques et de Salomé. Mais on peut identifier Marie, femme de Cléopas et Marie, mère de Jacques, ainsi que Salomé et la sœur de la mère de Jésus, d'où il résulterait que Jésus et Jean seraient cousins germains, ce qui expliquerait pourquoi Jésus confie sa mère à Jean.

Matthieu, Marc et Jean relatent que les soldats présentèrent à Jésus une éponge imbibée de vinaigre pour étancher sa soif, mais Jean seul dit que Jésus s'était écrié : J'ai soif. Exclamation bien naturelle, puisque la soif était le tourment le plus atroce du crucifiement. Jésus cria ensuite : Tout est consommé, parole que rapporte seul le IVe évangéliste, tandis que Matthieu et Marc relatent seulement qu'il poussa un grand cri et expira. D'après Luc Jésus s'écria d'une voix forte : Père, je remets mon esprit entre tes mains. Mais rien ne s'oppose à ce que Jésus ait prononcé ces diverses paroles.

Asqwith examine ensuite l'ensevelissement de Jésus

et les divers détails qui l'ont précédé et accompagné d'après les évangélistes et établit que là encore ces détails s'accordent.

IV. Nous reproduisons en partie l'analyse qu'a donnée Goguel[1] de l'article *Johannesevangelium* publié par W. Bousset dans l'Encyclopédie de Schiele et Zscharnack[2] : « Les synoptiques sont des chroniqueurs qui racontent à leur tour ce qui leur a été transmis, le quatrième évangéliste est un esprit créateur... Si l'auteur du IVe évangile avait disposé d'une source historique sur la vie de Jésus, son procédé qui consiste à développer exclusivement les idées à l'exclusion des faits aurait eu pour effet de dénaturer complètement cette source. L'unité de l'évangile est loin de paraître incontestable à Bousset; il est porté à considérer que les passages où il est question du disciple bien-aimé pourraient bien ne pas être primitifs et qu'un certain nombre de développements pourraient avoir existé en dehors de l'évangile avant d'y avoir été incorporés. On peut encore, d'après lui, relever des gloses et des corrections faites d'après les synoptiques. Tout cela d'ailleurs ne va pas très loin. L'analyse littéraire de l'évangile se heurte d'après Bousset à deux faits : à l'unité religieuse et théologique du livre et à l'impossibilité de reconstituer une *Grundschrift* indépendante des synoptiques et parfaitement homogène.

« C'est en effet des synoptiques que l'évangéliste a tiré la matière de sa narration, mais il l'a transformée. Il a d'abord transporté la majeure partie du ministère de Jésus de Galilée à Jérusalem, parce que c'est à

---

[1]. *Les Études sur le quatrième évangile; Revue de Théologie et de Philosophie*, p. 141. Lausanne, 1914.

[2]. *Johannesevangelium; Die Religion in Geschichte und Gegenwart* Bd III, p. 608-636. Tübingen, 1911.

Jérusalem que la primitive église s'est développée. Ce n'est pas en s'autorisant d'une tradition historique que Jean a attribué à Jésus plusieurs voyages à Jérusalem. Tout au plus pourrait-on se demander si d'autres n'avaient pas fait avant lui la même transposition. On peut, d'après Bousset, prendre l'un après l'autre les différents points sur lesquels le quatrième évangile se sépare des synoptiques, qu'il s'agisse des auditeurs de Jésus, des Juifs, de la forme des discours, de la chronologie du ministère; à propos de chacun de ces points il serait possible de montrer qu'on a affaire seulement à une déformation de la tradition synoptique, car sur chacun il s'agit d'une alternative qui, en définitive, doit être résolue en faveur des synoptiques. Ainsi le quatrième évangile est, en dernière analyse, un ouvrage didactique qui sert un dessein parfaitement déterminé. On pourrait l'appeler aussi une œuvre d'imagination mais avec cette réserve que l'auteur n'a peut-être pas eu le sentiment bien net de son activité librement créatrice. La valeur du livre ne tient pas au tableau historique qu'il trace mais à l'idée qu'il exprime et qui se traduit dans ces mots : « *Le Logos est devenu chair.* » « Nous devons admirer, dit Bousset, l'énergie religieuse et la puissance créatrice que l'évangéliste a mises en œuvre. Il a tracé le portrait d'un homme et ce portrait est en même temps divin. Le dogme de l'Homme-Dieu ne pouvait être symbolisé d'une manière plus grandiose, plus puissante et plus impressionnante que dans le Jésus du quatrième évangile. »

V. P. Wendland[1] se met au point de vue littéraire pour étudier les écrits du Nouveau Testament. D'après

---

1. *Die urchristlichen Literaturformen*, IIe Aufl., p. 292-314. Tübingen, 1219.

lui, l'auteur du IVe évangile n'a pas eu pour but de compléter les évangiles synoptiques mais de les remplacer; il se place à un point de vue différent du leur. Il traite la matière traditionnelle avec beaucoup de liberté; le cadre du récit est très différent de celui des synoptiques. Quoique l'écrit primitif n'ait pas connu des voyages de Jésus entre la Galilée et Jérusalem, le IVe évangile a fait de la Judée le lieu principal de l'activité de Jésus et accordé à son séjour à Jérusalem un plus long espace de temps. Le contenu du cadre a aussi été changé. La plus grande partie de la matière traditionnelle primitive est laissée de côté. Les rares récits qui sont utilisés le sont avec une grande liberté. Dans le IVe évangile les miracles ne sont plus des œuvres de miséricorde mais des actes de puissance qui démontrent la nature divine.

Les adversaires avec lesquels le Seigneur discute sont des personnages conventionnels, qui demeurent à l'état de fantômes et sont toujours les mêmes, ce qui permet à l'auteur de faire de fréquentes allusions aux discours précédents; c'est un public idéal. La matière de ces discours n'est plus celle des synoptiques : Jésus parle de sa propre personne, de ses rapports avec son Père et avec les croyants, de la nécessité de croire en lui; les idées sont peu nombreuses et reviennent constamment. L'auteur a voulu démontrer que Jésus était le Messie, le Fils de Dieu. Les influences grecque et orientale sont nettement marquées. Signalons seulement le rapport entre la parole de Jésus, *Jn*, XVII, 4, 5 : Ἐγώ σε ἐδόξασα ἐπὶ τῆς γῆς... καὶ νῦν δόξασόν με σύ, Πάτερ et celles de l'hymne à Isis : Δόξασόν με, ὡς ἐδόξασα τὸ ὄνομα τοῦ υἱοῦ σου Ὥρου [1].

VI. Belser [2] réfute les récentes théories de Wellhau-

1. WESSELY, *Zauberpap.*, II, f. 37, col. 512; KENYON, *Greek Pap.*, I, 100.
2. *Das Johannesevangelium und seine neueste Beurtheilung.*

sen, Schwartz et Spitta sur la composition du IVᵉ évangile et fait remarquer en particulier qu'on ne doit pas appliquer les règles littéraires à l'œuvre d'un pêcheur de Galilée.

VII. Il nous est impossible d'étudier en détail le travail de M. Lepin[1] sur le IVᵉ évangile; il suffira d'en indiquer le contenu et de résumer les conclusions. Il est divisé en deux parties : les récits et les faits; les discours et les idées. Dans la Iʳᵉ partie sont étudiés d'abord les récits de miracles reliés à des sentences symboliques : la multiplication des pains et la marche sur les eaux, la guérison de l'aveugle-né, la résurrection de Lazare; puis les récits de miracles sans liaison avec des sentences allégoriques : le changement de l'eau en vin, la guérison de l'officier royal, la guérison du paralytique de Béthesda; enfin les autres épisodes racontés dans le IVᵉ évangile : au début du ministère, les divers témoignages de Jean-Baptiste, l'appel des premiers disciples, l'expulsion des vendeurs du temple; sur la fin du ministère, l'onction de Béthanie, l'entrée à Jérusalem et la démarche des Grecs, le lavement des pieds et la dénonciation du traître, la passion, la sépulture et la résurrection.

Dans la IIᵉ partie sont examinés d'abord le cadre historique des divers discours johanniques, leur style et procédé littéraire, puis l'uniformité des idées johanniques, quelques expressions et idées familières au IVᵉ évangile, les rapports des idées johanniques et les faits postérieurs à Jésus et enfin le Christ johannique : l'idée du Verbe incarné, l'influence de l'idée du Verbe sur la représentation évangélique du Christ.

De l'étude des faits de la vie du Christ et de ses discours rapportés dans le IVᵉ évangile, l'auteur

---

1. *La Valeur historique du quatrième évangile.*

déduit les conclusions suivantes. Certains critiques prétendaient que, dans le dessein de l'évangéliste, ses récits sont, non des comptes rendus historiques, offrant des arguments d'ordre sensible et réel pour la croyance au Christ Fils de Dieu, mais des tableaux allégoriques, symbolisant directement la vérité religieuse entrevue, des peintures mystiques, figurant idéalement la puissance, la grandeur, la divinité du Verbe incarné et qu'ils seraient ainsi destinés à représenter la foi plutôt qu'à la prouver. Or, cette hypothèse est contredite par l'examen minutieux des narrations du IVe évangile et leur comparaison impartiale avec les documents synoptiques.

Lepin distingue d'abord les récits de miracles où les faits sont reliés expressément à des discours d'une haute portée doctrinale dont ils devraient être regardés comme le symbole expressif. Or, si l'on doit admettre une relation symbolique entre les récits de ces faits miraculeux — multiplication des pains, marche sur les eaux, guérison de l'aveugle-né, résurrection de Lazare — et les discours qui leur sont connexes, cette relation est analogue à celle qui se constate entre telle ou telle sentence du Christ synoptique et les œuvres qu'il opère pour en fournir d'une façon sensible la démonstration. En examinant ces miracles on se rend compte qu'ils ne sont pas des compositions librement imaginées par l'auteur pour représenter mystérieusement en acte la leçon clairement exprimée en paroles. Le récit johannique offre de nombreuses divergences avec les récits synoptiques. Or celles-ci ne s'expliquent pas par la préoccupation de représenter le symbole du Christ, pain de vie immatérielle dans l'eucharistie, ou résurrection et vie dans la résurrection de Lazare.

L'examen des récits miraculeux qui ne sont pas

reliés à une sentence homogène donne lieu à la même constatation. Ces récits sont tous propres au IVe évangile : guérison du fils de l'officier royal, du paralytique de Béthesda. Or, ni dans leur ensemble, ni dans leurs détails ils n'apparaissent inspirés par la préoccupation symbolique.

Un certain nombre de récits correspondent dans leur ensemble avec ceux des évangiles synoptiques : témoignages de Jean-Baptiste, lavement des pieds, expulsion des vendeurs du temple, onction de Béthanie, arrestation de Jésus, crucifiement, résurrection. Nulle part la narration n'est identique et même elle diverge en de nombreux détails. Or, ce que le IVe évangile a en propre n'a pas du tout sa raison d'être dans une vérité théologique à démontrer.

Qu'il y ait, çà et là, quelque symbolisme dans les récits johanniques, que l'auteur ait choisi de préférence tels ou tels faits, mis en relief telles ou telles circonstances, à cause de leur valeur doctrinale, on peut sans doute l'admettre. Mais il est impossible de prétendre que la préoccupation symbolique ait véritablement inspiré l'évangéliste dans sa composition ou qu'elle soit, à proprement parler, caractéristique de sa manière. Dans les récits qu'il a en commun avec les synoptiques on ne voit pas qu'il ait ajouté des traits allégoriques aux narrations existantes. Les détails qui lui sont propres ne présentent généralement aucune portée didactique spéciale ou paraissent tout à fait exempts de l'intention d'instruire mystérieusement le lecteur.

Tout paraît confirmer que l'intention principale de l'auteur est non pas symbolique ou proprement dogmatique, mais bien apologétique. Il veut donner la foi au Christ, Fils de Dieu, par le récit des œuvres qui ont réellement révélé sa messianité et sa filiation divine. Tous les récits sont orientés vers ce point de vue. Mais l'évangéliste a voulu prouver la vérité chrétienne par des faits empruntés à la réalité et dûment garantis comme tels. Il revêt son œuvre des apparences de l'histoire ; il semble vouloir compléter, sinon remplacer, les évangiles antérieurs ; il appuie ses récits sur le témoignage d'un personnage qu'il représente comme le disciple intime de Jésus, identique à l'illustre Jean d'Éphèse, bien connu de ses lecteurs et qu'il paraît également identifier avec lui-même. Si ces prétentions n'étaient pas conformes à la réalité, il faudrait conclure à un faux littéraire en désaccord complet avec le tempérament moral que l'on est obligé de reconnaître à l'auteur. L'hypothèse du roman est impossible à soutenir en regard des caractères objectifs, les plus incontestables, du IVe évangile. Si l'auteur n'a pas eu d'autre source historique que les évangiles synoptiques, sa dépendance envers ceux-ci devrait être plus marquée. Or, nulle part, on ne trouve que notre auteur ait servilement exploité ses devanciers ; il ne les copie pas ; on ne peut pas même trouver la preuve qu'il les ait eus sous les yeux en composant son œuvre. S'il les avait eus comme document, il en aurait extrait tout ce qui convenait à son but apologétique. Or, telle n'a pas été sa conduite. Il n'a pas même essayé de faire accorder les données qui lui sont propres avec celles des synoptiques qui paraissent divergentes. Bien plus, il s'écarte de la tradition synoptique, sans qu'il y ait pour cela un motif théologique ou apologétique. Il faut donc admettre que l'écrivain, tout en connaissant la tradition des premiers évangiles, a possédé sur les faits évangéliques des renseignements ou des souvenirs indépendants et qu'il a puisé à cette source pour composer un évangile parallèle d'après sa tournure d'esprit propre et les besoins particuliers de ses lecteurs. Il connaît bien la topographie des lieux où se passent ses récits et donne des détails exacts et inconnus par ailleurs. Les personnages nouveaux qu'il présente sont nettement individualisés et très vivants; il est familier avec le cercle apostolique. Ses récits expliquent ceux des synoptiques. Ainsi, les voyages de Jésus à Jérusalem et son ministère en Judée que raconte le IV⁰ évangile jettent de la lumière sur ce que les synoptiques insinuaient seulement.

En résumé, la partie narrative du IV⁰ évangile accuse, dans son ensemble et spécialement dans un bon nombre de ses détails, une tradition historique qui marche de pair avec celle des synoptiques, confirme leurs données, les explique ou les complète. Nous avons toute raison de croire à une tradition apostolique autorisée.

La vérité historique des discours que l'apôtre Jean met dans la bouche du Seigneur ressort avec la même évidence. Nulle part ces discours n'apparaissent avec précision comme une création de l'évangéliste qui utiliserait l'expérience de faits postérieurs à Jésus et traduirait les préoccupations du monde chrétien à la fin du premier siècle. On n'y trouve aucune allusion franche aux événements accomplis depuis la mort du Sauveur; ce qui est dit des institutions du culte, du baptême, de l'eucharistie, est sans rapport nettement marqué avec les usages récents; on n'est pas fondé à déclarer véritablement nouvelle l'idée qui est donnée du royaume de Dieu, ni celle qui est fournie au sujet du Christ, Fils de Dieu, préexistant à sa venue sur la terre, ni aucune autre de celles qui figurent dans les discours attribués au divin Maître.

Au contraire, ces discours offrent des marques notables d'authenticité. Ils sont étroitement reliés à des faits dont nous avons dû reconnaître le caractère historique, mêlés d'incidents qui sont visiblement pris sur le vif et ont les meilleures apparences de la réalité. Les Pharisiens et les chefs des prêtres sont décrits d'une façon indépendante des synoptiques et néanmoins, sous la nouveauté de certaines expressions, en accord intime avec ce qu'ils étaient à l'époque déjà lointaine où ils entraient en conflit avec Jésus. Comme le Christ des premiers évangiles, le Christ de Jean annonce son avènement eschatologique, garde à l'idée de la parousie son relief, semble même déclarer qu'elle se produira au cours de la génération contemporaine. Malgré la haute opinion que se fait l'évangéliste du Christ, Verbe de Dieu, le Seigneur est présenté par lui dans sa pleine réalité d'homme; les relations qu'il déclare avoir avec son Père sont pareilles à celles qu'il revendique dans les évangiles antérieurs; sa manifestation comme Messie et Fils de Dieu offre, dans le fond, le même caractère de prudence, d'habileté, de développement progressif, que dans ces premiers documents. Pour l'ensemble, les discours du IVe évangile se présentent donc dans une situation semblable à celle des récits. Ils ne trahissent pas la main d'un théologien qui les composerait de son propre fonds, sans attache avec l'histoire. Ils accusent plutôt un écrivain en possession d'une tradition ou de souvenirs authentiques.

Il est possible cependant que l'Apôtre ait imprimé son cachet propre dans la reproduction des discours du Seigneur. A la distance d'un demi-siècle, sa mémoire ne pouvait, sans un miracle auquel Dieu n'était nullement obligé, avoir retenu intégralement les paroles du Christ ou de ses interlocuteurs; or, l'on sait que l'inspiration divine ne modifie généralement pas chez l'écrivain sacré les conditions ordinaires de sa mémoire ni de ses autres facultés de connaissance. Les synoptiques sont loin de rapporter toujours littéralement les propos du Seigneur; il est bien certain que les comptes rendus du IV° évangile ne prétendent aucunement reproduire la pleine réalité.

Bien plus, l'on peut parfaitement penser qu'en relatant les entretiens du Christ, l'écrivain leur a plus d'une fois fait subir une sorte de transposition ou d'interprétation, en exprimant la pensée du Maître sous une forme qui se ressentait de l'expérience acquise et accusait le travail accompli dans ses pensées par l'effet de ses longues méditations. Il semble impossible de déterminer dans le détail avec quelque assurance ce qui appartiendrait à notre évangéliste, par conséquent de préciser dans quelle mesure il a pu marquer de son empreinte et modifier la pensée originale du Maître, mais cela n'est pas nécessaire, parce que la personnalité de l'auteur, Jean, le disciple bien-aimé de Jésus, nous est un garant qu'il a rapporté dans leur substance les discours de son Maître.

VIII. Dans une étude sur le récit johannique du ministère primitif de Jésus, C. J. Cadoux[1] reconnaît que l'exactitude établie de nombreux détails historiques et géographiques offre une base suffisante pour prendre au sérieux la partie historique du récit. Il discute divers récits du ministère public tels qu'ils sont racontés dans les premiers chapitres du IV° évangile. Il s'arrête en particulier sur la purification du temple, II, 14-22, que Jean place au commencement du ministère public de Jésus tandis que les synoptiques la placent à la fin. Cadoux soutient que diverses considérations militent en faveur de la date assignée par le IV° évangile.

1. *The Johannine Account of the early Ministry of Jesus; The Journal of theological Studies*, vol. XX, 1919, p. 311.

La triple tradition des synoptiques se réduit au témoignage de Marc, reproduit par les deux autres. Or, Marc, n'ayant relaté qu'une visite de Jésus à Jérusalem, a été obligé de placer la purification du temple lors de cette visite qui eut lieu à la fin du ministère public de Jésus. Cela ne prouve pas qu'elle eut lieu à ce moment et n'infirme pas le récit du IVe évangile. En outre, Jean rapporte que les Juifs, répondant à Jésus, lui dirent : Il y a quarante-six ans que ce temple a été bâti. Or, il a été commencé en l'an 20-19 avant J.-C.; donc, la Pâque de la quarante-sixième année serait en l'an 27, date qui se rapporte au commencement du ministère de Jésus plutôt qu'à la fin, surtout si l'on admet, ce qui est l'opinion la plus accréditée, que le ministère public a duré trois ans.

Reste l'argument psychologique. L'incident est-il mieux placé au commencement ou à la fin du ministère public de Jésus ? Cet argument n'est pas décisif. Cadoux est disposé à le croire en faveur du commencement du ministère.

IX. Le 29 mai 1907, la Commission Pontificale « de Re biblica » a rendu le décret suivant :

De auctore et veritate historica quarti Evangelii :

I. Utrum ex constanti, universali ac solemni Ecclesiae traditione iam a saeculo II decurrente, prout maxime eruitur : a) ex SS. Patrum, scriptorum ecclesiasticorum, imo etiam haereticorum testimoniis et allusionibus, quae, cum ab Apostolorum discipulis vel primis successoribus derivasse opportuerit, necessario nexu cum ipsa libri origine cohaerente ; b) ex recepto semper et ubique nomine auctoris quarti Evangelii in canone et catalogis sacrorum Librorum ; c) ex eorumdem Librorum vetustissimis manuscriptis Codicibus et in varia idiomata versionibus; d) ex publico usu liturgico inde ab Ecclesiae primordiis toto orbe obtinente;

praescindendo ab argumento theologico, tam solido argumento historico demonstretur Ioannem Apostolum et non alium quarti Evangelii auctorem esse agnoscendum, ut rationes a criticis in oppositum adductae hanc traditionem nullatenus infirment?

Resp. Affirmative.

II. Utrum rationes internae quae eruuntur ex textu quarti Evangelii seiunctim considerato, ex scribentis testimonio et Evangelii ipsius cum I^a Epistola Ioannis Apostoli cognatione, censendae sint confirmare traditionem quae eidem Apostolo quartum Evangelium indubitanter attribuit? Et utrum difficultates quae ex collatione ipsius Evangelii cum aliis tribus desumuntur, habita prae oculis diversitate temporis, scopi et auditorum pro quibus vel contra quos auctor scripsit, solvi rationabiliter possint, prout SS. Patres et exegetae catholici passim praestiterunt?

Resp. Affirmative ad utramque partem.

III. Utrum, non obstante praxi quae a primis temporibus in universa Ecclesia constantissime viguit, arguendi ex quarto Evangelio tanquam ex documento proprie historico, considerata nihilominus indole peculiari eiusdem Evangelii, et intentione auctoris manifesta illustrandi et vindicandi Christi divinitatem ex ipsis factis et sermonibus Domini, dici possit narrata in quarto Evangelio esse totaliter vel ex parte conficta ad hoc ut sint allegoriae vel symbola doctrinalia, sermones vero Domini non proprie et vere esse ipsius Domini sermones, sed compositiones theologicas scriptoris, licet in ore Domini positas?

Resp. Negative.

Voici la traduction de ce décret empruntée à la *Revue pratique apologétique*, t. IV, p. 375. Paris, 1907.

I. Si, abstraction faite de l'argument théologique,

l'apôtre Jean, et non un autre, est démontré devoir être reconnu comme l'auteur du IVe évangile — et ce par un argument historique si solide, que les raisons que les critiques apportent à l'encontre n'infirment en rien cette tradition : laquelle existe, constante, universelle et solennelle dans l'Église dès le courant du IIe siècle ainsi qu'il ressort surtout : a) des témoignages et allusions des saints Pères, des écrivains ecclésiastiques et même aussi des hérétiques, témoignages et allusions qui, dérivant nécessairement des disciples ou des premiers successeurs des apôtres, se rattachent par un nœud obligatoire à l'origine même du livre ; b) du fait que le nom de l'auteur du IVe évangile a été reçu toujours et partout dans le canon et les catalogues des Livres sacrés ; c) des plus anciens exemplaires manuscrits des mêmes livres et de leurs versions en langues diverses ; d) de l'usage liturgique public régnant, par suite, dans toute la terre depuis les origines de l'Église.

R. Affirmativement.

II. Si les arguments intrinsèques, eux aussi, tirés du IVe évangile considéré séparément, ainsi que du témoignage de l'écrivain et de la parenté manifeste de l'évangile lui-même avec la première épître de l'apôtre Jean doivent être jugés comme confirmant la tradition qui attribue indubitablement le IVe évangile à ce même Apôtre ? Et si les difficultés qui sont tirées du rapprochement de ce même évangile avec les trois autres, en tenant compte de la diversité de l'époque, du but et des auditeurs pour lesquels ou contre lesquels l'auteur a écrit, peuvent être résolues raisonnablement, cemme les saints Pères et les exégètes catholiques l'ont établi à diverses reprises.

R. Affirmativement sur les deux points.

III. Si, nonobstant la pratique constante, établie dès

les premiers temps, dans l'Église universelle, d'arguer du IV⁰ évangile comme d'un document proprement historique, mais en raison du caractère particulier de cet évangile et de l'intention manifeste de l'auteur de prouver et de défendre la divinité de Jésus-Christ d'après les actes mêmes et les discours du Seigneur, on peut dire que les faits rapportés dans le IV⁰ évangile ont été inventés, en tout ou en partie, en manière d'allégories ou de symboles doctrinaux, et que les discours attribués au Seigneur ne sont pas proprement et véritablement ceux du Seigneur, mais de simples compositions théologiques d'écrivain, quoiqu'ils soient mis dans la bouche du Seigneur?

R. Négativement.

CHAPITRE II

LES ÉPITRES JOHANNIQUES.

R. Law, *The tests of Life; A study in the first Epistle of St. John.* Edinburgh, 1909.
Smith, *Epistles of St. John,* dans *Expositor's Greek Testament.* London, 1911.
A. E. Brooke, *A critical and exegetical Commentary on the Johannine Epistles,* Edinburgh, 1912.

I. Dans l'introduction de son travail Brooke[1] étudie tout d'abord les rapports qui existent entre le IVe évangile et les épîtres. D'une comparaison minutieuse des termes, des expressions, et des phrases employées, il conclut que l'évangile et les épîtres ont été écrits par le même auteur, bien qu'il y ait entre eux des différences marquées. Mais les ressemblances l'emportent sur les différences. Il est impossible d'accepter l'hypothèse d'un imitateur qui aurait reproduit dans les épîtres les expressions et les enseignements de l'évangile. On ne peut rien conclure de ce que, dans les épîtres, l'auteur s'élève moins haut, parce que là il avait eu surtout un but pratique. Quel a donc été son but? Il nous l'a dit très nettement à la fin de la première épître, V, 13 : « Je vous ai écrit ces choses afin que vous sachiez que vous avez la vie éternelle, vous, les croyants au nom du Fils de Dieu. » Mais il

[1]. *Commentary on the Johannine Epistles.*

voulait aussi mettre en garde ses lecteurs contre les adversaires du Christ, contre ceux qui nient que Jésus soit le Christ, qu'il soit venu en chair. Brooke cherche à déterminer quels sont ces adversaires. Ce ne sont pas les judaïsants, comme l'ont supposé Wurm et Clemen, mais des gnostiques et très probablement les Cérinthiens, qui disaient que l'élément divin s'était uni à Jésus à son baptême, et l'avait abandonné à sa mort. C'est l'opinion que nous avons présentée dans l'*Histoire des livres du Nouveau Testament*, t. IV, p. 291.

La première épître a été écrite à une église déterminée ou à un groupe d'églises et Brooke affirme qu'il n'a rien à objecter à l'opinion traditionnelle qui les rattache à Éphèse ou tout au moins à l'Asie Mineure. Quant à la suscription « ad Parthos » qu'on relève en Occident, elle provient ou d'une erreur ou d'une mauvaise interprétation. La composition des épîtres ne peut être placée après la première décade du second siècle. Sur la question d'auteur, Brooke ne s'exprime pas très nettement : « Nous avons, dit-il, toute raison de croire qu'un « presbytre » a eu une position prédominante en Asie Mineure vers la fin du Ier siècle. Il y a de solides raisons pour l'appeler Jean. Ses rapports avec Jean, fils de Zébédée, sont un mystère, qu'à présent, du moins, nous ne pouvons pas éclaircir complètement. La conjecture de Harnack que ce presbytre était un pupille de Jean l'apôtre et, dans un certain sens, un disciple du Seigneur est celle qui laisse le plus petit nombre de difficultés non résolues. La tradition externe et la probabilité interne semblent s'accorder à le désigner comme l'auteur de la IIe et de la IIIe épîtres. La théorie qui lui attribue tout au moins une part comme *écrivain* de l'évangile et de la première épître est la plus probable que nous pouvons faire pour le moment. Beaucoup des difficultés que tout historien doit éprouver pour établir l'attribution de l'évangile (dans sa forme actuelle) et l'épître (moins grande que pour l'évangile) au fils de Zébédée, sont modifiées, quoiqu'elles ne soient pas mises de côté par l'hypothèse qu'un disciple est responsable de la rédaction finale de l'enseignement de son maître. »

II. Les trois épîtres de Jean ont été écrites par l'auteur du IVe évangile, lequel n'est pas Jean l'apôtre d'après Windisch[1]. Le texte des trois témoins célestes, I *Jn*, V, 7, 8, a été trouvé pour la première fois dans Priscillien, mais il doit l'avoir emprunté et son origine doit être recherchée en Espagne ou en Afrique.

---

[1]. *Die katholischen Briefe,* dans LIETZMANN, *Handbuch zum Neuen Testament.* Tübingen, 1911.

CHAPITRE III

APOCALYPSE DE SAINT JEAN.

J. J. Scott, *The Apocalypse or Revelation of St. John the Divine.* London, 1909.

J. Moffatt, *Wellhausen and others on the Apocalypse; Expositor,* Serie 7, vol. VII, p. 224-241. London, 1909.

* B. Allo, *Le douzième chapitre de l'Apocalypse; Revue biblique,* N. S. VI° année, p. 529-554. Paris, 1909. — *La structure de l'Apocalypse de S. Jean; Rev. bibl.,* VIII° an. Paris, 1911. — *L'Apocalypse et l'époque de la parousie,* XII° an., p. 393, 1915.

G. Lampakis, Οἱ ἑπτὰ ἀστέρες τῆς Ἀποκαλύψεως ἤτοι ἱστορία, ἐρειπία, μνημαῖα καὶ νῦν κατάστασις τῶν ἑπτὰ ἐκκλησιῶν τῆς Ἀσίας. Athènes, 1909.

D. Völter, *Die Offenbarung Johannis.* Strassburg, 1911.

B. W. Pounder, *Historical Notes on the Book of Revelation.* London, 1912.

J. T. Dean, *The Book of the Revelation.* Edinburgh, 1915.

* F. Gigot, *The Apocalypse of St. John.* London, 1915.

Ch. C. Whiting, *The Revelation of John.* Boston, 1918.

* R. P. Allo, *L'auteur de l'Apocalypse; Revue biblique,* juillet 1916.

Shirley Jackson Care, *The Revelation of John; a historical interpretation.* Chicago, 1920.

J. T. Beckwith, *The Apocalypse of John. Studies in introduction, with critical and exegetical commentary.* London, 1920.

I. Le travail de Völter[1] sur l'Apocalypse est une seconde édition de celui qu'il avait publié en 1904. Dans cette première édition, il distinguait comme

1. *Die Offenbarung Johannis.*

sources de cet écrit d'abord une Apocalypse primitive écrite en l'an 65 par Jean Marc, laquelle comprenait les ch. IV-IX. Il distinguait ensuite une Apocalypse écrite en l'an 70 par Cérinthe; enfin un Rédacteur de l'an 114, 115 et un autre de l'an 120; celui-ci aurait écrit les lettres du début.

Dans la seconde édition il précise davantage les sources : Le fond est toujours l'Apocalypse primitive due à Jean Marc, qui ajouta, en 69, un complément, ch. X; XVII; XI, 1-13. Au temps de Vespasien, qui serait indiqué par le chiffre 666, Cérinthe y incorpora son Apocalypse, comprenant les ch. XII, XV, XIX. Sous Domitien deux autres écrivains travaillèrent encore à l'Apocalypse : le Rédacteur qui ajouta les parties I, 7-8; V, 11-14; VII, 9^b-17; XVI, 19^b; XVII, 1; XXI, 9 ss. et enfin un dernier que Völter appelle l'Introducteur, *Einleiter*, qui, outre l'addition de quelques versets, a indiqué à qui était adressée la prophétie, I, 9-III, 22.

II. Dans l'introduction au Commentaire qu'il va publier sous peu sur l'Apocalypse, le P. Allo[1] soutient nettement l'unité de ce livre. Il fait observer d'abord qu'on y distingue quatre parties nettement tranchées :

1. Un titre, une introduction épistolaire et une vision où le Fils de l'homme donne mission au voyant de Patmos d'écrire ce qu'il a vu, ch. I.

2. Viennent ensuite sept lettres dictées par le Révélateur pour sept églises contemporaines de l'Asie Mineure, ch. II, III.

3. Du ch. IV au ch. XX, 11 se déroule une longue série de visions très variées, très difficiles à comprendre et à classer.

4. Enfin, les ch. XX, 11-XXII décrivent la consom-

---

1. *La structure de l'Apocalypse de saint Jean.*

mation du siècle présent et l'établissement du siècle futur, après le jugement général. Le P. Allo fait ensuite remarquer que ces diverses parties ont des caractères communs : l'emploi des nombres consacrés et symboliques, un fond de scène commun dans les visions et dans chacune de celles-ci une partie narrative et une partie prophétique.

Quant aux objections que l'on présente contre l'unité de l'Apocalypse du fait des redites apparentes ainsi que de la présence de certains morceaux qui troublent le rythme présumé, le P. Allo les explique par ce qu'il appelle *la loi de l'emboîtement*, le développement en ondes concentriques, la loi de périodicité dans l'exposition de l'antithèse, par la loi des deux phases, la répétition des images, etc. Ces diverses constatations de la structure de l'Apocalypse prouvent que nous avons là un écrit fortement charpenté. « Nous dirons pour conclure, écrit le P. Allo, que l'Apocalypse nous apparaît déjà, non comme une compilation chaotique et échevelée, mais comme une œuvre d'art spontané, d'une magnifique venue. Le rythme, malgré les atteintes partielles au parallélisme, en est très nettement marqué. Les développements en volutes et le glissement des symboles ne nuisent pas à la régularité symétrique des pensées. C'est une œuvre d'art qui nous déroute d'abord, il est vrai, mais qu'on admire toujours plus à mesure qu'on la pénètre mieux. On comprend qu'elle a pu jaillir brûlante, et comme un tout indivisible de la mémoire et du cœur du Voyant... Joignez à cette unité de pensée l'unité de langage, aujourd'hui reconnue. »

L'article très important du P. Allo sur l'Apocalypse et l'époque de la parousie est analysé dans *Études de critique et d'exégèse*, au chapitre : *La proximité de la parousie d'après saint Paul.*

III. Dans son commentaire sur l'Apocalypse[1], F. Gigot attribue cet écrit à l'apôtre Jean, affirme que l'apôtre Jean et le presbytre du même nom sont la même personne et soutient que la langue de l'Apocalypse ressemble à celle du IVe évangile. Il maintient la parfaite unité de l'Apocalypse et tout ce qui est contenu dans le livre est strictement adapté au point de vue de l'auteur. Il ne peut être rangé dans la classe des apocalypses de l'époque. C'est un livre de profonde prophétie.

IV. Voici comment le P. Allo[2] explique les particularités diverses que l'on relève dans l'Apocalypse : « Si Jean pour avoir rendu témoignage au Christ, avait été ainsi condamné par un proconsul — car il est peu probable que César se soit jamais occupé de lui — à l'état de forçat, comment eût-il pu composer un parfait ouvrage de style, même faire aussi bien que pour l'évangile? Écrivant en de rares moments dérobés au labeur, en proie à la fois à l'émotion violente de révélations surhumaines, et aux peines, et aux craintes du dehors, obligé peut-être de profiter de la première occasion pour envoyer son livre en cachette à Éphèse, comment aurait-il fait pour soigner sa diction? Il faudrait plutôt admirer ce qu'il a pu y mettre d'art, en des circonstances si défavorables pour un écrivain ; nous ne jugerons pas qu'il n'aurait pu faire mieux s'il avait travaillé en liberté et en repos.

« Pour notre part, c'est vers cette deuxième conjecture que nous inclinerions. L'Apocalypse en effet avec la part d'incohérence, ou du moins d'imparfaite harmonie qu'il faut reconnaître dans son symbolisme, avec ses grossières fautes grammaticales, qui ne peuvent

---

1. *The Apocalypse of St. John.*
2. *L'auteur de l'Apocalypse.*

cependant masquer sa puissance d'évocation et de structure, ni la finesse de quelques-unes de ses nuances, ni la bonne grécité de certains passages, est une œuvre littéraire si extraordinaire, elle offre à la critique des aspects si contradictoires, qu'on ne peut la croire sortie d'un travail accompli dans des conditions normales. L'ignorance ou l'inexpérience littéraire ne suffisent pas à rendre compte de ses défauts, puisque aucune faute n'y est constante, et que sa structure est à la fois si subtile et si ferme. Elle porte les traces de la gêne, de la précipitation, par-ci par-là de véritables distractions, dans le désaccord des genres et des cas. C'est l'œuvre d'un génie contrarié, que des circonstances extérieures ont contraint de livrer à la publicité, pour ainsi dire, son brouillon.

« Quand Nerva eut fait casser par le Sénat les actes du tyran, saint Jean, avec les autres bannis, put retourner à sa résidence. Dans ses chères églises, il trouva son Apocalypse déjà lue en public. Son génie à la fois systématique et fougueux les avait dotés, sous l'inspiration d'en haut, d'une œuvre imparfaite, si on la considère en critique littéraire, mais admirable au point de vue religieux. Rentré dans son existence normale, et mûri définitivement par l'épreuve, élevé à la plus haute sérénité par les douleurs et les révélations de l'exil, le disciple bien-aimé devait, peu d'années après, donner à l'Église et au monde une œuvre plus sublime son Évangile. »

V. Dans son travail sur l'Apocalypse, Sh. Care s'attache surtout à l'interprétation historique de ce livre et laisse de côté l'interprétation prophétique ou allégorique. Les premiers chapitres sont consacrés à l'histoire et aux caractères de la littérature apocalyptique en général.

LE NOUVEAU TESTAMENT DANS L'ÉGLISE CHRÉTIENNE

CHAPITRE PREMIER

LE CANON DU NOUVEAU TESTAMENT.

Von Dobschütz, *Das Decretum Gelasianum de libris recipiendis, in kritischem Texte herausgegeben und untersucht.* Leipzig, 1912.

*Dom J. Chapman, *On the Decretum Gelasianum de libris recipiendis et non recipiendis,* dans la *Revue bénédictine,* avril 1913, p. 187-207 et juillet 1913, p. 315-333. Maredsous.

Ammann, Compte rendu sur les ouvrages de Dobschütz et de Chapman, *Revue biblique,* p. 602-608. T. X. N. S. Paris, 1913.

R. Massigli, *Le Décret pseudo-gélasien,* dans *Revue d'histoire et de littérature religieuses,* T. IV, N. S., p. 155-170. Paris, 1913.

A. von Harnack, *Die Entstehung des Neuen Testaments und die wichtigsten Folgen der neuen Schöpfung.* Leipzig, 1914.

I. Nous ne pouvons parler en connaissance de cause de l'ouvrage de Harnack[1] sur le canon du Nouveau Testament, ne l'ayant pas entre les mains; nous nous bornons à résumer ce qu'il en a été dit par E. J. Goodspeed dans *The American Journal of Theology*, p. 118, 1916. Harnack pose cinq problèmes à résoudre : Pourquoi l'Église a-t-elle établi une seconde

---

1. *Die Entstehung des Neuen Testaments.*

collection d'écrits sacrés à côté de celle de l'Ancien Testament ? Comment arriva-t-il que cette collection consista en deux parties : Évangile et Apôtre ? Pourquoi contenait-elle quatre évangiles et non pas un seul ? Une seule Apocalypse au lieu de plusieurs ? Le Nouveau Testament a-t-il été une création consciente et comment les églises en arrivèrent-elles à avoir un Nouveau Testament uniforme ?

L'établissement de nouvelles Écritures sacrées à côté de celles de l'Ancien Testament est dû au grand respect qu'avaient les chrétiens pour les enseignements du Seigneur et pour les écrits qui les contenaient. La conscience qu'ils avaient d'une nouvelle alliance les a conduits à accepter comme sacrés les documents qui la contenaient. L'autorité nécessaire pour la formation de cette collection se trouve dans le don de l'Esprit, dont jouissaient les apôtres, les prophètes et les didascales. Les écrits de ces hommes portaient avec eux une certaine autorité. Mais ce fut l'œuvre de Marcion et le conflit avec les gnostiques et les montanistes qui excitèrent et produisirent une action vigoureuse sur les forces latentes qui poussaient les esprits vers une Écriture possédant l'autorité.

C'est pour réconcilier les adhérents aux premiers évangiles et les chrétiens d'Asie qui acceptaient le quatrième évangile qu'on adopta quatre évangiles au lieu d'un seul. Ainsi Marcion avec son « Evangile et Apôtre » et Éphèse avec ses quatre évangiles, jouèrent le rôle principal dans la préparation du canon du Nouveau Testament, mais ce fut Rome qui fixa le caractère et le but de ce canon et ce fut Alexandrie qui l'accrut jusqu'aux vingt-sept livres que nous connaissons.

Harnack pense que la formation du Nouveau Testament fut pratiquement achevée au milieu du troisième siècle, quand, dans la personne d'Origène et d'Hippolyte, Alexandrie et Rome acceptèrent la même liste de livres du Nouveau Testament.

On lira avec fruit un article du P. Lagrange sur ce travail dans la *Revue Biblique,* janvier 1919, p. 255.

II. Dans l'introduction générale de *La Sainte Bible,* édition du Centenaire, M. Goguel étudie la formation du Nouveau Testament, l'ordre des livres et le texte du Nouveau Testament. Les premiers chrétiens reconnaissaient deux autorités religieuses, absolues, l'une et l'autre, la Bible juive, parole de Dieu, au sens littéral du mot, et le Christ ou le Seigneur. Cette autorité du Seigneur s'exprimait par ses paroles et ses exemples, et par son Esprit donné aux siens. Les épîtres, les évangiles et l'Apocalypse ont joui d'abord de l'autorité que leur conférait leur contenu; plus tard, du fait qu'ils étaient écrits par des apôtres ou des hommes couverts par l'autorité des apôtres. Luttant contre le montanisme, Marcion ou les gnostiques, l'Église insiste sur le caractère apostolique des livres qu'on lisait au culte public, et dans lesquels on pensait trouver exclusivement la vérité chrétienne. Le canon du Nouveau Testament ou la liste des livres qui le composaient se forma peu à peu, sans qu'il y ait eu une décision des synodes ou des évêques à ce sujet; il est basé sur l'origine apostolique des écrits et sur le témoignage traditionnel des églises, permettant de reconnaître si un livre avait, ou non, le caractère apostolique. La fixation du canon se fit très lentement, les usages des églises ayant été d'abord très variés et leurs traditions différentes. De bonne heure les évangiles et les épîtres de Paul furent tenus pour canoniques. Pour les autres écrits, le flottement dura longtemps.

A propos du texte du Nouveau Testament, Goguel fait remarquer que quelques versions, notamment les syriaques et les latines, ont été faites à une date antérieure à celle des manuscrits les plus antiques ; elles peuvent donc avoir conservé quelques leçons plus anciennes que celles des manuscrits grecs.

III. Nous avons déjà parlé du décret de Gélase « de libris recipiendis et non recipiendis », sur son origine et sa date et nous n'étions pas arrivé à une conclusion ferme sur l'ensemble des questions qui se posent à son sujet. La question a été étudiée à nouveau par von Dobschütz [1], qui a publié d'une façon critique les documents qui composent ce décret et présenté des solutions plausibles pour les diverses parties du problème.

Dans les manuscrits où il se présente sous sa forme la plus complète, le prétendu décret gélasien nous est donné comme le procès-verbal d'un concile tenu à Rome sous le pape Gélase et comprend cinq chapitres : le texte débute par un développement sur l'Esprit septiforme, les multiples noms du Christ et les rapports de l'Esprit-Saint avec les deux autres personnes de la Trinité. Vient ensuite une liste des écrits canoniques de l'Ancien et du Nouveau Testament. Dans un IIIe chapitre ou affirme que la prééminence du siège de Rome est fondée sur les seules paroles du Christ à Pierre ; Alexandrie et Antioche auxquels se rattachent des souvenirs de Pierre ou de son disciple Marc occupent dans la hiérarchie catholique la deuxième et la troisième place. Le IVe chapitre comprend un catalogue des écrits reçus par l'Église : Actes des trois grands conciles œcuméniques, œuvres de douze Pères, décrétales Pontificales, récits hagiographiques, auxquels s'ajoutent quelques livres d'un caractère douteux. Dans un V^e chapitre sont énumérés

---

[1]. *Das Decretum Gelasianum de libris recipiendis.*

les ouvrages à rejeter — apocryphes, dit le rédacteur — qu'il s'agisse des évangiles, des Actes et des Apocalypses extra-canoniques, ou seulement des livres enseignant une doctrine pernicieuse ; à la fin se lit une longue liste d'hérétiques dont les doctrines sont condamnées. Ces chapitres sont-ils l'œuvre d'un ou de plusieurs auteurs ? Y a-t-il des parties qu'il faut attribuer aux papes Damase ou Gélase ? Et, par conséquent, ce décret serait-il officiel ? De plus, il se présente sous deux formes, une longue et une brève ; quelle est, des deux, celle qui est authentique ?

Voici, en bref, les réponses de von Dobschütz. Les cinq chapitres sont l'œuvre d'un même auteur qui les a composés au commencement du vi^e siècle, entre 519 et 553 ; il écrivait peut-être dans le sud de la Gaule, mais plus probablement dans le nord de l'Italie. Ce décret ne peut, en effet, être attribué au pape Damase, car au chapitre I, 3, on trouve une longue citation du traité d'Augustin, *in Joh.*, IX, 7. Or, comme celui-ci a été écrit en 416 et que Damase est mort en 384, il s'ensuit que l'attribution à Damase est impossible. Il ne peut non plus être attribué à Gélase. La forme courte, III-V, suppose la forme longue ; cette forme courte, que l'on croit être le décret original de Gélase, est une recension de la forme longue et paraît avoir été exécutée en Gaule au viie siècle. Celle qui est attribuée à Hormisdas contenant les ch. II-V est de recension espagnole.

En définitive, un document qui porte trois noms a bien des chances d'être inauthentique ; la tradition en était fort incertaine. S'il avait été l'œuvre de Gélase, il semble bien que Cassiodore, 480-570, aurait dû le connaître. Or, il faut aller jusqu'à Isidore de Séville, vers 630, pour en trouver la première mention. Et encore, à cette époque, il n'est pas placé dans la collection des canons; ce n'est qu'au VIIIe siècle et au IXe qu'il y obtient une place définitive.

La conclusion est donc que ce décret est l'œuvre d'un particulier, inconnu d'ailleurs, et qu'il n'a aucune autorité officielle.

IV. Cette conclusion n'a pas été admise par Dom Chapman [1] à qui il a paru impossible qu'un auteur du VIe siècle ait pu attribuer à Damase, mort en 384, la condamnation de Pierre Mouge, de Pierre le Foulon, d'Acace, morts vers le début du Ve siècle. Il croit donc que s'il y a lieu d'admettre que le Gelasianum est un tout, il faut aussi supposer que l'auteur y a incorporé des parties antérieurement existantes. Il aurait composé les chapitres IV et V, et y aurait adjoint les chap. I-III, en introduisant à la fin du ch. I la citation d'Augustin, dont il a été parlé plus haut. Ce texte, ainsi disposé, aurait existé déjà au temps du pape Hormisdas, qui s'y réfère dans sa lettre à l'évêque Possessor.

L'auteur de ce texte serait le pape Gélase, lequel eut à parler plusieurs fois des livres à recevoir ou à prohiber et qui y revient dans cette décrétale officielle en la faisant précéder d'une décrétale du pape Damase.

V. Cette hypothèse de Dom Chapman paraît soulever diverses difficultés à E. Amann [2]. « Plusieurs passages en particulier laissent l'impression très nette que l'auteur s'enquiert, avant d'énoncer son jugement, des usages de l'église romaine, dont il ne fait pas partie. Cela est très clair pour ce qui concerne la lecture de certains actes des Martyrs : « En diverses églises on fait de telles façons, à Rome nous savons

---

1. *On the Decretum Gelasianum de libris recipiendis et non recipiendis; Revue bénédictine*, avril 1913 (p. 187-207), juillet 1913 (p. 315-333). Maredsous.

2. *Revue biblique*, p. 602-608, T. X. N. S. Paris, 1913.

qu'on fait de telle autre, nous suivrons donc l'usage romain. » Il est une autre considération tirée du silence que gardent Denys le Petit et Cassiodore sur ce document si important. Je sais bien que l'argumentum a silentio doit se manier avec précaution ; encore est-il que, correctement appliqué, il prend une singulière valeur. Pour tout dire, les travaux de von Dobschütz et de Dom Chapman auront eu le mérite de déblayer le terrain, mais ni l'un ni l'autre n'apporte encore de solution définitive à la question du Gelasianum. »

VI. Le décret pseudo-gélasien avait été étudié par par R. Massigli, antérieurement à la publication du travail de von Dobschütz. D'un examen de celui-ci il admet quelques conclusions et en rejette d'autres [1]. Il croit que le rédacteur a obéi à une pensée directrice : « Tout concourt à un même but : mettre en lumière quelles sont les sources de l'autorité, les garants de la foi ; l'auteur les énumère par ordre d'autorité décroissante : le Christ en qui l'Esprit-Saint s'est manifesté, — les Écritures inspirées, — l'Église romaine dépositaire par excellence de la pensée divine par l'héritage que Pierre a transmis à ses successeurs, — les autres églises pétriniennes, Alexandrie et Antioche, elles aussi et pour les mêmes raisons dépositaires de la tradition, les conciles, qui, avec l'appui de Rome, ont précisé et développé la doctrine, — les Pères qui l'ont exposée et défendue, les écrits enfin qui s'en sont inspirés et où le fidèle peut puiser d'utiles enseignements, par opposition à ceux où il ne trouverait que de pernicieuses leçons — et il est bien vrai que, dans le détail, les transitions sont lourdes et embarrassées et qu'on a l'impression d'une rédaction hâtive, voire inachevée, mais il ne semble pas que l'ensemble pré-

---

1. *Le decret pseudo-gélasien; Revue d'histoire et de littérature religieuses*, t. IV, N. S., p. 155-170. Paris, 1913.

sente l'incohérence ni les contradictions qu'on a voulu y trouver : la conception générale parait bien plutôt répondre à des préoccupations qui se font jour — en Gaule particulièrement — au cours du ve siècle et qui ont inspiré, par exemple, maints passages du *Commonitorium* de Vincent de Lérins[1]. »

R. Massigli affirme aussi que le Gelasianum n'est pas un document romain, car les formules qu'on y relève n'appartiennent pas au style de la chancellerie pontificale; c'est donc un travail d'un caractère privé puisqu'on n'y saurait trouver les formules protocolaires qui permettraient d'y reconnaître les actes d'un concile provincial. Le rédacteur est un savant, tout au moins un compilateur. Le Gelasianum est d'origine gauloise et l'on ne peut pas le placer plus tard que les premières années du vi^e siècle.

R. Massigli conclut que la critique aura encore à résoudre les problèmes suivants : Le texte que nous possédons est-il le texte primitif, ou ne résulte-t-il pas plutôt d'un remaniement, hypothèse qui n'empêcherait pas que le Décret ne fût publié sous la forme où il nous est parvenu? Où le Décret fut-il rédigé? Quand l'a-t-il été? Il ne faut pas espérer, dans l'état de nos connaissances, déterminer celui qui l'a rédigé.

Von Dobschütz a accompli l'essentiel de la tâche. Il a déterminé la forme première du texte publié et il en a suivi les successives transformations. Il a fait, en outre, disparaître définitivement de l'histoire le prétendu concile de 382, ce qui est un résultat considérable.

---

[1]. *Op. cit.*, p. 164.

CHAPITRE II

LE TEXTE DU NOUVEAU TESTAMENT.

F. G. KENYON, *Handbook to the textual criticism* : 2ᵈ ed. London, 1912.

H. VON SODEN, *Die Schriften des Neuen Testaments in ihrer ältesten erreichbaren Textgestalt hergestellt auf Grund ihrer Textgeschichte* : II Teil : *Text mit Apparat.* Göttingen, 1913.

— *Griechisches Neues Testament : Text mit kurzem Apparat* (Handausgabe). Göttingen, 1913.

* M. J. LAGRANGE, *Une nouvelle édition du Nouveau Testament,* dans la *Revue biblique,* N. S. T. X, p. 481-524. Paris, 1913.

A. SOUTER, *The Text and Canon of the New Testament.* London, 1913.

H. A. SANDERS, *The New Testament Manuscripts in the Freer Collection* : Part I : *The Washington Manuscript of the four Gospels.* New York, 1912. Part II. *The Epistles and Paul.* New York, 1918.

A. C. CLARK, *The primitive Text of Gospels and Acts.* London, 1914.

H. C. HOSKIER, *Codex B and its Allies; a Study and an Indictement.* London, 1914.

G. BEERMANN, C. R. GREGORY, *Die Koridethi Evangelien* Θ 038 *herausgegeben.* Leipzig, 1913.

* DOM J. CHAPMAN, *Barnabas and the western Text of Acts,* dans *Revue bénédictine,* T. XXX, p. 219. Maredsous, 1913.

J. WORDSWORTH, H. J. WHITE, *Nouum Testamentum Domini nostri Iesu Christi latine* secundum editionem sancti Hieronymi : Partis secundae fasciculus primus : *Epistula ad Romanos.* Oxonii, 1913.

* A. GRAMATICA, *Bibliorum sacrorum iuxta Vulgatam Clementinam nova editio.* Milano, 1914.

* R. DE BRUYNE, *Quelques documents nouveaux pour l'histoire du texte africain des Évangiles;* Revue bénédictine, T. XXVII. Maredsous, 1910.

E. J. GOODSPEED, *The Toronto Gospels.* Chicago, 1912.

* J. CHAPMAN, *The Diatessaron and the western Text of the Gospels;* Revue bénédictine, T. XXIX. Maredsous, 1912.

A. S. LEWIS, *Light on the four Gospels from the Sinaï Palimpsest.* London, 1913.

H. J. VOGELS, *Codex Rehdigeranus; Die vier Ev. nach der lateinischen Hs.* R 169 der Statdtbibliothek Breslau herausgegeben. Roma, 1913.

E. S. BUCHANAN, *The Epistles of Paul from the Codex Laudianus.* London, 1914.

HORNER, *The Coptic Version of the New Testament in the southern Dialect otherwise called Sahidic and Thebaic : S. Matthew, S. Marc, S. Luke, S. John.* Oxford, 1911.

VON HARNACK, *Zur Revision der Principien der neutestamentlichen Textkritik. Die Bedeutung der Vulgate für den Texte der Katholischen Briefe und der Anteil des Hieronymus an dem Uebersetzungswerk.* Leipzig, 1916.

A. POTT, *Der Text des N. T, nach seiner geschichtlichen Entwicklung.* Leipzig, 1916.

I. L'édition manuelle du Nouveau Testament grec qu'a publiée A. Souter[1] sera très utile aux étudiants. Elle leur fournira des variantes nombreuses, extraites des manuscrits grecs, des versions et des écrivains ecclésiastiques. En tête du volume se trouve un index très complet des autorités citées. Outre les variantes que l'auteur a empruntées aux ouvrages antérieurs, il en est beaucoup qui lui sont propres, surtout en ce qui concerne les citations des écrivains ecclésiastiques. Souter a reproduit le texte grec adopté par les reviseurs de la version anglaise.

II. Wordsworth et White ont entrepris de rétablir le texte original de la Vulgate, Nouveau Testament,

---

1. *Novum Testamentum graece*, Oxonii, s. d.

telle que l'avait publiée Jérôme[1]. Ils ont édité jusqu'à présent les évangiles, les Actes des apôtres et l'épître aux Romains.

H. I. White publie maintenant tout le Nouveau Testament en édition mineure. Il a reproduit les parties publiées de la grande édition et pour le reste il publie les parties qui avaient été préparées et non encore publiées. Le texte est accompagné de nombreuses variantes et en tête du volume se trouve l'index des autorités citées.

III. Le manuel de Kenyon[2] est divisé en huit chapitres. Le premier est consacré à définir la tâche de la critique textuelle et à déterminer l'étendue des corrections qu'il y a lieu de faire subir au texte, fourni par les manuscrits, afin de reproduire, dans la mesure du possible, le texte original du Nouveau Testament. L'auteur fait observer avec raison que les variantes portent à peine sur la millième partie du texte et que ces variantes, quelque sérieuses et intéressantes qu'elles puissent être, ne mettent en péril aucun des dogmes chrétiens.

Dans le second chapitre il essaye de se représenter quelle a été la forme des autographes du Nouveau Testament, puisque nous ne les possédons plus. Ils ont été écrits sur papyrus, car le parchemin n'était employé, au 1er siècle, d'une manière générale, que pour les notes, pour les copies à bon marché, ou en feuilles détachées; il n'ont pas d'ailleurs été écrits par des scribes professionnels. Quant aux copies, faites par des particuliers, elles n'étaient pas surveillées et présentaient de nombreuses variantes. Or, ce sont précisément ces copies qui ont été sauvées, au temps

---

1. *Nouum Testamentum latinum*, secundum editionem Sancti Hieronymi : editio minor, curante Henrico I. White. Oxonii, MDCCCCXI.
2. *Handbook to the textual Criticism of the New Testament.*

des persécutions, car celles des églises furent détruites. Ceci nous explique pourquoi nous trouvons tant de leçons divergentes dans les manuscrits du Nouveau Testament.

Dans le troisième chapitre sont décrits les manuscrits majuscules et dans le quatrième, les manuscrits minuscules. Kenyon expose la manière de désigner les manuscrits. C'est Wetstein qui est l'initiateur de la notation, perfectionnée par Tischendorf et Scrivener et employée jusqu'en ces dernières années. Actuellement, deux nouvelles notations ont été proposées, l'une par von Soden et l'autre par Gregory. Kenyon préfère cette dernière parce qu'elle est peu compliquée et laisse subsister une partie de l'ancienne notation. Celle de von Soden lui paraît fort ingénieuse, et il croit qu'elle pourra devenir familière à celui qui la pratiquera ordinairement, mais qu'elle sera difficile à retenir par l'étudiant qui ne s'en servira qu'occasionnellement. Elle ne sera pas d'ailleurs aussi utile que le pense von Soden. Ce dernier a voulu surtout donner par les signes qu'il emploie la date des manuscrits. Mais, d'abord, la date des minuscules est fort incertaine; de plus, ce qu'il importe surtout de connaître, c'est la date des manuscrits des neuf premiers siècles. Or, tous les manuscrits antérieurs à l'an 900 sont, dans cette notation, catalogués en bloc indistinctement. On ne saura donc pas exactement auquel des neuf premiers siècles appartient le manuscrit noté. L'inconvénient le plus grave de cette nouvelle notation est de rendre difficile l'identification des manuscrits; pour les codex bien connus, tels que ℵ B, on se rappellera facilement que von Soden les note δ2 et δ1, mais, qui se souviendra que ε19 désigne le codex Purpureus Petropolitanus ou α1029 le codex Augiensis? Il faudra avoir constamment recours à la nomenclature.

Il n'y a pas lieu de nous arrêter à la description des manuscrits, très complète et très exacte, comme on pouvait l'attendre d'un paléographe aussi expert que Kenyon, qui, d'ailleurs, comme directeur du British Museum, a sous la main les meilleures sources d'information. Nous signalerons seulement quelques observations intéressantes. Il est très probable, d'après notre auteur, que le Sinaïticus et le Vaticanus ont été copiés en Égypte. Il fait encore remarquer, après avoir catalogué et décrit les principaux manuscrits minuscules, qu'une très petite partie des 3218 que nous possédons a été collationnée. Et l'on connaît encore moins les Lectionnaires.

Le cinquième chapitre traite des versions anciennes ; une attention spéciale est donnée, comme il convient, aux versions les plus anciennes et les plus importantes, les versions syriaques, coptes et latines. Kenyon étudie assez rapidement le Diatessaron, les syriaques Sinaïtique et Curetonienne et adopte l'opinion de Burkitt sur la date d'origine de la Peschitto. Rabbula, évêque d'Edesse, en 411, traduisit le Nouveau Testament en syriaque, et ordonna qu'une copie en fût déposée dans chaque église pour l'usage du culte. Or, avant Rabbula, on ne trouve aucune citation de la Peschitto, tandis qu'après lui elles se multiplient; c'est donc sa traduction qui est la Peschitto. Tous les syriacisants n'ont pas adopté cette opinion. Les versions Sinaïtique et Curetonienne représenteraient la vieille version syriaque des évangiles, ce qui nous paraît très probable. A propos de la version philoxéno-harkléenne, Kenyon n'étudie pas la question posée en ces dernières années : La version harkléenne est-elle représentée par les manuscrits que l'on croyait jusqu'à présent la contenir ?

Quant aux versions coptes, elles dateraient de la

fin du iie siècle ou de la première moitié du iiie siècle ; la Sahidique serait plus ancienne que la Bohaïrique. La Sahidique contient un nombre considérable de variantes analogues à celles du codex de Bèze et de ses congénères. Kenyon a soin de rapporter en note que Horner, le dernier éditeur de la version sahidique, trouve que ces variantes sont moins nombreuses qu'on ne l'avait supposé tout d'abord.

L'hypothèse de l'origine africaine de la Bible latine est celle qui est aujourd'hui le plus en faveur ; elle le sera de plus en plus d'après Kenyon. La date probable de cette traduction serait le milieu du iie siècle ; il nous semble qu'il faudrait plutôt la reporter vers la fin de ce siècle. Mangenot serait même d'avis qu'elle a été faite entre l'an 210 et 220.

A propos de la version gothique, nous aurions aimé que l'auteur traitât plus en détail ses rapports avec les versions latines de type italien, et, en particulier, avec le codex Brixianus. On trouvera sur cette question une bonne étude de Mangenot dans l'article qu'il a écrit sur Ulfilas dans le *Dictionnaire de la Bible* de Vigouroux, Vol. V, col. 2354.

Le sixième chapitre est consacré aux citations néotestamentaires des anciens écrivains ecclésiastiques et le septième à la critique textuelle du Nouveau Testament. Dans celui-ci sont passées en revue les éditions les plus remarquables du Nouveau Testament depuis la Polyglotte d'Alcala jusqu'à nos jours et les systèmes de critique textuelle qui ont été élaborés pour l'établissement du texte néotestamentaire [1].

Le chapitre huitième où il est question du problème textuel est très suggestif. Quatre types de texte,

---

[1]. Les éditions des critiques catholiques, Brandscheid, Hetzenauer, Bodin, ne sont pas mentionnées. Il n'est pas parlé non plus du traité de Paulin Martin sur la critique textuelle du Nouveau Testament.

α β γ δ, sont présentés avec leurs caractéristiques textuelles, les manuscrits qui les contiennent et leur valeur critique. L'opinion de Kenyon sur la solution probable de la question du texte du Nouveau Testament a été exposée dans *Le Nouveau Testament dans l'Église chrétienne*, T. II, p. 487.

IV. Dans son travail : *The primitive Text of the Gospels and Acts*, A. Clark prouve la fausseté de la règle de critique qu'avait émise Griesbach : *Brevior lectio, nisi testimonium vetustorum et gravium auctoritate penitus destituatur, praeferenda est verbosiori. Librarii enim multo proniores ad addendum fuerunt quam omittendum.* L'étude des manuscrits de Cicéron lui avait prouvé combien elle était peu fondée ; l'examen des manuscrits Vaticanus, Sinaiticus, Alexandrinus lui démontra que pour le Nouveau Testament elle était d'une fausseté évidente. « Le procédé, dit-il, a été de contraction et non d'extension. Le texte primitif est le plus long et non le plus court. On le trouvera non pas dans les codices ℵ B A ou dans la majorité des manuscrits grecs, mais dans les textes occidentaux, c'est-à-dire dans les anciennes versions et le codex de Bèze, et dans les plus anciens écrivains ecclésiastiques. Si mon analyse est exacte, nous sommes ramenés en arrière à un archétype des quatre évangiles sous forme de codex qui ne peut pas être plus ancien que le milieu du IIe siècle. Cet archétype paraît avoir contenu les passages les plus sérieusement contestés par les critiques récents : la finale de Marc et la péricope de la femme adultère de *Jn*, VII, 53-VIII, 11. »

Pour les Actes, tous les manuscrits, y compris le codex de Bèze, proviennent d'un ancêtre écrit, non en lignes égales, comme c'est le cas pour les évangiles, mais en cola et commata, c'est-à-dire en lignes de longueur variable suivant le sens de la phrase, comme est écrit le codex de Bèze. Le texte ordinaire a été développé de celui-ci par l'omission fréquente de lignes, accompagnée de modifications dans le texte.

Clark [1] a répondu aux objections qui ont été faites à son système. Il fait remarquer que le Vaticanus et le Sinaiticus représentent un texte plus récent que celui des anciennes versions latines et syriaques qui datent de la fin du IIe siècle et qu'ils ont été copiés en Égypte, pays où les critiques se sont exercés à reviser les textes, d'où il suit que le texte primitif du Nouveau Testament a dû être mieux conservé à Antioche et à Rome. Nous avons déjà dit ce que nous pensions de la valeur critique du texte occidental.

V. Voici les principales conclusions du travail de A. Souter sur le texte du Nouveau Testament [2] : On ne peut espérer qu'il soit fait, du moins de notre temps, de grands progrès sur le texte de Westcott-Hort pour le rapprocher des autographes originaux. Si ces critiques n'ont pas dit le dernier mot, ils ont du moins posé des fondations qui permettent d'insérer les découvertes nouvelles dans leur système.

La découverte de nouveaux matériaux fera pencher la balance en faveur de leçons que Westcott-Hort, se basant sur l'évidence qu'ils avaient, ont rejetées ou placées en marge du texte. Il en est ainsi pour l'addition de καὶ τῆς νυμφῆς, *Mt*, XXV, 1 et la suppression de τῆς ἁμαρτίας, *Jn*, VIII, 34 après ces paroles du Seigneur : Ὁ ποιῶν τὴν ἁμαρτίαν δοῦλός ἐστιν. On trouverait encore d'autres additions explicatives dans le texte du Nouveau Testament.

Les papyrus récemment découverts ont permis

---

1. *The primitive Text of the Gospels and Acts*, dans *The Journal of theological Studies*, janv. 1915, p. 225. London.
2. *Novum Testamentum graece.*

d'établir quelle était l'orthographe des mots grecs à l'époque où furent copiés les manuscrits du Nouveau Testament. Ainsi la forme εφ' ἐλπίδι, qu'on ne croyait pas usuelle, se trouve dans les papyrus et les inscriptions. Le ν euphonique est dans tous les payrus contenant des parties du Nouveau Testament.

Souter remarque qu'il y aurait lieu de reconstruire le texte du Nouveau Testament qu'ont commenté les anciens exégètes, par exemple celui de l'Ambrosiaster et de tenir le plus grand compte de leurs oommentaires parce qu'étant plus près des temps apostoliques ces exégètes avaient pour l'intelligence du texte des avantages que nous n'avons plus.

VII. Nous avons publié dans *Le Nouveau Testament dans l'Église chrétienne*, T. II, p. 490, les conclusions auxquelles était arrivé H. C. Hoskier après vingt ans de recherches dans les manuscrits du Nouveau Testament. Il vient de les établir dans *Codex B and its allies*. Voici ce qu'il veut démontrer : « Ma thèse, écrit-il, est que ce furent B (Vaticanus) et ℵ (Sinaiticus) et leurs ancêtres avec Origène qui revisèrent le texte « Antiochien », et que, quoiqu'il y ait eu un archétype plus ancien que ces deux groupes de textes, le texte « Antiochien » est, dans beaucoup de passages, plus pur, sinon meilleur et plus près de l'archétype original que beaucoup de textes en vogue en Égypte. » Cf. *Revue bibl.*, juil. 1920, p. 448.

VIII. Nous avons déjà parlé de l'ouvrage de J. Vogels[1] sur les anciens évangiles syriaques et leur rapport avec le Diatessaron de Tatien, dans lequel il veut démontrer que ces versions dépendent du Diatessaron. Dans un premier travail, *Die Harmonistik im Evangelientext des Codex Cantabrigiensis*, il avait

---

1. *Le Nouveau Testament dans l'Église chrétienne*, T. II, p. 213.

essayé de prouver que le Codex D, contenant de nombreuses leçons harmonisantes, a dû prendre sa forme actuelle sous l'influence d'un Diatessaron grec pour le texte grec et d'un Diatessaron latin pour le texte latin. S'appuyant sur ces résultats il déduit des leçons harmonisantes du manuscrit sinaïtique des évangiles et du manuscrit Curetonien que ces versions dépendent d'un Diatessaron syriaque, qui ne peut être autre que le Diatessaron de Tatien. Le P. Lagrange[1] n'est pas de cet avis et dans une discussion très serrée de l'ouvrage de Vogels il démontre qu'il n'a pas établi l'antériorité de Tatien sur l'ancienne version syriaque et donc sur l'usage que celle-ci aurait fait de celui-là.

IX. Les versions égygtienne, bohaïrique et sahidique sont de première importance pour la solution des problèmes de la critique textuelle du Nouveau Testament, en particulier de celui de l'extension du texte occidental et de l'existence en Égypte du texte grec représenté par le Vaticanus et le Sinaiticus. En 1898-1905, Horner a publié la Version copte du Nouveau Testament en dialecte bohaïrique ou memphitique et en 1911 la Version copte des évangiles en dialecte sahidique ou thébain; c'est de cette dernière que nous parlerons[2].

Le travail a été particulièrement difficile, car nous ne possédons de cette version aucun manuscrit complet; Horner a dû rassembler les fragments des évangiles répandus un peu partout afin d'arriver à présenter un texte sans lacunes. Il a réussi à donner les quatre évangiles en entier sauf quatorze versets de Marc, I, 20, 21, 24-29; XVI, 2-7. Quelques autres ver-

---

1. *Revue biblique*, N. S., 9ᵉ année, p. 284. Paris, 1912.
2. *The Coptic Version of the New Testament in the southern Dialect.*

sets de Matthieu et Luc sont incomplets. En face du texte copte, il a placé une traduction anglaise, très littérale, où il suit, autant qu'il est possible, l'ordre et les particularités du texte copte.

En note est fourni un apparat critique qui rendra les plus grands services à tous ceux qui étudient le texte des évangiles. Horner, en effet, ne s'est pas contenté de reproduire les variantes du texte sahidique et des autres versions coptes, mais il compare encore chaque leçon de ce texte avec celles des manuscrits grecs et des autres versions. Il explique cet apparat critique à la fin de son troisième volume. Il nous semble que s'il avait dressé un tableau des abréviations et des sigles qu'il emploie, ses explications auraient été plus utiles.

On avait cru jusqu'à présent que la version sahidique avait admis beaucoup de variantes occidentales. Horner croit bien que les leçons occidentales sont plus nombreuses que les autres variantes, mais il soutient que dans l'ensemble la version sahidique est en accord avec le texte neutre, tel qu'il se trouve dans le Vaticanus et le **Sinaiticus**. De même que le texte neutre, la sahidique omet la péricope de la femme adultère, les versets de la sueur de sang dans Luc. Mais elle donne la leçon occidentale de Luc, XXIII, 53 : La pierre placée devant le sépulcre du Seigneur était telle que vingt hommes pouvaient à peine la déplacer. Reconnaissons cependant qu'elle ne contient pas les autres grandes interpolations des textes occidentaux. On y trouve la doxologie du Pater, VI, 13, qu'on croit d'origine syrienne sous la forme suivante : Délivre-nous du mal, parce que est tienne la puissance et la domination pour toujours. La date que donne Horner à la version sahidique, 188 après J.-C., nous paraît trop reculée.

X. Le P. Lagrange a exposé dans la *Revue biblique*[1] le système de critique textuelle qu'a élaboré von Soden, et fait ressortir les points de vue sur lesquels il n'est pas complètement en accord avec lui. C'est à ces derniers que nous nous arrêterons. Von Soden rejette l'ancienne conception d'un texte neutre au ive siècle, qui n'aurait jamais subi de recension, et la conception rivale d'un texte plus riche, dit occidental, dont les leçons, attestées au iie siècle chez Justin et chez Irénée, n'auraient pas moins d'autorité que celles des manuscrits plus purement grecs dans certains cas donnés. En d'autres termes, le texte occidental est-il un texte original ou n'est-il qu'une déviation du texte original? Bousset tient pour un texte grec occidental qui aurait donné naissance aux versions latines. Von Soden croit que le texte occidental n'a jamais existé tel quel et que c'est sous l'influence du Diatessaron que le type I H K a été déformé dans les versions latines et syriaques. Le P. Lagrange pense qu'il n'y eut jamais deux textes grecs dont l'un eût été presque le rival de l'autre. Il croit qu'il se trouve dans la tradition dite occidentale telle leçon préférable à toute la tradition des manuscrits grecs, mais ces leçons ne font point partie d'un texte lié qui eût été au iie siècle aussi distinct des autres que H ou K. Mais il lui est impossible de rendre Tatien responsable soit du nombre énorme des harmonisations de K, soit des leçons secondaires, si originales qu'elles soient, qu'on rencontre dans le groupe I.

De l'examen des leçons occidentales le P. Lagrange conclut : « Les traductions latines ont bien pu être faites d'après un type I H K, comme le soutient Soden, être gâtées plus que d'autres textes par des tendances

---

[1]. *Une nouvelle édition du Nouveau Testament.*

plus accusées, contaminer ensuite des textes grecs du type de W et de D et du groupe Ferrar et très légèrement les versions coptes. Si j'ai insisté sur un phénomène aussi étrange que l'influence latine, ce n'est pas que j'y voie la seule cause, ni peut-être la plus active de la formation des textes dits occidentaux. J'ai seulement voulu dire que si cela a pu se passer de cette façon paradoxale, il ne faut pas hésiter à admettre des transformations sporadiques du texte moins étranges, moins radicales et moins significatives. C'est me ranger parmi les partisans du texte travaillé (überarbeitet) de Gregory qui fut plus fortement retouché au IIe siècle que jamais. »

Quant à l'accord des syriens anciens avec le texte représenté par D W et les versions latines, le P. Lagrange se demande s'il est aussi étroit qu'on le dit : il est surprenant sur certains points, mais combien de divergences. Pour lui le manuscrit sinaïtique Lewis renferme des textes évidemment remaniés. Il est le fruit d'un compromis entre le texte travaillé et le texte influencé peut-être par Origène.

Quant à l'établissement du texte du Nouveau Testament le P. Lagrange constate qu'il est fondé sur le principe majoritaire, ce qui, à notre avis, n'est pas un critérium scientifique de critique textuelle.

XI. A. Souter[1] a examiné le texte du Nouveau Testament qu'a édité von Soden et il a relevé surtout les passages où le critique a manqué de jugement dans le choix des variantes qu'il a adoptées. Voici quelques-unes de ses observations.

Matthieu, XI, 5 : Avec d'autres éditeurs, von Soden insère dans le texte, καὶ πτωχοὶ εὐαγγελίζονται, qui est

---

1. *Von Soden's Text of the Greek New Testament, examined in select passages; The Expositor,* VIII ^{e} S., N° 59, p. 429. London, 1915.

une interpolation provenant de *Luc,* VII, 22. Les plus anciens témoins, africains, antiochiens, romains, alexandrins s'accordent à omettre ce passage.

Marc, XI, 9-10 : La leçon primitive de ce passage est : εὐλογημένος ὁ ἐρχόμενος ἐν βασιλεία τοῦ πατρὸς ἡμῶν, ainsi que l'a démontré H. Turner dans *The Journal of theological Studies,* octobre 1909, n. 20. Von Soden reproduit la leçon adoptée d'ordinaire.

Luc, V, 14 : La leçon, ἵνα ᾖ εἰς μαρτύριον ὑμῖν [αὐτοῖς?] est plus primitive que la leçon ordinaire qu'adopte von Soden.

Luc, XI, 33 : Von Soden a placé dans le texte : οὐδὲ ὑπὸ τὸν μόδιον, dont l'absence est attestée par les témoins orientaux et occidentaux ; c'est une interpolation issue de *Mt,* V, 15.

Luc, XII, 14 : Von Soden place aussi dans le texte ἢ μεριστήν, omis par un codex neutre, δ 48, Dd, 28, 33, les deux anciennes versions syriaques, Marcion, etc., placé différemment dans les manuscrits et qui a dû être introduit en harmonie avec μερίσασθαι du ⱴ 13.

I *Cor.,* XII, 2 : Οἴδατε ὅτι ὅτε ἔθνη ἦτε, ὅτι est à supprimer.

Jude, 22, 23 : Le vrai texte représenté par la syriaque philoxénienne, Clément d'Alexandrie, Jérôme est : καὶ οὓς μὲν ἐκ πυρὸς ἁρπάζετε, διακρινομένους δὲ ἐλεᾶτε. Von Soden a adopté la leçon longue et n'a pas mentionné la leçon courte.

Nous ajouterons que nous sommes étonné que von Soden ait adopté, *Mt,* 1, 16, la leçon : Ἰωσὴφ δὲ, ᾧ ἐμνηστεύθη παρθένος Μαριάμ, ἐγέννησεν Ἰησοῦν, qui s'appuie sur la version syriaque sinaïtique et avec des variantes sur quatre minuscules et sur cinq vieux latins, mais a contre elle toutes les autres autorités. On sait d'ailleurs que cette leçon est en contradiction avec ⱴ 18 et 25.

A. Souter conclut que les services rendus par von Soden à la crtique textuelle du Nouveau Testament consistent surtout dans l'arrangement des manuscrits et dans la collation qu'il a faite de manuscrits non examinés avant lui. Rappelons cependant que Hoskier a démontré que l'apparat critique était positivement encombré d'erreurs, que de nombreux documents n'avaient pas été examinés, que d'autres ne l'avaient été que partiellement et que d'autres encore avaient été mal utilisés.

Souter pense que von Soden n'a pas suivi les vrais principes pour l'adoption des variantes, ce qui l'a conduit à adopter souvent les leçons longues, tandis que les probabilités indiquaient la leçon courte. Dans les évangiles, il ne semble pas avoir suffisamment étudié le problème synoptique. Il est quelquefois capricieux dans son emploi des autorités patristiques. Son texte doit être tenu pour rétrograde et si l'on veut suivre un texte de préférence, on peut continuer à suivre celui de Westcott-Hort. L'apparat critique de Tischendorf n'est pas rendu obsolète par celui de von Soden.

XII. Nous avons parlé dans *Le Nouveau Testament dans l'Église chrétienne,* vol. II, p. 499-527, du grand travail du Dr H. baron von Soden sur le texte du Nouveau Testament et nous avons exposé le système de critique textuelle qu'il a adopté pour l'établissement du texte néotestamentaire. Nous n'avons pas à y revenir. Nous nous occuperons donc seulement du texte du Nouveau Testament que vient de publier von Soden[1]. Nous ferons connaître d'abord comment il a dressé son apparat critique, puis nous examinerons le texte néotestamentaire qu'il nous offre.

---

1. *Die Schriften des Neuen Testaments in ihrer ältesten erreichbaren Textgestalt.*

Von Soden nous explique dans son introduction la disposition et le contenu de son apparat critique. Il nous dit d'abord quels sont les témoins du texte qui ne sont pas représentés dans son apparat. Pour le texte grec il ne cite pas les commentaires tardifs d'Oecumenius, Théophylacte, Nicétas, Zigabenus, Arethas, parce qu'ils ont à la base de leur travail un texte du type K. Nous rappellerons aux lecteurs que von Soden range tous les textes du Nouveau Testament sous les sigles K H I qui désignent les trois types de textes néo-testamentaires. Il laisse aussi de côté les variantes données par Chrysostome, Victor et Titus qui se rattachent aussi au type K. Il fait observer qu'il n'est aucun de ces témoins qui ne soit le représentant des récensions opérées vers l'an 300 à Alexandrie, Césarée et Antioche. Pour les anciennes versions il ne tient aucun compte de celles qui sont des versions secondaires, versions éthiopienne, arabe, géorgienne, perse et les traductions du latin. La version gothique n'est pas représentée parce que son texte est une forme de K et qu'il n'est pas établi d'une façon suffisamment critique. Sont exclues aussi la Vulgate et la Peschitto, importantes, la première seulement pour l'histoire de la version latine, la seconde comme témoin du texte de Rabbula, évêque d'Édesse, ve siècle, ainsi que les versions syriaque, philoxénienne et harkléenne, dont on ne possède pas un texte sûr. Pour les Pères de l'Église sont exclus tous ceux du ve siècle et au delà; il en est de même pour Augustin.

Tous les représentants du type K ne sont pas cités dans l'apparat, parce que leurs variantes sont de détail : fautes de copiste, réminiscences, mauvaises lectures, influence des versions, emprunts aux commentaires ou aux Pères de l'Église; on ne donnera donc que la forme la plus ancienne de K. Pour les témoins du type I, on cite ceux qui présentent des caractères distincts.

Tous les témoins du texte néotestamentaire qui n'ont pas été exclus dans les remarques précédentes sont rangés sous les lettres H I K dont il est dressé une liste qui indique tous les manuscrits employés, la partie de ces manuscrits qui a été collationnée et les lacunes de ces codex. Entre parenthèses on trouve les lettres employées jusqu'à présent pour les majuscules.

Des versions anciennes von Soden cite les témoignages des versions égyptiennes : sahidique, bohairique, fayoumique, du lectionnaire palestinien, de la vieille version syriaque, des vieilles versions latines. La Vulgate et la Peschitto sont citées quelquefois pour fixer la date d'une leçon.

Pour les Pères de l'Église sont cités seulement les écrivains égyptiens qui donnent des leçons différentes du type H. Il y a bon nombre de variantes à relever chez les Pères palestiniens; pour les antiochiens il n'y a à tenir compte que des leçons différentes du type K.

L'apparat critique placé au-dessous du texte est divisé en trois parties : dans la première sont rangées les variantes qui peuvent sérieusement prétendre être le texte original; cette première partie est assez souvent absente. La seconde offre les variantes représentées par les recensions, celles qui sont antérieures aux recensions, si singulières qu'elles soient et celles qui présentent un intérêt particulier. La troisième contient les lectures de hasard, les formes de langue, les fantaisies ou les fautes de copiste. Le premier et le second apparat sont importants pour l'histoire du texte, le troisième pour la psychologie du copiste ou le destin de la tradition manuscrite.

Von Soden explique ensuite la disposition de l'apparat, la manière dont sont citées les variantes et enfin il donne en résumé les règles qu'il a suivies pour l'établissement du texte.

1. Pour l'orthographe et les pures formes de langage on suit une manière unique, autant du moins que les recensions ne diffèrent pas sur ces points, auquel cas on décide d'après des règles. La ponctuation et les divisions du texte sont traitées de la même façon. Les accents et les esprits sont employés suivant les règles modernes.

2. Si les leçons des recensions sont sûres on reçoit en principe dans le texte la leçon représentée par deux recensions. — Cette règle nous paraît un peu mécanique et a l'air de tenir les trois recensions comme d'égale valeur critique, ce qui n'est pas admissible.

3. Si deux recensions offrent une variante s'accordant avec des passages parallèles des autres évangiles synoptiques on donne la préférence, sauf exception, à la leçon de la troisième recension qui s'écarte des passages parallèles. — Cette règle s'explique par l'habitude qu'avaient les copistes d'harmoniser les passages parallèles, mais elle doit être appliquée avec discrétion, car il peut bien se faire que, vu la façon dont ont été composés les évangiles synoptiques, l'harmonisation fût primitive.

4. La leçon représentée par Tatien est, *à priori*, soupçonnée de s'écarter du texte original. Seulement, quand deux recensions s'accordent avec Tatien et que celle qui en diffère concorde avec un passage parallèle, celle-ci doit être tenue pour secondaire, alors même que l'une des deux premières a aussi un passage parallèle.

5. Quand des témoins anciens, certainement indépendants les uns des autres, que ce soit seulement des versions ou des Pères, s'accordent à présenter une leçon qui s'écarte de Tatien, celle-là peut être le texte

primitif, quand même les trois recensions marchent avec Tatien. — Il s'ensuivrait de cette règle que Tatien ne présente que de mauvaises leçons. Et cependant von Soden nous a dit que Tatien reproduisait dans son Diatessaron le texte primitif, I H K.

Et maintenant, quel est le caractère du texte qu'a établi von Soden? Il s'éloigne assez du Textus receptus dont il a rejeté toutes les harmonisations de textes parallèles et les leçons agglomérées; il se rapprocherait plutôt du texte de Westcott-Hort, bien qu'il accepte certains passages que ceux-ci ont rejetés. Avec eux il rejette le passage *Lc,* IX, 55 : Vous ne savez pas de quel esprit vous êtes. *Actes,* VIII, 37 : Philippe lui dit : Si tu crois de tout ton cœur, tu seras sauvé. Ayant répondu (l'ennuque dit : Je crois que Jésus-Christ est le Fils de Dieu). *Jn,* V, 4 : L'ange de la piscine de Béthesda qui met l'eau en mouvement. *Jn,* III, 6 : Car Dieu est esprit. Il met entre parenthèses : *Mt,* IX, 49; *Lc,* VI, 1 : δευτεροπρώτῳ; XXII, 43; XXIII, 34; XXIV, 36, 40, 51. La péricope de la femme adultère, *Jn,* VII, 53 est à sa place, mais dans un autre caractère et non accentuée pour marquer que von Soden ne la regarde pas comme johannique; il la croit cependant d'origine évangélique. Il a accepté *Mt,* I, 16, la leçon : Ἰωσὴρ δέ, ᾧ ἐμνηστεύθη παρθένος Μαριάμ, ἐγγένησεν Ἰησοῦν τὸν λεγόμενον Χριστόν, laquelle n'est donnée par aucun manuscrit grec et n'est soutenue que par la version syriaque sinaïtique. Il semble qu'ici von Soden est allé contre toutes les règles qu'il avait établies. Pour la finale de Marc il donne la longue et la courte mais toutes deux en un caractère différent du reste du texte. Dans I Jean, V, 7, il supprime la mention des trois témoins célestes. Il y aurait encore de nombreuses particularités à citer dans le texte qu'a établi von Soden, mais nous pensons en avoir suffisamment relevé pour faire ressortir le caractère de son édition.

XIII. Les lecteurs savent qu'en 1906 un Américain, Ch. L. Freer, a acheté à un marchand arabe, nommé Ali, quatre ballots de manuscrits contenant : le premier, en bon état, le Deutéronome et Josué, dans la version des Septante; le second, en mauvais état, les psaumes, dans un texte grec dont on n'a pas d'analogue; le troisième, bien conservé, le texte grec des quatre évangiles; le quatrième, en très mauvais état, contenait probablement le reste du Nouveau Testament, sauf l'Apocalypse. Le Deutéronome et Josué ont été publiés par H. A. Sanders, professeur à l'Université de Michigan, lequel vient de nous donner aussi une édition en phototypie des évangiles sous ce titre : *Facsimiles of the Washington Manuscript of the four Gospels in the Freer Collection* et un travail critique sur ce manuscrit[1].

Ce manuscrit, qui a reçu la lettre W dans la classification de Gregory et le sigle ε 014 dans celle de von Soden, nous donne un texte des évangiles d'un caractère fort particulier, et qui soulève des questions de critique textuelle très difficiles à résoudre. Sanders a rassemblé dans son travail tous les éléments du problème et a présenté un essai de solution. Nous résumons son exposé en le dégageant autant que possible de ce qu'il a de trop ardu.

On ne sait pas encore d'une manière certaine d'où provenaient les manuscrits achetés à l'arabe Ali, car on n'a aucune confiance à attacher à ses dires. Sanders pense qu'ils proviennent des ruines du monastère du Vigneron, près de la troisième pyramide; Goodspeed d'Anba Shenood et Schmidt du couvent d'Atripa, dans le voisinage de Sohak, localité près d'Akhmîm.

---

1. *The Washington Manuscript of the four Gospels.*

Nous ne nous arrêterons pas sur la paléographie du texte, fort importante, il est vrai, pour la fixation de la date du manuscrit, mais qui ne serait intéressante que si nous pouvions donner des fac-similés des détails paléographiques; signalons cependant quelques particularités.

Les différences orthographiques sont nombreuses pour les voyelles et les consonnes, sans qu'on puisse toutefois préciser exactement la proportion de ces différences; elles sont d'ailleurs différentes suivant les évangiles[1]. On a ι pour ει et ει pour ι; αι pour ε et ε pour αι; les autres iotacismes sont rares. On a συ pour σοι, Mc; σqι pour σu, Jn; διανυχθητι pour διανοιχθητι, Mc; ο pour ω, η pour ει, ου pour ω, ε pour η, ε pour α, α pour η; η a remplacé presque complètement α pur dans les noms de la première déclinaison. On a aussi αυ pour ω, ο pour οι. L'orthographe de quelques mots est toujours la même dans un évangile. La dissimilation des consonnes est la règle dans ce manuscrit ενπεση, ενθαντα, etc. On a aussi des variations dans l'aspiration, des omissions de lettres, une seule consonne au lieu de deux, ou l'introduction d'une consonne surabondante. Les échanges de consonnes sont rares. On a les aoristes seconds dans la forme alexandrine en α; εφυγαν, ευραν et, inversement, ou ο pour α, απηγγειλον; la forme attique γιγνωσκω, γιγνομαι se rencontre; στηκω remplace quelquefois ιστημι. Les changements de voix sont rares.

Ces particularités sont en une telle quantité qu'on peut se demander si le copiste était bien soigneux. Bon nombre d'entre elles devaient cependant se trouver dans le texte qu'il copiait et provenaient du lieu d'origine et de la date du manuscrit original.

1. Pour nous conformer au texte donné par Sanders, nous n'accentuons pas les mots grecs.

Quelques-unes de ces erreurs se retrouvent, en effet, dans d'autres documents, surtout dans les papyrus les plus anciens, d'origine égyptienne, ce qui indiquerait une date ancienne pour le texte du manuscrit W.

Ce codex en parchemin a 187 feuilles, mesurant 20ᶜ sur 14ᶜ, disposées en 26 cahiers de huit feuilles chacun. L'écriture est sur une seule colonne, ordinairement de trente lignes. C'est une majuscule claire, bien formée, un peu penchée; elle est généralement très lisible.

Les évangiles de ce codex sont rangés dans l'ordre occidental : Matthieu, Jean, Luc, Marc, que l'on a dans le codex de Bèze, dans le majuscule X, le minuscule 549, les codex vieux latins, a b e f ff² q et la version gothique. Il y a deux lacunes dans le manuscrit, causées par la perte de trois feuilles : *Jn,* XV, 25 à XVI, 7 et *Mc,* XV, 13 à 38; il y a aussi quelques omissions dans le courant du texte. On distingue nettement quatre groupes de correcteurs; le scribe s'est lui-même corrigé plusieurs fois.

Sanders examine ensuite comment se pose le problème que présente le texte de ce manuscrit. Il avoue d'abord qu'il a été très embarrassé, car un grand nombre des variantes qu'il contient ne se retrouvent pas dans les apparats critiques de Tischendorff et de Westcott-Hort. Il croit donc que ces éditeurs ont établi leur texte du Nouveau Testament sur une base défectueuse et il préfère, en partie du moins, les positions qu'a adoptées von Soden.

De l'examen du texte du manuscrit W il ressort qu'il présente, outre les leçons appuyées par les manuscrits de type neutre et syrien, des variantes que l'on trouve seulement dans les codex bilingues, dans les versions latines, syriaques, coptes et quelques-unes qui lui sont particulières, mais que l'on retrouverait peut-être dans les anciennes versions ou dans les manuscrits minuscules, s'ils étaient tous collationnés. Pour expliquer ces anomalies M. Sanders propose l'hypothèse suivante que lui a suggérée la théorie des manuscrits trilingues du Nouveau Testament, émise par Hoskier. Le scribe du codex W avait sous les yeux un manuscrit trilingue et, au lieu de reproduire simplement le texte grec, il aurait adopté des leçons du texte latin ou copte adjacent. Mais quelques-unes des leçons de W sont très anciennes; Sanders est donc obligé de supposer que les versions du Nouveau Testament ont été faites de très bonne heure : la version latine avant 150 après J.-C. et la version sahidique avant l'an 300. Les preuves qu'il en donne ne paraissent pas décisives, sauf pour la date de la version sahidique. Il étaye encore sa thèse sur l'hypothèse de Vogels qui soutient que le Diatessaron de Tatien a été influencé par une version latine des évangiles.

On n'a pas vu jusqu'à présent de codex trilingue des évangiles et les anciens écrivains n'en ont jamais mentionné. On sait seulement qu'il existe des manuscrits trilingues des psaumes : copte, grec et arabe; grec, latin et arabe, mais ils sont de date tardive, XIe siècle, et du fait qu'il y a eu à une époque récente des codex trilingues des psaumes on ne peut inférer qu'il y en eut primitivement des évangiles; ce n'est pas impossible, mais rien ne le prouve. Voyons maintenant les faits.

Il est nécessaire d'examiner chacun des évangiles en particulier, car ils ont chacun leurs variantes spéciales. Le fond de l'évangile de Matthieu est conforme à ce que Sanders appelle la « Version tradition », c'est-à-dire le type de texte que l'on trouve dans les manuscrits bilingues, les anciennes versions, latines, syriaques, coptes et dans les manuscrits grecs apparentés à ces versions. Ce texte fondamental a été corrigé en 1205 passages pour le conformer à la recension antiochienne, type K¹ de von Soden. Nous avons ici la plus ancienne recension antiochienne, telle que nous la trouvons dans les manuscrits Ω S V, mais non les variantes des types revisés de cette recension. Enfin, ce texte de Matthieu présente des traces de la recension hésychienne, texte neutre de Westcott-Hort, texte H de von Soden.

Le texte de Marc n'est pas homogène dans le manuscrit W; il faut le diviser en deux parties : I, 1-V, 30 et V, 31 à la fin. Dans la première partie il est apparenté aux vieilles versions latines, surtout avec le codex e (codex Palatinus) de type africain ; dans la seconde, il l'est encore aux mêmes versions, mais n'offre plus de rapprochements spéciaux avec le codex e. Dans cette seconde partie, c'est avec k (codex Bobiensis), de type africain aussi, qu'il a le plus de rapports; il s'accorde souvent, en outre, avec les manuscrits du groupe Ferrar et les vieilles versions syriaques. Le texte de Marc est donc nettement occidental dans le codex W.

Le texte de Luc se divise aussi en deux parties : I, 1-VIII, 12 et VIII, 13 à la fin. Dans la première partie, il est en accord avec la recension hésychienne, représentée surtout par le Vaticanus, le Sinaiticus, le Regius et le minuscule 33; dans la deuxième il s'accorde avec l'Alexandrinus et la recension antiochienne; il y a quelques traces de la recension hésychienne et de la « Version tradition ».

Le premier cahier de l'évangile de Jean, I, 1-V, 11 est d'un autre copiste que le reste de l'évangile; il est d'un type de texte analogue à celui de Jean V, 12 à la fin, mais avant la correction hésychienne qu'a subie cette deuxième partie; celle-ci est nettement hésychienne avec des variantes provenant de la tradition des versions anciennes.

De cet examen Sanders dégage les conclusions suivantes. L'ancêtre ou les ancêtres du manuscrit W ont été formés de six parties différentes : 1, Matthieu; 2, Jean, V, 12 à la fin; 3, Luc, I, 1-VIII, 12; 4, Luc, VIII, 13 à la fin; 5, Marc, 1, 1-V, 30; 6, Marc, V, 31 à la fin. On ne peut savoir si originairement Jean, I, 4-V, 11 était dans ce manuscrit. La partie 2 a été formée à l'aide de deux manuscrits différents; le point de séparation est au chapitre XIII. Les parties 1 et 4 ont été corrigées pour les conformer à la recension antiochienne et les parties 2 et 3 pour les adapter à la recension hésychienne. La partie 5 vient d'un bilingue grec-latin; la partie 6 d'un trilingue avec ses tendances latines et syriaques et quelques-unes coptes. Le texte des parties 1, 3, 4, avant les corrections, était de même type que celui de 6; la première partie de 2 était analogue à celui-ci, mais la seconde avait de plus nombreuses affinités avec le copte.

L'ancêtre du codex W a donc été formé de pièces et de morceaux, de types de texte différents, ce qui nous fait croire qu'il a été copié à un moment où il était difficile de se procurer des manuscrits complets des évangiles et nous ajouterons que ces codex étaient des manuscrits copiés par des particuliers, qui se permettaient de compléter leur texte et, n'étant pas professionnels, laissaient s'introduire dans leur copie de nombreuses fautes. Sanders pense à la persécution de Dioclétien, en 303, pendant laquelle les manuscrits des Écritures furent recherchés et détruits, surtout en Égypte. Les manuscrits officiels disparurent et l'on ne trouva plus que des manuscrits incomplets dus à des particuliers.

Comment ont été rassemblées les parties qui ont formé le manuscrit ancêtre de W et ce que le scribe de W y a ajouté, nous ne pouvons le déterminer. « Quelqu'un, dit Sanders, a dû envoyer du nord de l'Afrique un manuscrit vieux latin pour le commencement de Marc, et la recension hésychienne qui aurait dû être prédominante en Égypte à cette époque paraît avoir été en grande partie introuvable. Matthieu et la deuxième partie de Luc, qui sont de recension antiochienne, ont été probablement ajoutés par le scribe de W pour combler les lacunes du manuscrit ancien qu'il copiait. »

Il nous est impossible de discuter les conclusions de Sanders; pour le faire d'une façon scientifique, il faudrait avoir entre les mains le fac-similé du manuscrit ou une reproduction imprimée du texte, ce que nous n'avons pas. Remarquons seulement qu'elles établissent d'une manière définitive que le texte occidental était en usage en Égypte, et cela beaucoup plus qu'on ne l'avait constaté jusqu'à présent. Le manuscrit W apporte donc une contribution importante à la solution du problème que pose le texte occidental et nous oblige à penser qu'il contient plus de leçons originales qu'on ne l'avait cru jusqu'ici. La présence de variantes antiochiennes ne peut nous étonner, car on savait que l'influence du texte antiochien s'était exercée en Égypte d'assez bonne heure. Resterait à expliquer pourquoi le texte hésychien est si peu représenté dans ce manuscrit. Diverses suppositions pourraient être faites, mais aucune ne nous paraît suffisamment appuyée par des faits.

Le manuscrit W a été copié probablement vers la fin du ive siècle ou au commencement du ve; Hoskier affirme qu'il est du ive siècle et ajoute qu'il a été copié sur un codex en forme de livre, datant du iiie siècle ou du commencement du ive, car le codex W ressemble beaucoup au plus ancien papyrus du Nouveau Testament que nous possédons, le 𝔓[1], lequel est en forme de livre. Le manuscrit W serait donc aussi ancien que le Vaticanus et le Sinaiticus.

Sanders signale ensuite les rapports qui existent entre le texte de W et celui de Clément d'Alexandrie, d'Origène et d'autres Pères anciens, puis il compare le texte de W avec celui du Textus receptus d'après l'édition de Mill, Oxford, 1880; les variantes sont excessivement nombreuses ainsi que les additions.

Outre les additions et les omissions, il y aurait lieu de signaler de nombreux changements de termes : πλοιον pour πλοιαριον, ημερα pour ωρα, εργων pour τεχνων, εμπροσθεν pour οπισθεν; des changements de nombres, οχλον πολλυν pour πολλους οχλους, αυτοις pour αυτω; de très nombreux changements de temps ou de modes, βαπτιζιν pour βαπτιζων, ωμοιωθη pour ωμοιωθησεται, εισιν pour εστιν, απεκριθη pour απεκρινατο, ακουσωσιν pour ακουσονται; des transpositions de mots, etc.

Sanders a relevé les différences qui existent entre le codex W et le Textus receptus. Il serait bon de relever aussi les différences entre le codex W et le texte de Westcott-Hort; c'est ce que vient de faire Goodspeed pour le texte de l'évangile de saint Matthieu, saint Luc, saint Jean et saint Marc[1]. Il y a de nombreux changements de mots, des transpositions de termes et de menues additions.

En 1918, Sanders[2] a publié le Manuscrit des épîtres de Paul provenant de la même origine que celui des évangiles. Ce manuscrit appuie les variantes du texte

---

1. *The Freer Gospels*, dans *The american Journal of Theology*, Vol. XVII, p. 365, p. 599; Vol. XVIII, p. 131, p. 266. Chicago, 1913, 1914.
2. *The Washington Manuscript of the Epistles of Paul*. New York, 1918.

alexandrin, surtout dans ses représentants les moins anciens, contre le Vaticanus.

XIV. Dom de Bruyne étudie, dans la *Revue biblique*[1], les origines de notre texte latin de Paul. Il rappelle d'abord que l'on discute la question de savoir si Jérôme a revisé tout le Nouveau Testament ou si son travail s'est borné à la revision des évangiles. Il se prononce pour cette seconde opinion. Pour lui, la Vulgate des épîtres paulines ne dépend en aucune manière de Jérôme; ce n'est ni son texte, ni une revision de son texte. L'étude des prologues bibliques lui a suggéré le nom de l'hérétique Pélage comme l'auteur d'une première édition du texte de Paul. A propos de cela, Dom de Bruyne fait une remarque très importante :

« L'auteur d'un texte latin du Nouveau Testament ne mérite le plus souvent ce nom que dans un sens fort restreint. Il existait une vieille version latine, peut-être deux, peu importe. Beaucoup de gens ont retouché et façonné cette traduction imparfaite qu'aucune loi ne rendait inviolable : tantôt ils y corrigeaient des solécismes et rajeunissaient des expressions désuètes, tantôt ils la rendaient plus conforme à telle ou telle recension grecque qui jouissait de la faveur passagère des savants; un reviseur la voulait plus littérale, un autre plus libre; l'un exigeait qu'elle satisfît aux exigences des esprits cultivés, l'autre préférait qu'elle fût comprise par les gens simples, et ce texte sacré, le plus important qui existe, à cause précisément de son importance unique, n'était jamais fixé; chaque génération y laissait son empreinte, chaque pays lui donnait sa couleur locale; souvent on l'améliorait, quelquefois on le gâtait; personne,

---

[1]. *Revue biblique*, N. S., 12e année, p. 358. Paris, 1915.

semble-t-il, ne songeait à créer une nouvelle version. Pélage, Peregrinus, Cassiodore, saint Jérôme lui-même n'ont été que des reviseurs revisés à leur tour. »

Ceci posé, Dom de Bruyne admet que Jérôme a pu avoir l'intention de corriger tout le Nouveau Testament, que très probablement il a pu corriger çà et là les épîtres paulines dans le manuscrit dont il se servait, mais il doute que la revision qu'il a faite pour les quatre épîtres qu'il a commentées ait été publiée comme édition du texte. Le premier éditeur du texte des épîtres de Paul serait Pélage, mais il y eut un second et un troisième éditeur dont le savant bénédictin ne connaît pas les noms. Le texte de la troisième édition, allégé et délivré de tout venin hérétique, corrigé avec soin, était meilleur que tout ce qu'on avait produit jusque-là. C'est le texte que l'on retrouve dans tous les bons manuscrits de la Vulgate de Paul. Il faut donc distinguer pour les épîtres paulines l'édition de Pélage, celle du Pseudo-Pélage et une troisième édition, revision des deux précédentes.

XV. Le P. Durand[1] n'est pas de cet avis et croit que Jérôme a revisé le texte vieux latin du Nouveau Testament. Il fait remarquer que Wordsworth et White, les éditeurs du Nouveau Testament latin suivant l'édition de Jérôme, ont constaté au cours de leurs longues études sur le texte latin du Nouveau Testament, qu'en ce qui concerne les Actes et les épîtres, les manuscrits de la Vulgate s'accordent en bloc contre les manuscrits de l'ancienne version[2]. Ce fait dit assez qu'il y a eu revision, et que cette revision a

1. *Saint Jérôme et notre Nouveau Testament latin; Recherches de Sc. relig.*, octobre 1916, p. 531.
2. *Actus apostolorum.* Oxonii, 1905, p. 4 en note.

été conduite dans un même esprit, d'après une méthode unique. Dans ces conditions, à qui l'attribuer? Avec tous ceux qui, de Vallarsi à Grützmacher, se sont spécialement occupés d'études hiéronymiennes, les éditeurs si méritants de notre Vulgate répondent : à Jérôme.

Qu'il y ait eu revision des Actes des apôtres, par exemple, cela saute aux yeux pour quiconque compare le texte de la Vulgate avec celui des versions vieilles latines, mais si le réviseur est Jérôme, comment a-t-il laissé subsister dans la Vulgate les leçons extraordinaires, qui sont quelquefois des contre sens?

XVI. N'ayant pas le travail de Harnack : *Pour la revision des principes de la critique néotestamentaire*[1], nous ne pouvons parler de son contenu que par l'indication donnée par le sous-titre : *L'importance de la Vulgate pour le texte des épîtres catholiques et la part de Jérôme au travail de traduction*. Harnack réhabilite, au point de vue de la critique textuelle, le texte de la Vulgate des épîtres catholiques. Il fait remarquer que Jérôme est le premier qui ait donné une revision scientifique des vieilles versions latines. On lira avec fruit un excellent compte rendu de cet ouvrage dans *la Revue biblique*, juillet 1920; p. 450.

[1]. *Zur Revision der Principien der neutestamentlichen Textkritik.*

RÉSUMÉ ET CONCLUSIONS

De l'analyse que nous venons de faire il résulte que les hypothèses se sont multipliées sur les diverses questions que présentent les livres du N. T. et que les divergences sont toujours nombreuses sur quelques-uns des points les plus importants, touchant la critique et la philologie des écrits néotestamentaires. Il semble cependant que, si l'on met à part les critiques hollandais et quelques autres, la critique tend à se rapprocher sur plusieurs questions du point de vue traditionnel. Nous devons signaler la tendance qui s'accuse de plus en plus, en Allemagne, en Angleterre et en France, d'interpréter les écrits néotestamentaires en fonction des doctrines et du culte des religions de mystères, et d'y voir l'influence de l'hellénisme. Nous l'avons déjà dit : on fait fausse route en se dirigeant de ce côté.

Il est certain d'abord que le N. T. n'est pas un écrit isolé, indépendant de l'époque où il s'est produit et de l'état d'esprit du monde contemporain ; c'est un livre chrétien, écrit en grec par des auteurs, juifs de naissance et de mentalité, mais c'est aussi un livre oriental. Pour le bien comprendre on devra étudier le monde gréco-latin du 1er siècle, la langue et la littérature grecques de cette époque, le judaïsme et l'Orient au temps du N. T., et enfin la littérature chrétienne primitive.

Sur la question qui se pose au sujet de la langue des écrits néotestamentaires on admet de plus en plus l'opinion, émise par Deissmann, que cette langue n'est pas une langue spéciale, fortement teintée de sémitismes, mais bien la langue grecque, telle qu'elle fut parlée à l'époque où furent écrits les livres du N. T. Cette opinion est basée sur les ressemblances qui existent entre la langue du N. T. et celle des papyrus contemporains. On retrouve dans les papyrus un bon nombre des mots que l'on avait cru être des ἅπαξ λεγόμενα, et même des termes employés dans le sens particulier que leur donnent les écrivains néotestamentaires. Remarquons cependant que la langue du N. T. se rapproche davantage de la langue classique que ne le fait celle des papyrus. Quelques écrits même sont d'un très bon grec; l'épître aux Hébreux par exemple. Luc et Paul ont conservé plusieurs formes du grec littéraire. Il est exagéré d'ailleurs de dire que la langue néotestamentaire est la langue de la conversation; c'est plutôt celle des écrivains de l'époque; reconnaissons toutefois que certains écrits, le IIe et le IVe évangile, ne sont pas d'un très bon grec. D'une manière générale, les écrits néotestamentaires ont souvent le caractère de discours : ceci nous explique la forme emphatique de certains d'entre eux, les Actes, par exemple. On dirait qu'ils sont destinés à la lecture publique.

Sur la question du nombre et de l'origine des sémitismes dans le N. T. on n'est pas complètement d'accord. Il s'y rencontre certainement beaucoup moins de sémitismes qu'on ne l'avait dit autrefois. Les expressions, que l'on prenait pour des sémitismes, étaient familières à la langue vulgaire. Cependant il en reste encore beaucoup plus qu'on ne le dit. Les écrits néotestamentaires ne sont pas dégagés de toute influence sémitique ; pouvait-il en être autrement, puisque leurs auteurs, sauf probablement Luc, étaient des Juifs et qu'ils travaillaient d'après des sources araméennes, orales ou écrites ?

On soutient que la langue grecque parlée à cette époque possède les expressions du N. T. qui passent pour des sémitismes ; ce sont donc des vulgarismes et non des sémitismes. Mais ces expressions n'ont-elles pas pu s'introduire dans la langue parlée du fait des Juifs, nombreux en Égypte, où l'on a relevé dans les papyrus des expressions de la langue vulgaire qui viendraient des Juifs. Ils ont pu influer aussi sur la langue grecque de tout l'Orient, étant donné qu'ils étaient dispersés depuis le IIIe siècle avant J.-C. dans toutes les parties du monde connu. Ce serait peut-être attribuer aux Juifs une influence exagérée sur la langue grecque.

La question reste ouverte sur quelques-unes des influences qu'a subies Paul. Qu'il ait reçu d'abord une formation juive, tous les critiques l'admettent. Paul, dans son enfance, a entendu lire et même a appris par cœur les saintes Écritures ; encore jeune, il a étudié la théologie rabbinique aux pieds de Gamaliel. A-t-il été initié à la littérature et à la rhétorique grecques ? Des critiques le croient. Il semble cependant que, s'il en avait été ainsi, on relèverait dans ses écrits des traces plus nombreuses de la littérature grecque qu'on n'a pu le faire. On a voulu voir dans quelques-uns de ses procédés de discussion et d'exposé un souvenir de la diatribe stoïcienne, mais ces procédés sont ceux de toute argumentation. Et surtout Paul a-t-il été influencé par les doctrines des religions de mystères ? Quelques critiques le soutiennent. Nous ne sommes pas de cet avis. L'influence grecque qui a pu s'exercer sur l'esprit de Paul a été toute superficielle; elle a été, comme on l'a dit, périphérique. Ses doctrines lui viennent en premier lieu de la révélation qui lui en a été faite par Notre-Seigneur, puis de l'Ancien Testament, de la tradition évangélique qu'il a reçue des apôtres, enfin, de son expérience religieuse. On pourra relever aussi dans ses épîtres de nombreuses traces des doctrines juives; quant à sa dialectique, elle est rabbinique.

La très grande majorité des critiques admettent l'origine paulinienne de la Ire épître aux Thessaloniciens; pour la IIe, il en est encore qui la rejettent, mais l'accord semble se faire sur son authenticité. Ces deux épîtres dépendent tellement l'une de l'autre que l'authenticité de la Ire entraîne nécessairement celle de la IIe. On discute surtout actuellement sur la nationalité des destinataires de ces deux épîtres.

Les épîtres aux Corinthiens sont tenues pour pauliniennes par tous les critiques. La discussion porte surtout sur ce qui s'est passé entre la Ire et la IIe épître. Paul a-t-il fait ou non un voyage à Corinthe entre ces deux épîtres? La question n'est pas résolue. Quelques critiques pensent que la lettre sévère, à laquelle Paul fait allusion, II *Cor.*, II, 4 et VII, 8, et que nous croyons perdue, se retrouve dans les ch. X-XIII de la IIe épître aux Corinthiens. Cette seconde épître serait-elle un composé de trois lettres distinctes de Paul, I-VII; VIII-IX; X-XIII? Quelques-uns le croient.

Sur l'épître aux Galates, admise par tous comme authentique, la discussion porte toujours sur les destinataires et la date de cette épître. A-t-elle été écrite aux Galates proprement dits, évangélisés par l'Apôtre lors de son deuxième voyage missionnaire, ou aux chrétiens de la Galatie méridionale convertis lors du premier voyage de Paul? Est-elle la plus ancienne des épîtres de Paul et au moins a-t-elle été écrite avant la conférence de Jérusalem? Ces questions ne sont pas résolues.

Pour l'épître aux Romains on ne discute plus, à quelques exceptions près, que l'authenticité et la disposition des deux derniers chapitres, et surtout des doxologies qu'on y trouve. Il est encore des critiques qui pensent que le ch. XVI faisait partie d'une épître adressée aux Éphésiens.

Sauf quelques rares exceptions, les critiques tiennent pour authentiques les épîtres aux **Colossiens** et à **Philémon** et la majorité accepte aussi l'origine paulinienne de l'épître aux **Philippiens**. Pour cette dernière, il en est qui la croient composée de deux lettres de Paul. L'épître aux Éphésiens est regardée par tous les exégètes comme une lettre circulaire et par quelques-uns comme un sermon ou un traité théologique. Beaucoup en nient l'authenticité; elle doit cependant être admise, vu sa connexité avec l'épître aux Colossiens et ses rapports avec les autres épîtres de Paul. On se demande quel est le lieu de composition de ces épîtres. La majorité pense qu'elles ont été écrites à Rome; plusieurs tiennent pour Césarée, surtout pour l'épître aux Philippiens. On a soutenu récemment que celle-ci avait été écrite à Éphèse.

Beaucoup de critiques rejettent l'origine paulinienne des épîtres pastorales, en admettant toutefois qu'on peut y trouver des fragments de lettres de l'Apôtre. Il est cependant possible de démontrer que ces épîtres ne sont nullement en opposition avec ce que nous savons par ailleurs sur l'organisation ecclésiastique, les doctrines, les hérésies des temps contemporains de Paul. Les différences de style et de vocabulaire avec les autres épîtres pauliniennes s'expliquent du fait des destinataires de ces lettres et des matières qui y sont traitées.

On pose diverses questions sur l'épître aux Hébreux. 1° Est-ce une épître, un traité théologique ou une homélie ? Il est plus probable que c'est une épître. 2° A quelle communauté a-t-elle été adressée ? Récemment on a soutenu que c'était à une communauté juive de Rome, ou même à des Juifs chypriotes. La majorité des critiques continue à admettre qu'elle a été écrite aux chrétiens juifs de Jérusalem. Quant à la date, il en est qui la fixent à l'an 80-90 ; l'opinion commune la rapporte vers 65-67. 3° Quel en est l'auteur ? Beaucoup l'ignorent ; plusieurs rejettent l'authenticité paulinienne, même médiate de cette épître ; quelques-uns l'attribuent à un auteur inconnu, ou à Priscille. Il paraît établi que Paul n'en est pas directement l'écrivain, mais qu'il a inspiré celui qui l'a écrite.

La question synoptique n'est pas résolue ; elle ne peut l'être que difficilement, vu l'élément perturbateur, provenant des copistes, lesquels ont plus ou moins assimilé les textes évangéliques parallèles. Examinons les diverses hypothèses proposées : Marc serait l'évangile le plus ancien ; les évangiles de Matthieu et de Luc auraient été composés à l'aide de Marc et des Logia ou discours du Seigneur et de documents particuliers à chacun de ces deux évangélistes. Telle est la position adoptée par un bon nombre de critiques ; mais s'ils sont en accord sur le principe général ils ne le sont plus sur son application et dans les détails. Voici quelques-unes des questions discutées : Matthieu et Luc ont-ils utilisé Marc dans son état actuel ou dans un état plus ancien ? Ont-ils employé la même édition des Logia ou des copies présentant un texte différent ? Se servaient-ils du texte original ou de traductions grecques et des mêmes ? Ce document était-il composé seulement de discours ou contenait-il aussi des récits ? Était-ce tout simplement un recueil de prophéties messianiques? Matthieu et Luc dépendent-ils l'un de l'autre ou n'ont-ils entre eux aucun lien littéraire, même quand ils sont en accord contre Marc? D'où provenaient les sources particulières qu'ils ont employées? Sous quelle forme étaient les sources utilisées par les trois évangiles synoptiques? Étaient-elles araméennes ou grecques? Telles sont quelques-unes des questions qui ont été posées et qui ont été plus ou moins résolues, le plus souvent en des sens divers. Constatons seulement qu'il y a tendance à rejeter l'utilisation de Marc comme source par Matthieu et Luc. Il est difficile de comprendre comment ceux-ci peuvent différer à un tel point de celui-là, s'ils l'ont eu sous les yeux. La Commission biblique a d'ailleurs condamné l'hypothèse de l'emploi de Marc et des Logia par Matthieu et Luc.

La majorité des critiques continue à soutenir que Matthieu s'est servi de Marc et des Logia pour la composition de son évangile. Il aurait utilisé aussi des sources qui lui sont particulières. Quelques-uns même pensent que le Ier évangile a été écrit en grec. Sur la date, les opinions sont très diverses; on ne sait à quelle époque a été écrit l'évangile araméen. Est-ce vers 40-44 ou même 50? Pour l'évangile grec, ce serait avant l'an 70. Les critiques rationalistes le rejettent après 70 et quelques-uns le repoussent même jusqu'à la fin du Ier siècle.

Quelques exégètes supposent encore qu'il y a eu un Marc primitif, *Urmarkus*, différent de notre Marc actuel et même qu'il y a eu plusieurs éditions de l'évangile de saint Marc. Il en est aussi qui admettent un texte araméen à la base de Marc. Ces diverses hypothèses n'ont presque plus de tenants. On continue à s'occuper de la finale de Marc, mais la solution du problème n'est pas encore trouvée. La Commission biblique a déclaré que la finale longue est canonique et inspirée et qu'il n'est pas prouvé que Marc n'en est pas l'auteur. La date reçue du II⁰ évangile varie entre 44, 60, 64-67 ; elle est même fixée par quelques-uns entre 70-100. Tous les critiques admettent la haute valeur historique de cet évangile.

Sur la composition de l'évangile de saint Luc la critique tient toujours les mêmes positions. On s'occupe beaucoup de savoir quelle était la source de la section, IX, 51-XVIII, 14 et l'on revient aussi sur la question du recensement de Quirinius et sur celle du Magnificat. Bien que des critiques n'admettent pas que Luc soit l'auteur de l'évangile qui porte son nom et des Actes, la majorité accepte l'authenticité lucanienne de ces deux écrits. Un examen comparatif de la langue de ceux-ci la prouve nettement. La date de l'évangile a été diversement fixée : de 59 à 70 et de 75 à 105.

Pour la composition des Actes, Luc s'est servi pour les douze premiers chapitres de documents oraux ou écrits, probablement araméens ; dans les seize autres il a inséré son Journal de voyage et pour le reste du récit il a utilisé des documents probablement écrits pour quelques chapitres ou des récits qui lui furent faits par des témoins oculaires. Cette question des sources des Actes a été beaucoup travaillée, mais les critiques ne sont pas arrivés à des résultats concordants. La valeur historique de ce livre a été très discutée : la difficulté consiste à mettre en accord les Actes et les épîtres pauliniennes. Les uns croient cet accord impossible, mais d'autres, et plus nombreux, pensent qu'en tenant compte du point de vue où se placent les écrivains il y a simplement divergence et non désaccord. Des critiques accepteraient l'historicité des Actes, mais la rejetteraient pour quelques récits qui dériveraient de sources de faible valeur. Tout ce qui est miracle leur paraît suspect. La date des Actes serait vers 63-64, peut-être vers 67; en tout cas avant l'an 70. Des critiques reculent la composition des Actes jusque vers l'an 97-100 sous prétexte que Luc a connu les écrits de Josèphe dont les derniers sont de l'an 100-104.

Les épîtres de Jacques, de Pierre et de Jude sont tenues pour des **pseudépigraphes** par la critique rationaliste. Les catholiques les regardent au contraire comme écrites par les auteurs dont elles portent le nom; il ne reste quelques doutes que pour la seconde épître de Pierre. En outre, dépend-elle de l'épître de Jude ou inversement? La première hypothèse paraît la plus probable. Sur les dates de ces épîtres les opinions sont très diverses; il n'a rien été soutenu de nouveau à ce sujet.

La critique rationaliste garde ses mêmes positions sur le IVᵉ évangile — l'apôtre Jean, fils de Zébédée, n'en est pas l'auteur; sa valeur historique est faible; les discours du Seigneur sont le fruit de la réflexion de l'évangéliste — il n'y a du nouveau que dans le détail des hypothèses : la tradition extérieure sur le IVᵉ évangile est sans valeur; Jean a été mis à mort en l'an 44, en même temps que son frère Jacques. On ne peut croire qu'un pêcheur galiléen ait connu les spéculations alexandrines et stoïciennes sur le logos; la personnalité du disciple que Jésus aimait est toujours recherchée; on a surtout discuté la composition du IVᵉ évangile dans lequel on a prétendu découvrir des déplacements de textes et même de chapitres entiers; enfin, on a essayé de déterminer les sources du IVᵉ évangile et de spécifier les divers documents qui l'ont formé. Les critiques catholiques maintiennent fermement l'authenticité johannique du IVᵉ évangile et sa complète valeur historique.

Rien de bien nouveau sur les épîtres johanniques; quelques critiques soutiennent encore qu'elles n'ont pas été écrites par Jean l'apôtre et les attribuent à Jean le presbytre.

Parmi les critiques rationalistes les uns continuent à nier l'authenticité johannique de l'Apocalypse, les autres pensent que Jean l'apôtre a écrit l'Apocalypse, mais non le IVe évangile. On discute toujours sur les divers documents qui sont entrés dans la composition de l'Apocalypse. En fait, ce livre est parfaitement un et il est composé d'après un plan qu'on peut indiquer.

La question du canon des livres du N. T. est restée stationnaire; on s'est occupé surtout du décret pseudo-gélasien et des diverses questions qu'il soulève.

Quelques travaux intéressants ont été publiés sur la critique textuelle du N. T. Le système de von Sóden sur l'établissement du texte a été très discuté; on en a relevé les défauts et surtout on a démontré la faiblesse des principes critiques sur lesquels le texte est fondé. En fait, le texte est établi par von Soden d'après la majorité des témoins et non d'après la valeur de ces témoins. Ce qui restera de ce travail, c'est l'apparat critique, quoique la lecture en soit bien malaisée.

La discussion est toujours ouverte sur la valeur respective du texte oriental du N. T., représenté surtout par le Vaticanus, et du texte occidental, dont le représentant principal est le codex de Bèze. On a mis en doute la valeur critique du texte du Vaticanus; on y a même vu une recension analogue à celle qui a eu lieu à Antioche et qui a abouti au texte syrien. Quelques critiques tendent à voir dans le texte occidental un texte plus primitif que celui du Vaticanus; ils font remarquer qu'on le trouve représenté au iie siècle dans toute l'étendue du monde chrétien. Il est vrai qu'on retrouve partout des leçons différentes de celles du texte oriental, mais ces leçons ne sont pas partout les mêmes; en d'autres termes le texte dit occidental n'est pas homogène; c'est le texte du N. T. défiguré plus ou moins par l'incurie ou la fantaisie des copistes. C'est surtout un texte retravaillé pour éclaircir, expliquer ou compléter le texte. Nous ne nions pas qu'il a pu conserver quelques bonnes leçons. Il y a donc lieu d'examiner ses leçons une à une, afin d'en juger la valeur. On ne peut les accepter en bloc.

AUTEURS DONT LES OUVRAGES ONT ÉTÉ ANALYSÉS

Abbott, 71, 225.
Aberle, 338.
Abrahams, 12.
Addis, 236.
Albertz, 185.
Alexander, 123.
Allen, 237, 239, 265, 276.
Allo (P.), 453, 457.
Amamm, 464.
Asqwith, 435.

Bacon, 9, 13, 187, 288, 290, 294, 332, 374, 400, 401, 405.
Barnes, 25, 275.
Barth, 39, 413.
Bartlet, 240.
Batiffol, 111.
Bauer, 429.
Baumgarten, 22.
Belser, 180, 190, 439.
Berg, 315.
Bernard, 314.
Blass, 62, 129.
Boatti, 58.
Böhlig, 121.
Bonaccorsi, 293.
Bousset, 412, 437.
Briggs, 405.
Brooke, 12, 26, 451.
Brückner, 287.
Brun, 292.
Bruyne (dom de), 494.
Buckley, 256.
Bultmann, 120.

Buonaiuti, 49.
Burggaller, 196.
Burkitt, 244, 337.
Burn, 313.
Burton, 3, 232.

Cadbury, 305.
Cadoux, 446.
Camerlynck, 327, 356, 370.
Care, 115, 458.
Carr, 233.
Case, 119.
Chapman (dom), 282, 464.
Chaume, 45.
Cladder (P.), 205.
Clark, 473.
Clemen, 90, 426.
Clymont (Mc), 9.
Cobern, 27.
Commission biblique, 189, 200, 260, 279, 320, 350, 447.
Cramer, 167.
Cremer, 78.

Dächsel, 96.
Debrunner, 62.
Deissmann, 47, 48, 96, 185.
Delaporte, 382.
Dewitt Castor, 242.
Dibelius, 135, 181, 197, 310.
Dobschütz (von), 133, 172, 462.
Durand (P.), 495.

Easton, 309.

AUTEURS DONT LES OUVRAGES ONT ÉTÉ ANALYSÉS.

Ebeling, 75.
Elmslie, 25.
Emmett, 168, 174, 314.
Ewald, 180.
Eyzinga (van), 11.

Faye (de), 334.
Feine, 40.
Fiebig, 5.
Fischer, 123.
Frame, 131, 140.
Fulliquet, 211.

Gardner, 13, 394.
Georgios Hamartolos, 380.
Gigot, 457.
Godet, 153.
Goguel, 43, 148, 187, 223, 295, 376, 430, 461.
Goodspeed, 290, 307.
Grafe, 362.
Gregory, 31, 409.
Grimm, 75.
Grosch, 370.

Harnack (von), 146, 243, 317, 332, 341, 413, 459, 496.
Harris (R.), 244.
Haupt, 247.
Hawkins, 217, 238.
Headlam, 112, 113.
Heigl, 193.
Heim, 94.
Heinrici, 7.
Heitmüller, 23, 397.
Henkel, 371.
Holdsworth, 259.
Hollmann, 145.
Holtzmann, 287.
Horner, 476.
Hort, 359.
Hoskier, 475.

Ishoc dad de Mery, 330.

Jackson (Foakes), 337, 349.

Jackson (Latimer), 13, 382, 398, 399.
Jacquier, 29, 108.
Johnston, 394.
Jones, 9, 168, 198, 342.
Jülicher, 209, 409.

Kasteren (van), 294, 433.
Kennedy, 363.
Kenyon, 469.
Knabenbauer, 135, 182.
Knopf, 23, 106, 368.
Knowling, 8.
Koch, 319.
Kögel, 78.
Kühl, 176.
Krebs, 392.

Lachlan (Mc), 303.
Lagrange (P.), 110, 163, 170, 176, 242, 289, 292, 296, 310, 325, 478.
Lake (Kirsopp), 126, 148, 184, 234, 349.
Lebreton (P.), 385.
Lemonnyer (P.), 114, 125.
Lepin, 376, 440.
Lévesque, 166, 219, 277.
Lewis (Warburton), 402.
Lias, 370.
Lietzmann, 20.
Lightfoot, 381.
Lisco, 185.
Loisy, 157, 300, 354.
Lombard, 123.
Lütgert, 172.
Lummis, 315.

Machen, 312.
Mader, 292.
Maier, 24.
Manen (van), 172.
Mangenot, 210, 288.
Masini, 44.
Massigli, 465.
Mayer, 191.
Mayor, 360, 368.

Méchineau (P.), 263.
Meillet, 61.
Meinertz, 24, 365.
Menzies, 152.
Meyer, 413.
Milligan, 40, 52, 79, 130.
Moffatt, 33, 167, 253.
Montefiore, 110, 217.
Moske, 118.
Moulton (J. H.), 13, 53, 79.
Moulton (Warren), 287.
Murray, 25.

Nägeli, 76.
Neile (Mc), 12, 114, 270.
Nicolardot, 260.
Niebergall, 20.
Norden, 339.

Overbeck, 428.

Papias, 379.
Parry, 191, 362.
Parsons, 310.
Pasquier, 254.
Patton, 225, 243.
Peake, 33.
Perdelwitz, 155, 198, 366.
Pernot, 88.
Perrowne, 26.
Philippe de Side, 381.
Pieper, 336.
Pirot, 352.
Plooij, 338.
Plummer, 124, 136, 150, 153, 267.
Pölzl, 95.
Pope, 203.
Prat (P.), 100, 262, 283, 323.
Preuschen, 76, 327.
Pullan, 213.

Quentel, 194.

Radermacher, 59.
Ramsay, 37, 106, 118, 311, 344.
Regard, 84.
Réville, 379.

Robertson, 63, 150.
Robinson, 181, 433.
Robson, 14.
Rohr, 24, 296.
Ropes, 363, 364.
Rouffiac, 50.
Round, 168.
Rutherfurd, 188.
Ryle, 25.

Schaarschmidt, 316.
Sanders, 486.
Schäfer, 39.
Schmiedel, 173.
Schmidt, 292.
Schumacher, 343.
Schütz, 405.
Schwartz, 382, 410, 411.
Schweitzer, 105.
Scott, 13, 105, 155.
Seeligmüller, 122.
Sickenberger, 24, 264.
Six, 336.
Slaten, 73.
Slot, 197.
Smith, 172.
Soden (von), 5, 478, 481.
Soltau, 187.
Souter, 119, 468, 474, 479.
Spitta, 245, 414.
Stanton, 214.
Stephenson, 279.
Stawell, 344.
Stock, 276.
Steinmann, 24, 167.
Streeter, 234, 238, 239, 241.
Swete, 11, 395.

Tillmann, 24.
Torrey, 337.
Toussaint, 131, 174.

Venard, 15, 109.
Vischer, 96.
Völter, 94, 454.
Vogels, 475.
Vosté (P.), 138.

Waitz, 335.
Walker, 196.
Weinel, 93.
Weiss (B.), 192, 210, 308, 362, 425.
Weiss (J.), 4, 18, 22, 23, 104, 150, 414.
Wellhausen, 347, 378, 405.
Wendland, 20, 438.
Wendt, 329, 423.
Werdermann, 370.

Wickes, 316.
Williams, 74.
Williams (L.), 273.
Windisch, 193, 357, 453.
White, 469.
Wolhenberg, 197, 371.
Wordsworth, 468.
Worsley, 434.
Wrede, 93, 143.

Zahn, 157, 348, 409.
Zorell, 76.

TABLE DES MATIÈRES

Avant-propos.

QUESTIONS PRÉLIMINAIRES

Chapitre Iᵉʳ. — **Études générales et introductions au Nouveau Testament**.................. 1

§ 1. Études générales sur le Nouveau Testament.... 1

§ 2. Introductions au Nouveau Testament.......... 30

Chapitre II. — **Chronologie du Nouveau Testament**... 43

Chapitre III. — **La Langue du Nouveau Testament**... 47

§ 1. Études d'ensemble............................ 47

§ 2. Grammaires du Nouveau Testament 53

§ 3. Dictionnaires du grec néotestamentaire......... 74

SAINT PAUL ET SES ÉPITRES

Chapitre Iᵉʳ. — **Saint Paul, sa formation intellectuelle et religieuse**...................... 81

Chapitre II. — **Les épîtres de saint Paul**........ 124

§ 1. Travaux d'ensemble sur les épîtres pauliniennes. 124

§ 2. Les épîtres aux Thessaloniciens................ 129

§ 3. Les épîtres aux Corinthiens................... 149

§ 4. L'épître aux Galates.......................... 156

§ 5. L'épître aux Romains......................... 169

§ 6. Les épîtres de la captivité..................... 179
§ 7. Les épîtres pastorales......................... 189
§ 8. L'épître aux Hébreux......................... 191

LES QUATRE ÉVANGILES

Études d'ensemble..................................... 203

LES ÉVANGILES SYNOPTIQUES

Chapitre Iᵉʳ. — **La question synoptique**............. 207
  § 1. Études générales sur les évangiles synoptiques.. 209
  § 2. Études de détail sur les évangiles synoptiques... 229
Chapitre II. — **Évangile de saint Matthieu**...... 265
Chapitre III. — **Évangile de saint Marc.**......... 286
Chapitre IV. — **Évangile de saint Luc**............ 302

ACTES DES APOTRES

Travaux sur les Actes des apotres................... 326

LES ÉPITRES CATHOLIQUES

Chapitre Iᵉʳ. — **Les épîtres catholiques en général.** 355
Chapitre II. — **L'épître de saint Jacques**.......... 359
Chapitre III. — **La première épître de saint Pierre.** 366
Chapitre IV. — **La seconde épître de saint Pierre et l'épître de saint Jude**........................ 368

LES ÉCRITS JOHANNIQUES

Chapitre Iᵉʳ. — **Évangile de saint Jean.**............ 372
  § 1. L'auteur du IVᵉ évangile...................... 376
  § 2. La composition du IVᵉ évangile............... 400
  § 3. Valeur historique du IVᵉ évangile............. 433

Chapitre II. — **Les épîtres johanniques**............ 451
Chapitre III. — **L'Apocalypse de saint Jean**.. 454

LE NOUVEAU TESTAMENT DANS L'ÉGLISE CHRÉTIENNE

Chapitre Ier. — **Le Canon du Nouveau Testament**. 459

Chapitre II. — **Le Texte du Nouveau Testament**. 467

Résumé et Conclusions............................. 497
Table des noms d'auteurs dont les ouvrages ont été analysés dans cet ouvrage..................... 509
Table des matières................................. 513

Lightning Source UK Ltd.
Milton Keynes UK
UKHW022244291118
333191UK00010B/677/P